Prof. Dipl.-Ing. Jürgen Grüneberg
Dr. rer. nat. Ingo-G. Wenke

Arbeitsmarkt Elektrotechnik Informationstechnik

23. Auflage 2017/2018

D1676947

VDE VERLAG GMBH

Titelbild: *Neil Harbisson*: Hearing Colour – mit IT die Sinne erweitern, © *Lars Norgaard*

Herausgeber
Professor Dipl.-Ing. **Jürgen Grüneberg**, VDE/VDI, war nach dem Studium der Elektrotechnik an der TH Braunschweig bei der Siemens AG weltweit tätig. Im Soester Fachhochschulstudiengang Elektrotechnik an der Universität Paderborn vertrat er von 1968 bis 1999 im Fachbereich Elektrische Energietechnik das Fachgebiet Leistungselektronik und Elektrische Antriebe und war von 1972 bis 1991 Dekan des Fachbereichs. Von 1990 bis 1997 war er Sprecher der elektrotechnischen Fachbereiche des Landes NRW im Länderausschuss des Fachbereichstags Elektrotechnik. 1997/98 hat er die Bildungsaktivitäten der Siemens AG in China koordiniert und das Siemens-Managementinstitut in Peking aufgebaut. Im VDE war er Vorsitzender des Bezirksvereins Bergisch-Land (1992 bis 1997) und von 1989 bis 1999 Vorsitzender des Ausschusses Beruf, Gesellschaft und Technik. An der Swiss German University (SGU) in Jakarta/Indonesien war er von 2000 bis 2009 Dekan der Ingenieurfakultät und von 2010 bis Februar 2012 Rektor; seit 2000 ist er Koordinator für die Praxissemester aller SGU-Fakultäten für Deutschland und die Schweiz.

Dr. rer. nat. **Ingo-G. Wenke**, VDE/VDI, absolvierte nach seinem naturwissenschaftlich ausgerichteten Studium in Marburg und Gießen ein Aufbaustudium für Politologen und Wirtschaftswissenschaftler am Europa-Institut der Universität Amsterdam. Nach zweijähriger Dozententätigkeit an der University of Ife, Nigeria, trat er in das Verlagswesen ein und spezialisierte sich als Wirtschaftsjournalist auf den Kontaktbereich Hochschule – Wirtschaft – Gesellschaft. Von 1990 bis 2002 war er Lehrbeauftragter an der Universität Paderborn für Geografie (Wirtschaft, Medien und Umwelt). Im VDE ist er seit 1990 berufener Sachverständiger im Ausschuss Beruf, Gesellschaft und Technik; 2013 Berufung in das Nationale MINT-Forum, AK „Ingenieurberufe".

Bibliografische Information der Deutschen Nationalbibliothek
Die Deutsche Nationalbibliothek verzeichnet diese Publikation in der Deutschen Nationalbibliografie; detaillierte bibliografische Daten sind im Internet über http://dnb.dnb.de abrufbar.

ISBN 978-3-8007-4466-4
ISSN 2193-3391

© 2017   VDE VERLAG GMBH · Berlin · Offenbach
           Bismarckstr. 33, 10625 Berlin

Alle Rechte vorbehalten.

Druck: Media-Print Informationstechnologie GmbH, Paderborn
Printed in Germany   2017-09

Grußwort

Ansgar Hinz,
VDE-Vorstandsvorsitzender

Wanted:

100.000 Ingenieure
der Elektro- und Informationstechnik

Die Elektro- und Informationstechnik ist für uns als Industrienation Chassis und Motor zugleich. Chassis: Unsere gesunde industrielle Basis in den Segmenten Energy, Industry, Mobility, Home & Living und Health ist getragen von einem starken Binnen- und noch stärkerem Exportmarkt. Motor: Mehr und mehr treiben uns allerdings Querschnittstechnologien wie IT-Security, Smarte Systeme, IKT oder fundamental andere Geschäftsmodelle vor sich her. Damit steigt die Nachfrage nach erstklassig qualifizierten, kompetenten und kreativen Ingenieuren der Elektro- und Informationstechnik. Das prognostizieren 90 Prozent der VDE-Unternehmen. Doch wie hoch ist der Bedarf tatsächlich? Eine aktuelle VDE-Studie zeigt: Deutschland braucht bis 2020 100.000 Ingenieure der Elektro- und Informationstechnik mehr.

Neues Frühwarnsystem

Dass die Lücke größer wird, ist bekannt. Doch was nützt es, wenn das Wissen um das Bekannte keine ausreichenden Handlungen zur Abhilfe nach sich zieht? Bisherige Hochrechnungen und Prognosen zu Studium und Arbeitsmarkt von E-Ingenieuren konnten bis dato nur einen allgemeinen Bedarfstrend erfassen. Um verlässliche Zahlen zum Arbeitsmarkt zu erheben, ist der VDE neue Wege gegangen und hat gemeinsam mit dem Institut für Wirtschaft in Köln eine umfassende Situationsanalyse vorgenommen. Die Studie zieht insbesondere die Zahlen des Mikrozensus 2013 heran – ergänzt durch die Statistiken der Bundesagentur für Arbeit und des Statistischen Bundesamtes. Dadurch kommt sie zu einem erheblich differenzierteren Gesamtbild als bisher möglich.

Engpass als Standard?

2013 lebten 512.500 ausgebildete E-Ingenieure in Deutschland. Davon waren 381.200 erwerbstätig. Ein Vergleich der Erwerbstätigenquoten der Jahre 2005 und 2013 macht deutlich, dass heute signifikant mehr E-Ingenieure in Arbeit sind, Berufseinsteiger schneller in Arbeit kommen und Ältere länger in Beschäftigung bleiben. Ein klarer Hinweis auf deutlich zunehmende Engpässe. Hinzu kommt der beschleunigt wachsende Ersatzbedarf für die in den Ruhestand eintretenden E-Ingenieure, neue smarte Technologien und Anwendungen, die Verlagerung von Wertschöpfungsebenen durch eine „neue Art" von Geschäftsmodellen sowie alle Prozesse rund um die digitale Transformation an sich. 2016 sind es rund 10.000 Fachkräfte, die uns fehlen. Stellt man diese Zahl den zu erwartenden Absolventenzahlen im Fach Elektro- und Informationstechnik gegenüber, wird deutlich: Aktuell können wir mit Absolventen unserer Hochschulen allenfalls den Ersatzbedarf decken, aber nicht den wachstumsbedingten Zusatzbedarf.

Noch dramatischer zeichnet sich die Situation im Langzeittrend ab. In der Vergangenheit stieg die Anzahl der in Deutschland beschäftigten E-Ingenieure stetig an. Im Zeitraum 2005-2013 – mit Ausnahme des Krisenjahres 2009 – betrug das Beschäftigungswachstum ca. 10.500 E-Ingenieure jährlich. Kompensiert werden konnte der wachstumsbedingte Zusatzbedarf in der Vergangenheit offenbar vor allem durch Ingenieure, die im Ausland ausgebildet wurden und nach Deutschland zugezogen sind. Diese Gruppe machte im Jahre 2013 bereits 10,6 Prozent der beschäftigten Elektroingenieure aus.

Mehrbedarf von 10.000 E-Ingenieuren jährlich

Setzt man eine gleichbleibend wachsende Beschäftigung von Elektroingenieuren voraus, so müssen deutsche Unternehmen in der nächsten Dekade also über 100.000 zusätzlich gewinnen. Dabei stehen sie im zunehmenden Wettbewerb mit anderen, teils innovationsfreundlicheren Industriestandorten in Amerika, Asien und Europa.

Die aktuelle VDE-Studie zeigt auch:

Es gibt keine „Überakademisierung" in der Elektro- und Informationstechnik, sondern vielmehr einen „Double Gap", der Ingenieure und Elektrofachkräfte gleichermaßen betrifft. Deshalb wäre es falsch, den Bedarf an jungen Menschen in den elektrotechnischen Lehrberufen auf Kosten der akademischen Ausbildung decken zu wollen. Vielmehr geht es darum, beide Lücken zu schließen. An dieser Stelle gilt es, die Stärke unseres dualen Bildungsansatzes in beiden Ausbildungspfaden deutlicher denn je zu stärken.

Exzellente Karrierechancen

Unternehmen, Hochschulen und Verbände sollten also nicht nachlassen, mehr Jugendliche für ein Studium der Elektro- und Informationstechnik zu gewinnen und internationale Studierende besser zu integrieren. Der VDE engagiert sich mit einer Vielzahl von Aktionen und Initiativen wie zum Beispiel dem Schülerwettbewerb „Invent a Chip" für den Elektroingenieurnachwuchs. Und auch wenn sich Jugendliche für das Studium der Elektro- und Informationstechnik entscheiden ist Engagement gefragt. Die Palette an Tätigkeiten, Unternehmen und Technikfeldern für Young Professionals ist vielfältig. Umso wichtiger ist gerade in dieser Startphase ein Kompass zur Orientierung, wie ihn der VDE-Klassiker „Arbeitsmarkt Elektrotechnik und Informationstechnik" bietet. Denn auch wenn die Karrierechancen exzellent sind: Nutzen muss sie jeder individuell und seine persönlichen Chancen beim Schopf ergreifen.

Die November-Sitzung 2016 des Ausschusses Studium, Beruf und Gesellschaft fand auf Einladung von Günter Korder, GF „it's OWL Clustermanagement GmbH" in Paderborn statt. Dabei besuchten die Ausschussmitglieder mit dem Heinz Nixdorf MuseumsForum auch das weltweit größte Computermuseum.   *(Foto: Braun Media GmbH Paderborn)*

Grußwort der Vorsitzenden des neuen VDE-Ausschusses „Studium, Beruf und Gesellschaft"

Qualität und Information. Welches Nachrichtenmedium Sie heute auch aufschlagen, anklicken oder einfach nur sehen oder hören: Man hat zunehmend das Gefühl, dass alle nur voneinander abschreiben. Die Tageszeitung vom Internet, das Internet vom Nachrichtenkanal, der Nachrichtenkanal – nun ob er noch selber recherchiert oder einfach die Presse-Erklärung abgetippt hat, wir wissen es nicht. Gute Informationen sind rar und teuer.

Dieses Buch pflegt eine andere Tradition: Die Beiträge stammen von Fachleuten, die mit der Vielfalt ihrer Meinungen und Hintergründe schließlich zu einem Gesamtbild vom Berufsfeld „Elektro- und Informationstechnik" führen. Damit wird unser Buch lesenswert für alle, die sich gerne selber eine Meinung bilden und auf dieser Basis berufliche Entscheidungen treffen oder andere beraten.

Wichtige Elemente sind die Seiten, auf denen sich Unternehmen präsentieren. Es sind schließlich Unternehmen, die Menschen beschäftigen, Produkte der Elektrotechnik für uns herstellen und von Mut und Fleiß der Mitarbeiter und Manager profitieren. So funktioniert unsere Wirtschaft, und daher werben wir für Studium und Beruf der Elektro- und Informationstechnik.

Und noch etwas: Neben größeren Unternehmen präsentieren sich auch Unternehmen, bei denen man sich fragt: Kenne ich die Firma? Dabei verwechselt man allerdings Bekanntheitsgrad und Bedeutung. Diese mittelständischen Unternehmen sind unauffällig, eben ein Hidden Champions, aber sie existieren jenseits aller Medienberichte. Solche Mittelständler prägen die deutsche Wirtschaft seit jeher in großer Zahl. Sie geben enorm vielen Menschen gute Arbeit. Auch hier sorgen wir mit unserem Buch für eine Korrektur der öffentlichen Wahrnehmung.

Liebe Leserin, lieber Leser, vor wenigen Jahren hat es in der Betreuung unseres Buches einen Wechsel gegeben. Der VDE-Ausschuss „Beruf, Gesellschaft und Technik" als Ziehmutter und Ideengeber und der VDE-Ausschuss „Ingenieurausbildung" haben (endlich) zusammengefunden. Es folgten harte Diskussionen: Nur noch online veröffentlichen, das Buch einfach einstampfen, Schutzgebühr erheben? Wir haben uns für „Aufwerten" entschieden. Es bleibt ein gedrucktes Buch mit Bonus-Material aus der Arbeit unserer Expertenrunden, mit Informationen aus erster Hand, mit kritischen Berichten - und mit der Unterstützung unserer Partner aus den Unternehmen weiterhin kostenlos.

Ihr neuer VDE-Ausschuss „Studium, Beruf und Gesellschaft"

Prof. Dr.-Ing. Michael Berger　　　　*Dipl.-Ing. Thomas Hegger*
Vorsitzender　　　　　　　　　　　*Stellvertretender Vorsitzender*

Im neuen Ausschuss „Studium, Beruf und Gesellschaft" wird die Arbeit zum Aspekt Studium weiter verstärkt. Das wirkt sich auch auf den Inhalt des Buches „Arbeitsmarkt Elektrotechnik Informationstechnik" aus: Ab der Ausgabe 2017/2018 (23. Auflage) gibt es ein eigenes Kapitel „Beiträge zum Studium", Grund genug, zur November-Sitzung 2016 des Ausschusses vorab einen Sonderdruck mit allen studienrelevanten Beiträgen des neuen Buches erstellen zu lassen. Auf dem Foto präsentieren die beiden Herausgeber Prof. Jürgen Grüneberg (links) und Dr. Ingo-G. Wenke (rechts) sowie der Paderborner Bürgermeister Michael Dreier, selbst ein diplomierter Elektroingenieur und ehemaliges VDE-YoungNet-Mitglied, diesen Sonderdruck. *(Foto: Braun Media GmbH Paderborn)*

Vorwort der Herausgeber

Ingenieure bleiben nach wie vor Mangelware ...

... dieses Statement verdeutlicht schon der VDE-Vorstandsvorsitzende Ansgar Hinz in seinem Grußwort. Entsprechend hat der neue VDE-Ausschuss den Focus auf das Studium verstärkt. Dies drückt sich im vorliegenden Buch durch das neue Kapitel „Beiträge zum Studium" aus.

Mit diesem Buch wollen wir also für ein Studium der Elektrotechnik / Informationstechnik werben. Dabei ist sich der Ausschuss durchaus bewußt, dass das Berufswahlverhalten junger Menschen schon früher – im Elternhaus und durch die breite Öffentlichkeit – geprägt wird. Hier wünschen wir uns mehr Aufklärung über Ingenieurtätigkeiten in fiktionalen Medien (Film und Fernsehen), insbesondere in den öffentlich-rechtlichen Medien. Denn nur so können, quasi als erster Schritt für weitergehenden Informationsbedarf, auch bildungsferne und nicht interessierte Bevölkerungskreise erreicht werden.

Denn vor allem auch auf dem Hintergrund der allumfassenden Digitalisierung und einer ausgeprägten Verantwortung gegenüber Gesellschaft und Umwelt hat sich das Bild vom „Ingenieur für morgen" drastisch geändert – und diese Veränderungen müssen der breiten Öffentlichkeit in den fiktionalen Medien „bildhaft" dargestellt werden. Wer dann weitergehende Informationen sucht, findet sie hier: Praxisbeispiele helfen, die vielfältigen beruflichen Möglichkeiten praxisnah und anschaulich darzustellen; gleichzeitig werden aber auch die nach Branchen und Tätigkeitsfeldern unterschiedlichen Anforderungen und Perspektiven aufgezeigt.

Dazu haben wir die Informationsflut, die ja allein durch die Möglichkeiten des Internets exponential zunimmt, kanalisiert und auf den Teilarbeitsmarkt Elektrotechnik / Informationstechnik fokussiert. Und gerade dieser Aspekt wird von unseren Lesern immer wieder positiv herausgestellt.

So versteht sich das Buch als Präsentationsmöglichkeit für die Unternehmen und Hochschulen und Universitäten sowie zugleich als Informationsmöglichkeit für Schüler, Studenten, Jungingenieure sowie Berufsberater und andere Multiplikatoren. Das wünschen wir unseren Lesern – selbstverständlich auch den Leserinnen, denn wir verstehen Leser, Ingenieur usw. hier immer als geschlechtsneutrale Personenbezeichnung –

auch für diese 23. Auflage.

Juni 2017, Jürgen Grüneberg und Ingo-G. Wenke

Inhalt

12

1   Die digitale Trasnsformation

Digitalisierung – grenzenlos?

Nicht von ungefähr startet diese Ausgabe mit einem Beitrag von Neil Harbisson, der von Geburt an keine Farben sehen kann. Er berichtet, wie er mit Hilfe des Computerspezialisten Adam Montandon und weiterer Kollegen ein elektronisches Auge entwickelt hat, das ihn in die Lage versetzt, über einen in seinen Hinterkopf implantierten Chip Farben zu hören. *Mit diesem implantierten Chip gilt Harbisson nun als Cyborg – und man könnte fragen, ob die Nutzung solcher Technologien der Beginn einer Entwicklung hin zu Robotermenschen sein könnte?*

Zweifellos hat jede technische Entwicklung nicht nur positive Seiten. So z. B. fördert die Digitalisierung auch Cyberkriminalität (Kap. 3.2.2).

Digitalisierung ermöglicht und fördert auch Industrie 4.0 (Kap. 3.4.2) und Künstliche Intelligenz (Kap. 2.3.6). Kritische Stimmen verweisen hier jedoch oft auf Gerhart Hauptmann, der mit seinem sozialen Drama Die Weber auf den Verlust von Arbeitsplätzen infolge technologischer Fortschritte aufmerksam gemacht hat.

Also: Digitalisierung um jeden Preis?

In der Tat verändert Digitalisierung auch die Arbeitswelt. Diese wird in Anlehnung an Industrie 4.0 auch als Arbeitswelt 4.0 bezeichnet. Sie bietet aber mehr Chancen als Risiken, wie Hans-Peter Klös auf der Informationsplattform Arbeiten 4.0 des Bundesministeriums für Arbeit und Soziales ausführt: „Stark digitalisierte Unternehmen zeigen sich bereits heute gut vorbereitet ... Eine gute Zeitpolitik in einem modernisierten Arbeitszeitrahmen, eine lernförderliche Arbeitsumgebung, altersgemischte Teams und Wissenstransfersysteme bieten die Gewähr, dass die Beschäftigten in einem digitalisierten Umfeld das erforderliche berufliche und betriebliche Erfahrungswissen aufbauen, erhalten, weiterentwickeln und auch an andere weitergeben können".

Tatsächlich zeigt eine IW-Studie: Trotz des digitalen Wandels ist die Struktur des Arbeitsmarkts konstant. So hat sich z.B. der Anteil der befristet Beschäftigten seit 1998 kaum verändert und liegt stabil bei rund 9 Prozent aller Beschäftigten. Zudem wird nach wie vor gut jeder zweite Berufstätige direkt unbefristet eingestellt – eine Quote, die seit Jahren unverändert ist. Auch der Anteil der Zeitarbeiter an allen abhängig Beschäftigten bleibt nahezu gleich und liegt seit 2007 bei lediglich zwei Prozent. ... So haben auch nur weniger als 5 Prozent der Beschäftigten derzeit Angst, dass sie durch Automatisierung und den Einsatz von Industrierobotern ihren Arbeitsplatz verlieren. (IW-Analyse Oliver Stettes: Die Zukunft der Arbeitswelt – Wie die Digitalisierung den Arbeitsmarkt verändert).

Kap. 1.3 zeigt weitere Tendenzen auf, wie Digitalisierung die wirtschaftliche Praxis verändert. Insbesondere die internationalen Leitmessen zeigen, wie Digitalisierung die bisherigen starren Branchenstrukturen aufbrechen und innovative Technologien und Kreativität zu neuen Geschäftsmodellen führen: „Künstliche Intelligenz ist die spannendste technologische Entwicklung, die Leben und Arbeit in den nächsten Jahren prägen wird", so Oliver Frese, Vorstand Deutsche Messe AG, Hannover.

Auch die fachliche Einordnung von Instituten oder ganzen Forschungsrichtungen wird durch „grenzüberschreitende" Zusammenarbeit schwierig (Kap. 3.5).

Die Digitalisierung wird also nicht nur die Wirtschafts- und Arbeitswelt grundlegend verändern, sondern auch die Gesellschaft insgesamt. Damit wird der unmittelbare Dialog mit der Gesellschaft immer wichtiger. Und hierbei spielt die MINT-Bildung eine entscheidende Rolle (Kap. 1.2: Digitalisierung und MINT-Bildung). Zum einen werden MINT-Fachkräfte gesucht, damit Deutschlands Technologieführerschaft in Digitalisierung und KI gehalten werden kann (Kap. 1.2.3 – 1.2.5); zum andern müssen die von Digitalisierung und KI erhofften positiven Veränderungen allein wegen ihrer zu erwartenden weitreichenden Auswirkungen im gesellschaftlichen Bereich von einer MINT-mündigen Bevölkerung auch akzeptiert werden (Kap. 1.2.2: MINT als neue Kulturtechnik).

Die Anwendung von Digitalisierung und KI muss also in gesellschaftlichem Konsens erfolgen.

Dann haben speziell die Elektroingenieure sehr gute berufliche Chancen. Das ist zwar schon seit langem bekannt (Kap. 1.4), wird aber durch die neueste VDE-Studie „Young Professionals der Elektro- und Informationstechnik 2017" sogar noch einmal getoppt:

- Maximal fünf Bewerbungen und zwei Vorstellungsgespräche für die erste Stelle

- Digitalisierung befeuert Nachfrage, kein Ende der Vollbeschäftigung in Sicht

- Die Absolventen können sich ihr Wunsch-Unternehmen nahezu aussuchen, nicht umgekehrt. Die Zeiten waren damit für Ingenieure noch nie so gut wie jetzt

- Erstmals im Job, bereuen die Young Professionals ihre Studienwahl nicht. Für sieben von zehn Befragten bietet der Ingenieurberuf gute Karrierechancen. Sechs von zehn finden ihren Beruf abwechslungsreich, kreativ und wichtig für die Gesellschaft.

- Generation Z: Für vier von zehn Befragten haben Familie und Freunde eine größere Bedeutung als Karriere. Allerdings sagen auch vier von zehn, dass sie ihre sozialen Bedürfnisse mit ihren beruflichen Verpflichtungen gut in Einklang bringen können: Viele Firmen haben sich bereits auf die neue Generation Z als Arbeitnehmer eingestellt und machen Zugeständnisse, was die Work-Life-Balance angeht. IGW

1.1 Hearing Colour – The Art of extending our Senses

By **Neil Harbisson,** a contemporary artist and cyborg activist

I come from a place where the sky is always grey; where flowers are always grey;and where television is still in black and white. I actually come from a world where colour doesn't exist; I was born with achromatopsia, I was born completely colourblind. So I've never seen colour, and don't know what it looks like. - But since the age of 21, I can hear colour.

In 2003, after studying fine arts and while studying music at Dartington College of Arts in England, I began a project with computer scientist Adam Montandon with the aim of extending my senses. The result, with further collaborations with Peter Kese, and Matias Lizana is this electronic eye: A colour sensor between my eyes connected to a chip installed at the back of my head that transforms colour frequencies into sound frequencies that I hear through my bone.

I've had the electronic eye permanently attached to my head and I've been listening to colours non-stop since 2004. So I find it completely normal now to hear colours all the time.

At first, I had to memorize the sound of each colour, but after some time this information became subliminal, I didn't have to think about the notes, colour became a perception. And after some months, colour became a feeling. I started to have favourite colours and I started to dream in colour.

When I started to hear colours in my dreams is when I noticed that my brain and the software had united and given me a new sense. My brain was creating electronic sounds in my dreams, not the device. That was the point when I started to feel no difference between the software and my brain: the cybernetic device had become an extension of my brain - an extension of my senses. I started to feel like a cyborg: the cybernetic eye was no longer a device but a part of my body, a part of my organism.

I no longer felt that I was using technology, I didn't feel that I was wearing technology, I felt that I had become technology.

> ### The word **"cyborg"**
> comes from the union between two words: "cybernetics" and "organism" so depending on how we define the word "cybernetics", the word "organism" and the word "union" we can end up with endless definitions of the word cyborg.

Cyborg Neil Harbisson

The internet as an extended sense

Cats have tails that allow them to extend their sense of balance. Seals have whiskers that allow them to extend their sense of touch and some fish have lateral lines that allows them to extend their sense movement and presence. I have an antenna that allows me to extend my perception of light and sound beyond traditional senses.

My antenna is in constant evolution. The biggest upgrade I've had is that I can now connect myself to the vision of other people. The antenna can connect wirelessly to other cameras or antennas around the world. So if for instance I'm in an office in Europe and would like to connect my antenna to someone else's view, I could perhaps be experiencing a sunset in Australia while facing an office wall. The possibilities of wirelessly connecting the antennas allows us to share a sense, to share an experience other than just information.

To use the internet as a sense, instead of using the internet as a tool, can allow us to extend our perception of nature and extend our senses to outer space.

There are many senses in nature that we could benefit from electroreception, magnetoreception, night vision, ecolocation… Perceiving ultraviolet and infrared makes me feel closer to animals that can sense these colors, having an antenna makes me feel closer to insects that have antennas too. Sharks can feel where the north is, we could be like them by having a small compass implanted in our leg that vibrates everytime you face north.

Some people fear that becoming a cyborg will make us less human but I believe the opposite. Becoming a cyborg will make us feel more human, it will make us feel closer to nature and to other animal species. I strongly disagree with those who think that our union with technology will alienate ourselves from reality, from nature or from other livings. In my case, becoming technology doesn't make me feel closer to machines, or to robots, but quite the opposite. I now feel closer to nature and to other forms of life. I feel a stronger connection with nature now than I ever did before.

Technology can bring us back to nature.

Cyborg Foundation

The **Cyborg Foundation** is a nonprofit organization created in 2010 by cyborg activist and artist Neil Harbisson and his long-time partner, choreographer Moon Ribas. The foundation is an institution for the research, creation and promotion of projects related to extending and creating new senses and perceptions by applying technology to the human body. The Cyborg Foundation was first housed in Tecnocampus scientific park in Mataro (Province of Barcelona) and is currently based in New York City. It collaborates with several institutions, universities and research centers around the world.

The mission of the foundation is to help humans become cyborgs, to promote the use of cybernetics as part of the human body and to defend cyborg rights. The foundation believes that some cybernetic extensions should be treated as body parts, not as devices.

Harbisson states that the foundation does not intend to repair people's senses, the foundation makes no difference between people with disabilities and people with no disabilities as he believes we are all in need to extend our senses and perception: "We are all disabled when we compare ourselves with other species, a dog for instance can hear and smell much more than any of us".

(Wikipedia, the free encyclopedia)

1.2 Digitalisierung und MINT-Bildung

1.2.1 Zukunft der Gesellschaft – Herausforderungen der MINT Bildung

Dr. **Nathalie von Siemens**, Sprecherin des Nationalen MINT-Forums, stellte beim 5. Nationalen MINT Gipfel am 1. Juni 2017 in Berlin die sechs Kernforderungen vor, die das Nationale MINT-Forum im Vorfeld des Gipfels formuliert hatte.

Klimawandel, Digitalisierung, längere Lebenserwartung, alternde Gesellschaften, Veränderung von Arbeit - diese Themenfelder haben eines gemeinsam: sie verändern unser Leben nachhaltig.

Sie bringen Risiken mit sich. Beispielsweise, den Anschluss zu verlieren, Innovationskraft und damit Wettbewerbsfähigkeit einzubüßen. Nicht mehr beschäftigungsfähig zu sein. Gesellschaftlich auseinander zu driften. Sie bieten jedoch auch Chancen: Chancen, unsere Gesellschaft weiterzuentwickeln. Unseren Wohlstand zu sichern. Partizipation und Chancengerechtigkeit herzustellen.

Eine fundierte, flächendeckende MINT Bildung ist *der* Schlüssel für eine erfolgreiche Zukunft. Gesellschaftlich wie individuell.

Deshalb gibt es das Nationale MINT Forum. 30 große Non-Profit-Organisationen mit einem enorm breiten Wirkspektrum – arbeitnehmernahe, arbeitgebernahe, Stiftungen mit Bildungsschwerpunkt, Forschungs- und Wissenschaftsorganisationen, Akademien und Verbände – arbeiten gemeinsam daran, die MINT Bildung entlang der gesamten Bildungskette sicherzustellen: von der frühkindlichen über die schulische, berufliche und akademische Bildung bis hin zur Weiterbildung und zum lebenslangen Lernen.

Die große Heterogenität ist unsere Stärke, wenn es darum geht, die Erfahrungen und Kompetenzen der MINT-Zivilgesellschaft zum größten gemeinsamen Teiler zu verdichten, mit dem Ziel, bildungspolitische Empfehlungen zu formulieren und in die öffentliche Diskussion zu bringen. Für den MINT-Gipfel 2017 ergaben sich sechs Kernforderungen. Wir alle sind gehalten, diese Themen in unserem persönlichen Wirkumfeld voranzutreiben. Denn wir stehen hier vor einer Daueraufgabe und sind auf den permanenten Dialog mit allen gesellschaftlichen Gruppen angewiesen.

Sechs Kernforderungen zur MINT-Bildung

Erstens: Digitalpakt umsetzen!

Deutschland muss seinen Rückstand bei der Digitalisierung im Bildungsbereich dringend aufholen. Darüber waren sich bereits die Teilnehmer des letztjährigen Gipfels einig, der sich dem Thema „Digitale Chancen ergreifen – Digitale Spaltung meistern" gestellt hatte.

Wir fordern alle Parteien auf, die Ausgestaltung des Digitalpakts Deutschland konstruktiv zu begleiten, damit Bund, Länder und Kommunen rasch in die gemeinsame Umsetzung kommen.

Dabei müssen sich Pädagogik und Technik im Gleichklang entwickeln. Schlüssel dazu ist vor allem die systematische Aus- und Weiterbildung der Lehrkräfte. Wir müssen sie in die Lage versetzen, mit neuen Medien und Technologien umzugehen und brauchen mehr Zeit für digitale Bildung. Dies bringt auch neue, interaktive und teamorientierte didaktische Ansätze mit sich.

Zweitens:
Wir brauchen eine MINT Allianz für Qualität!

In den letzten Jahren sind unter Einsatz von zum Teil hohen Finanzmitteln, viel Elan und auch Ehrenamt über 12.000 kleine und große MINT Initiativen entstanden, die sich die Förderung der MINT Bildung entlang der gesamten Bildungskette zum Ziel gesetzt haben.

Hier gilt es, systematisch und nachhaltig die Qualität sicherzustellen. Wir fordern daher den Bund auf, gemeinsam mit dem Nationalen MINT Forum eine Allianz aus Politik, Zivilgesellschaft, Wirtschaft und Wissenschaft für Qualität in MINT anzustoßen.

Diese Allianz soll sich auf Qualitätskriterien verständigen und Qualitätssicherungsverfahren entwickeln, denen sich alle MINT-Initiativen verpflichtet fühlen. Nur so ist eine hohe Akzeptanz gewährleistet.

Drittens:
Die Spitzenförderung von MINT Talenten muss sichergestellt werden!

Für einen Technologiestandort wie Deutschland ist es nicht hinnehmbar, dass besondere Talente im MINT Bereich nicht oder zu spät erkannt und nicht systematisch gefördert werden. Dies muss – ganz im Sinne der KMK-Beschlüsse zur Förderung leistungsfähiger Schülerinnen und Schüler – geändert werden.

Wir brauchen deshalb zum einen vielfältige und gut koordinierte Angebote in der Fläche zur Breitenförderung und zum anderen für die ganz besonders Talentierten eine Spitzenförderung in MINT-Leistungszentren, MINT-Schulen und MINT-Initiativen. Eine MINT-wissenschaftliche Elitenförderung, die zielgerichtet auf einem homogenen Leistungspotenzial aufbaut.

Viertens: Wir brauchen eine bundesweite Service-Stelle zur Stärkung der MINT Regionen!

Derzeit existieren in Deutschland über 80 regionale Netzwerke, welche die MINT-Aktivitäten vor Ort koordinieren. In diesen Plattformen tauschen sich die verschiedenen Akteure über didaktische, konzeptionelle und strategische Fragen aus: Kitas, Schulen, Hochschulen, Unternehmen, Kommunen, Verbände, Behörden, Arbeitsagenturen, Stiftungen, Vereine und Privatpersonen. Diese regionale Zusammenarbeit aller Akteure der MINT-Bildung ist der Schlüssel für Angebotstransparenz und Koordination entlang der Bildungskette und gleichzeitig der Hebel, der die Instrumente der Qualitätsentwicklung in die Fläche trägt.

In der überregionalen Zusammenarbeit liegt jedoch weiteres enormes Synergiepotenzial im Hinblick auf Angebotstransparenz, Koordination und Qualität. Wir fordern deshalb die Einrichtung einer bundesweiten Servicestelle. Diese wird die bereits entstandenen Netzwerkeffekte stärken, Neugründungen anregen, sowie den Erfahrungsaustausch und das Best-Practise-Sharing vorantreiben.

Fünftens: Berufliche und akademische Bildung enger verzahnen!

Berufliche und akademische Bildung muss enger verzahnt werden. Wir brauchen eine höhere Durchlässigkeit.

Beide Qualifizierungswege sind für den Erfolg des Standortes Deutschland gleichermaßen wichtig. Deutschland braucht die Absolventen der dualen Berufsausbildung genauso wie die Akademiker. Trotzdem müssen angesichts der Dynamik der Technologieentwicklung und des Arbeitsmarktes die komplementären Säulen enger verzahnt und die bereits vorhandene Durchlässigkeit weiter verbessert werden. Etwa, indem mehr Angebote zur wissenschaftlichen Weiterbildung von Berufspraktikern geschaffen werden oder auch mehr Praxisphasen für Studierende in die Lehrpläne integriert werden. Mit anderen Worten: es geht darum, die gelebte Durchlässigkeit zu verbessern.

Insbesondere gilt es, berufliche Karriereperspektiven für ALLE aufzuzeigen und sowohl die Berufs- wie auch die Studienorientierung mit dem Fokus auf erfahrungsbasierten Formaten weiterzuentwickeln.

Sechstens: Hochschulen sind Innovationsmotoren für Wirtschaft und Gesellschaft.

Hier brauchen wir stabil finanzierte Kooperations- und Transferstrukturen. Hochschulen sind nicht nur in der MINT-Bildung, sondern auch in der MINT-Forschung sowie für die Verbreitung eines wissenschaftlichen Weltverständnisses und den gesellschaftlichen Diskurs von entscheidender Bedeutung. Sie spielen eine zentrale Rolle im technisch-sozialen Innovationssystem.

Zur Stärkung ihrer Wirksamkeit ist allerdings eine intensivere Zusammenarbeit mit Akteuren aus Wirtschaft und Gesellschaft erforderlich. Innerhalb des Hochschulsystems müssen daher neue Formate und Strukturen der Kooperation, des Transfers und der Erfolgskontrolle implementiert werden. Dies bedingt einerseits entsprechendes gesamtgesellschaftliches Engagement und andererseits eine nachhaltige Finanzierung von staatlicher Seite.

1.2.2 MINT als neue Kulturtechnik: Soziotechnik und SOZIOMINT

Prof. Dr. **Uwe Pfenning**, Universität Stuttgart,
Institut für Sozialwissenschaften
SOWI V – Umwelt- und Techniksoziologie
🖳 *uwe.pfenning@sowi.uni-stuttgart.de*

MINT-Bildung im Fokus der Bildungssoziologie

MINT-Bildung etabliert sich zunehmend in der deutschen Bildungslandschaft. Neben der Institutionalisierung in der außerschulischen Bildung durch Science-Center, Schülerforschungszentren und schulischen Techniklaboren bis hin zur Frühbildung (Haus der kleinen Forscher) gesellt sich zunehmend auch eine organisatorische Lobby hinzu (z. B. Nationales MINT-Forum, NaTec in Baden-Württemberg, zdi in NRW, Lernort Labor e.V. bundesweit u.v.a.). Dies sind deutliche Zeichen, dass das MINT-Thema in der Gesellschaft angekommen ist (Pfenning/Renn 2012; Grüneberg/Wenke 2007). Allerdings verbleiben als Probleme (a) die Definition von MINT als interdisziplinäre Bildung oder als Sammelsurium vier separater und tradierter Wissenschaftsdisziplinen sowie (b) der fehlenden Konventionen über deren zentrale Inhalte und adäquater Didaktik wie dem ISBM-Konzept forscherorientierten Lernens (OECD 2009).

Insgesamt verharrt die MINT-Bildung im Spektrum ihrer fachlichen Spezialisierung. Aus soziologischer Sicht ist dies unzureichend. Denn MINT hat weitere relevante Seiten. Dies sind die MINT-Soziotechnik und „das" SOZIOMINT, gemeinsam bilden sie MINT als Kulturtechnik ab.

Akademischer Buchstabensalat: Zum modernen Verständnis von MINT

Es beginnt bereits beim Verständnis und Verstehen von MINT. Das **M** für Mathematik hat es am einfachsten. Das **T** für Technik und das **N** für Naturwissenschaften sind bereits Chimären angesichts der vielen naturwissenschaftlichen Disziplinen und vielen Technologien. In der Schulpraxis findet sich jedenfalls „nur" Biologie, Physik & Co. Das singuläre **I** für Informatik wirkt redundant, ist doch diese eigentlich Teil von Technik. Das solcher Weise obskure **I** könnte aber auch erweitert für Informationswissenschaften als eigenständige Disziplin stehen und damit Assoziationen zu Bildung, Medien und Wissensvermittlung sowie Wissensgesellschaft beinhalten (Willke 1999). Dafür sprechen nicht nur etymologische, sondern auch soziologische Gründe. Denn mit diesen kognitiven Verbindungen wird die Soziotechnik der Informatik deutlicher. Und ohne diesen soziotechnischen Kontext geht MINT die soziokulturelle Deutung verloren. Technik wird dann vereinfacht „maschinell" gedeutet, als Gerät, bauliche Konstruktion, Verfahren, Infrastruktur. Naturwissenschaften werden tautologisch zu Chemie, Physik, Biologie. Soll heißen: ihre Vermittlung in der Schule und Medien wird zu ihrer Definition. So sehen die meisten Schüler /innen Technik und Naturwissenschaften (Nachwuchsbarometer Technikwissenschaften: VDI/Acatech 2009). Zugleich lernen Schüler im Deutsch- oder Englischunterricht aber Aspekte ihrer soziokulturellen Dimension kennen. Goethes Faust müht sich um die Erkenntnis, was die Welt im Innersten zusammenhält. Dürrenmatts Physiker sitzen bereits im Irrenhaus und hüten die Weltformel und Max Frischs Homo Faber verpasst als verklemmter Ingenieur die Liebe seines Lebens und wird zum Prototyp seiner Berufsklasse (Karafyllis 2009). Mary Shelley's Frankenstein ist der Prometheus der Gentechnik und Alvin Toffler „Third Wave" nimmt schon 1965 die Digitalisierung der Welt vorweg wie auch Aldous Huxleys Brave New World oder George Orwells 1984. In der Literatur sind es die Dramaturgien, die uns Aspekte der Technik- und Naturwissenschaften in einer legitimen kulturpessimistischen Perspektive näherbringen. Es ist wichtig und gut, dass diese technikimmanenten Risiken und deren sozialer Missbrauch aufgezeigt werden. Dies ist auch Aufgabe der Sozial- und Geisteswissenschaften via Techniksoziologie, Technikdidaktik und Technikphilosophie.

Es ist aber nicht nur wichtig, sondern auch nötig dass die positiven Beiträge von MINT-Disziplinen für Gesellschaft, Wirtschaft und Kultur aufgezeigt werden. Den Soziologen mag überraschen, dass dies in fast allen MINT-Projekten nicht geleistet wird, und auch nicht in der Schule. Die Erklärung ist leicht, denn viele MINT-Projekte werden von MINT-Fachleuten initiiert und geleitet, die selbst diesen soziotechnischen und gesellschaftlichen Kontext nie vermittelt bekamen. Es ist ein Sozialisationseffekt in der Ausbildung der Fachkräfte.

MINT muss sich deshalb erklären: Ob es sich interdisziplinär, innovativ und interaktiv versteht und wie es mit unserer Gesellschaft und ihren sozialen Systemen interagiert. Denn vielen technischen Systemen lag einmal eine soziale Idee zu grunde. So sollten dereinst Facebook, Twitter, Wikipedia Informationen allen Menschen zugänglich machen und ihnen zugleich ermöglichen, eigene Informationen einzubringen, mithin das Internet demokratisieren und transparent machen (Zuckerberg/Facebook 217). Whistleblower deckten Machenschaften von Geheimdiensten als Missbrauch ebenso auf wie Individuen diese Medien für Fake-News und Hassbotschaften missbrauchen. Beides Soziotechnik pur!

Das moderne Technikverständnis – Wissenschaftliche Technikemanzipation

Naturwissenschaften galten in der Wissenschaftstheorie als Mittel zur Erklärung (Theorien, Logik), zum Verstehen (Denken & Deuten) und Erkennen (Methoden, Beobachten, Messen) der Welt. Technik galt viele Epochen als Appendix der

Naturwissenschaften, die Umsetzung naturwissenschaftlicher Gesetze in Artefakte wie Maschinen und Geräte. Im raschen Fortschritt des wissenschaftlichen Fortschritts und Erweitern unserer (Er-)Kenntnisse wachsen beide sukzessive zusammen. Moderne naturwissenschaftliche Erkenntnisse werden zunehmend nur noch mit technischer Unterstützung möglich. Beispiele sind neue Erkenntnisse der Kernphysik durch CERN, ATLAS u.a., die Weltraumteleskope und ihr Blick ins All und die damit verbundene Replik auf Theorien zur Entstehung des Universums, Licht- und Elektronenmikroskope zum Blick in den Mikrokosmos, die Nanotechnologie und neue Materialien, die Bio- und Gentechnologie und der Einblick und mögliche Eingriff in die Evolution. Technik ist heutzutage ebenso eine erkennende, erklärende und verstehende Wissenschaft wie die Naturwissenschaften. Sie hat sich emanzipiert zur „vollen" Wissenschaft und ist längst nicht mehr nur auf eine Gestaltungs- und Problemlösungskompetenz beschränkt. Technikemanzipation erweitert so noch einmal das moderne Verständnis von Technik als das Mittel des Menschen, Natur und deren Ressourcen und Stoffe zur Erfüllung menschlicher Bedürfnisse umzugestalten und zu nutzen, um das Verständnis, diesen Prozess als Wissenschaft anzuerkennen. Real und schulisch vermittelt wird aber nicht einmal das zuvor genannte moderne Technik- und MINT-Verständnis, sondern das maschinelle, fragmentierte Technikverständnis des 19.Jahrhunderts! Es sind klare Defizite in der Modernität des deutschen Bildungssystems in der Technikvermittlung, fachlich, inhaltlich, didaktisch und begrifflich zu diagnostizieren und zu attestieren.

Die Kulturdimensionen von MINT - MINT allüberall!

Zur Soziotechnik von MINT-Disziplinen

Günther Ropohl führte den Begriff soziotechnischer Systeme in die Wissenschaftstheorie und vor allem Technikphilosophie ein (Karafyllis 2013, Binder 2016). Gemeint sind Wechselbeziehungen organisierter menschlicher Akteure mit den technischen Elementen und Artefakten innerhalb eines Handlungssystems. Handlungssysteme sind ergebnis- oder zielorientiert. Sie verfolgen einen sozialen Sinn, dem die technischen Elemente und Artefakte dienen sollen. Das soziale Element dieses Systems ist der Umgang mit und die Nutzung von Technologien durch die Menschen, um diesen Sinn zu realisieren. Ein gern genutztes Beispiel von Ropohl ist der Computer, per se eine Einheit miteinander verbundener elektronischer und elektrischer Bauteile. Individuell kann er sinnstiftend Spielzeug, Schreibmaschine, Telefon, Kommunikationsmedium, Mediakonsole u.v.a. sein. Spielen, schreiben, kommunizieren sind soziale Interaktionen von Computer & Mensch. Beim Spielen wird der Computer auch zum Messgerät kognitiver Leistungsfähigkeit (z. B. im Online-Schach, Ratings). Beim Schreiben übernimmt er Fehlerkorrekturen und das Layout, lässt z. B. Grafiken oder Animationen importieren. Von vielen gemeinsam oder von vielen individuell in glei-

27

cher Weise verwendet, werden diese zu sozialen Phänomen und der Computer dergestalt zum soziotechnischen System.

Das Computerbeispiel passt sehr gut zur Soziotechnik von MINT. Texte und Bilder schnell und auf ewig im Internet oder Online publizieren, Datenschutz, Datensicherheit, Datensicherung u.v.a. Der Datenschutz ist bedeutsam, weil im Internet das „Darknet" (eine Art virtuelle kriminelle Vereinigung) lauert, um sensible individuelle Daten zu rauben. Datensicherungen sind nötig, wenn der o.g. technische Verbund elektrischer und elektronischer Einheiten unvermittelt seinen Geist auf-gibt. Dazu reicht mitunter die Fehlfunktion eines einfachen Transistors bereits aus.

Solche Interaktionen sind Bestandteil aller komplexen technischen Systeme: Vom autonomen Fahren über Smart-Home-Applikationen bis hin zur digitalisierten Küche. Die Soziotechnik umfasst somit das Wechselspiel von Mensch& Technologie-Interaktionen und von Technologie&Mensch-Interaktionen beim Generieren soziotechnischer Systeme. Oft sind dies Mensch&Maschine-Interfaces. Typische soziotechnische Aspekte sind Usability, Visualisierungen, virtuelle Welten, Multifunktionalitäten, Simulationen und Szenarien. Diese finden sich in allen MINT-Disziplinen.

SOZIOMINT: Sozialer Sinn und gesellschaftliche Funktionalität

Die sinnstiftende Wirkung und die sozialen Interaktionen innerhalb soziotechnischer Systeme weisen bereits auf die Frage nach dem tiefergehenden sozialen Sinn von MINT hin (Minks 2004). Den einzelnen Technologien, die in ihrer Gesamtheit Technik repräsentieren, ist ein gesellschaftlicher Sinn immanent. Mathematische Simulationen biologischer Wirkungen können beispielsweise Tierversuche ersetzen. Simulationen mittels dynamischer Fließgleichgewichte erlauben bessere Wetterprognosen. Mathematische Modellierungen, z. B. zum Klimawandel, machten die möglichen negativen, unintendierten Folgen des bisherigen Wirtschaftens und Raubbau an der Natur sichtbar. Warum gilt Mathematik dann bei Schülerinenn und Schülern (neben Physik) immer noch als schulisches Schreckensfach und ausschließlich abstrakt (Zwick/Renn 2000)?

Die Energiewende hat den Sinn, eine nachhaltige, ökologisch vertretbare und zukunftssichere Energieversorgung aufzubauen. Aber warum wurden die systemisch nötigen Speicher- und Kopplungstechnologien so lange außer Betracht gelassen? Gemeinsam mit der E-Mobilität dient sie zugleich auch dem Klimaschutz. Aber wer hätte erwartet, dass sich die E-Mobilität zuvörderst im Massenkonsum von E-Bikes manifestiert?

Digitalisierung verändert vornehmlich durch einen vermehrten Informationsfluss nicht nur unsere Kommunikationswege, sondern auch über die Wissensdatenbanken alias Wikipedia unsere Erkenntnisse über die Welt und die vielen Vorgänge auf ihr. Wer aber hätte gedacht, dass einmal Fake-News in Social

Media ein solch starkes Gewicht bei Wahlen erhalten und als wahre Erkenntnisse gehandelt werden? - Die Fragezeichen sollen auf eine maßgebliche sozio-technischen Interaktion hinweisen. Andere Menschen nutzen vorhandene Technologien anders als es die Urheber/innen der Technologien ursprünglich selbst im Sinn hatten.

Vor allem aber hat MINT Assoziation zur Durchdringung unseres Alltags, Freizeit, Beruf und Kultur durch Technologien. Technisierung findet allerorten allseits und jederzeit statt: u.a. Office-Anwendungen und Datenbanken im Beruf, u.a. Social-Media, Unterhaltungselektronik, Drohnen und Computerspiele im Freizeitsektor, u.a. Smart-Homes, digitale Küchengeräte, „elektronisierte" Kraft-fahrzeuge im Alltag usw. Und ganz alltagsnah: die stark ausgeprägte deutsche Heimwerkermentalität. Die Technikphilosophin Nicole Karafyllis beschreibt dies sehr schön mit der These vom Geist des Handwerks (2009).

Hinzu kommen damit assoziierte Systemtechnologien wie u.a. Infrastruktur, Daten"autobahnen", Gebäudebauweisen sowie die seltenen Gesellschaftstechni-ken, wie zuletzt 2011 die gesellschaftliche Entscheidung fossil-nukleare Energie-träger bis ca. 2080 vollkommen durch erneuerbare Energien zu ersetzen. Auch das Internet ist als eine solche Gesellschaftstechnik deutbar.

Die Vielzahl neuerer wissenschaftlicher Erkenntnisse der MINT-Disziplinen führte uns zu einer fundamentalen, essentiellen Erkenntnis der Neuzeit: Dass mensch-liches Tun, gesellschaftlich wie individuell, globale Öko-Systeme in ein Ungleich-gewicht bringen kann, mit oftmals unintendierten negativen bis katastrophalen Folgen. Sie begründen die Annahme eines neuen Zeitalters, das Anthropozän. Das ist schon eine gewichtige soziotechnische Erkenntnis für die Menschheit und jedes einzelne Individuum mit Implikationen für dessen Verhalten, Denken, Überzeugungen und Systemsteuerungen.

SOZIOMINT heißt also primär, die zwingende Einbeziehung des sozialen Sinns und der gesellschaftlichen Funktionalitäten, Chancen und Risiken von MINT-Disziplinen in deren fachliche Vermittlung. Es ist die meist fehlende und immer unterschätzte kulturelle Dimension der MINT-Vermittlung. Es besteht die Ge-fahr, dass die Vielzahl innovativer MINT-Bildungsangebote dergestalt ein über-kommenes, konservatives MINT-Verständnis transportiert und damit die Chance verspielt, nachkommenden MINT-Generationen zu mehr sozialer und kommuni-kativer Vermittlungskompetenz in ihren Berufen zu verhelfen. Didaktisch befindet sich die Wissenschaft hier erst am Beginn, wie SOZIOMINT idealer Weise vermittelt werden kann (DGBT 2015, JOTEC 2013)

MINT FEMININ – Das soziologische Hoffen auf die Ingenieurinnen

SOZIOMINT ist deshalb eng liiert mit MINT-FEMININ. Es ist nachgewiesen, dass technisch interessierte Frauen eher Technologie-Studiengänge mit eindeutigem sozialem Sinnbezug präferieren, so Umwelt- und Medizintechnik, Bionik oder Energietechnik (Pfenning/Schulz 2012). In den Naturwissenschaften sind dies die Biologie und eingeschränkt die Mathematik. Im Umkehrschluss bedeutet dies, dass erhöhte Frauenanteile in allen MINT-Disziplinen deren sozialen Sinn und gesellschaftliche Funktionalität höher gewichten würden. Aus dieser Sicht ist das Bemühen um mehr Frauen in MINT-Berufen (vgl. Wentzel 2011, Allmendinger 2016, Pfenning 2010, Pfenning/Schulz 2012) auch ein Engagement für mehr gesellschaftliche Emanzipation der MINT-Berufe als soziologische Weiterführung der wissenschaftlichen Technikemanzipation. MINT-FEMININ führt dazu, dass den vielen technologischen Studiengängen ein Modul zum generellen Technikverständnis mit soziologischen, soziotechnischen, technikdidaktischen und -philosophischen Inhalten vorgeschaltet werden sollte, bevor die angehenden Techniker/innen dem tradierten begrifflichen Kurzschluss aufsitzen, dass Technik eben nur Technologie sei.

Höhere Frauenanteile in MINT-Disziplinen, insbesondere wiederum in „der" Technik, weil sie dort (noch) signifikant am deutlichsten unterdurchschnittlich vertreten sind, beinhalten somit die Chance die Tätigkeitsprofile und das MINT-Verständnis hin zu mehr Inter- und Transdisziplinarität zu erweitern. Gemeint ist das Zusammenarbeiten in fachübergreifenden Teams (Interdisziplinarität) wie auch das Einbeziehen soziologischer und pädagogischer Aspekte bei der Konstruktion und Planung technischer Vorhaben und Verfahren (Transdisziplinarität). Zur technischen Funktionalität würden sich Verhaltensaspekte hinzu gesellen um deren Effizienz zu erhöhen. Insbesondere wiederum bei System- und Gesellschaftstechnologien erscheint dies relevant. Dadurch würden soziotechnische Systeme entstehen, die eine optimale Nutzung der technischen Optionen im ursprünglichen Sinne der Anwender gewährleisten. Konkrete Beispiele wären die Energiewende und Energieeffizienz, die E-Mobilität und dazu passende gemäßigte Fahrverhalten oder die Akzeptanz kollektiv orientierter EE-Technologien (z. B. KWK und Power-to-X-Technologien u.v.a.).

Ebenso ist zu beobachten, dass innerhalb der Frauenförderung für einen erhöhten Anteil in MINT-Berufen maßgeblich individuelles Mentoring und Vernetzungen bedeutsam werden (SERENA-Projekt des WiLa[1], Creative Fem[2], FIM[3] u.a.). Das strukturelle Problem wird individuell angegangen und zu lösen versucht. Es bleibt abzuwarten, ob die hierfür engagierten Frauen in MINT-Berufen Erfolg haben werden (Ziefle/Jakbos 2009).

---

[1] WiLa steht als Akronym für den Wissenschaftsladen in Bonn, *www.wilabonn.de*
[2] Creative FEM ist eine Initiative in Karlsruhe am dortigen Medienzentrum für kreative Frauen als Role Models
[3] FIM = Frauen im Management, *www.fim.de*, eine Vereinigung von Frauen in Leitungspositionen

MINT und das Bildungsideal Technikmündigkeit

Solche kulturellen Implikationen von Technologien und solche Gesellschaftstechnologien erfordern eine Technikmündigkeit (Pfenning/Renn 2012, Pfenning 2015). Deren Definition ist die Fähigkeit zur eigenen Beurteilung von System- und Gesellschaftstechnologien und Kompetenzen zur möglichen Nutzung von innovativen Technologien oder zumindest deren Verständnis und ihrer Zweckbestimmung. Diese kann als Bildungsziel schulisch sozialisiert werden, betrifft aber auch die Erwachsenenbildung. Beide Aufgaben ließen sich als Funktionen der Wissenschaftskommunikation, etwa eines EE-MINT oder eines MINT-PUSH[4] interpretieren.

Eine basale Technikmündigkeit beinhaltet (a) die Vermittlung der SOZIOMINT-Konzepte des modernen Wissenschaftsverständnisses von MINT-Disziplinen (vor allem von Technik, da diese nicht im bisherigen tradierten schulischen Fächerkanon vertreten war), (b) die Vermittlung grundlegender Nutzungskompetenzen von Computern (und all deren Varianten) für Kulturtechniken wie Lesen, Schreiben, Rechnen sowie Kommunikation, Unterhaltung und Vernetzung, (c) das Wissen darüber, wo man weitere Informationen zu Technologien und MINT-Wissenschaften finden kann und (d) des grundlegenden sozialen Sinns von MINT-Innovationen und -Technologien aus gesellschaftlicher Perspektive (z. B. die Verbindung Energiewende-Klimaschutz-Nachhaltigkeit). Dadurch wird die Basis für eine Akzeptabilität gelegt. Diese meint die Toleranz gegenüber technischen Innovationen trotz eigener Abstinenz zur möglichen Nutzung oder ethischer, kognitiver Ablehnung. Akzeptabilität ist entsprechend bei System- und Gesellschaftstechnologien relevant. Bei Produkt- und Haushaltstechnologien findet sie sich in der Nutzungsbereitschaft oder Nutzungsabstinenz.

Plädoyer und Fazit für eine neue MINT-Kultur

Die Argumentation dieses Beitrags zielt darauf, den gewogenen Leser/in ein Verständnis von MINT als Kulturtechnik unserer Gesellschaft näher zu bringen. Kulturtechniken sind Allgemeingut und für das individuelle Bestehen in modernen Gesellschaften unverzichtbar. Von der Vielzahl der MINT-Technologien gilt dies insbesondere für die Informatik und Digitalisierung. Die Miniaturisierung von Computern bis hin zum smarten Armbanduhrenformat und weiter zu Chipimplantaten deuten auf eine stark ausgeprägte Mensch-Technik-Schnittstelle hin, wirkt fast schon organisch.

Aber auch die allgemeine Interpenetration von Freizeitkultur, Alltag und Beruf mit Produkttechnologien bilden ein Merkmal von MINT als Kulturtechnik. Denn diese sind omnipräsent und ubiquitär unsere ständigen Begleiter und bedingen

---

[4] in der Tradition der Public Understanding of Science and Humanities-Programme (PUSH)

eine Anwendungs- und Nutzungskompetenz. Angefangen von Fahrkartenautomaten über die elektronische Lohnsteuererklärung und weiter von Office-Anwendungen, Antivirenprogrammen bis hin zur Nutzung des digitalisierten Küchenherdes oder Staubsaugerroboters zieht sich inzwischen deren Palette. Wohl dem, der damit umgehen kann. Wir sind nicht nur elektronisch und digital vernetzt, sondern auch längst soziotechnisch. Dieses hierfür nötige Anwendungswissen ist Teil der individuellen Technikmündigkeit.

Die kognitive Ebene von MINT als Kulturtechnik leistet einerseits die Legitimation von MINT als Quartett von insgesamt vollständigen, gleichberechtigten Wissenschaften. Hier ist die Technikemanzipation von besonderem Belang, weil Technik immer noch oft verkürzt als Technologie verstanden wird und nicht als Wissenschaft. Andererseits geht es um das moderne Wissenschaftsverständnis von Technikwissenschaften als die Fähigkeit des Menschen, natürliche Ressourcen und Stoffe für seine kollektiven Bedürfnisse umzugestalten bzw. zu nutzen. Hinzu kommt das Vermitteln, dass die Technikwissenschaft ebenso erklärend, verstehend und erkennend die Welt und das Weltall erfassen hilft. Des Weiteren gilt es, den sozialen Sinn und die gesellschaftliche Funktionalitäten der MINT-Disziplinen mehr herauszustellen und zu einem obligatorischen Bestandteil der MINT-Vermittlung in Schule, Studium und Beruf zu machen. Hierfür kann MINT-FEMININ eine große Unterstützung bilden, da diese Bezüge nachweislich für Frauen interessante und attraktive Motive für MINT-Berufe sind und ebenso nachweislich unabdingbar Teil der Soziotechnik von MINT sind. Technikerinnen und Ingenieurinnen können zusammen führen, was zusammen gehört.

Und schließlich leistet SOZIOMINT die Befähigung zur eigenen Urteilsbildung von System- und Gesellschaftstechnologien, einschließlich einer Akzeptabilität MINT-bezogener Innovationen. Dies ist die gesellschaftsbezogene Technikmündigkeit, die mit immer rascher erfolgenden Innovationszyklen immer bedeutsamer wird. Solch rasch vollzogene Innovationszyklen waren u.a. die Modernisierung von Lichtanlagen und Monitoren durch LED-Technologie, derzeit ist es die schnelle Verbreitung von E-Bikes und Smart-Phone-Applikationen für Bezahldienste, Fahrdienste und Lieferservices. Damit erfüllt MINT viele Bedingungen, um als neue Kulturtechnik definiert zu werden. Umfassende individuelle Betroffenheit und sozialisative Prägung, gesellschaftliche Legitimation, Wissenschaftsanspruch und Beiträge zur kollekiven, kulturellen Entwicklung unserer Gesellschaft.

Wenn schon Kulturtechnik, dann leiten sich daraus auch gesellschaftliche Unterstützungen ab: (a) Kulturtechniken sollten Teil der Allgemeinbildung sein, (b) Kulturtechniken sind umfassend, d. h. auch mit ihrem Bezug und Beitrag zu Kultur, Gesellschaft und Individuum zu vermitteln und (c) Kulturtechniken haben Anspruch auf staatliche Förderung als allgemeines Kulturgut einer Gesellschaft.

Schauen wir mal und hoffen wir das Beste!

Literaturverzeichnis

Deutsche Akademie der Technikwissenschaften acatech & VDI & Universität Stuttgart 2009: Nachwuchsbarometer Technikwissenschaften. Ergebnisbericht. München/ Düsseldorf.

Grüneberg, J. / Wenke I.-G., 2007. Arbeitsmarkt Elektrotechnik, Informationstechnik, 15.Auflage. VDE Verlag GmbH Berlin, Offenbach.

Journal of Technical Education (JOTEC), Band 1, 2013 (Nummer 1, 2013). Stuttgart.

Karafyllis, C. Nicole, 2004: Natur als Gegentechnik, S. 73-91, in: Haar Tilman (Hrsg.): Technikphilosophie im Aufbruch. Festschrift für Günter Ropohl. Berlin.

Karafyllis, C. Nicole, 2009: Homo Faber / Technik, S. 340-344, in: Bohlken, Eike/Thies, Christian (Hrsg.): Handbuch für Anthropologie. Der Mensch zwischen Natur, Kultur und Technik. Verlag J. B. Metzler, Stuttgart.

Karafyllis, C. Nicole, 2013: Das Leben führen? : Lebensführung zwischen Technikphilosophie und Lebensphilosophie; für Günter Ropohl zum 75. Geburtstag. Sigma Verlag. Berlin.

Minks, Karl-Heinz, 2004: Wo ist der Ingenieurnachwuchs. S.13-29 in: Kurzinformation des Hochschul-Informations-Systems (HIS), 2004. Aktuelle Informationen zur Attraktivität des Hochschulstandortes Deutschland. A5 / 2004. Hannover.

OECD 2009: Education Today – The OECD Perspective. Paris, New York: OECD Publishing.

Pfenning, Uwe 2015: Das MINT-Konzept: Schul(un)tauglich? Ein Konzept zwischen Vision und Realität in einer soziologischen Replik. S. 23-40 in: Bienhaus, Wolf / Wiesmüller, Christian (Hrsg.): Technische Bildung und MINT – Chance oder Risiko?. 16.Tagung der Deutschen Gesellschaft für Technische Bildung (DGTB) vom 26.-27.September 2014 in Oldenburg. Karlsruhe/Frankfurt am Main.

Pfenning, Uwe & Renn, Ortwin, 2012 (Hrsg.): Wissenschafts- und Technikbildung auf dem Prüfstand. NOMOS Baden-Baden Hrsg. Von der Berlin-Brandenburgischen Akademie der Wissenschaften. Baden-Baden / Berlin.

Pfenning, Uwe & Schulz, Marlen, 2012: Gender(a)symmetrie im MINT-Bereich. In: Wissenschafts-und Technikbildung auf dem Prüfstand: Zum Fachkräftemangel und zur Attraktivität der MINT-Bildung im europäischen Vergleich NOMOS Baden-Baden

Pfenning, Uwe, 2012: Mehr Weiblichkeit für die Technik - mehr Frauen in technischen Berufen. Broschürenreihe des Gender- und Frauenforschungszentrum der Hessischen Hochschulen, Nr.3 / 2012. Internetpublikation.

Wentzel, Wenka & Mellies, Sabine & Schwarze, Barbara, 2011 (Hrsg.): Generation Girls'Day. Budrich UniPress. Opladen/Berlin/Farmington Hills.

Willke, Helmut 1999: Die Wissensgesellschaft. S. 249-256 in Prongs, Armin (Hrsg.): In welcher Gesellschaft leben wir eigentlich? Dilemma Verlag. München.

Ziefle, Martina & Jakobs Eva-Maria. 2009: Wege zur Technikfaszination – Sozialisationsverläufe und Interventionszeitpunkte. Berlin: Springer Verlag.

Zwick, M. Michael & Renn, Ortwin 2000, Die Attraktivität von technischen und ingenieurwissen-schaftlichen Fächern bei der Studien- und Berufswahl junger Frauen und Männer, Akademie für Technikfolgenabschätzung in Baden-Württemberg (Hrsg.), Stuttgart.

http://www.spiegel.de/netzwelt/web/facebook-mark-zuckerberg-schreibt-ueber-die-zukunft-der-welt-a-1135086.html

Haus der kleinen Forscher – Forschen und Experimentieren : www.haus-der-kleinen-forscher.de

1.2.3 MINT-Bildung in der Grundschule

Zehnjähriges Mädchen aus OWL siegt bei SolarMobil Deutschland 2016

Seit 2010 veranstalten VDE und das Bundesministerium für Bildung und Forschung den Schülerwettbewerb SolarMobil Deutschland. In verschiedenen Regionalwettbewerben können sich die Schüler und Schülerinnen für das Bundesfinale qualifizieren. 2016 fand das Bundesfinale in Wolfsburg statt. Karla ·Merle Beckmann aus der 4. Klasse der Grundschule Europaschule Nordhorn in Gütersloh hatte sich über den. Regionalwettbewerb in Bielefeld qualifiziert. Gesponsert wurde diese Veranstaltung durch den VDE Ostwestfalen Lippe e.V. und die Firma Schüco Service GmbH, auf deren Gelände der Wettbewerb ausgetragen wurde.

Auf Anhieb errang Karla Merle Beckmann den ersten Platz in der Kreativklasse des Wettbewerbs mit ihrem „Merles Saftladen". Ihr Wettbewerbsbeitrag zeichnete sich durch die Verwendung eines Tetra-Packs als Chassis des SolarMobils aus. Sie war 2016 zum ersten Mal bei den Deutschen Meisterschaften der Solarmodellfahrzeuge am Start und will 2017 wieder dabei sein.

In 2016 mussten die Fahrzeuge der Kreativklasse erstmals aus recycelten Materialien oder Abfällen gefertigt sein. VDE-Vorstandsvorsitzender Ansgar Hinz: „Das war eine besondere Herausforderung, denn die Schülerinnen und Schüler mussten herausfinden, welche nachwachsenden Rohstoffe verfügbar sind und die notwendige Stabilität mitbringen – bei möglichst geringem Gewicht. Das haben sie beeindruckend umgesetzt".

Preisträgerin Kara Merle Beckmann mit ihrem „Merles Saftladen" bei den Vorbereitungen zum Wettbewerb „SolarMobil Deutschland 2016"

1.2.4 *letsgoING:* Modellprojekt für die Sekundarstufe 1 – Mikrocontroller macht Schule

Anian Bühler, M.Sc.,
Michael Herrmann, Dipl. Päd., Dipl. Ing. (FH),
Hochschule Reutlingen, Fakultät Technik
💻 *michael.herrmann@letsgoing.de*
💻 *anian.buehler@letsgoing.de*

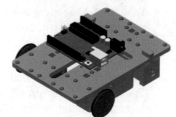

Digitale Bildung

Die Digitalisierung durchdringt alle Lebensbereiche. Das hat positive und negative Seiten. Fakt ist, dass die digitalen Geräte eine enorme Bildungsmacht entfalten. Ihre Wirkmacht wird schon daran deutlich, wie viel Zeit jeder Einzelne im Netz verbringt. Das „Am-Netz-Sein" wird bei manch Einem sogar zur Sucht. Und das ist erst der Anfang. Denn die vierte industrielle Revolution hat gerade erst begonnen: Im „Internet of Things", „sprechen" die Dinge auch ganz ohne menschliche Beteiligung miteinander: Eine Maschine bestellt rechtzeitig ihre Verschleißteile. Ein Produkt kommuniziert seinen Fertigungszustand. Alles und jeder ist mit dem Internet verbunden.

Angesichts dieser digitalen Transformation beschwört Frank Walter Steinmeier in einem Artikel in der FAZ vom 5.11.2016 eine „tödliche Gefahr für unser politisches Gemeinwesen". Er konstatiert „ein Gefühl des Überwältigtseins angesichts der schieren Komplexität unserer vernetzen Welt" und weist auf die Schwierigkeit hin, „die Zusammenhänge und Abwägungsprozesse dieser zusammengerückten und dadurch noch widersprüchlicher scheinenden Welt zu vermitteln" [1]. Eine Schlüsselrolle bei dieser Vermittlung misst Steinmeier den Schulen zu.

In Baden-Württemberg gibt es das Profilfach „Naturwissenschaft und Technik" – kurz NwT. Der neue Bildungsplan für das Fach NwT 2016 legt zu Recht ein Hauptaugenmerk auf die Technikmündigkeit der Schülerinnen und Schüler:

„Die Vielfalt der technologischen Entwicklungen fordert von den Schülerinnen und Schülern heute und in Zukunft ein hohes Maß an Bewertungs-, Urteils- und Entscheidungsfähigkeit. Sie erwerben durch die Bearbeitung naturwissenschaftlicher und technischer Fragestellungen in Verknüpfung mit gesellschaftlichen, ökonomischen und ökologischen Aspekten eine naturwissenschaftlich-technische Allgemeinbildung und entwickeln eine Technikmündigkeit." [2]

Damit die Schüler und Schülerinnen diese Technikmündigkeit entwickeln können, brauchen sie einen anspruchsvollen Unterricht und gut ausgebildete Fachlehrer. In Baden-Württemberg wurde 2007 NwT als interdisziplinäres Profilfach eingeführt. Die Schülerinnen und Schüler besuchen parallel zum vierstündigen

NwT-Unterricht die sog. Basiswissenschaften Biologie, Chemie, Physik und Geographie. Bislang gab es jedoch keine speziell ausgebildeten NwT-Lehrer. Den NwT-Unterricht bestritten ausschließlich die Lehrer der Basiswissenschaften. Erst seit 2010 können Lehramtsstudierende auch das Fach NwT studieren. Die ersten sogenannten „NwTiker" kommen nun nach und nach an die Schulen.

letsgoING wurde ins Leben gerufen, um Schülerinnen und Schüler weiterführender Schulen zu motivieren, MINT-Fächer zu studieren. letsgoING wird am Fachbereich Mechatronik der Hochschule Reutlingen entwickelt und von der Vector Stiftung unterstützt. Über spannende Projekte im regulären NwT-Unterricht sollen Schülerinnen und Schüler einen Zugang zur Technik finden, Theorie durch Praxis begreifen, Lösungen strukturiert und konzentriert angehen und lernen, kooperativ und kreativ zu arbeiten. Mit dem letsgoING-Ansatz soll ein dezidiert technisches Herangehen vermittelt werden (in bewußter Abgrenzung zu den naturwissenschaftlichen Disziplinen). Ziel ist die Technikmündigkeit der Schülerinnen und Schüler.

In enger Kooperation mit Fachlehrern haben wir unter der Überschrift „Mikrocontroller macht Schule" ein umfassendes Bildungssystem entwickelt, das mittlerweile an diversen Schulen im Kreis Tübingen / Reutlingen erfolgreich durchgeführt wird und das nachfolgend beschrieben wird.

letsgoING umfasst:

1. die Ausbildung (NwT-)Lehramtsstudierender
2. die Schulung bestehender (NwT-)Lehrer
3. ein Curriculum für einen halbjährigen Kurs
4. die benötigte Hard- und Software für diesen und weitere Kurse
5. den Support durch Tutoren bei der Einführung in den Unterricht
6. ein „Expert Back Office" zur Koordination der Kurse und Support bei technischen Problemen

Das Konzept „lernen und weiterbilden"

Die Mikrocontroller-Technologie ist so komplex, dass eine Aus- und Weiterbildung der Lehrer nicht einfach en passant funktioniert. Eine Ausbildung der Fachlehrer der Basiswissenschaften durch klassische Kurse ist nur sehr bedingt möglich. Entweder sind die Kurse zu umfangreich (so viel Fortbildungszeit hat der Fachlehrer nicht) oder zu kurz (es fehlt die Routine für den Unterricht). Die Bereitschaft als Nicht-Informatiker in die Mikrocontrollertechnik einzusteigen, ist deshalb verständlicherweise begrenzt. Die Folge: es lassen sich zu wenige Lehrer auf das Abenteuer ein, sich in das Thema Mikrocontroller bzw. embedded Systems einzuarbeiten. Auch im Ausbildungsplan der zukünftigen NwTiker-Lehramtsstudierenden sind die „embedded Systems" nur ein Thema unter vielen und kommen angesichts der Bedeutung, die das Thema heute hat, zu kurz.

Unser Erfolgskonzept besteht nun darin, Lehrer und Lehramtsstudierende zusammenzubringen. Nach der Ausbildung gibt es ein „Training on the Job". letsgoING hat dafür das Konzept „lernen und weiterbilden" entwickelt. Lehrer, die sich auf das Thema einlassen, erhalten die Zusage, dass ein studentischer Tutor sie bei der Einführung der Materie unterstützt. Für den Unterrichtseinsatz erhalten die Lehrer einen Klassensatz der kompletten Materialen. Sie können dann mit den Materialien, auf denen sie gelernt haben, starten: Ihnen steht damit ein erprobtes Curriculum zur Verfügung. Man nutzt übersichtliche Hardwaremodule und arbeitet mit einer grafischen Programmieroberfläche, die den Einstieg in die Programmierung sehr erleichtert. Hard- und Software sind selbstverständlich Open-Source lizenziert. Das wichtigste aber: Mit den Lehramtstutoren haben die Lehrer den notwendigen fachlichen und personellen Support.

Lehramtsstudierende profitieren v. a. dadurch, dass sie Unterrichtserfahrungen sammeln können und nach ihrem Einsatz über ein komplettes NwT-Thema verfügen, das sie nach ihrem Studium eins zu eins umsetzen können.

Lehrer und Lehramtsstudierende werden in 4 halbtägigen Workshops ausgebildet. Sie arbeiten sich in dieser Zeit in die Grundlagen der Mikrocontrollertechnik ein. Sie lernen Hard- und Software kennen und erhalten pädagogisch didaktische Tipps für ihren Unterricht. Vor allem aber lernen sie das ingenieurmäßige Denken kennen: Das Denken in Systemen und Prozessen.

Der „technische Ansatz"

Gemäß dem baden-württembergischen Bildungsplan für das Fach NwT sollen Schülerinnen und Schüler das systemische Denken und Arbeiten erlernen. Sie sollen „1. Systeme analysieren und beschreiben (Systemgrenzen, Teilsysteme), 2. Energie-, Stoff- und Informationsströme zwischen Teilsystemen erklären, 3. Wechselwirkungen zwischen Teilsystemen beschreiben (positive und negative Rückkopplung), 4. Veränderungen in Systemen als Prozesse beschreiben (Prozessschritt, Teilprozess, EVA-Prinzip) und 5. Teilsysteme durch ihre äußeren Funktionen beschreiben (Black-Box-Denken)." [2]

Das Curriculum von letsgoING vermittelt systematisch diese Kompetenzen. letsgoING betont dabei das **T** von MINT oder NwT. Dies geschieht auch ganz bewusst in Abgrenzung zur Physik! In erster Linie geht es um die Technik: Wie kann ich eine gestellte Aufgabe zur Zufriedenheit lösen? Die physikalischen Grundlagen oder das Innenleben der verwendeten Bauteile kommen nur dann ins Blickfeld, wenn es unbedingt notwendig ist. Für Ingenieure sind die Schnittstellen interessant. Sie suchen an Hand von Datenblättern die passenden Module aus und integrieren sie in ein System.

Der Kurs verzichtet deshalb ganz bewusst darauf, die physikalischen oder elektrotechnischen Grundlagen zu vertiefen. Es geht darum, den Schülerinnen und Schülern Troubleshooting beizubringen. Dass etwas nicht gleich funktioniert, ist bei komplexen Systemen eher die Regel als die Ausnahme. Die Ursachen dafür, dass es nicht funktioniert, können vielfältig sein. Eine systematische Suche und das Erlangen einer gewissen Routine helfen bei der Ursachensuche.

Die letsgoING-Materialien sind deshalb auch kein plug & play –Systeme. Die Schülerinnen und Schüler sollen Fehler machen (können). Es gibt Verdrahtungs-fehler, logische Fehler, Softwarefehler, syntaktische Fehler, konstruktive Fehler oder ganz einfach eine kalte Lötstelle. Die Materialien sind so aufgebaut, dass man Fehler machen kann. Sie sind aber auch so gestaltet, dass Fehler im Normalfall nicht zur Zerstörung der Komponenten führen.

Auch die Lehrer oder die Tutoren erkennen nicht immer sofort, wo der Fehler liegt. Ihre Aufgabe ist es, die Schülerinnen und Schüler anzuleiten, den Fehler selbst-ständig zu finden. Bei der Suche ein gewisses Geschick zu entwickeln, etwas Frustrationstoleranz aufzubringen und die Motivation dabei nicht zu verlieren, sind wichtige Lernziele!

Bei letsgoING lernen die Schülerinnen und Schüler „komplexe Objekte, Abläufe und Zusammenhänge als Systeme oder Prozesse" zu beschreiben: „Zur Struk-turierung zerlegen sie Systeme in Teilsysteme und identifizieren deren Schnitt-stellen. An diesen untersuchen sie Energie-, Informations- und Stoffaustausch. Beim Gliedern in Teilsysteme erlernen die Schülerinnen und Schüler syste-misches Denken. Sie entwickeln Lösungen zur Darstellung der Wechsel-wirkungen und des Gesamtzusammenhangs." [2]

Die Schülerinnen und Schüler erwerben so ein grundsätzliches Verständnis für diese Technologie. Dieses Verständnis ist die Voraussetzung für einen mündigen Umgang mit der Technik.

Die technische Denkweise und das gezielte Suchen und Lösen von Fehlern gehören zu den Schlüsselqualifikationen in fast allen Bereichen des (Arbeits-) Lebens. Technische Berufe machen im Übrigen ca. 90 % der derzeit unbesetzten MINT-Arbeitsplätze aus. Ein Großteil davon sind Arbeitsplätze in den Bereichen Informatik und Ingenieurwissenschaften. [3],[4]

Das Curriculum und die Materialien

Wir verwenden kein „All-in-one-Board" wie z. B. das u. a. von Google geförder-te Calliope-Board, das schon alle Sensoren oder Aktoren onboard hat. Der Vor-teil von solchen Plug & Play -Boards ist auch deren Nachteil: Verdrahtungs-fehler sind ausgeschlossen. Wir arbeiten mit dem Arduino UNO Board, das nicht nur in der Maker-Szene das Standardboard ist und quasi Kultcharakter hat. An das Arduinoboard werden die letsgoING-Hardwaremodule angeschlossen:

Falscher Pin gewählt. Programm tut nicht. So soll es sein. Nur so kann man lernen.

Unsere Hardwaremodule haben gegenüber einem Steckbrett jedoch den Vorteil, dass sie nicht so leicht zerstört werden können. Die Stromversorgung ist verpolungssicher. Jedes letsgoING-Modul hat nur eine einzige Funktionalität. Die Schülerinnen und Schüler löten die Module zudem selbst zusammen und lernen sie dabei kennen.

Als Entwicklungsumgebung verwenden wir die grafische Programmieroberfläche ArduBlock.

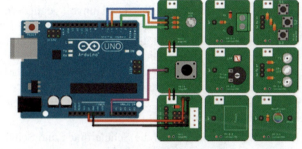

Die Schülerinnen und Schüler müssen sich nicht mit Semikolons, Klammern, Syntax etc. herumschlagen. Programmblöcke können wie Puzzleteile per Mausklick aneinandergehängt werden. Nur die syntaktisch passenden Blöcke lassen sich miteinander verbinden. Wer möchte kann jederzeit zur textbasierten Programmierung wechseln, da der C++-Code automatisch im Hintergrund generiert wird.

*Anmerkung: Eine grafische Programmoberfläche zu nutzen, bedeutet **nicht**, dass man nicht wirklich programmiert. „Code hacken" ist eine Kompetenz, die nicht mit „Programmieren" verwechselt werden sollte!*

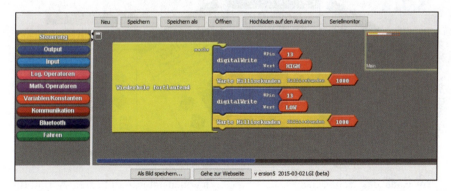

Wie ist das Curriculum aufgebaut?

Der Standard-Kurs ist am Bildungsplan NwT der 9. bzw. 10. Klasse ausgerichtet. Der rein technische Teil des Curriculums umfasst ca 12 Wochen. Die Unterrichtsmaterialien verfolgen dabei einen spiralcurricularen Ansatz. Das bedeutet, die Schülerinnen und Schüler vertiefen in mehreren Runden ihr Wissen und ihre Kompetenzen.

Ein letsgoING-Kurs besteht aus einer Grundlagenphase und einer Projektphase. In der Grundlagenphase machen sich die Schülerinnen und Schüler mit grundlegenden Algorithmen, der Hardware und dem Troubleshooting vertraut. Die Grundlagen der Mikrocontrollertechnik werden in drei Heften vermittelt. Jede Seite eines Grundlagenhefts stellt eine Einheit dar. Mit W-Fragen werden die Absätze überschrieben und die Seite sinnvoll gegliedert. Auf den meisten Seiten findet sich eine kleine Übungsaufgabe mit einer Grafik für den Versuchsaufbau sowie die Rubrik Troubleshooting. Hier erhält man Hinweise, wie man vorgeht, wenn es mal nicht klappt. Die Schülerinnen und Schüler arbeiten in Zweierteams und können so voneinander profitieren. Jedes Team arbeitet in seinem Tempo. Damit zusätzliche Inputs durch den Lehrer möglich sind, können die Übungsprojekte so skaliert werden, dass die Teams immer gemeinsam ein Grundlagenheft abschließen.

In der Projektphase müssen die Schülerinnen und Schüler selbstständig ein kleines vorgegebenes (später auch freies) Projekt planen und realisieren. Das Projektmanagement ist Teil des Arbeitsprozesses. Die Schülerinnen und Schüler wählen die für die Aufgabenstellung benötigten Hardwaremodule anhand von vereinfachten Datenblättern aus und lernen diese mit den Beschreibungen und Übungen kennen. In mehreren Arbeitsschritten werden anschließend Teilsysteme und später die gesamte Projektaufgabe aufgebaut, getestet und dokumentiert. Die Projekte sind skalierbar, so dass sie je nach Knowhow, Umfang und Schwierigkeitsgrad angepasst werden können.

Am Ende des technischen Teils ist Zeit für einen interdisziplinären Anschluss vorgesehen. Mögliche Schnittstellen zu anderen Kursen und Fächern sind in der Lehrerhandreiche markiert und mit Vertiefungsvorschlägen versehen.

Die letsgoING Unterlagen sind bewusst sehr kurz gehalten. Ein genaues Lesen ist deshalb für den Lernerfolg wichtig. Mit Hilfe eines Online-Fragen-Tools kann getestet werden, ob die wesentlichen Punkte einer Einheit erfasst wurden.

Die drei Grundlagenhefte und das Projektheft bilden zusammen mit einer interaktiven Lernkontrolle die wesentlichen Bestandteile des letsgoING-Kurses. Zum Abschluss des Kurses können die Klassen die Hochschule Reutlingen besuchen und einen Einblick in die Arbeit von Ingenieuren erhalten. Sie erfahren, welche Beiträge Ingenieure für Gesellschaft und Wirtschaft leisten.

Übertragbarkeit

Um das letsgoING-Konzept auch an anderen Standorten etablieren zu können, muss zum einen die Ausbildung der Lehrer und Tutoren gewährleistet sein. Als zweites müssen ausreichend Tutoren gefunden werden und drittens müssen die Schulen mit den Materialien versorgt werden.

Ausbildung der Lehrer und Tutoren (und Koordination). Die Lehrer und Lehramtsstudierenden werden im Umkreis von Tübingen / Reutlingen direkt vom letsgo-ING-Team geschult. Auch die Koordination übernimmt das letsgoING-Team.

letsgoING möchte das Schulungsangebot für weitere Schulen ausweiten. Je nach Entfernung stellt das letsgoING-Team die Ressourcen für Schulung und Planung für Kooperationspartner zur Verfügung.

Es müssen Kooperationspartner gefunden werden, die eine ähnliche Expert Back Office Funktion, wie sie das letsgoING-Team hat, übernehmen können. Der Benefit für andere technische Hochschulen wäre die Öffentlichkeitsarbeit und zusätzliche Studienbewerber. Die Schulungen können natürlich auch von Universitäten mit Lehramtsausbildung geleistet werden, wenn im Studienangebot Ingenieurfächer vertreten sind.

Versorgung mit Tutoren. Das „Training on the job" ist eine wesentliche Säule des letsgoING-Konzepts. Bei der Ausweitung des Konzepts auf weitere Regionen ist die Versorgung mit Tutoren der limitierende Faktor. In B-W streben wir Kooperationen mit allen Hochschulen und Universitäten an, die Lehramtsstudierende für das Fach NwT bzw. für die naturwissenschaftlicher Fächer ausbilden.

Sehr gute Erfahrungen haben wir auch mit unseren eigenen Studierenden gemacht. Den Studierenden der technischer Hochschulen (z. B. Mechatroniker) fehlt zwar der pädagogisch didaktische Hintergrund. Sie dienen jedoch als Role-Models und bringen von ihrer Ausbildung her das technische Denken und meist auch schon industrielle Praxiserfahrung mit. Alternativ können auch andere technisch versierte Personen wie Ingenieure, Fachkräfte, Azubis oder Pensionäre als Tutoren eingesetzt werden.

Versorgung der Schulen mit Hardware. Im Augenblick organisiert das letsgo-ING-Team die Materialversorgung der Schulen. Da der logistische Aufwand doch beträchtlich ist, wird die Kooperation mit einem Distributor oder eine Kooperation mit Lehrmittelhersteller angestrebt.

Fazit

letsgoING möchte die ganze Bandbreite der Schülerinnen und Schüler erreichen und bietet deshalb eine digitale Grundbildung für den regulären NwT-Unterricht. Alle Schülerinnen und Schüler erfahren, wie die digitale Systeme funktionieren und wie man Funktionsweisen analysieren und verstehen kann. Sie lernen, was algorithmisches Denken bedeutet und machen sich damit vertraut, wie Ingenieure an Aufgaben herangehen. Die Beschäftigung mit den Mikrocontrollern soll einerseits Spaß machen und auch die Faszination für Technik transportieren. Aber die Mühen beim Troubleshooting gehören genauso zum Konzept wie das Nachdenken über die Digitalisierung.

Die rein fachlich-technische Beschäftigung mit Mikrocontroller-Technik führt für sich gesehen noch nicht zur Technikmündigkeit. Die gesellschaftliche Dimension der Digitalisierung muss im Unterricht gesondert thematisiert werden. In der letsgoING-Lehrerhandreiche gibt es Materialien und Hinweise, wie die Lehrer das Thema „Auswirkungen der Digitalisierung" in ihren Unterricht einführen können.

letsgoING lässt die Lehrer nicht allein. Vor allem Lehrer, die sich ganz neu in die Materie (technisch und gesellschaftstheoretisch) einarbeiten, brauchen viel Unterstützung. letsgoING bietet „training on the job": Ein Lehramtsstudent unterstützt den Lehrer bei seiner Einarbeitung im regulären NwT-Unterricht als Tutor. Lehrer und Tutor erhalten ein ausgearbeitetes Curriculum mit soziotechnischen Bezügen und mit dem letsgoING-Team ein Back-Office für den notwendigen Support.

Das Konzept wird von Schulen, Lehrern, Schülerinnen und Schülern sehr gut angenommen. Die Materialien werden seit 2013 erfolgreich in immer mehr Schulen verwendet. Die letsgoING-Methode hat sich bewährt und wird ständig weiterentwickelt und evaluiert.

Der NwT-Unterricht kann das Thema „gesellschaftliche Auswirkungen der Digitalisierung" sicherlich nicht alleine hinreichend behandeln. Hier sind interdisziplinäre Ansätze gefragt. Angesichts der eingangs beschriebenen allumfassenden digitalen Durchdringung von Alltag und Beruf ist dies dringend geboten.

Literaturverzeichnis

[1] Steinmeier, Frank-Walter: Eine tödliche Gefahr für unsere Gesellschaft. in faz 5.11.2016.
[2] Bildungsplan 2016. Naturwissenschaft und Technik (NwT). http://www.bildungsplaene-bw.de/site/bildungsplan/get/documents/lsbw/export-pdf/depot-pdf/ALLG/BP2016BW_ALLG_GYM_NWT.pdf (15.5.2017)
[3] Lübke, Friederike: Mint-Fächer. Braucht man sie alle? http://www.zeit.de/2017/17/mint-faecher-perspektive-studium-nachfrage-industrie-berufsausbildung (15.5.2017)
[4] Bundesagentur für Arbeit - Arbeitsmarkt MINT-Berufe, 10.03.16.
https://statistik.arbeitsagentur.de/Statischer-Content/Arbeitsmarktberichte/Branchen-Berufe/generische-Publikationen/Broschuere-MINT-2016.pdf (15.05.2017)

Anmerkungen zum technischen Bildungskonzept „letsgoING"
der Hochschule Reutlingen

Das von der Hochschule Reutlingen im Fachbereich Mechatronik erarbeitete Konzept „letsgoING" stellt einen wichtigen und bis vor wenigen Jahren noch fehlenden Baustein für die digitale bzw. Technikbildung an Schulen dar. Das Konzept ist vielfach erprobt und eingebettet in den Wahlpflichtbereich der gymnasialen Sekundarstufe I, 9. und 10. Klasse, an Schulen in BW. Das Ergebnis fließt in die Benotung der Schüler ein.

Schriftliches Lehrmaterial und modulare Hard- und Software stehen zur Verfügung. Die Lehrkräfte werden von Tutoren der Hochschule und von Lehramtsstudierenden der Universität Tübingen betreut. Als hervorzuhebendes Element können angehende Lehrer bereits im Studium für das Thema gewonnen werden.

Gegenstand der Kurse und Projekte sind eingebettete Systeme auf Mikrocontrollerbasis. Mechatronische Systeme werden von diesen gesteuert und eine Reihe von Sensoren und Aktoren sind für verschiedene Anwendungen verfügbar. Damit werden Schüler/innen in digitale und analoge Elektronik sowie das Programmieren eingebetteter Software eingeführt. Dabei wird systematisches Denken und Arbeiten vermittelt. Logikschaltungen und Algorithmen sowie Zusammenhänge in komplexen Systemen werden am Praxisbeispiel verständlich. Die Mechatronik ist robust und gleichzeitig preisgünstig hergestellt. Fehler bei der Durchführung dürfen ausdrücklich gemacht werden, die Fehlersuche ist Teil des Lernprozesses und verstärkt das Erlebnis der Selbstkompetenz.

Wenn das Interesse einmal geweckt ist, ist ein Anschluss in die sog. Maker-Szene leicht möglich, so dass ein nachhaltiger Effekt erzielt werden kann bis hin zur Aufnahme eine Studiums „Elektrotechnik und Informationstechnik". Studien des VDE zeigen, dass insbesondere auf dem Gebiet der Elektronik und hardwarenahen Programmierung der künftige Bedarf im Verhältnis zum bestehenden Angebot an Absolventen besonders groß sein wird.

Aus Sicht des VDE-Ausschusses „Studium, Beruf und Gesellschaft" SBG ist das vorliegende Konzept bisher alleinstehend in seiner umfassenden Art und besonders geeignet, junge Menschen für Technik zu begeistern.

Frankfurt, im Juni 2017

Prof. Dr.-Ing. Michael Berger, SBG-Vorsitzender;
Dr.-Ing. Michael Schanz, Vorsitzender VDE-Geschäftsstelle SBG

1.2.5   Digitalisierung und Ausbildungsberufe

Ausbildung und Fortbildung in der Metall- und Elektro-Industrie müssen aktualisiert werden, damit sie auch für die Welt von Industrie 4.0 passen - aber es braucht dafür keine neuen Berufsbilder. Vielmehr müssen die Curricula um neue Inhalte erweitert werden, zum Beispiel um das Thema Datensicherheit. Dazu sollen die Ausbildungsordnungen der industriellen Metall- und Elektroberufe im Rahmen einer Teilnovellierung überarbeitet werden. Nur so kann sichergestellt werden, dass künftig der Umgang mit digitaler Arbeit gelingt. Für weitergehende Anforderungen in einzelnen Berufen sollen Zusatzqualifikationen vorgesehen werden. Das haben Gesamtmetall, VDMA, ZVEI und IG Metall als Sozial-partner für Ausbildung und Qualifizierung in der M+E-Industrie in gemeinsam erarbeiteten Handlungsempfehlungen vorgeschlagen.

Zusätzlich halten es die verantwortlichen Sozialpartner für wichtig, Umsetzungs-hilfen für die Ausbildung im Kontext von Digitalisierung und Industrie 4.0 bereitzustellen und fachdidaktische und medientechnische Konzepte für Schule und Betrieb zu erstellen.

Die Vorschläge sollen nun mit den zuständigen Bundesministerien und Entscheidungsträgern abgestimmt und in einem „agilen" Verfahren zügig umgesetzt werden, damit, so die vier beteiligten Partner, die Unternehmen vom August 2018 an in den aktualisierten Berufen ausbilden können.

Gesamtmetall, VDMA, ZVEI und IG Metall hatten sich im Frühjahr 2016 in einer Sozialpartnervereinbarung darauf verständigt, die Industrie-4.0-relevanten Ausbildungsberufe und die Fortbildungen im M+E-Bereich auf die Anforderun-gen der Digitalisierung hin zu untersuchen. Nach einem knappen Jahr liegt das Ergebnis in Form der gemeinsamen Handlungsempfehlungen vor. Diese wurden mit Vertretern aus Unternehmen, Berufsschulen und der Wissenschaft diskutiert und nach Auswertung bereits vorliegender Studien entwickelt.

Die Sozialpartner stellen sich damit ihrer Aufgabe, die Berufsbilder in der M+E-Industrie kontinuierlich zu überprüfen und bedarfsgerecht anzupassen. Gleich-zeitig verweisen sie aber auch auf die innovative Struktur der aktuellen Berufe, die den Betrieben eine hohe Flexibilität bei der Ausbildung sichert und die heutigen Anforderungen von Industrie 4.0 weitgehend einschließt.

Die Metall- und Elektro-Industrie beschäftigte Ende 2016 etwa 3,85 Mio. Mit-arbeiterinnen und Mitarbeiter in Deutschland. Ihre Erfahrung und Kompetenz sind wesentliche Erfolgsfaktoren für die Unternehmen, die durch eine moderne Berufsausbildung und durch praxisnahe Fortbildung ständig gesichert werden müssen.

Gemeinsame Presseinformation von Gesamtmetall, VDMA, ZVEI und IG Metall, 31.03.2017

1.3   Digitalisierung in der wirtschaftlichen Praxis

1.3.1   IW-Innovationsatlas 2017 – Wo Deutschlands Ideen entstehen

Dr . **Hans-Peter Klös**
Leiter Wissenschaft,
Institut der deutschen
Wirtschaft K öln

Dr. **Oliver Koppel,**
Senior Economist,
Institut der deutschen
Wirtschaft Köln

Auf regionaler Ebene existiert in Deutschland ein enger Wirkungszusammenhang von FuE-Aufwendungen über MINT-intensive Beschäftigungsstrukturen bis hin zu Patenterfolgen. Bei sämtlichen Indikatoren der Innovationskraft herrschen jegweils ein starkes Süd-Nord-, West-Ost- sowie Stadt-Land-Gefälle. Der große Vorsprun der südlichen Flächenländer bleibt selbst dann sehr ausgeprägt, wenn um siedlungs-strukturelle Unterschiede korrigiert wird. Auf der Ebene von Wirtschaftsräumen dominieren wenige hochinnovative Regionen wie jene rund um München, Stuttgart oder Wolfsburg. Diese von der Automobilindustrie geprägten Spitzencluster haben es ermöglicht, dass Deutschland das im Jahr 2000 gesetzte Ziel erreicht hat, 3 Prozent seiner Wirtschaftsleistung in Forschung und Entwicklung zu investieren. Drei von vier Wirtschaftsräumen hierzulande verfehlen dieses Ziel jedoch weiterhin. Positive Ausnahmen von der flächendeckenden Innovationsschwäche Ostdeutschlands bilden die Wirtschaftsräume rund um Dresden und Jena.

Die große Herausforderung für Deutschland besteht darin, in einem immer intensiver werdenden Forschungs-, Entwicklungs- und Innovationswettlauf weiter zur internatio-nalen Spitze aufzuschließen. Um dieses Ziel zu erreichen, sind die Rahmenbedingun-gen so zu verbessern, dass sie speziell den bislang noch innovationsschwachen ländlichen sowie ostdeutschen Wirtschaftsräumen deutliche Fortschritte bei der Innovationskraft ermöglichen.

Mit dem IW-Innovationsatlas 2017 untersucht das Institut der deutschen Wirtschaft Köln anhand eigens für diese Studie entwickelten Indikatoren, wie sich die Innovationskraft in deutschen Wirtschaftsräumen darstellt. Dazu werden für 85 eigens abgegrenzte zusammenhängende Wirtschaftsräume fünf Indikato-ren herangezogen: die regionalen Forschungs- und Entwicklungsaufwendungen (FuE) der Wirtschaft, die Zahl der beschäftigten Akademiker mit MINT-Qualifikationen, die Zahl der technologieorientierten Unternehmensgründungen, die Breitbandinternetversorgung und die Zahl der Patentanmeldungen.

Dadurch kann ein empirisch schlüssiges Bild der regionalen Innovationskraft entlang der Wirkungskette von FuE-Aufwendungen über MINT-intensive Beschäftigungsstrukturen bis hin zu Patenterfolgen nachgezeichnet werden, dessen wichtigste Ergebnisse sich wie folgt darstellen lassen:

Forschung und Entwicklung:
Drei von vier deutschen Wirtschaftsräumen verpassen EU-Zielvorgaben

Gemäß dem im Jahr 2000 vereinbarten Lissabon-Ziel der EU sollen mindestens zwei Prozent der Wirtschaftsleistung in unternehmerische Forschung und Entwicklung investiert werden. Auf Ebene des Bundes wird dies zwar inzwischen erreicht, jedoch bleiben drei Viertel der deutschen Wirtschaftsräume weiterhin unter dieser Grenze. Jeder zweite Wirtschaftsraum kommt noch nicht einmal auf einen Wert von 1,3 Prozent. Danach ziehen einige wenige forschungsstarke Regionen in Süddeutschland sowie von der Automobilindustrie geprägte Spitzencluster der Metall- und Elektroindustrie den gesamtdeutschen Durchschnittswert nach oben.

Das Gros der Wirtschaftsräume, darunter besonders viele in Ostdeutschland, liegt deutlich hinter diesen Werten zurück. Mit einer FuE-Intensität von 9,95 Prozent nimmt indes die Region um Wolfsburg und Braunschweig die unangefochtene Spitzenposition unter den Wirtschaftsräumen ein.

Neben dem großen Süd-Nord- und West-Ost-Gefälle existiert bei den Forschungsanstrengungen ein ebenso großes Stadt-Land-Gefälle. So investieren Großstädte gemessen an der Wirtschaftsleistung mehr als dreimal so viele Mittel in Forschung und Entwicklung wie ländliche Regionen. In der Regel nimmt die FuE-Intensität zwischen kreisfreien Großstädten und dünn besiedelten ländlichen Kreisen sukzessive ab. Eine interessante Ausnahme von dieser Regel bildet Baden-Württemberg, wo die FuE-Intensität in städtisch geprägten Kreisen mit 4,8 Prozent sogar höher ausfällt als in den kreisfreien Großstädten. Erklärt wird dies durch eine hohe Anzahl sog. „Hidden Champions", innovationsstarker Industrieunternehmen, die sich im weiteren Umfeld der Großstädte und Verdichtungsräume angesiedelt haben und die für dieses Bundesland prototypisch sind.

Beschäftigung von MINT-Experten: Hohe Konzentration in wenigen
Wirtschaftsräumen, ländliche Regionen hinken hinterher

Eine hohe Beschäftigungsdichte technisch-naturwissenschaftlicher Akademikerberufe ist elementar wichtig für die regionale Innovationskraft, zeigt sich hier ein sehr ähnliches Bild wie bei den eher sachkapitalintensiven FuE-Aufwendungen: Mit Ausnahme der Randlagen erweist sich die Beschäftigungsstruktur in den süddeutschen Wirtschaftsräumen als besonders MINT-intensiv, während die entsprechenden Werte Richtung Norden und Osten der Republik deutlich abnehmen. Einzig der Wirtschaftsraum um Wolfsburg und Braunschweig durchbricht die Dominanz des Südens und nimmt mit einer Beschäftigungsdichte von 83 MINT-Akademikern je 1.000 Beschäftigten den Spitzenplatz ein. Weitere positive Ausnahmen bilden der Wirtschaftsraum um Aachen, dessen exzellente Ausbildungsleistung im MINT-Hochschulbereich über eine hohe Beschäftigungsintensität auch in die Nachbarregionen abstrahlt, sowie der Wirtschaftsraum um Dresden.

Auch bei dem Indikator der MINT-Beschäftigung existiert neben einem Süd-Nord- ein großes Stadt-Land-Gefälle. Gemessen an der Gesamtbeschäftigung arbeiten in Großstädten weit mehr als doppelt so viele MINT-Akademiker wie in ländlichen Regionen.

Allerdings existiert eine starke Diskrepanz zwischen regionaler Ausbildung und regionaler Beschäftigung, die in einem gravierenden „Braindrain" von Ingenieuren und Informatikern von NRW, Sachsen und Thüringen nach Süddeutschland mündet.

Technologieorientierte Unternehmensgründungen:
Thüringen und Sachsen top, „Gründungshauptstadt" Berlin nur Mittelmaß

Technologieorientierte Unternehmensgründungen im Allgemeinen und entsprechende Start-ups im Besonderen spielen für die Innovationskraft einer Region eine wichtige Rolle, denn sie entwickeln neue Produkte und Dienstleistungen, erhöhen den Wettbewerbsdruck auf etablierte Unternehmen und weisen eine deutlich positivere Beschäftigungsentwicklung als andere Gründungen auf. Viele Wirtschaftsräume mit einer besonders aktiven Szene technologieorientierter Neugründungen finden sich in Süddeutschland (vornehmlich in Baden-Württemberg), aber auch in Ostdeutschland (vornehmlich in Sachsen und Thüringen). Die Gründungsschwäche der Region um Wolfsburg und Braunschweig ist auch dadurch zu erklären, dass die entsprechenden Anreize dort angesichts exzellenter Beschäftigungsmöglichkeiten im Rahmen eines Angestelltenverhältnisses schwächer ausfallen dürften.

Wie der IW-Innovationatlas zeigt, hat deutschlandweit nur jede 77. Neugründung einen technologiebasierten Innovationsbezug. In der Bundesländerperspektive genießt Berlin zwar den Ruf einer Gründungshochburg. Bei genauerer Betrachtung zeigt sich jedoch, dass in Berlin – weit häufiger als andernorts – vor allem nicht-wissensintensive Unternehmen aus dem Bereich der personennahen Dienstleistungen gegründet werden. Beim Zusammenspiel aus allgemeiner und innovationsspezifischer Gründungsneigung nimmt dagegen Thüringen mit 42 Neugründungen in innovationsaffinen Branchen je 10.000 aktiven Unternehmen den Spitzenplatz ein, gefolgt von Baden- Württemberg und Sachsen. Dabei profitiert Thüringen von speziell auf innovative Gründungen

47

ausgerichteten Förderprogrammen des Bundes sowie des Landes. Unter dem Aspekt des dringend benötigten Strukturwandels werden auch die Defizite Nordrhein-Westfalens bei technologieaffinen Neugründungen augenfällig. In diesem Bereich bedarf es dringend einer Investitions-initiative.

Breitbandinternet: Defizite beim Ausbau gefährden Digitalisierungspotenziale auf dem Land

Für ein erfolgreiches Innovationsgeschehen muss das Breitbandinternet flächendeckend ausgebaut werden – gerade in Zeiten der Digitalisierung. Ende des Jahres 2016 stand rund 75 Prozent aller deutschen Haushalte ein schnelles Breitbandinternet zur Verfügung.

Wie schon bei der FuE-Intensität und der Beschäftigungsintensität von MINT-Akademikern zeigt sich auch bei der Breitbandverfügbarkeit nicht nur im Bundesgebiet, sondern auch innerhalb jedes einzelnen Bundeslandes ein deutlich positiver Zusammenhang mit dem regionalen Verdichtungsgrad: Je mehr Menschen in einer Region leben, desto besser sind sie in der Regel angebunden. Dies liegt auch an den Kosten des Leitungsbaus, denn der Großteil der Breitbandversorgung läuft kabelgebunden. Je höher die Einwohnerdichte ist, desto mehr Haushalte können pro Meile Glasfaserkabel mit Breitbandinternet versorgt werden. Dies erklärt, warum im teilweise hochverdichteten Nordrhein-Westfalen mit seinen oftmals ineinander übergehenden Gemeinden viele Wirtschaftsräume über ein sehr gutes Breitbandinternet verfügen. Viele norddeutsche Wirtschaftsräume profitieren hingegen davon, dass aufgrund der flachen Topographie die Signale häufig drahtlos und daher kostengünstig übertragen werden können. Bayern dagegen verfügt letztlich nur in den Ballungszentren über eine sehr gute Breitbandversorgung.

Deutliche Defizite beim Breitband-Ausbau existieren weiterhin in ländlichen Regionen. Nur knapp 6 von 10 Haushalten verfügen dort über Breitbandinternet. Im Vergleich der Bundesländer zeigt sich erneut ein West-Ost-Gefälle, das nur auf den ersten Blick durch die ländlichere Siedlungsstruktur erklärt wird. Tatsächlich ist es jedoch der Tatsache geschuldet, dass alle vier siedlungsstrukturellen Kreistypen in Ostdeutschland nahezu durchweg schlechtere Werte bei der Breitbandversorgung aufweisen als ihre westdeutschen Pendants. Nicht nur der Rückstand ostdeutscher Großstädte auf westdeutsche Großstädte, auch der Rückstand ländlicher ostdeutscher Kreise auf ländliche westdeutsche Kreise ist noch deutlich vorhanden.

Patentleistung: Baden-Württemberg und Bayern auf internationalem Spitzenniveau, Ostdeutschland unterdurchschnittlich

Patente sind eine der aussagefähigsten Messgrößen für die Innovationskraft von Unternehmen und Regionen, sind sie doch die oft notwendige – wenngleich nicht hinreichende – Bedingung für erfolgreiche technologiebasierte Innovationen. In der Regel handelt es sich bei Erfindern um Angestellte von Unternehmen, die ihre Nutzungsrechte des Patents im Rahmen des Arbeitnehmererfindungsgesetzes an ihren Arbeitgeber abtreten. Ein Grund dafür, dass im IW-Innovationsatlas nur die sozialversicherungspflichtig beschäftigten MINT-Akademiker als Indikator herangezogen wurden, besteht folglich darin, dass speziell diese für Forschungsanstrengungen verantwortlich zeichnen, die schließlich auch in Patentanmeldungen münden.

Die große regionale Diskrepanz bei der Forschungsintensität und den Beschäftigungsstrukturen im MINT-Bereich schlägt sich in einer ebenso großen Kluft bei der Patentleistung nieder. Nochmals stärker als bei den übrigen Indikatoren konzentriert sich diese auf süddeutsche Wirtschaftsräume. Eine positive Ausnahme bildet die Achse vom Oberbergischen Land über Ost-Westfalen-Lippe bis hin zum Wirtschaftsraum um Wolfsburg. Erneut heben sich die Wirtschaftsräume um Jena und Dresden sehr positiv aus dem Bild der allgemeinen Innovationsschwäche Ostdeutschlands ab, die für nahezu alle Wirtschaftsräume in Mecklenburg-Vorpommern und Sachsen-Anhalt gilt. Auch in machen westdeutschen Randlagen wie der Eifel oder Ostbayern erweist sich die Patentleistung als sehr schwach.

Auf Ebene der Bundesländer sind Baden-Württemberg und Bayern, die es auf 287 bzw. 236 Patentanmeldungen je 100.000 sozialversicherungspflichtig Beschäftigte bringen, die unangefochtenen Spitzenreiter bei der Patentleistung, während alle nachfolgenden Bundesländer eine Patentleistung weit unterhalb des Bundesdurchschnitts erbringen. In Großstädten wird – bezogen auf die Beschäftigung – um das Fünffache intensiver patentiert als in stark ländlich geprägten Kreisen. Die deutlich unterdurchschnittliche Innovationskraft Berlins lässt sich daran ablesen, dass Großstädte im Rest der Republik – bezogen auf die Beschäftigtenzahl – ein Vielfaches an Patentanmeldungen hervorbringen, thüringische Großstädte beispielsweise das Vierfache, bayerische das Zehnfache und baden-württembergische gar das 14-Fache des Berliner Niveaus.

Wiederum bleibt der große Vorsprung der süddeutschen Bundesländer selbst dann sehr ausgeprägt, wenn um siedlungsstrukturelle Unterschiede korrigiert wird. So erbringen selbst dünn besiedelte ländliche Kreise in Baden-Württemberg eine höhere Patentleistung als z. B. nordrhein-westfälische Großstädte und auch als der Großteil aller Bundesländer im Durchschnitt. Würde ganz Deutschland auf dem Niveau von Baden-Württemberg und Bayern Patente anmelden, läge es in einem internationalen Vergleich mit großem Vorsprung auf Platz 1.

IW-Analyse 117: Innovationsatlas 2017 – Wo Deutschlands Ideen entstehen
Autoren: Sarah Berger, Hanno Kempermann, Oliver Koppel, Anja Katrin Orth, Enno Röben

Wirtschaftsfaktor Messe

Obwohl sich heutzutage fast alle Geschäfte online abwickeln lassen, bleiben Messen mit ihren klassischen Begegnungen von Angesicht zu Angesicht für Unternehmen nach wie vor von zentraler Bedeutung.

Deutschland ist der Messestandort Nummer eins: Von den weltweit wichtigsten Branchenmessen finden rund 60 Prozent in der Bundesrepublik statt. Nach aktuellen Daten beteiligen sich etwa 59.000 deutsche Unternehmen an inländischen Fachmessen und knapp 27.000 an Messen im Ausland.

In 2017 und 2018 wollen die Firmen im Durchschnitt auf zehn Messen im In- und Ausland ausstellen. Obwohl Großkonzerne auf Messen wie der Internationalen Automobil-Ausstellung dominieren, sind generell die Mittelständler in der Überzahl: Fast acht von zehn Messeausstellern erzielen einen Jahresumsatz von weniger als 50 Millionen Euro.

Industrie füllt die Messehallen

So viel Prozent der deutschen Aussteller gehören zu diesem Wirtschaftszweig

Handwerk 2
Sonstige 1
16 Handel
24 Dienstleistungen
57 Verarbeitendes Gewerbe

Befragung von 501 Unternehmen im November 2016

Quelle: Verband der deutschen Messewirtschaft AUMA/ TNS Emnid
© 2017 IW Medien / iwd

Institut der deutschen Wirtschaft Köln

Aus dem Verarbeitenden Gewerbe kommen 57 Prozent der Aussteller (Grafik) und fast drei Viertel exportieren. Deshalb überrascht es nicht, dass der Anteil der Firmen, die auf ausländischen Messen präsent sind, recht hoch ist: Etwa 45 Prozent der ca. 500 befragten Unternehmen waren in den vergangenen zwei Jahren auf einer Auslandsmesse. Rund 40 Prozent der Befragten besuchten europäische Messen und etwa 25 Prozent (auch) Messen auf anderen Kontinenten. Von Unternehmen mit mindestens 50 Millionen Euro Umsatz haben sogar zwei Drittel im Ausland ausgestellt

Messen sind Marketing. Im Marketing-Mix der Firmen rangieren Messen auf Platz zwei. Nur die Firmen-Homepage finden die befragten Unternehmen noch wichtiger. Sie lassen sich den Auftritt auf Messen denn auch einiges kosten: Die Messebudgets lagen in den vergangenen zwei Jahren bei durchschnittlich 281.000 Euro pro Jahr.

Der Anteil der Messen am Marketingetat für die Business-to-Business-Kommunikation ist zuletzt auf 45 Prozent gestiegen; 2001 lag der Anteil bei einem Drittel. Ein Viertel der Firmen plant, das Budget 2017 und 2018 weiter zu erhöhen. Doch trotz der Bedeutung der Auslandsmessen fließen 83 Prozent der Mittel in innerdeutsche Engagements – aus zwei Gründen:

- Auslandsmessen werden teilweise über ausländische Tochtergesellschaften abgewickelt und sind deshalb in hiesigen Marketingbudgets nicht erfasst.
- Internationale Leitmessen wie die CEBIT und die Hannover Messe finden in Deutschland statt, belasten also trotz weltweiter Relevanz die Inlandsbudgets.

Über mangelndes Interesse aus dem Ausland können sich die hiesigen Messen derweil nicht beschweren: Über die Hälfte der jährlich 160.000 bis 180.000 Aussteller und gut ein Viertel der circa zehn Millionen Besucher kommen aus dem Ausland. *Weitere Infos: https://www.iwd.de*

1.3.2 Integrated Industry - Creating Value

Dr. **Jochen Köckler**, Vorstandsvorsitzender
der Deutschen Messe AG, Hannover

Neue Werte schaffen:
HANNOVER MESSE zeigt die Gewinn bringende Seite von Industrie 4.0

Die HANNOVER MESSE 2017 hat erneut ein deutliches Zeichen gesetzt: Integrated Industry ist von der Vision zur Realität geworden – mit mehr als 500 Anwendungsbeispielen für die Digitalisierung von Produktion und Energie. Technologisch ist die vierte industrielle Revolution in vollem Gange. Damit aus der Fabrik der Zukunft jedoch kein Luftschloss wird, muss der konkrete Nutzen für Industrie, Mitarbeiter und Gesellschaft noch stärker in den Vordergrund treten. Die Unternehmen aus Industrie und Energie müssen erkennen, welche direkten und langfristigen Vorteile sie aus der Digitalisierung ziehen können. Dabei entsteht die zusätzliche Wertschöpfung nicht nur an der Maschine in der Produktion. Neue Geschäftsmodelle und Effekte für den einzelnen Mitarbeiter werden zum zusätzlichen Treiber für den Unternehmenserfolg.

Industrie 4.0, Integrated Energy, Digitaler Zwilling, Predictive Maintenance, Digital Energy, Smart Materials, vernetzte und kollaborative Roboter (Cobots) – Großkonzerne, aber besonders auch kleine Unternehmen, sind heute mit einer Vielzahl von technologischen Möglichkeiten konfrontiert, deren Auswirkungen sie oft nur schwer einschätzen können. Es müssen Wege aufgezeigt werden, wie Unternehmen, auch mit begrenzten Ressourcen, die Potenziale der Digitalisierung erkennen und für sich nutzen können. Industrie 4.0 bedeutet nicht den abrupten Austausch aller Produktionsanlagen auf einen Schlag. Beispielsweise können neuartige Sensoren an bestehende Anlagen angedockt werden, um Daten zu erfassen, auszuwerten und daraus Verbesserungen im Produktionsprozess abzuleiten oder neue Geschäftsmodelle zu entwickeln. Die HANNOVER MESSE wird damit zum Wegweiser für Besucher aus der produzierenden Industrie, die das Potenzial der Digitalisierung für ihr Unternehmen ausschöpfen und ihre Produktion Schritt für Schritt zur Fabrik 4.0 ausbauen wollen.

Die Digitalisierung wird auch die Energiebranche komplett verändern. Das Energiesystem der Zukunft wird über intelligente Kommunikationsnetze von der Produktion bis hin zum Verbrauch regel- und steuerbar sein. Erst die Digitalisierung ermöglicht den fundamentalen Umbau von alten Kraftwerksstrukturen zu einer erneuerbaren, dezentralen und effizienten Energieerzeugung und leistet damit einen entscheidenden Beitrag zur Energiewende. Die HANNOVER MESSE steht für vernetzte Lösungen entlang der gesamten energiewirtschaftlichen Wertschöpfungskette – von der Erzeugung, Übertragung, Verteilung und Speicherung bis hin zu alternativen Mobilitätslösungen.

Integrated Industry geht über die intelligente Fabrik hinaus. Produkte bleiben künftig nach der Auslieferung mit dem Hersteller vernetzt und versorgen ihn permanent mit wertvollen Daten. So können Unternehmen zusätzliche internetbasierte Dienstleistungen entwickeln und auch außerhalb ihrer klassischen Branchengrenzen Märkte erobern. In der Entwicklung ganz neuer Geschäftsmodelle und der Erschließung entsprechender Märkte liegt das größte Wertschöpfungspotenzial der Digitalisierung.

Auch in Zeiten allgegenwärtiger Digitalisierung: Der wesentliche Faktor für den Unternehmenserfolg ist und bleibt der Mensch. Durch Industrie-4.0-Technologien werden die Tätigkeiten des Fabrikarbeiters spannender, abwechslungsreicher und seine Arbeitszeit damit noch „wertvoller". Er ist zunehmend Problemlöser, Entscheider, Innovator und Treiber für mehr Wertschöpfung. Doch auch das geschieht nicht von allein. Entscheidend ist, dass Qualifizierungsmaßnahmen Fachkräfte auf die neue Arbeitswelt 4.0 vorbereiten In Zukunft wird es immer mehr intelligente Arbeitsplätze in der Fabrik geben, die sich dem Kenntnisstand des Mitarbeiters anpassen und ihn bei seiner Arbeit unterstützen. Gleichzeitig muss er aber in einer agilen und flexiblen Fabrik lernen, mit Virtual Reality und Augmented Reality, Datenbrillen, Smartphones und Tablets umzugehen. All diese Werkzeuge der Digitalen Fabrik spielen auf der HANNOVER MESSE eine prominente Rolle.

HANNOVER MESSE – Die Weltleitmesse der Industrie

Die weltweit wichtigste Industriemesse wird vom 23. bis 27. April 2018 in Hannover ausgerichtet. Die zentralen Themen der HANNOVER MESSE sind Industrieautomation, Robotik, IT, Antriebs- und Fluidtechnik, Energietechnologien, Industrielle Zulieferung, sowie Forschung und Entwicklung.

Mexiko ist das Partnerland der HANNOVER MESSE 2018

1.3.3 CEBIT 2018: Neue Themen, neue Formate, neuer Auftritt

Oliver Frese,
Vorstand der Deutschen Messe AG, Hannover

Die Digitalisierung verändert mit hoher Geschwindigkeit und revolutionären Technologien Unternehmen, ganze Wirtschaftsgefüge, Nutzerverhalten und gleichzeitig die Art und Weise, wie wir zusammenleben. Diese unterschiedlichen Perspektiven bilden die Leitidee für die neue CEBIT. Mit neuen Themen, neuen Formaten und einem neuen Design wird die CEBIT 2018 zum Business-Festival für Innovation und Digitalisierung. Sie verbindet damit bekannte Messe-Elemente mit inspirierenden Konferenz-Formaten, innovativen Netzwerk-Plattformen und kreativen, künstlerischen Festival-Elementen.

Mit einem komplettt neuen Gelände-Setup startet die nächste CEBIT erstmals im Sommer, am 11. Juni 2018 und wird sich aus vier Elementen zusammensetzen: Das Element **d!conomy** schafft Raum für die Digitalisierung von Unternehmen und Verwaltung. Internationale Unternehmen der digitalen Wirtschaft werden dort konkrete Lösungen und Technologien präsentieren, mit denen die Anwenderunternehmen die digitale Transformation erfolgreich umsetzen können. Für die beteiligten Unternehmen steht hier die Geschäftsanbahnung im Mittelpunkt. Die Themen „Digital Office, Prozess- und Datamanagement, Security, Kommunikation, Devices und Infrastruktur" bestimmen die inhaltliche Agenda.

Als zweites Element wird **d!tec** den Blick in die digitale Zukunft werfen. Innovative Technologien, die an der Schwelle zur Markteinführung stehen, disruptive Geschäftsmodelle und neue Wertschöpfungsnetzwerke verdeutlichen, was zukünftig machbar sein kann. d!tec präsentiert Forschung und Startups, die starre Branchenstrukturen aufbrechen und innovative Technologie und Kreativität zu neuen Geschäftsmodellen zusammenführen.

Den Raum für den notwendigen wirtschaftlichen, politischen und gesellschaftlichen Diskurs schafft das Konferenzformat **d!talk** als drittes Element der neuen CEBIT. Mit einer zentralen Keynotebühne und mehr als zehn kleineren Bühnen mitten in den jeweiligen Themen von d!conomy und d!tec wird d!talk die Drehscheibe für Know-how-Transfer und Visionen. Erwartet werden Querdenker, Visionäre, Experten und inspirierende Strategen aus aller Welt.

Das Herzstück der neuen CEBIT wird der **d!campus** unter dem Expo-Dach sein. Der d!campus vereint Digitalisierung und Kultur und schafft den Rahmen für Networking und Interaktion bis in die Abendstunden. Er wird die multikulturelle Plattform für Begegnung und Netzwerken, spricht mit dem Rahmenprogramm und der Inszenierung alle Sinne an und schafft Raum für Erlebnisse, digitale Showcases und kulturelle Inszenierung.

Die neue CEBIT wird inhaltlich alle Themen der Digitalisierung aufgreifen und in ihren unterschiedlichen Facetten zeigen. Künstliche Intelligenz, das Internet der Dinge (IoT), Human Robotic und Serviceroboter, autonome Systeme, Big Data Analytics, Cloud Computing, Security oder Virtual Reality legen sich dann wie eine digitale Themenmatrix über die neue CEBIT.

Wir werden zusammen mit bisherigen und neuen Partnern alle wesentlichen Trends der Digitalisierung nach diesem Prinzip noch stärker ausarbeiten, erlebbar machen und deren Geschäftspotenziale genauso wie die wirtschafts- und gesellschaftspolitischen Rahmenbedingungen diskutieren. So werden beispielsweise etwa Fragen rund um Mobilität der Zukunft, datengetriebene Geschäftsmodelle im Automobilsektor und autonomes Fahren eine größere Rolle auf der CEBIT 2018 spielen. Auch Blockchain wird in vielen Bereichen der Wirtschaft zu einer Revolution führen; deshalb wird auch dieses Thema stärker in den Fokus gerückt.

In der digitalen Wirtschaft trifft das neue CEBIT-Konzept bereits jetzt auf positive Resonanz. Die Verbindung von Technologie, Geschäftsanbahnung und Emotionen setzt bei unseren Ausstellern und Partnern neue Kreativität frei. Durch die vielen neuen Formate und der kraftvollen Inszenierung wird die CEBIT auch neue Besuchergruppen adressieren. Neben IT-Experten, Fachbesuchern und Top-Entscheidern aus digitaler Wirtschaft und Anwenderindustrie werden wir auch verstärkt die nächste Generation der Entscheider in den Unternehmen erreichen. Dazu gehören u. a. auch Formate für Recruiting von Studenten und Fachkräften.

Um die neue Orientierung der CEBIT zu unterstreichen, wurde auch der Markenauftritt radikal umgebaut. Nur der Name CEBIT ist geblieben. Neuer Schriftzug, neue Schrift, neue Farben, neuer Online-Auftritt – es lohnt sich, die News zur CEBIT 2018 laufend zu verfolgen: *www.cebit.de.*

Die CEBIT 2018 dauert vom Montag, 11. Juni, bis Freitag, 15. Juni 2018

1.3.4 Intralogistik – Digitale Kompetenz gefragt

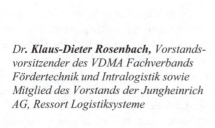

*Dr. **Klaus-Dieter Rosenbach**, Vorstandsvorsitzender des VDMA Fachverbands Fördertechnik und Intralogistik sowie Mitglied des Vorstands der Jungheinrich AG, Ressort Logistiksysteme*

Prozesse in Produktion und Handel werden immer globaler und komplexer. Damit wachsen auch die Anforderungen an die Logistik und folglich auch an die Intralogistik. Der Onlinehandel boomt – Bereitstellung und Auslieferung von Waren werden zunehmend am gleichen Tag erwartet. Gleichzeitig gilt es, die Bevorratung auf ein Minimum zu reduzieren und den Durchsatz zu optimieren, um kosteneffizient zu arbeiten. Ähnliche Anforderungen gelten auch in der Produktion. Je kleiner die Losgröße, je flexibler der Fertigungsprozess, desto anspruchsvoller wird die Materialbereitstellung. Dafür müssen Prozesse perfekt ineinandergreifen, transparent und anpassungsfähig sein, und zwar entlang der gesamten Supply Chain. Produktion und Logistik können heute nicht mehr getrennt voneinander betrachtet werden.

Doch was bedeutet das konkret? Nehmen wir ein Beispiel aus dem Online-handel: Wenn man heute einen Artikel im Shop eines Internethändlers bestellt, geht die Bestellung sozusagen direkt digital bis ins Lager durch. Durch die Vernetzung von Bestell- und übergeordnetem Warehouse-Management-System ist es heute möglich, dass schon kurz nach der Bestellung der Auftrag im Lager zur Bereitstellung angestoßen wird. Dabei spielt es keine Rolle, ob der Händler ein oder mehrere Lager hat. Die Systeme prüfen nicht nur, wo der Artikel verfügbar ist, sondern auch, wo er am schnellsten bereitgestellt werden kann. Die automatische Datenübermittlung und Bereitstellung an den Logistikdienstleister ist der vorletzte Schritt, bevor der Kunde seine Ware erhält. Auch dass wir heute in der Regel den Versandstatus unserer Bestellung online nachverfolgen können, ist ein gutes, wenn auch schon länger bekanntes Beispiel für Vernetzung. Durch das Ineinandergreifen von IT-Systemen (auch über mehrere Unternehmen hin-weg) und durch eine konsequente Datentransparenz sind heute kurze Lieferzeiten und Same-Day-Delivery möglich. Und das ist auch notwendig, denn das Bestellaufkommen steigt in den nächsten Jahren massiv an. Allein für Deutschland rechnet McKinsey in einer aktuellen Studie für das Jahr 2025 mit rund fünf Milliarden Paketen. Zum Vergleich: Aktuell haben wir etwa eine Milliarde Pakete pro Jahr. Das bedeutet sowohl für die Zustellung als auch für die vorgelagerten Prozesse eine Herkulesaufgabe, hohe Anforderungen an Lager und Verteilzentren sowie die dort eingesetzte Fördertechnik und Intralogistik.

Noch ein anderes Beispiel aus dem Produktionsbereich: Wer heute einen Neuwagen kauft, hat unzählige Gestaltungs- und Ausstattungsmöglichkeiten. Doch jede individuelle Veränderung sorgt in der Produktion für einen erhöhten Aufwand, weil plötzlich für jede Karosserie unterschiedliche Teile verbaut werden müssen. Auch hier kommunizieren verschiedene Systeme miteinander und sorgen dafür, dass jedes Teil zum richtigen Zeitpunkt an den richten Montageplatz dirigiert wird. Selbst die Bauteile sind intelligent. Sie „wissen", wo und wie sie verbaut werden sollen und teilen das Maschinen und Mitarbeitern mit. Das ist ein Kerngedanke von Industrie 4.0! Die Intralogistik bietet für Produktion und Handel eine Vielzahl von Lösungen, um diese Anforderungen zu erfüllen.

Logistik und Intralogistik: wo ist die Abgrenzung?

Intralogistik beschreibt Technologien, die den innerbetrieblichen Materialfluss steuern und übernehmen. Dazu zählen Krane und Hebezeuge ebenso wie Flurförderzeuge, Lagertechnik und Stetigförderer. In der Regel werden verschiedene Lösungen aus allen Produktbereichen miteinander kombiniert eingesetzt, um die Produktion mit notwendigem Material zu versorgen, fertig produzierte Teile abzutransportieren oder um im Lager Waren bereitzustellen. Wie schon ausführlich dargestellt erfolgen die Aufträge dafür heute in der Regel digital, kommen also aus übergeordneten Softwaresystemen wie ERP- oder Warehouse-Management-Systemen. Folglich müssen Intralogistikanlagen heute in der Lage sein, mit solchen Systemen zu kommunizieren. Die Hersteller gehen aber noch viel weiter. Die Lösungen arbeiten heute schon oft automatisch, teilweise sogar autonom. Gerade im Lager bietet sich ein hoher Grad an Autonomie an. Mit entsprechender Sensortechnik ausgestattet erfassen zum Beispiel Fahrerlose Transportfahrzeuge (FTF) ihre Umgebung genau. Sie suchen sich autonom ihren Weg, um Aufträge abzuarbeiten. Der Gabelstapler erhält per Funk oder WLAN seine Aufträge direkt auf ein Tablet in der Kabine. Fördertechnik lässt sich heute per Plug & Play individuell und flexibel an das Tagesgeschäft anpassen und kann so unterschiedlichste Auftragsmengen bewältigen.

Durch Beispiele wie diese erleben wir einen Wandel im Materialfluss und in den Lieferketten. Diese Veränderungen können nur durch eine intelligente Intralogistik abgebildet und gestaltet werden. Denn nicht Bits und Bytes transportieren Material, sondern Hardware. Und auch diese wird immer vernetzter und autonomer. Folglich wachsen die Anforderungen, Fördertechnik und Intralogistik mit entsprechender digitaler Intelligenz auszustatten. Dafür suchen Intralogistikanbieter nach Fach- und Nachwuchskräften aus dem Bereich Elektrotechnik und Informationstechnik.

Es lohnt sich unbedingt, einen Blick auf die Branche zu werfen. Viele Unternehmen sind vielleicht nicht bekannt, die Kunden aber in jedem Fall. Die Projekte sind vielfältig, abwechslungsreich und international, da Intralogistik weltweit in jeder Branche benötigt wird: Vom Automobilhersteller über Lebensmittelproduktion bis hin zum Versandhandel. Vor dem Hintergrund der zunehmenden Digitalisierung sind die Karrierechancen vielversprechend.

Und die Branche wächst stabil. Durch ihre Heterogenität ist sie nicht von einzelnen Branchen oder Märkten abhängig und hat sich in der Vergangenheit auch in Krisenzeiten bewährt. Die deutschen Intralogistik-Anbieter erreichten 2016 ein geschätztes Produktionsvolumen von 20,8 Mrd. Euro (plus ein Prozent im Vergleich zu 2015). Für das laufende Jahr 2017 geht der VDMA Fachverband Fördertechnik und Intralogistik von einem durchschnittlichen Wachstum von drei Prozent aus.

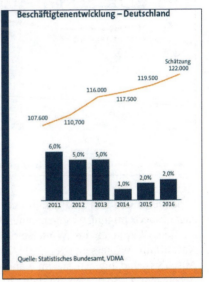

Ein Blick auf die Beschäftigtenzahlen zeigt ebenfalls ein kontinuierliches Wachstum. Heute sind geschätzt 122.000 Mitarbeiter bei den deutschen Intralogistikanbietern angestellt.

CeMAT 2018 – Die Weltleitmesse für Intralogistik

Vom 23. bis 27. April 2018 findet die CeMAT parallel zur HANNOVER MESSE statt. Alles was Rang und Namen in der Intralogistikbranche hat, wird in Hannover sein. Neben unzähligen Unternehmen der Intralogistikbranche erwarten Sie Experten aus Forschung und Entwicklung sowie ein umfangreiches Forenprogramm mit aktuellen Themen und Entwicklungen, die die Branche bewegen.

1.3.5 MINT-Fachkräftesicherung durch Bildungsausländer

Studierende Bildungsausländer
Im jeweiligen Wintersemester, in Tausend

— Gesamt (linke Skala)   — Im ersten Hochschulsemester (rechte Skala)

Quellen: Statistisches Bundesamt, diverse Jahrgänge; Institut der deutschen Wirtschaft Köln

Institut der deutschen Wirtschaft Köln

In den letzten Jahren studieren immer mehr Personen mit ausländischer Hochschul-
zugangsberechtigung – sogenannte Bildungsausländer – an den deutschen Hoch-
schulen. Waren es im Wintersemester 2011/2012 noch rund 193.000, lag die
Anzahl im Wintersemester 2015/2016 bereits bei 252.000. Gelingt ihnen der
Abschluss und bleiben sie im Land, haben sie sehr gute Chancen am deutschen
Arbeitsmarkt. So waren im Jahr 2014 rund 79 Prozent der 25- bis 64-jährigen
Bildungsausländer, die ihren Abschluss zwischen 2004 und 2013 erworben hatten
und noch in Deutschland lebten, erwerbstätig. Von diesen konnten nur 15,8
Prozent keine ihrer Qualifikation entsprechende Stelle finden. Der Anteil der
MINT-Absolventen liegt bei 44,3 Prozent und ist damit deutlich höher als der
Anteil an allen Personen mit Hochschulabschlüssen im selben Zeitraum, der 30,0
Prozent beträgt. Auch deutet ein Vergleich der Kosten für die Ausbildung von
Bildungsausländern an deutschen Hochschulen mit ihren späteren Zahlungen an
Steuern und Sozialabgaben darauf hin, dass sich ihre Ausbildung gesamtfiskalisch
lohnt, obwohl die meisten Bundesländer von den Bildungsausländern noch keine
Studiengebühren erheben.

IW-Trends Wido Geis: *Fachkräftesicherung durch die Ausbildung von Bildungsausländern
an deutschen Hochschulen*

1.4 Elektrotechnik und Informationstechnik - Ein attraktives Aufgabenfeld für Ingenieure und Ingenieurinnen

Dr.-Ing. Dipl.-Wirtsch.-Ing. **Michael Schanz,** Referent für den VDE-Vorstand über Ingenieurausbildung und Ingenieurberuf, VDE, Frankfurt a.M.

Das Berufsbild von Ingenieuren und Ingenieurinnen der Elektro- und Informationstechnik wird durch eine Reihe von Einflussfaktoren geprägt. Zunächst hat der Berufseinsteiger im Studium die Weichen für das technische Fachgebiet gestellt, worin einerseits Kerngebiete wie Energie- oder Informationstechnik oder ein Querschnittsgebiet, z. B. Mechatronik, zur Wahl stehen. Neben der technischen Ausrichtung und der Branche ist das so genannte Tätigkeitsfeld für das Berufsbild mitbestimmend. Unternehmen beschäftigen Ingenieure sowohl in Forschung und Entwicklung oder beispielsweise auch im Vertrieb. Eine weitere wichtige Dimension des Berufsbildes wird durch den Grad an Verantwortung bzw. Entscheidungskompetenz bestimmt. Je mehr Verantwortung, desto mehr entfernt man sich normalerweise von den rein technischen Zusammenhängen. Darüber hinaus wird die Ingenieurarbeit stark vom Typ des Unternehmens beeinflusst – schließlich macht es einen Unterschied, ob ein Ingenieur für ein eher regional operierendes Kleinunternehmen, im öffentlichen Dienst oder für ein international agierendes Großunternehmen tätig ist.

Auf diese Vielfalt der Aufgabenfelder haben die Hochschulen flexibel mit einem entsprechend vielfältigen Angebot an Studienmöglichkeiten reagiert. Sie alle hier einzeln aufzulisten, würde einmal den hier vorgegebenen Rahmen sprengen, zum andern ist auch das Studienangebot selber „im Umbruch", so dass die diesbezügliche Aktualität vermutlich schon bei Drucklegung dieses Buches nicht mehr gegeben wäre. Übrigens: Neben fachlichen Informationen bietet der VDE Studierenden und Berufseinsteigern spezielle Serviceleistungen wie Studien, Weiterbildung und interessante Möglichkeiten zum Networking, z. B. auf Veranstaltungen.

Branchen, Tätigkeitsfelder und Anforderungsprofile

Ingenieure der Elektro- und Informationstechnik sind in Branchen wie Elektrotechnik, IKT-Wirtschaft, Elektrizitätswirtschaft, Maschinenbau, Automobilindustrie, Medizintechnik, Umwelttechnik, Verfahrenstechnik, Chemie, Luft-

und Raumfahrt – aber auch bei Unternehmungsberatungen oder in Banken und Versicherungen tätig.

Fachgebiete der Elektro- und Informationstechnik	
• Informationstechnik • Elektrische Energietechnik • Mikroelektronik, Mikrosystemtechnik,Nanotechnik • Mess-, Leit- und Automatisierungstechnik	• Querschnittsgebiete wie Technische Informatik, Mechatronik, Gebäudetechnik,Fahrzeug- und Verkehrstechnik, Medizintechnik, Biotechnik und Medientechnik

Die meisten Beschäftigungsmöglichkeiten bieten sich in der Elektroindustrie. Es folgt der Bereich der informationstechnischen Dienstleistungen, d. h. Informationstechnik und Computerbranche. Als größter Wachstumsbereich ist insgesamt das Feld aller Dienstleistungen anzusehen.

Die Elektroindustrie ist eine der umsatzstärksten und innovativsten Industriebranchen Deutschlands. Ihr Umfeld und ihre Wertschöpfungsketten unterliegen immer wieder Veränderungen. Mit der wachsenden Komplexität der Produkte, mit der zunehmenden Individualisierung der Kundenbedürfnisse sowie dem Anteil von Software wächst die Bedeutung produktbezogener Dienstleistungen und kundenspezifischer Lösungen. Die Produktion in Elektrotechnik und Elektronik ist also zunehmend mit Dienstleistungen verzahnt: vom Engineering über Betrieb und Finanzierung bis hin zur Bereitstellung der notwendigen Infrastruktur. Softwareleistungen werden immer stärker gefragt. In der Software-Entwicklung stehen Elektroingenieure oft im Wettbewerb zu Informatikern oder Mathematikern. Von den Ingenieuren der Elektro- und Informationstechnik werden in erster Linie fundierte Kenntnisse über die Anwendungen, die entsprechenden Programme sowie über die Konzipierung des Gesamtsystems – wie z. B. das Zusammenspiel von Software und Hardware – verlangt. All dies mündet in einem noch nie dagewesenen Grad an Automatisierung und Vernetzung. Dies wird unter dem Begriff „Industrie 4.0" subsummiert und somit als vierte industrielle Revolution bezeichnet.

Ingenieure der Elektro- und Informationstechnik müssen in verschiedenen Funktionen bzw. Tätigkeitsfeldern flexibel einsetzbar sein. In der Forschung erarbeiten sie z. B. an Hochschulen und Instituten mit wissenschaftlichen Methoden neues Wissen, neue Verfahren oder Anwendungen. In großen Elektrounternehmen ist eine Hälfte des Ingenieurbestands mit der „Produktion von Technik", d. h. in Forschung und Entwicklung und Produkt-Engineering, tätig. Die andere Hälfte ist im Zeichen stetig komplexer werdender Produkte und Systeme mit dem „Transfer der Technik" zum Kunden, d. h. Anlagenprojektierung und -planung, Softwaretechnik, Vertrieb und Montage/Inbetriebnahme/Service, befasst.

60

wissen

Weil Wissen neue Märkte schafft.

Wir gehen den Dingen gerne auf den Grund. Und auf Nummer Sicher.
Das macht uns nicht nur für unsere 36.000 Mitglieder zur Nr.1.

Mit jährlich 1.500 Veranstaltungen und 60.000 Teilnehmern sind wir auch der
größte Anbieter für Weiterbildung in der Elektro- und Informationstechnik.
So sorgen wir nachhaltig für den guten Ruf „Made in Germany".

VDE – bessere Chancen für Mensch und Technik – mit Sicherheit.

VDE Verband der Elektrotechnik Elektronik Informationstechnik e.V.
Stresemannallee 15 · 60596 Frankfurt am Main
Telefon +49 69 6308-0 · Telefax +49 69 63089865 · www.vde.com

Fachkompetenz hat daher neben allen anderen Kompetenzen Priorität, gefolgt von Arbeitsmethodiken und sprachlichen Kompetenzen. Darüber hinaus werden Eigenschaften wie Leistungsbereitschaft, Kommunikations- und Teamfähigkeit hoch bewertet. Mit zunehmender Berufspraxis steigen in der Regel die außer-**fachlichen** Aufgaben. Führungsstärke, Problemlösungsfähigkeit, Durchsetzungs-kraft und Entscheidungsfreude spielen hier eine große Rolle.

Kenntnisse der Elektroingenieure in neuen Technologien und Anwendungen, insbesondere in der Informationstechnik sowie im allgemeinen Umgang mit Softwaretools und IT-basierten Lösungen werden vom Unternehmen erwartet. Der technische Fortschritt und die berufliche Weiterentwicklung mit den hierfür benötigten Kompetenzen erfordert eine ständige Bereitschaft zur Weiterbildung.

Abb. 1: Verteilung der Funktionen von Elektroingenieuren in den ersten Berufsjahren

Berufsaussichten und Verdienstmöglichkeiten

Elektroingenieure haben auf Grund ihrer Bedeutung für die deutsche Volks-wirtschaft und ihres hohen Ausbildungsniveaus generell bessere Aussichten auf dem Arbeitsmarkt als die meisten anderen Berufs- und Qualifikationsgruppen und sogar auch besser als Ingenieure anderer Fachrichtungen.

Die Elektro- und Automobilindustrie, die IKT- und Energiewirtschaft sowie der Maschinenbau gehören zu den Hauptarbeitgebern von Elektroingenieuren. Um-fragen der betreffenden Wirtschaftsverbände zeigen, dass in diesen Branchen eine ansteigende Nachfrage nach Elektroingenieuren besteht.

Die Arbeitslosenquote von Elektroingenieuren verharrt auf einem sehr niedrigen Niveau von 2 %, womit eine quasi Vollbeschäftigung übertroffen wird.

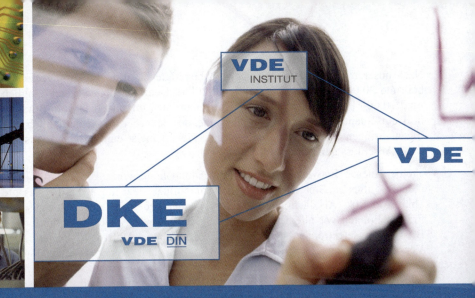

normen

Weil Normen Sicherheit geben.

Tag für Tag schenken uns Menschen ihr Vertrauen. Dieses Vertrauen
wollen wir uns immer wieder aufs Neue verdienen.

Deshalb engagiert sich die DKE Deutsche Kommission Elektrotechnik Elektronik
Informationstechnik im DIN und VDE in allen relevanten Organisationen für Normung.
So stellen wir internationale Standards auf hohem Niveau sicher – und das über
die IEC Internationale Elektrotechnische Kommission auf der ganzen Welt, Tag für Tag.

DKE – für Harmonie von Innovation und Sicherheit.

Nach unseren Hochrechnungen lag die benötigte Zahl an Elektroingenieuren bei rund 20.000 (Jahresdurchschnitt seit 2005). Dem gegenüber haben lediglich rund 10.000 Elektroingenieure und –Ingenieurinnen im letzten Jahr ihr Studium in Deutschland absolviert. Der verbleibende Bedarf wird hauptsächlich aus Ingenieurinnen und Ingenieuren gedeckt, die im meist europäischem Ausland ihren Abschluss gemacht haben.

Treiber dieser Entwicklung sind Anwendungsfelderwiez. B. „Smart Grid", „Smart Cities", „Smart Home", Elektromobilität oder auch in die besagte „Industrie 4.0". Als fachliche Gebiete sind hier neben den energietechnischen Fragestellungen vor allem eingebettete Systeme sowie Analogelektronik wie z. B. Leistungselektronik oder Sensorik zu nennen. Außerdem spielen auch Verknüpfung von Energietechnischen Anlagen und Systemen mit IT oder Automatisierung eine wichtige Rolle. Informationstechnik und Mikroelektronik bilden Basistechnolgien in Elektronischen Systemen und sind somit allgegenwärtig, wenn auch nicht immer sichtbar.

Durch abschmelzende Schülerjahrgänge werden wir künftig auch weniger Hochschulabsolventen haben (Abb. 2), was zu einer wachsenden Lücke zwischen Bedarf und Angebot von Elektroingenieuren und auch Angehörigen anderer gesuchter Berufsgruppen beitragen wird.

Eine typische Situation in Unternehmen der Elektroindustrie: In einer Entwicklungsabteilung von 60 Ingenieuren fehlt ein Fünftel der Mitarbeiter. Man schaltet zunehmend Headhunter ein und ausländische Arbeitsmärkte wie Indien oder auch Australien werden für die Unternehmen immer interessanter. Dennoch stellen die Unternehmen immer noch hauptsächlich Elektroingenieure ein, deren Profil möglichst genau auf die offenen Stellen passen. Flexibel ist man gelegentlich mit dem Gehalt oder auch mit dem Alter der Kandidaten. Besonders gesucht werden Elektroingenieure mit Spezialisierung in z. B. Embedded-Systems, Leistungselektronik oder Sensorelektronik.

Die persönliche fachliche und außerfachliche Qualifikation, Tätigkeitsfeld und hierarchische Stellung, Branche sowie Arbeitsort sind wesentliche Faktoren für die Gehälter der Ingenieure. Hinsichtlich der hierarchischen Stellung muss betont werden, dass der berufliche Weg zunehmend durch eine Vergrößerung des Verantwortungsbereiches in Projekten bei gleichzeitig höherer Entscheidungskompetenz geprägt wird. Da sich die Tätigkeitsfelder und Einsatzgebiete oft ändern, verändert sich auch die hierarchische Stellung im jeweiligen Aufgabengebiet.

Der Trend geht hin zur höheren Mobilität, zur lebenslangen Weiterbildung und zur Eigeninitiative der Ingenieure.

Schulabgänger
alle Schulen mit Fachhochschulreife und Hochschulreife in Deutschland

Abb. 2: Zu erwartende Jahrgangsstärken potenzieller Studinenafänger 2009 – 2025

Bei Absolventen spielen bei der Gehaltsfestsetzung auch Faktoren wie Studienrichtung, Studiendauer und Zusatzqualifikationen während des Studiums (z. B. Auslandsaufenthalt) und natürlich die Noten eine Rolle. Die Bandbreite der Anfangsgehälter beträgt einige Tausend Euro; der Schwerpunkt liegt um 46.000 Euro p.a. Die Anfangsgehälter für Elektroingenieure mit Master-Abschluss oder Universitätsdiplom liegen durchschnittlich 6 % höher als für Abschlüsse kürzerer Studiengänge. Promovierte Elektroingenieure erzielen mit einem Plus von 20 - 25 % sogar deutlich höhere Anfangsgehälter - mit dem Effekt, dass im Tätigkeitsfeld „Forschung und Entwicklung" die höchsten Anfangsgehälter gezahlt werden.

In der Automobilindustrie und Energiewirtschaft liegen die Jahresgehälter etwas höher als beispielsweise in der Elektroindustrie. Die Chemiebranche beschäftigt zwar relativ wenige Elektroingenieure, bezahlt aber die höchsten Einstiegsgehälter. Berufserfahrung als Facharbeiter oder besondere Zusatzqualifikationen werden insbesondere dann honoriert, wenn ihr entsprechender Einsatz durch den Bewerber möglich ist.

Der deutsche Arbeitsmarkt für Elektroingenieure ist keineswegs homogen. In Baden-Württemberg, Bayern (Großraum München), Hessen, Niedersachsen und Sachsen werden viel mehr Elektroingenieure gesucht, als z. B. im Saarland, Mecklenburg-Vorpommern, Brandenburg, Schleswig-Holstein, Sachsen-Anhalt oder Rheinland-Pfalz.

Die Einstufung erfolgt oft in eine Tarifgruppe im jeweiligen Tätigkeitsfeld. Genauere und aktuelle Angaben können unter *www.berufsstart.de* sortiert nach Branchen und Regionen entnommen werden.

Zusammenfassung

Den Ingenieuren und Ingenieurinnen der Elektro- und Informationstechnik wird ein breites, interessantes und zukunftsorientiertes Aufgabenfeld angeboten. Das benötigte anspruchsvolle Qualifikationsprofil ist daher angemessen. Hiermit ausgestattet sind die Berufschancen sehr gut und damit sind auch die Einkommensverhältnisse gesichert. Die Elektro- und Informationstechnik ist und bleibt ein Schlüssel für den technischen Fortschritt.

Die Durchdringung des täglichen Lebens mit elektrotechnischen Anwendungen fordert den Elektroingenieur zunehmend in seiner gesellschaftspolitischen Verantwortung. Bei der „Produktion von Technik" ist die Auswirkung der Technik auf Mensch und Umwelt zu bedenken. Ingenieure müssen sich auch der öffentlichen Diskussion und den damit verbundenen Fragen stellen. Im Vordergrund dürfen jedoch nicht die Risiken, sondern die Chancen bei der Nutzung der neuen Techniken stehen. Ohne die Möglichkeiten der Telekommunikation, die heute schon über ein globales Netzwerk verfügt, ist eine funktionierende, hochkomplexe Industriegesellschaft nicht vorstellbar. Die damit verbundenen Wettbewerbsvorteile sind zu nutzen. Die Ingenieure spielen hierbei mit ihren Innovationen eine entscheidende Rolle. Sie tragen dazu bei, die Lebensbedingungen der Menschen erheblich zu verbessern – durch Fortschritte in der Medizintechnik, durch Maßnahmen zur Erhöhung der Sicherheit in der Verkehrstechnik oder durch Verringerung von Umweltbelastungen bei der Energieanwendung.

VDE-Umfrage: Digitale Transformation bis 2025 abgeschlossen

Die aktuelle "heiße Phase" der digitalen Transformation in Deutschland wird bis 2025 abgeschlossen sein. Davon sind laut einer Umfrage unter den VDE-Mitgliedsunternehmen 64 Prozent der Befragten überzeugt. Eine wesentliche Voraussetzung dafür ist der neue Kommunikationsstandard 5G. 43 Prozent der befragten Unternehmen fordern, dass 5G als wichtiger Schlüssel der digitalen Transformation beschleunigt eingeführt wird. Optimistische Branchenkenner halten ein Roll-out sogar noch vor 2020 für realistisch. Damit verbunden: eine 1.000-fach höhere Datenübertragungsrate als das LTE-Netz, bis zu zehn Gigabyte pro Sekunde, eine Ansprechzeit von unter einer Millisekunde und weniger Energieaufwand. Mit diesem Potenzial schafft 5G die technologische Basis für das "Internet der Dinge", die engmaschige Verbindung von Mobilität, Logistik, Energie und Kommunikationsdiensten aller Art, und ermöglicht Zukunftsanwendungen von Industrie 4.0 über autonomes Fahren bis hin zu Tele-Chirurgie. Eine unverzichtbare Voraussetzung dafür, dass diese Vision Realität wird, ist Cyber Security. Für 65 Prozent der VDE-Unternehmen sind IT-Sicherheitstechnologien Voraussetzung für die Digitalisierung.

Zunächst werden vor allem Privathaushalte von dem ultraschnellen Breitbandzugang ins Internet profitieren. Wirklich revolutionär wird es mit der Vernetzung von Milliarden Objekten und Devices aus Smart Homes, Smart Cities oder autonomen Fahrzeugen. Die Kombination von Technologien, Robotern und virtueller Realität wird dabei nicht nur industrielle Anwendungen oder die Tele-Chirurgie vorantreiben. Für die Baustelle 4.0 oder besonders gefährliche Szenarien nach Katastrophenfällen eröffnen sich ebenfalls völlig neue Optionen. Denn mit 5G können Roboter über sehr große Distanzen mit hoher Präzision und minimalen Latenzen nahezu in Echtzeit gesteuert werden.

Königsmacher Standardisierung und IT-Sicherheit

Klar ist aber auch: 5G wird nur dann erfolgreich sein, wenn eine gemeinsame Sprache zwischen den beteiligten Disziplinen und Branchen gefunden wird. Insbesondere gilt es, Schnittstellen zu harmonisieren, damit unterschiedliche Systeme miteinander kommunizieren und interagieren - und das möglichst in Abstimmung mit internationalen Normen und Standards. Eine Vorreiterrolle bei der Bewältigung dieser Aufgabe übernehmen VDE|DKE und der hier angesiedelte, von deutschen Industrieverbänden und Normungsorganisationen gegründete "Standardization Council Industrie 4.0". Ziel der Initiative ist es, Standards der digitalen Produktion zu initiieren sowie national und international zu koordinieren, um Standardisierungsprozesse zu beschleunigen.

Deutschland verfügt gerade bei den "Dingen" des Internets der Dinge, also zum Beispiel in der Automation, im Automobil-, Maschinen- und Anlagenbau, im Energiebereich und bei Smart Home und Smart Cities, über hervorragende Positionen. Aber trotz seiner guten Forschungspositionen setzt Deutschland gute Ideen noch zu selten in attraktive Geschäftsmodelle um. *Melani Unseld, VDE*

2 Die Aufgabenfelder der Elektroingenieure: Faszinierend, attraktiv, gesellschaftlich relevant

Auf dem Weg zur Wissens- und Dienstleistungsgesellschaft in einer globalisierten Welt kommt den Ingenieuren eine gestaltende Rolle zu (vgl. Kap. 1), es werden aber auch neue Anforderungen an die Ingenieure gestellt. Diese Anforderungen werden häufig nicht mit dem Berufsbild des Ingenieurs verbunden, machen den Beruf aber für viele erst so richtig spannend. Mancher Schüler hat sich gerade unter diesem für ihn bislang nicht bekannten Aspekt dazu einladen lassen, sich auch einmal mit einem Ingenieurstudium zu befassen.

Andererseits muss aber auch immer wieder betont werden, dass das fachliche Know-how unabdingbare Grundvoraussetzung für den erfolgreichen Ingenieur ist. Hierauf muss denn auch im Studium höchste Priorität liegen. Wenn man dann sein Studium auch noch so anlegt, dass man nicht als Autodidakt und Einzelkämpfer erscheint, trainiert man seine Persönlichkeit in die Richtung, die vom „Ingenieur für die Zukunft" erwartet wird:

Der erfolgreiche Ingenieur ist nicht nur Technik-Freak (Kap. 2.2).

Globalisierung: Die Grenzen sind fließend

Unter Globalisierung versteht man vor allem auch eine rasant gestiegene Intensivierung des Welthandels. Seit Anfang der sechziger Jahre ist sein Volumen rund dreimal so schnell gewachsen wie die weltweite Warenproduktion, Weitere Kennzeichen:

- Die Zahl der Personen-Kilometer im internationalen Flugverkehr hat sich seit 1950 mehr als verhundertfacht; das gilt auch für die Menge der Luftfracht.
- Mit der Ausweitung des Zug-, Automobil- und Luftverkehrs stiegen auch der grenzüberschreitende Personenverkehr und der Tourismus stark an.
- Die Zahl der Telefonanschlüsse weltweit hat sich seit 1960 verzehnfacht. Mit dem Mobiltelefon, dem Fax und dem Internet haben sich neue Kommunikationstechnologien blitzschnell ausgebreitet - allerdings über den Globus sehr ungleich verteilt und in totalitär regierten Ländern streng überwacht.

Mit der ökonomischen geht auch eine kulturelle Globalisierung einher: Die Befürworter sehen darin eine Bereicherung - beispielsweise deutsche Restaurants in Afrika, afrikanische Musik in Deutschland, das in England erfundene Chicken Tikka in Indien, die Inbesitznahme der englischen Sprache durch ehemalige Kolonien usw.

Grundlage aller Globalisierung ist ein Miteinander der Völker in geregelten rechtlichen Bahnen, dem internationalen Rechtsverkehr.

Globalisierungsprozesse sind vielfältig und komplex; sie beschreiben eine Vielzahl ineinander fließender wirtschaftlicher, politischer, ökonomischer, gesellschaftlicher und technischer Prozesse.

Quelle: http://de.wikipedia.org, Stichwort „Globalisierung"

2.1 Die Aufgabenfelder im Überblick: Anforderungen und Perspektiven

Zwischen Forschung und Vertrieb spannt sich ein weiter Bogen vielfältiger Aufgabenfelder für einen Ingenieur der Elektro-/Informationstechnik. Seine Einsatzmöglichkeiten mehren sich mit der wachsenden Bedeutung der Elektro- und Informationstechnik: Zunehmend finden Elektroingenieure auch außerhalb ihrer traditionellen Branchen Elektrotechnik und Energiewirtschaft attraktive Tätigkeitsfelder (s. Kap. 3).

Im Zuge der fortschreitenden Automatisierung in fast allen Bereichen wie auch durch die zunehmende Informationsvernetzung - sowohl innerhalb der Unternehmen wie auch global - und infolge neuer Aufgaben - finden immer mehr Ingenieure der Elektro- und Informationstechnik auch in solchen Wirtschaftsbereichen Einsatzmöglichkeiten, in denen bisher keine oder nur wenige von ihnen beschäftigt wurden, z. B. in der Konsumgüterindustrie, in Banken und Versicherungen.

Der Ingenieur muss sich in seinem Beruf spezialisieren, aber nicht im Sinne von Einengung = „Scheuklappenwissen", sondern im Sinne von Konzentration auf sein eigentliches Tätigkeitsfeld mit dem gleichzeitigen Zwang, seine fachspezifischen und branchenspezifischen Kenntnisse auszudehnen. Nur durch „lebenslanges Lernen" kann er seine Chancen auch künftig wahren. Neben fach- und branchenspezifischer Weiterbildung gewinnt hierbei auch die ergänzende Wieterbildung zunehmend an Bedeutung, z. B. in Verhandlungstaktik, Rhetorik, Menschenführung, Betriebsführung usw. Die Praxis zeigt, dass diese erforderliche fach- und branchenspezifische Flexibilität auch die Tätigkeitsfelder beeinflusst, die sich immer häufiger im Laufe eines Berufslebens ändern. Man sollte sich also nicht zu sehr auf ein bestimmtes Tätigkeitsfeld versteifen.

Im Übrigen sind die Grenzen zwischen den einzelnen Tätigkeitsfeldern/Einsatzmöglichkeiten ohnehin fließend. So z. B. ist Forschungsfortschritt heute in der Regel nur unter Beteiligung vieler Bereiche möglich, dies setzt Kommunikationsbereitschaft und offenen Informationsaustausch aller voraus. Forschung ist heute strikt zielorientiert, in der Regel markt- bzw. kundenorientiert, das bedeutet z. B. auch eine sehr enge Zusammenarbeit mit dem Vertrieb. Umgekehrt muss ein marktorientierter Vertriebsingenieur auch die technischen Probleme seines Kunden verstehen können, um ihn fachgerecht beraten zu können, oder gar gemeinsam mit dem Kunden an der Lösung dessen Probleme zu lernen. Bezeichnenderweise spricht man in einschlägigen Stellenanzeigen auch längst nicht mehr von Verkäufern, sondern von Kundenberatern, Repräsentanten usw. Im Rahmen der Globalisierung, die längst nicht mehr nur auf Großunternehmen beschränkt ist, kommt der interkulturellen Kompetenz eine zunehmend wichtige Bedeutung zu (Kap. 2.2).

Im Einzelnen werden konventionellerweise folgende Tätigkeitsfelder für Ingenieure unterschieden:

1   Forschung und Entwicklung,
2   Datenverarbeitung/Organisation,
3   Engineering: Projektierung und Abwicklung,
4   Produktion/Fertigung: Montage und Inbetriebsetzung,
5   Prüffeld, Qualitätssicherung, Wartung/Service, Betriebsführung,
6   Vertrieb und Marketing.

Im System der Ingenieurtätigkeiten haben sich Schwerpunkte für Uni/TU- und FH- Absolventen gemäß der unterschiedlichen Studienkonzeption entwickelt. So wird der Uni/TU-Absolvent gern in Forschung und Entwicklung, der FH-Absolvent bevorzugt in Produktion, Montage, Inbetriebnahme und Service eingesetzt. In den übrigen Funktionen, besonders in Projektierung und Vertrieb, und mit zunehmender Berufserfahrung ergibt sich ein „Ingenieur-Mix", das sehr individuell vom Kundenkreis und dem technischen Aufgabenspektrum sowie, natürlich, auch von den Persönlichkeitsmerkmalen des Ingenieurs, abhängt. Nach sechs- bis achtjähriger Berufstätigkeit verliert der formelle Abschlussgrad zunehmend an Bedeutung für die weitere Berufskarriere.

Nicht nur, dass die Grenzen zwischen den einzelnen Tätigkeitsfeldern fließend sind. Wegen der kurzen Innovationszyklen müssen die (Elektro-)Ingenieure auch flexibel in vielfältigen Funktionen einsetzbar sein. Je kleiner ein Unternehmen ist, desto mehr Funktionen, auch Funktionen nicht-technischer Art, muß ein Ingenieur in der Regel übernehmen. Auch sind manche Unternehmen aufgrund ihrer Unternehmenszielsetzungen bewusst so organisiert, dass der Ingenieur ein Projekt von der Vorplanung bis zur Übergabe voll verantwortlich betreut.

2.2 Interkulturelle Kompetenz: Wie steht es um _Ihre_ interkulturelle Kompetenz?

Dr. **Dagmar Zißler-Gürtler,** Sinologin,
Expertin für interkulturelles Marketing,
Management und Kommunikation,
Koengen bei Stuttgart. _www.chinesign.de_

„Jeder nimmt einen Adapter für technische Geräte mit, wenn er ins Ausland reist. Genauso wichtig ist aber auch der kulturelle Adapter, der in einem interkulturellen Training vermittelt wird."

Der _Global Engineer_[1] ist gefragt und _interkulturelle Kompetenz_ gehört mittlerweile zu den Standardanforderungen in nahezu jeder Stellenausschreibung. Doch was genau ist eigentlich mit dieser Kompetenz gemeint? Wie lässt sie sich erwerben? Und mehr noch: Wie lässt sie sich überprüfen und welchen konkreten Nutzen hat sie? Spielen Kultur und interkulturelles Know-how in der internationalen Berufswelt wirklich so eine große Rolle, wo sich doch längst gemeinsame Regeln und Routinen herausgebildet haben und mit Englisch auch eine gemeinsame Geschäftssprache zur Verfügung steht? Hier einige Antworten und Beispiele aus der Praxis.

Keine Frage des Auslands

Das Thema „interkulturelle Kompetenz" taucht bei vielen erst auf, wenn häufiger Auslandsreisen anstehen oder längere, Projekt bezogene Auslandsaufenthalte geplant sind bis hin zu einer mehrjährigen Entsendung. Als probates Mittel erscheint hier ein ein- oder zweitägiges interkulturelles Training, mit dem man sich auf die Besonderheiten des Ziellandes vorbereiten möchte.

Interkulturelle Kompetenz meint aber mehr als ein erfolgreiches Arbeiten im Ausland. Die Fähigkeit, mit Menschen anderer Kulturen erfolgreich zu kommunizieren und zusammenzuarbeiten, ist gerade auch vor Ort im Inland, also zu Hause, ganz entscheidend. Denn nicht nur dass die Kollegen und Geschäftspartner, mit denen man täglich unmittelbar zu tun hat oder mittelbar-virtuell über E-Mail, Telefon oder Videokonferenz, häufig und immer mehr aus unterschiedlichen Ländern stammen, auch die vertrauten Kollegen, Chefs, Kunden oder Lieferanten aus Deutschland (!) gehören unterschiedlichen Kulturen an.

---

[1] S. u. a. Stephanie Petrasch „Global Engineers" – Anforderungen an die Ausbildung von Ingenieuren, in: Kompetenzen für die globale Wirtschaft, hrsg. v. Anke Bahl, Bonn 2009 (= Schriftenreihe des Bundesinstituts für Berufsbildung)

Kultur, was ist das?

„Kultur" wird oft mit Nationalkulturen gleich gesetzt, mit den jeweils üblichen Umgangsformen, Traditionen, Werten, Dos & Don'ts, die in den einzelnen Ländern gelten. Das trifft jedoch nur einen Teilaspekt, der die Kultur-Thematik zwar besonders deutlich hervortreten lässt, aber entschieden zu kurz greift.

Ein sehr hilfreiches Modell, um sich über den Begriff und die Tragweite von „Kultur" Klarheit zu verschaffen, ist die sogenannte *Kulturpyramide*. Danach besteht jeder Mensch aus drei Schichten oder Anteilen: a) einer allgemein menschlichen und somit universellen Basis (Gefühle, Triebe, Instinkte, Bedürfnis nach Liebe und Anerkennung), die weltweit für alle Menschen gilt, b) einem individuellen Anteil, der jeden von uns auch zu einem Unikat macht (individuelle Merkmale, Fähigkeiten, Vorlieben) und c) einem gemein-schaftlichen Anteil, in dem wir Schnittmengen mit anderen bilden und uns nach Übereinkünften, Regeln, Konventionen und Werten dieser Gemeinschaften richten. Dies gilt als der kulturelle Bereich.

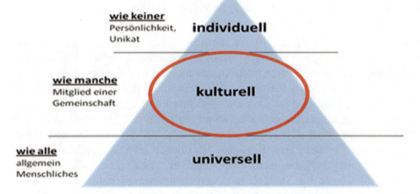

Abb. 1: Die Kulturpyramide nach Kluckhohn und Murray

Da es eine Vielzahl an Gemeinschaften gibt mit ihren jeweiligen Gepflogen-heiten, gibt es entsprechend auch eine Fülle an Kulturen: Familienkulturen, Vereinskulturen, Firmen-, Branchen-, Jugendkulturen und viele mehr. Sie zeich-nen sich durch bestimmte Verhaltens- und Kommunikationsmuster aus, die meist unbewusst ablaufen und für die es – ähnlich wie bei der Gaußschen Verteilung – Spielräume und fließende Übergänge gibt. Wer sich also mit interkultureller Kompetenz im engeren Sinne beschäftigt, mit den Besonderheiten von Länder-kulturen und wie mit kulturellen Unterschieden umzugehen ist, kann dieses

Wissen auch auf eine Fülle anderer Situationen und Interaktionen übertragen und davon profitieren.

Der Eisberg und zwei goldene Regeln

Wie beim berüchtigten Eisberg ist auch bei „Kultur" nur ein Bruchteil sichtbar. Während Dinge wie unterschiedliche Grußformen, Kleidungsstile oder Essgewohnheiten sofort ins Auge stechen, bleibt der entscheidende Großteil unsichtbar: die Werte einer Gemeinschaft und all die ungeschriebenen Regeln, was als passend empfunden und erwartet wird. Die Tücke besteht nun darin, dass viele kulturelle Phänomene gar nicht als solche erkannt werden und deshalb blind in die „Falle der Ähnlichkeitsannahme"[1] getappt wird. Wie sich der andere verhält und kommuniziert, wird nach den eigenen Regeln gedeutet, die automatisch als das „Normale" und sogar als das Universelle vorausgesetzt werden.

Zwei Beispiele:

Amerikaner werden von Deutschen oft als oberflächlich und unehrlich empfunden, wenn sie bei ersten Begegnungen sehr schnell, freundschaftlich und mit vielen Komplimenten Beziehungen aufbauen, um dann nichts mehr von sich hören zu lassen. Hier läuft ein für die USA typisches Kommunikationsmuster ab, wonach ein unmittelbares Kontaktgebot für jedermann besteht („make friends"), jedoch ohne weitere Interaktionsverpflichtungen („stay friends" erfolgt stillschweigend, eigentliche, weitere Kontakte unter „intimates").[2]

Chinesen wiederum, die scheinbar zu allem Ja sagen, um Dinge dann nicht oder ganz anders zu tun, gelten als unzuverlässig, als unberechenbare Maskenträger oder als Opportunisten, die sich heute so und morgen so verhalten. „Ja" zu sagen ist aber in China ein Muss bei einer guten Beziehung, um zu signalisieren, dass generelle Bereitschaft besteht. Das „Ja" bedeutet hier nicht, dass man etwas tun wird oder tun kann, sondern man setzt damit nur positive Vorzeichen und erst im weiteren Verlauf wird sich zeigen, ob eine Sache wirklich wichtig und aktuell ist. Unterbleiben weitere Bestätigungen, Nachfassen oder Wiederholungen, gilt ein Thema, eine Aufgabe oder eine Regel als nicht mehr relevant. Viele Deutsche, die ein Ja im Sinne einer Zusage interpretiert und damit abgehakt haben, erleben so ein unangenehmes Erwachen, während Chinesen über dann einsetzende Vorwürfe irritiert sind, wurde die Sache doch nicht weiter und fortlaufend thematisiert und in ihrer Relevanz bestätigt.

---

[1] Zailiang Tang und Bernhard Reisch, Erfolg im China-Geschäft. Von Personalauswahl bis Kundenmanagement, Frankfurt – New York, 1995, S. 19

[2] S. Rudolf Camerer, Sprache, Kultur und Kompetenz: Überlegungen zur interkulturellen Kompetenz und ihrer Testbarkeit, in: Kompetenzen für die globale Wirtschaft, hrsg. v. Anke Bahl, Bonn 2009 (= Schriftenreihe des Bundesinstituts für Berufsbildung)

Die meisten Missverständnisse entstehen, weil nicht bewusst ist, wie viele Dinge unterschiedlich codiert sind. Und gerade wenn eine gemeinsame Sprache gesprochen wird, ist die Illusion, dass man sich versteht und auch dasselbe meint, besonders groß. Sprache hat jedoch Tiefenschichten, die von der Herkunftskultur geformt werden, und so docken ein Chinese und ein Deutscher, wenn sie miteinander auf Englisch – oder auch auf Deutsch oder Chinesisch – kommunizieren, ganz unterschiedliche Bedeutungen an. Das betrifft nicht nur den Gebrauch von Wörtern und damit einhergehende Assoziationen, sondern auch wie argumentiert wird, an welcher Stelle die wichtigsten Informationen genannt werden (gleich zu Beginn oder am Ende einer Ausführung?) oder wie der Wechsel der einzelnen Sprecher gehandhabt wird (sind z. B. Schweigepausen damit verbunden und wenn ja, wie lange?), sind Unterbrechungen erwünscht oder sollten sie als unhöflich unterbleiben?).

Zwei Goldene Regeln lassen sich aus diesem Sachverhalt ableiten:

1. Be alert – seien Sie wachsam! Halten Sie nichts für selbstverständlich, hinterfragen Sie alles! Rechnen Sie bei allem mit der Möglichkeit unterschiedlicher Codierungen!

2. Be non-judgemental – urteilen und bewerten Sie nicht vorschnell! Dinge sind zunächst einmal anders, aber nicht chaotisch, umständlich, unlogisch, falsch oder oberflächlich.[4]

Die vier Schlüsselkompetenzen im Berufsleben

Allgemein wird im Berufsleben in die folgenden vier Schlüsselkompetenzen unterschieden:

1. die Fachkompetenz, worunter das eigentliche, berufliche Fachwissen fällt, wie es in Studium und Ausbildung erworben und durch die berufliche Praxis erweitert wird;

2. die Methodenkompetenz, zu der beispielsweise Wissen und Fähigkeiten gerechnet werden, wie eine Präsentation zu halten, eine Bewerbung zu schreiben oder eine Schulungsmaßnahme durchzuführen ist; auch Problemlösungstechniken, Zeit- und Wissensmanagement fallen hierunter;

---

[4] Mit dem Hinweis auf die wertfreie Haltung soll kein Kulturrelativismus propagiert werden, wonach jede Kultur mit ihren Werten, Regeln und Verhaltensweisen immer ein an sich stimmiges und funktionierendes System repräsentiert, das sich dem Außenstehenden nur nicht gleich erschließt. Alle Kulturen haben auch ihre Schattenseiten und Mängel, was zu berechtigter Kulturkritik führt. Grundlegend hierzu der Anthropologe Robert B. Edgerton, Trügerische Paradiese, Hamburg 1994 (Originaltitel: Sick Societies, 1992); für China z. B. Sun Longji, Das ummauerte Ich, Leipzig 1994 (Originaltitel: Zhongguo wenhua de shenceng jiegou - Tiefenstruktur der chinesischen Mentalität, Hongkong 1985).

3. die Sozialkompetenz, die das weite Feld von Team- über Kritikfähigkeit umfasst bis hin zu Mitarbeiterführung, Dialog- und Konfliktfähigkeit;

4. die Selbstkompetenz, zu der die Reflexion über die eigene Person zählt, sich z. B. der eigenen Stärken und Schwächen bewusst zu sein oder zu wissen, welcher Konflikt-, Stress- oder Motivationstyp man ist und welche Auswirkungen dies haben kann.

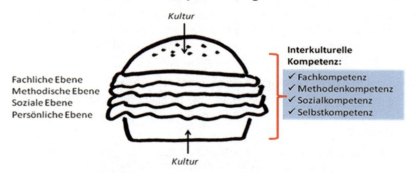

Abb. 2 Der Kultur-Kompetenz-Burger:
berufliche Schlüsselkompetenzen und interkulturelle Kompetenz

Wozu gehört nun die interkulturelle Kompetenz? Ist sie nur eine spezielle Form der Sozialkompetenz, wie vielfach angenommen wird? Bei näherer Betrachtung wird schnell klar, dass dies zu kurz greift, da der Faktor „Kultur" in alle vier Kompetenzbereiche herein spielt. So wird Kultur auf der fachlichen Ebene in Form unterschiedlicher Ausbildungssysteme und Berufsbilder greifbar, auf der methodischen Ebene durch unterschiedliche Arbeitstechniken, auf der sozialen Ebene durch andere Muster in der Interaktion und auf der persönlichen Ebene durch unterschiedliche Grade der Selbstreflexion[1].

---

[1] Interkulturelle Kompetenz wird oftmals auch nur der Selbstkompetenz zugerechnet, da es zum einen um die zentrale Reflexion der eigenen, kulturellen Prägung geht, zum anderen um die persönlichen Strategien und Ressourcen, die im Umgang mit kulturellen Unterschieden und bei massiven Irritationen bis hin zum Kulturschock eingesetzt werden können. Selbstkompetenz an sich ist jedoch auch kulturell geprägt und setzt ein Bewusstsein für das eigene, individuelle Selbst voraus. In manchen Kulturen ist dies wenig ausgeprägt und es dominieren stattdessen verbindliche Rollenbilder, die für den einzelnen maßgeblich sind. So war beispielsweise das Ideal der „Selbstverwirklichung", das nach den persönlichen Eigenheiten, Zielen, Werten und Wegen fragt, noch vor nicht allzu langer Zeit auch in Deutschland wenig präsent und stieß vor allem bei den älteren Genera-

Interkulturelle Kompetenz ist demnach eine Erweiterung aller vier Schlüssel-kompetenzen.[6]

Interkulturelle Kompetenz in der Praxis

Was ist nun genau zu tun? Wie gehen Sie konkret damit um, wenn Sie kulturelle Unterschiede feststellen und mit ihnen auch unmittelbar konfrontiert werden: wenn Kollegen ein anderes Fachwissen mitbringen, wenn Probleme nach try & error gelöst werden, während Sie ein systematisches Vorgehen für richtig halten, wenn Termine, Fristen und Pünktlichkeit anders definiert sind[7], wenn Kritik und Widerspruch tabu sind, wenn Sie bei Geschäftsessen trinken, singen und Schild-krötenköpfe essen sollen? Sich anpassen, getreu dem Sprichwort *In Rome do as the Romans do*?

Anpassung ist zwar die am häufigsten genannte Strategie in Bezug auf inter-kulturelle Kompetenz, doch bei weitem nicht die einzige und vor allem auch nicht die immer wünschenswerte oder mögliche. Je nach Person wird die Ant-wort hier auch unterschiedlich ausfallen, denn was für den einen ein absolutes *No Go* ist, weil es gegen persönliche Präferenzen und Werte verstößt, kann für den anderen eine Selbstverständlichkeit oder eine Bereicherung bedeuten.

Eine weitere Strategie besteht darin, den jeweiligen Unterschied zu thematisieren – und zwar am besten über sogenannte *Metakommunikation*. Dabei wird von einer höheren, neutralen Warte aus miteinander kommuniziert. So können bei-spielsweise in einem interkulturellen Team wichtige Regeln und Arbeitsroutinen geklärt werden, indem abgefragt wird, was z. B. unter einem Meeting oder einer Terminsetzung verstanden wird und welche Definition gelten solle.

Eine dritte Strategie besteht im Gegensteuern. Hierbei geht es nicht um Anpas-sung, Kompromisse oder gemeinsame Übereinkünfte, sondern – salopp ge-sprochen – darum, „sich und seine Pappenheimer zu kennen", um entsprechend vorzubauen, abzufedern, zu korrigieren und auszutarieren.

All dies erfordert umfangreiches und fortlaufendes Wissen über unterschiedliche Kulturen, die an sich auch wieder dynamisch sind und in stetem Wandel.[8] Und vor allem: Übung, Selbstreflexion und Erkenntnis der eigenen Prägungen.

---

tionen auf Ratlosigkeit, dominierten hier doch Selbstkonzepte nach Rollen, die es zu erfüllen galt.

[6] Vgl. Jürgen Bolten, Interkulturelle Kompetenz. Thüringer Landeszentrale für politische Bildung, Erfurt 2001

[7] Sehr anschaulich hierzu Robert Levine, Eine Landkarte der Zeit. Wie Kulturen mit Zeit umgehen, München 1999 (Original: A Geography of Time)

[8] Vgl. Byung-Chul Han, Hyperkulturalität. Kultur und Globalisierung, Berlin 2005

Persönlicher Selbsttest

Ein kurzer Selbsttest zum Schluss, bei dem Sie Ihre interkulturelle Kompetenz – vielleicht wie auf einer Skala von 0-100 % – einschätzen können: Inwieweit sind Sie sich bewusst, dass alle Verhaltensweisen und verbale wie nonverbale Äußerungen kulturell codiert sein können?

- Wie bewusst ist Ihnen, dass „Kultur" nicht nur ein soziales Phänomen ist, sondern auch die fachliche und methodische Ebene betrifft und interkulturelle Kompetenz sich auf alle vier Schlüsselkompetenzen erstreckt?
- Inwieweit setzen Sie Strategien ein, um kulturelle Unterschiede aufzufangen und möglichen Missverständnissen vorzubeugen?
- In welchem Maß wenden Sie Zeit auf, um interkulturelles Wissen zu erwerben und Ihre Kompetenz in diesem Bereich zu trainieren (z. B. durch Lektüre, Kommunikations- oder Konflikttraining, Erfahrungsaustausch, bewusstes Verlassen von Routinen und der Komfortzone)?
- Inwieweit nutzen Sie auch Ihr tägliches Umfeld, um Ihre interkulturelle Kompetenz im weiteren Sinne zu trainieren (z. B. näherer Blick auf die Herkunfts- und Familienkultur Ihres (Ehe-) Partners, auf die Jugendkultur Ihrer Kinder, auf die Berufskultur der Lehrer Ihrer Kinder u.v.m.)?
- Wie leicht fällt es Ihnen, die zwei goldenen Regeln zu beachten: 1. wachsam sein und nicht in die „Falle der Ähnlichkeitsannahme" tappen, 2. nicht zu bewerten und (ver-)urteilen?

2.3 Forschung und Entwicklung:
Nach wie vor der klassische Berufseinstieg

2.3.1 Aufgaben - Anforderungen - Perspektiven

Aufgaben

Der Forschungsingenieur der Elektro-/Informationstechnik befasst sich mit ausgewählten Grenzbereichen wissenschaftlicher Erkenntnis, um Wege und Möglichkeiten zur Sicherung der technischen Zukunft seines Unternehmens zu erkunden. Die Aufgaben in der Forschung sind in den vergangenen Jahren immer komplexer geworden. Neue Methoden und Geräte erlauben es z. B., einen immer tieferen Blick in den Aufbau der Materie zu werfen, ja bereits einzelne Atome sichtbar zu machen und daraus Erkenntnisse unter anderem für die Mikroelektronik zu gewinnen (Kap. 3.5). Jeder dieser Einblicke wirft aber eine Fülle neuer Fragen auf, deren Klärung noch kompliziertere Methoden, Verfahren und Apparaturen erfordert. Alle dabei erkannten Effekte müssen auf ihre Nutzbarkeit und Umsetzbarkeit auf praktische Problemlösungen hin untersucht werden. Dieser Transfer vom naturwissenschaftlichen Effekt hin zur praktischen Nutzung muss künftig noch schneller erfolgen. Dazu müssen auch neue Organisationsformen für die Forschung hinzukommen. Die Forschung muss planbar gemacht und zielgerichteter durchgeführt werden. Verfahren des Projektmanagements, insbesondere in der Planung und Durchführung, beim Controlling der Prozesse und bei der Evaluierung der Ergebnisse müssen stärker eingesetzt werden.

Der Entwicklungsingenieur sucht die Ergebnisse der wissenschaftlichen Forschung für die Praxis anwendungsreif zu machen. Dabei müssen die Produkte, Anlagen und Systeme unter wirtschaftlichen und umweltverträglichen Gesichtspunkten und entsprechend den Forderungen des Marktes entwickelt oder weiterentwickelt werden.

Anforderungen

Der Forschungsingenieur muss über ein ausgezeichnetes theoretisches Wissen, über Ausdauer und über Freude an der Analyse komplexer Zusammenhänge verfügen. Es sind letztlich Forscher gefragt, die nicht nur exzellente Fachleute auf ihrem Arbeitsgebiet sind, sondern darüber hinaus auch Manager und Unternehmer, die über ihren Gesichtskreis hinausschauen und in großen Zusammenhängen denken und handeln können.

Der Entwicklungsingenieur muss gute theoretische Kenntnisse der Elektro- und Informationstechnik, aber auch ausreichend gute betriebswirtschaftliche Kenntnisse besitzen sowie eine physikalisch-technische Begabung aufweisen; Kommunikations- und Teamfähigkeit, auch in interdisziplinärer Hinsicht, sind für aufstiegswillige Jungingenieure unerläßlich. Zusätzlich muß der Entwicklungsingenieur System- und Methodenkompetenzen besitzen.

Perspektiven

Es ist in technischen Berufen bekannt, dass sich die meisten Studienabgänger bei ihrem Berufseinstieg vorzugsweise für die Tätigkeitsfelder Forschung und Entwicklung entscheiden; auch Projektierung und Konstruktion erscheinen den Jungingenieuren noch interessant. Der noch von der Hochschule her vertrauten Umgebung im Labor wird zu häufig der Vorzug gegeben gegenüber anderen Tätigkeiten, z. B. im Vertrieb oder auf der Montage.

Dieser Trend gilt grundsätzlich auch für Ingenieure der Elektro- und Informationstechnik, die derzeit auf eine für sie günstige Situation treffen, denn die Unternehmen wissen, wie wichtig eine erfolgreiche FuE-Arbeit ist, um bei zunehmendem weltweiten Wettbewerb und bei immer kürzer werdenden Innovationszyklen künftig mithalten zu können:

Die Nachfrage kann teilweise wegen zu geringer Absolventenzahlen nicht gedeckt werden. - Die international agierenden Unternehmen werden auch unter diesem Gesichtspunkt der in Deutschland knapper werdenden Absolventen ihre Auslandskontakte „vor Ort" verstärken und auch ausländische Ingenieure - nicht nur wegen ihrer besseren Landeskenntnisse und -erfahrungen - einsetzen.

Europa setzt mit "Horizont 2020" auf Forschung und Innovation

Am 1. Januar 2014 startete das EU-Rahmenprogramm "Horizont 2020". Es sieht eine Steigerung der EU-Investitionen in Forschung und Innovation um 27 Prozent auf rund 70 Mrd. Euro vor. Mit dem neuen Forschungsprogramm sollen bis 2020 nachhaltiges Wachstum und zukunftsfähige Arbeitsplätze in Europa geschaffen und so die Wettbewerbsfähigkeit Europas gestärkt werden.

Durch die starke Innovations- und Marktorientierung unterscheidet sich das Programm von seinen Vorgängern. Horizont 2000 baut die Kooperation von Wissenschaft und Wirtschaft deutlich aus. Es bietet nicht nur Forscherinnen und Forschern von Hochschulen und Forschungsorganisationen, sondern insbesondere auch kleinen und mittleren Unternehmen besonders attraktive Chancen.

Zentrale gesellschaftliche Herausforderungen und Zukunftsfragen, die alle Menschen in Europa betreffen, wurden besonders berücksichtigt wie beispielsweise: Aktives und gesundes Leben in einer alternden Gesellschaft, umweltverträgliche und intelligente Mobilität, die effizientere Nutzung von Ressourcen und Rohstoffen sowie Energie- und Sicherheitsfragen.

Horizont 2020 betont zudem die Bedeutung von Schlüsseltechnologien für die Industrie, für die globale Wettbewerbsfähigkeit der Unternehmen Europas und damit auch der Unternehmen in Deutschland. Darüber hinaus wird deutlich mehr für Risikofinanzierung insbesondere für kleine und mittlere Unternehmen zur Verfügung gestellt.

Weitere Infos unter: www.horizont2020.de

Deutschlands Innovationskraft wächst
OECD-Studie sowie ZEW-Innovationserhebung zeigen gute Entwicklung

Deutschlands Innovationskraft entwickelt sich positiv – sowohl aus nationaler Sicht wie auch im internationalen Vergleich. Demnach belegt Deutschland im internationalen Vergleich mit Blick auf die Innovationskraft einen Spitzenplatz.

Innovationen, die Erforschung und Entwicklung neuer Produkte, Dienstleistungen und Abläufe, sind die Triebfeder für die Zukunftsfähigkeit Deutschlands. Es sei also ein sehr gutes Zeichen Richtung Zukunft, dass die deutsche Wirtschaft ihre Innovationsausgaben noch einmal deutlich gesteigert hat. Deutschland beweist sich damit als einer der führenden Innovationsstandorte weltweit.

2015 lagen die FuE-Ausgaben erstmals bei drei Prozent des Bruttoinlandsprodukts. Damit gehört Deutschland zu den fünf Ländern, die weltweit am meisten in FuE investieren – in wichtigen Zukunftsfeldern wie Energie und Umwelt sogar neben Japan und den USA zu den führenden drei. *Quelle: BMBF, 11.01.2017*

Lotsenstelle Elektromobilität
Gebündelte Informationen zur Forschungs- und Innovationsförderung

Um die Förderaktivitäten auf dem Gebiet der Elektromobilität für Unternehmen und Forschungseinrichtungen transparent und kundenfreundlich zu gestalten, hat die Bundesregierung die Lotsenstelle Elektromobilität bei der Förderberatung „Forschung und Innovation" des Bundes eingerichtet. Sie hilft bei der Suche nach geeigneten Förderprogrammen, berät zur Forschungsförderung des Bundes im Bereich Elektromobilität und unterstützt bei der Antragstellung.

Wegweiser und Beratung. Sie haben eine Projektidee im Bereich Elektromobilität? Sie sind auf der Suche nach finanzieller Unterstützung Ihres Forschungs- und Entwicklungsvorhabens? Wir beraten Sie individuell und passgenau. Gemeinsam finden wir heraus, welche Fördermöglichkeit Ihrem Forschungsvorhaben entspricht. Die Beratungsangebote sind kostenfrei.

Weitere Infos: www.foerderinfo.bund.de/elektromobilität

BMBF: Beratung für Wissenschaftlernachwuchs auf einen Klick

Wo bewerbe ich mich für ein Forschungsstipendium? Wer bietet die passende Nachwuchsförderung an? - Fragen wie diese beantwortet das Kommunikations- und Informationssystem „Wissenschaftlicher Nachwuchs" (KISSWIN).

Um die Chancen der jungen Forscherinnen und Forscher weiter zu verbessern, steht ihnen mit einem neuen Beratungsportal umfassende Informationen zu Karrierewegen und Fördermöglichkeiten zur fügung. Das Bundesministerium für Bildung und Forschung (BMBF) hat im Rahmen der Konferenz „Lust auf wissenschaftliche Karriere in Deutschland! Wege, Förderungen und Netzwerke im Überblick" KISSWIN gestartet. Das Portal bietet neben Informationen zu wissenschaftlichen Karrierewegen und Fördermöglichkeiten auch die Beratung durch Expertinnen und Experten an. Mit dem neuen Internetportal und dem Beratungsservice können sich nun alle Interessierten im In- und Ausland schnell und problemlos über das umfangreiche Förderspektrum in Deutschland informieren.

Weitere Infos: www.KISSWIN.de

Elektroingenieurinnen:

Elektrotechnik-Preis zur Förderung junger Elektroingenieurinnen

Der VDE und die Dr. Wilhelmy-Stiftung haben sich in einer Kooperationsvereinbarung darauf verständigt, künftig gemeinsam herausragende Dissertationen der Elektrotechnik auszuzeichnen. Der neue Elektrotechnik-Preis soll jedes Jahr an bis zu drei junge Ingenieurinnen der Elektro- und Informationstechnik verliehen werden. Die Auszeichnung ist mit je 3.000 Euro dotiert und soll junge Forscherinnen zu einer wissenschaftlichen Laufbahn motivieren.

Mit dem neuen Elektrotechnik-Preis für Nachwuchswissenschaftler will der VDE junge Talente fördern, um den Fachkräftebedarf Deutschlands als Technikstandort langfristig zu sichern. Laut VDE basiert der technologische Vorsprung Deutschlands vor allem auf dem hohen Ausbildungsniveau und Systemdenken der Ingenieure sowie der guten Vernetzung von Unternehmen und Hochschulen. Experten gehen davon aus, dass die Nachfrage an gut ausgebildeten Elektroingenieurinnen und -ingenieuren in den nächsten Jahren weiter ansteigen wird.

Voraussetzung für die Auszeichnung mit dem neuen Elektrotechnik-Preis sind ein herausragender Promotionsabschluss und eine hohe Bedeutung der Dissertation für die Wissenschaft und den Elektrotechnik-Standort Deutschland. Berücksichtigt werden ausschließlich Arbeiten aus dem deutschsprachigen Raum. Die Preisverleihung wird einmal jährlich im Rahmen einer repräsentativen VDE-Veranstaltung stattfinden – die Auswahl der Preisträgerinnen erfolgt durch eine hochkarätige Jury des VDE.

Der neue Elektrotechnik-Preis ist dabei nur eine von vielen Aktivitäten, mit denen sich der VDE für die Förderung junger Nachwuchswissenschaftlerinnen einsetzt: So bietet der VDE gemeinsam mit Hochschulen, Unternehmen und Forschungseinrichtungen jungen Elektro- und Informationstechnikstudentinnen sowie jungen Berufseinsteigerinnen mit dem Projekt „MINT-Studentinnen" eine Plattform an, die sie in ihrer beruflichen Einstiegsphase unterstützt. Das Projekt „MINT-Studentinnen" wird vom BMBF im Rahmen des Nationalen Pakts für Frauen in MINT-Berufen „Komm, mach MINT." gefördert. Ziel der bundesweiten Initiative ist es, Mädchen und Frauen für MINT-Studiengänge und -Berufe zu begeistern.

Nähere Informationen zum Preis unter: www.vde.com/ingenieurinnen.

Über die Dr. Wilhelmy-Stiftung:

Die Dr. Wilhelmy-Stiftung verfolgt als Stiftungszweck die Förderung von Wissenschaft und Forschung, Bildung und Erziehung, Kunst und Kultur sowie Denkmalschutz und Denkmalpflege.

2.3.2 Forschung für die Digitalisierung der Luftfahrt

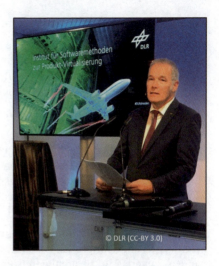

Prof. **Rolf Henke**,
Luftfahrt-Vorstand des Deutschen
Zentrums für Luft- und Raumfahrt
(DLR)

Am 3. August 2017 wurde das neue DLR-Institut für Softwaremethoden zur Produkt-Virtualisierung in Dresden eröffnet. Bevor ein Flugzeug abheben kann, sind viele kostenintensive Entwicklungsarbeiten und langwierige Tests notwendig. Am virtuellen Flugzeug, das sich genauso verhält wie ein Flugzeug in der Realität, werden diese Prozesse schneller, kostengünstiger und außerdem sicherer ablaufen. Damit widmet sich das DLR in Zukunft verstärkt den Herausforderungen, die die Prozesskette vom ersten digitalen Entwurf bis zur simulierten Außerdienststellung bereithält.

Forschung für den virtuellen Erstflug im Rechner

Der gesamte Lebenszyklus von Luftfahrzeugen, von der Entwicklung und Produktion über den Betrieb bis hin zur Außerdienststellung, befindet sich im Umbruch, da alle Bereiche schrittweise digitalisiert werden. Das neue Dresdner DLR-Institut wird dafür die relevanten Forschungskompetenzen im Bereich Software bündeln und langfristig den Weg zum virtuellen Erstflug im Rechner bereiten. Dabei wird es als Zentrum für Softwaremethoden und Produkt-Virtualisierung mit anderen DLR-Instituten sowie Partnern aus Industrie und Forschung in engem Austausch agieren.

Ein Schlüssel zur Realisierung des virtuellen Flugzeugs ist der Einsatz von Hochleistungsrechnern (High Performance Computing HPC). Die Wissenschaftlerinnen und Wissenschaftler des neuen Instituts werden die softwaretechnischen Grundlagen dafür legen, dass Hochleistungsrechner heutiger und künftiger Generationen für die aufwendigen Simulationen effizient genutzt werden können. Außerdem werden sie multidisziplinäre Software-Plattformen entwickeln, mit denen das virtuelle Flugzeug umfassend analysiert und optimiert wird.

83

Zusammenarbeit von Forschung und Industrie

Dazu werden die DLR-Forscher neue Ansätze und Methoden zur Analyse und zur simulationsgestützten Zertifizierung verfolgen, die die Entwicklungs- und Zulassungskosten neuer Produkte erheblich senken. Diese sollen zudem für andere Verkehrs- und Wirtschaftsbranchen nutz-bar gemacht werden.

Das Institut verfügt über drei Abteilungen, für die zunächst rund 70 Mitarbeiter geplant sind:

Die **Abteilung für Hochleistungsrechnen** wird neue Algorithmen, Programmier-, Daten- und Speichermodelle erforschen und insbesondere im Hinblick auf künftige Hochleistungsrechner-Architekturen entwickeln. Diese Modelle werden dann den Fachinstituten des DLR für ihre spezifischen Fragestellungen zur Verfügung gestellt.

Die **Abteilung Simulationsumgebungen** ist darauf ausgerichtet, die sehr heterogenen und sehr großen Datensätze, die beim Hochleistungsrechnen erzeugt werden, zuverlässig zu archivieren und für die multidisziplinäre Analyse und Optimierung des virtuellen Produkts nutzbar zu machen.

Die **Abteilung Softwaremethoden** erforschen, wie aus den erzeugten großen Datenmengen effizient genau diejenigen Informationen zu extrahieren sind, die man benötigt, um das virtuelle Produkt in Bezug auf all seine Eigenschaften im Computer testen, qualifizieren und letztlich sogar zertifizieren zu können. Daten und Software müssen dabei auch zuverlässig ab-gesichert werden gegen irrtümliche Modifikation oder willkürliche Manipulation.

Damit wird das DLR-Institut eine Schlüsselrolle bei der Entwicklung von industriebezogenen Softwaremethoden und Plattformen spielen und durch die Zusammenarbeit mit Partnern aus Forschung und Industrie die Luft- und Raumfahrt- sowie die Software-Branche nicht nur in Sachsen, sondern in ganz Deutschland und Europa stärken.

Digitalisierung und Virtualisierung sind strategische Querschnittsthemen des DLR. Das neue Institut wird mit seinen Forschungsaufgaben hierbei eine zentrale und entscheidende Rolle spielen und auch in die DLR-Schwerpunktbereiche Raumfahrt sowie Energie- und Verkehr hineinwirken.

Insgesamt gründet das DLR sieben neue Forschungsinstitute zu den Themen Systemarchitekturen, Instandhaltung, Virtuelles Triebwerk, Software, Data Science, maritime Sicherheit und Energiesystemanalyse.

Das DLR im Überblick

Forschung für die Erde. Das Deutsche Zentrum für Luft- und Raumfahrt (DLR) ist das Forschungszentrum der Bundesrepublik Deutschland für Luft- und Raumfahrt. Seine umfangreichen Forschungs- und Entwicklungsarbeiten in **Luftfahrt, Raumfahrt, Energie, Verkehr** und **Sicherheit** sind in nationale und internationale Kooperationen eingebunden. Über die eigene Forschung hinaus ist das DLR als Raumfahrt-Agentur im Auftrag der Bundesregierung für die Planung und Umsetzung der deutschen Raumfahrtaktivitäten zuständig. Zudem fungiert das DLR als Dachorganisation für den national größten **Projektträger.**

Arbeiten im DLR. In den 20 Standorten Köln (Sitz des Vorstands), Augsburg, Berlin, Bonn, Braunschweig, Bremen, Bremerhaven, Dresden, Göttingen, Hamburg, Jena, Jülich, Lampoldshausen, Neustrelitz, Oberpfaffenhofen, Oldenburg, Stade, Stuttgart, Trauen und Weilheim beschäftigt das DLR circa 8.000 Mitarbeiterinnen und Mit-arbeiter. Das DLR unterhält Büros in Brüssel, Paris, Tokio und Washington D.C.

Im Geschäftsjahr 2015 betrug der Etat des DLR für Forschung und Betrieb 888 Millionen Euro, davon waren 51 Prozent im Wettbewerb erworbene Drittmittel. Das außerdem vom DLR verwaltete Raumfahrtbudget hatte ein Volumen von 1.357 Millionen Euro. 66 Prozent entfielen auf den deutschen Beitrag zur Finanzierung der Europäischen Weltraumorganisation ESA, 20 Prozent auf das Deutsche Raumfahrt-programm und 14 Prozent auf die Weltraumforschung im DLR selbst. Die Förder-mittel des Projektträgers im DLR hatten ein Volumen von 1.017 Millionen Euro und des Projektträgers Luftfahrt von 151 Millionen Euro.

Die Leistungsfähigkeit des DLR basiert auf seinen hervorragend ausgebildeten und hoch motivierten Mitarbeiterinnen und Mitarbeitern, die sich im DLR kontinuierlich fortbilden können. Chancengleichheit wird großgeschrieben. Mit gleitender Arbeits-zeit, Teilzeitbeschäftigung und speziellen Förder-maßnahmen wird dafür gesorgt, dass sich Beruf und Familie gut vereinbaren lassen. *(Quelle: DLR)*

2.3.3 INVENT a CHIP

fördert die Digitalisierungs-Fachkräfte von morgen

Die Sonne versorgt ein Haus autark mit Energie, der Haustürschlüssel schlägt Alarm, wenn er vergessen wird, ein intelligenter Rollator vermeidet Stürze und umfährt Hindernisse und der Einbruchmelde-Chip sorgt für mehr Sicherheit. Es sind innovative Ideen für neue Mikrochips von Jugendlichen, die Experten begeistern. Zum 15. Mal veranstalteten 2016 das Bundesministerium für Bildung und Forschung (BMBF) und der Technologieverband VDE den Schüler-wettbewerb „Invent a Chip". Im Jubiläumsjahr sind viele kreative Projekte vertreten.

Insgesamt 25.000 Jungen und Mädchen beteiligten sich in den vergangenen 15 Jahren mit 6.500 Chip-Ideen am Schülerwettbewerb „Invent a Chip". Prof. Dr. Johanna Wanka, Bundesministerin für Bildung und Forschung, sieht großes Potenzial bei den Jugendlichen:

„Bei „Invent a Chip" entwickeln Schüler nicht nur Schaltkreise, sondern bauen damit sogar eine komplette Anwendung. Junge Menschen setzen ihre guten Ideen Schritt für Schritt um, lernen dafür eine neue Art des Programmierens, arbeiten in Teams zusammen und haben keine Scheu vor neuen Technologien. Das zeigt: Deutschlands Schüler haben das Zeug für digitale Erfindungen. Auf diese Forscher und Fachkräfte ist unser Land im digitalen Zeitalter angewiesen." Invent a Chip hat in seinen 15 Jahren viele Schüler für technische Ausbildungsberufe oder MINT-Studiengänge begeistert.

Gleich zweimal vergab die Jury in diesem Jahr den mit 3.000 Euro dotierten ersten Platz. „Das ist ein Novum, das zeigt, wie stark das Teilnehmerfeld ist", sagt Ansgar Hinz, VDE-Vorstandsvorsitzender.

Die Sieger präsentierten ihre Mikrochips im Rahmen des VDE-Kongresses in Mannheim der Öffentlichkeit. Luca Elbracht (17) und David Alexander Volmer (16) vom Albertus-Magnus-Gymnasium Beckum brachten ein Modellhaus mit. Ein Mikrochip steuert dort die Erzeugung, die Speicherung und den Verbrauch von Energie mit dem Ziel, ein Haus unabhängig vom öffentlichen Netz mit Strom zu versorgen. Das überzeugte die Jury ebenso wie der „KeySafe", ein Mikrochip, der verhindern soll, dass sich Menschen aus ihrer Wohnung aussperren. Das System von Tobias Höpp (15) und Johannes Kreutz (17) vom Gymnasium Philippinum in Marburg warnt schon beim Verlassen der eigenen vier Wände seinen Besitzer, wenn er vergessen hat, den Haustürschlüssel mitzunehmen. Wie hier sind oft alltägliche Situationen der Ausgangspunkt einer Erfindung.

Der mit 2.000 Euro dotierte Sonderpreis des Bundesforschungsministeriums geht an Robin Breitfelder (15), Tim Jungnitz (16), Maximilian Krebs (16) und Jamal Lkhaouni (15) vom Gymnasium Lindlar. Sie entwickelten einen intelligenten Rollator. Er kann Hindernisse erkennen, die Position erfassen und hat eine Notfallfunktion. „Kippt der Rollator um und stürzt sein Nutzer, wird ein Sturz-Alarm ausgelöst", beschreibt die Jury das Konzept des prämierten Mikrochips.

Robin Breitfelder, Maximilian Krebs, Jamal Lkhaouni und Tim Jungnitz mit ihrem „Smollator"   *(Foto: BMBF)*

Den ebenfalls mit 2.000 Euro dotierten zweiten Platz belegten Maximilian Melzner (17) und Lukas Heindl (17) vom Gymnasium Eschenbach. Sie entwickelten einen Einbruchsmelde- Chip, mit dem bis zu acht Fenster verwaltet werden können. Der Nutzer kann mit der Fernbedienung und einem Code den Alarm abschalten und auch vergangene Alarme ansehen. Hierfür mussten die Schüler sich ein sehr komplexes Bediensystem überlegen.

Platz Drei und ein Preisgeld in Höhe von 1.000 Euro gehen an Verena Glatt von der Gewerbeschule Bühl. Sie möchte übermüdete Eltern entlasten, die bisher bei jeder leichten Unruhe ihres Babys unnötig hochschrecken. Dazu entwickelte sie eine beruhigende Babywiege, die ein integrierter Mikrochip steuert: „Wenn das Kind sich bewegt oder strampelt, fängt das Bett leicht zu schaukeln an und ein Wiegenlied setzt ein", sagt sie. Sollte das Kind sich nicht beruhigen, vibriert ein Armband und informiert die Eltern.

Verena Glatt mit „SleepCare"   *(Foto: VDE)*

Das Chip-Design lernten die Preisträger in einem Praxis-Workshop an der Leibniz Universität Hannover. „Es ist eine Besonderheit unseres Technik-Wettbewerbs, dass die Jugendlichen mit Experten arbeiten. Später tauschen sie sich weiter in einem Forum aus", sagt Ansgar Hinz, VDE-Vorstandsvorsitzender. Zehn Teams aus dem Feld von 2.600 Teilnehmern qualifizierten sich für die Umsetzung ihrer Idee. Eine Chance, die der Erstplatzierte Luca Elbracht gerne ergriff: „Der Workshop hat viele hilfreiche Erkenntnisse gebracht, nicht nur zur technischen Seite, sondern auch zur Projektplanung und Durchführung", sagt er. Die Sieger erwarten jetzt Kontakte zu Industrie und Hochschulen sowie die Möglichkeit, ihre Projekte auf Messen zu präsentieren. Daneben werden sie ins Auswahlverfahren für ein Stipendium der Studienstiftung des deutschen Volkes aufgenommen. Viele der Teilnehmer der letzten 15 Jahre haben inzwischen in der Mikroelektronik-Wirtschaft oder -Wissenschaft Karriere gemacht. Oft zeigen sie überdurchschnitt-liches berufliches und soziales Engagement – Qualitäten, die auch Siegerqualitäten bei „Invent a Chip" sind.

„Invent a Chip" wird in der aktuellen Wettbewerbsrunde von zahlreichen Sponsoren unterstützt: Airbus, Bosch, Cologne Chip, Globalfoundries, Infineon, Mentor Graphics, Siemens, Videantis und der DKE Deutsche Kommission Elektrotechnik Elektronik Informationstechnik in DIN und VDE.

Weitere Infos zum Schülerwettbewerb unter www.invent-a-chip.de.

2.3.4　13 Preisträger von Jugend forscht
beim weltweit größten MINT-Schüler-Wettbewerb in den USA

Bei der 68. Intel International Science and Engineering Fair (Intel ISEF) in Los Angeles, Kalifornien, haben sich vom 14. bis 19. Mai 2017 rund 1.800 junge Wissenschaftler aus aller Welt mit ihren Projekten unter anderem in den Kategorien Chemie, Robotik, Biologie und Physik gemessen 13 Preisträgerinnen und Preisträger von Jugend forscht präsentierten dort insgesamt acht kreative und spannende Forschungsprojekte. Sie hatten sich beim Jugend forscht Bundesfinale 2016 für diesen international größten vorakademischen Wissenschaftswettbewerb qualifiziert.

Ivo Zell (18) aus Lorch in Hessen gewann als erster Deutscher den mit 75.000 US-Dollar dotierten Gordon E. Moore Award für herausragende innovative Forschung. Mit seinem Projekt „Ein Flügel reicht: Glocken-auftriebsverteilung nach Horten am Nurflügel" holte der 18-jährige den begehrten Hauptpreis nach Deutschland. Der Nurflügel ist ein Flugzeug ohne Rumpf und Leitwerk. Er besteht nur aus einer Tragfläche und ist dadurch besonders treibstoffsparend, gleichzeitig aber schwer zu steuern. Diesen großen Nachteil konnte der leidenschaftliche Nachwuchs-Modellflieger beheben. Basierend auf dem Konzept der Horten Brüder von 1930 gelang es

Ivo Zell einen Prototyp mit stabilem Flugverhalten zu konstruieren. Mit dem Projekt des Schülers rückt die Vision vom umweltschonenden zivilen Luftverkehr ein Stückchen näher.

Tassilo Schwarz (18) aus Seeon präsentierte sein umfassendes, softwarebasiertes Überwachungssystem, das kleine Flugdrohnen erkennen und ihre Position bestimmen kann, wenn die Flugobjekte in einen Luftraum eindringen.

Tobias Gerbracht (19) aus Wuppertal nahm mit seinem Augmented-Reality-Projektor am Wettbewerb teil, mit dem sich dreidimensionale Objekte virtuell im Raum schwebend darstellen lassen. .

Wie man mithilfe moderner materialwissenschaftlicher Synthesemethoden künstliche Rubine herstellen kann, zeigten **Paul Rathke** (19), **Christian Schärf** (19) und **Friedrich Wanierke** (18) aus Erfurt in ihrem Forschungsprojekt.

Nurflügel sind Flugzeuge ohne Leitwerke mit einem fließenden Übergang von Rumpf und Tragflächen. **Ivo Zell** (18) aus Lorch baute ein solches Flugzeug als Modell, dessen Flugeigenschaften er mit selbst entworfenen Messinstrumenten optimierte.

Julia Graupner (19) aus Jena präsentierte ein physikalisches Grundlagen-experiment. Sie bombardierte nanometerkleine Goldpartikel mit Gallium-Ionen. Ihre Erkenntnisse könnten dabei helfen, künftig maßgeschneiderte Nanostrukturen herzustellen.

Florian Vahl (17), **Étienne Neumann** (18) und **Maximilian Schiller** (17) aus Pinneberg haben ihr selbst konstruiertes autonomes Fluggerät vorgestellt. Dieses kann thermische Aufwinde erkennen, die es für den Gleitflug nutzt. So wird der Energiebedarf deutlich reduziert, da der Motor nicht permanent laufen muss – und das bei einer längeren Flugdauer und einer größeren Reichweite.

Mit einer Analyse des Schulexperiments der sogenannten leuchtenden Gurke waren **Hannes Hipp** (18) und **Sonja Gabriel** (18) aus Bad Saulgau dabei. In dem Versuch fungiert gelöstes Kochsalz als Ladungsträger, so dass Strom fließen kann. Die Jungforscher untersuchten, warum die Gurke immer nur auf einer Seite leuchtet, obwohl eine Wechselspannung angelegt ist.

Weitere Infos: Stiftung Jugend forscht e. V., www.jugend-forscht.de und www.intel.com

2.3.5 Freiburger Studenten gewinnen in Paris den internationalen Mikrosystemtechnik-Wettbewerb iCan

Im dritten Jahr in Folge konnten die drei Siegerteams des VDE|BMBF-Studentenwettbewerbs COSIMA auch 2016 international punkten: Beim Mikrosystemtechnik-Wettbewerb iCan in Paris mit Teilnehmern aus aller Welt landete das Studententeam aus Freiburg auf Platz Eins, die beiden Teams von der TU Ilmenau und der TU Darmstadt erreichten jeweils den dritten Platz. Die drei Teams aus Deutschland hatten sich durch ihren Sieg bei COSIMA für den internationalen Wettbewerb iCan qualifiziert, an dem 2016 23 Teams aus den USA, China, Japan, Thailand, Taiwan, Frankreich, Portugal, Großbritannien, der Schweiz und Deutschland teilnahmen. Ziel von iCan ist es, mit einem funktionstüchtigen Prototyp den praktischen Nutzen von mikrosystemtechnischen Sensoren und Aktoren für Anwendungen des Alltags zu zeigen.

Mit ihrem Projekt Cablebot, einem Kabeleinzugsroboter, überzeugten Konstantin Hoffmann, Karl Lappe, Ann-Kathrin Leiting und Christoph Grandauer von der Universität Freiburg die Jury. Sie entwickelten den Prototyp eines Roboters, der bei der Elektrifizierung von Gebäuden entsprechende stromführende Leitungen oder Telefonkabel in Leerrohre einziehen soll. Das Einziehen wird derzeit entweder durch einen hydrostatischen Druckunterschied oder mechanisch mittels Zugschnur durchgeführt.

Über den dritten Preis freuten sich Tommy Heckert, Loic Kautzmann, Svenja Hermann und William Tasnadi von der TU Ilmenau. Sie traten mit ihrer diebstahlsicheren Tasche ProBag im internationalen Wettbewerb an. Ihr Prototyp ist ein Modul, das als Schlosssystem in eine Tasche integriert wird, um den Diebstahl von Wertsachen aus der Tasche und das Stehlen der Tasche selbst zu verhindern. Die Sicherheitsfunktionen lassen sich über mobile Endgeräte auswählen und aktivieren. Mikrosystemgestützte Aktoren und Sensoren realisieren einen personalisierten Zugriff durch den Besitzer und erkennen dessen Bewegungsmuster. Stellt das System einen Diebstahl fest, etwa durch ein fremdes Bewegungsmuster, schlägt das System Alarm und informiert den Besitzer mit einem Warnsignal über das Smartphone.

Mit Sip It!, einem mobilen Dehydrationswarner, landeten Claas Hartmann, Luisa Pumplun, Marco Degünther und Masih Fahim der TU Darmstadt ebenfalls auf Platz Drei. Das entwickelte Elektrodensystem erfasst durch Handauflegen des Anwenders dessen Wasserhaushalt. Eine Auswertungssoftware erkennt anschließend den Hydrationszustand des Anwenders und kommuniziert das Ergebnis an ihn. Bei zu hohem Wassermangel gibt das Gerät eine optische und akustische

Warnung aus. Mit der anwenderfreundlichen Gestaltung des Geräts möchten die Studenten besonders Senioren ansprechen.

Der Wettbewerb iCan ist eine chinesische Initiative, die sich mittlerweile starker internationaler Beteiligung erfreut und bereits zum siebten Mal stattfand. Bei iCan treten die Siegerteams der regionalen Wettbewerbe aus China, Japan, Taiwan, Neuseeland, USA und Europa gegeneinander an. Auch in diesem Jahr unterstützten die Sponsoren Miele & Cie KG und Dr. Fritz Faulhaber GmbH & Co. KG sowie das Bundesministerium für Bildung und Forschung (BMBF) die deutschen Teams finanziell. In Deutschland dient der nationale Wettbewerb COSIMA, den der VDE mit Unterstützung des Bundesministeriums für Bildung und Forschung (BMBF) austrägt, als Vorentscheid.

Weitere Informationen unter: www.vde.com/gmm und www.cosima-mems.de.

So sehen Sieger aus! Die Studenten aus Freiburg, Darmstadt und Ilmenau mit Dr. Ronald Schnabel, Geschäftsführer der VDE/VDI-Gesellschaft Mikroelektronik, Mikrosystem- und Feinwerktechnik. (Bild: VDE)

2.3.6 Digitalisierung und Künstliche Intelligenz

Nach Industrie 4.0 kündigt sich für Deutschland schon das nächste Zukunftsthema an: Lernende Systeme und Künstliche Intelligenz. Dazu hat jetzt das BMBF zur Förderung der Zusammenarbeit von Forschung und Wirtschaft die neue Plattform „Lernende Syteme" eingerichtet. Die soll alle relevanten Kräfte bündeln und damit letztlich einen systematischen Innovationsschub in Deutschland bewirken.

Lernende Systeme sind der nächste Schritt der digitalen Transformation: Leistungsfähige Roboter, autonome Fahrzeuge, intelligente Objekte, innovative Softwaresysteme und vernetzte Infrastrukturen verändern unsere Lebens- und Arbeitswelt. Arbeits- und Produktionsprozesse werden durch den Einsatz Lernender Systeme flexibler und ressourcenschonender ausgelegt und besser auf die individuellen Anforderungen von Beschäftigten abgestimmt.

Deutschland zählt zu den Pionieren in den Bereichen Lernende Systeme und Künstliche Intelligenz. Konkrete Anwendungsmöglichkeiten eröffnen sich insbesondere bei verschiedenen Dienstleistungen, im Mobilitätssektor, im Gesundheitswesen, z. B. in der Medizintechnik und der Pflege, beim Einsatz von automatisierten Fahrzeugen sowie in der IT-Sicherheit.

Lernende Systeme können beispielsweise im Gesundheitsbereich große Verbesserungen bringen, etwa wenn sie bei der Mammographie große Datenmengen wie Röntgenbilder schneller analysieren und aufschlüsseln. Diese neue Qualität der Informationsbereitstellung verbessert die zentrale Arbeit von medizinischem Personal bei der Behandlung von Patienten. Gleichzeitig muss insbesondere in einem solch sensiblen Umfeld wie Patientendaten klar definiert sein, wie und in welchen Grenzen Lernende Systeme zur Anwendung kommen sollen und sicher funktionieren können. IT-Sicherheit ist dabei von hoher Priorität.

Dabei geht es aber nicht nur um technische Entwicklungen, sondern ganz bewusst auch um ethische, soziale und rechtliche Fragen.

Deutschland ist bei Künstlicher Intelligenz, insbesondere bei Themen wie Lernende Systeme und Maschinelles Lernen, im internationalen Vergleich sehr gut aufgestellt. Einen wesentlichen Beitrag dazu hat die Grundlagenforschung geleistet und hier besonders das Deutsche Forschungsinstitut für Künstliche Intelligenz (DFKI). Mit dem DFKI verfügt Deuschland über das größte KI-Institut der Welt, gemessen an Umsatz und Forschungspersonal. Weiterhin konnten sich zahlreiche Start-Ups erfolgreich am Markt etablieren. Insgesamt ist das wirtschaftliche Innovationsgeschehen beachtlich. Allein bei autonomen Fahrzeugen stammen fast 70 Prozent (1.596 von 2.309) der weltweiten Patente von deutschen Unternehmen (s. a. Kap. 3.6.1).

© Mario Lars

2.4 Produktion/Fertigung:
Montage und Inbetriebsetzung, Instandhaltung und Service

Aufgaben

Der Montageingenieur ist innerhalb des Produktionsprozesses verantwortlich für die Steuerung und Überwachung der Montage von Produkten, Systemen und Anlagen. Das schließt auch die Verantwortung für den Einsatz des Montagepersonals unter Berücksichtigung arbeitstariflicher und sicherheitstechnischer Bestimmungen ein, wobei u. a. auch die entsprechenden VDE-Bestimmungen, DIN-Normen und Umweltschutzbestimmungen einzuhalten sind. Seine präzise Montage-Dokumentation ist Grundlage für die Inbetriebsetzung und für den späteren reibungslosen Produktionsbetrieb.

Der Inbetriebsetzungsingenieur hat seinen Arbeitsschwerpunkt projektbezogen vor Ort beim Kunden oder für Tests und Vorinbetriebnahmen in einem Prüffeld der Systemlieferanten. Dort ist er verantwortlich für die Prüfung der technischen Inhalte, den Nachweis der zugesicherten Eigenschaften und abgegebenen Qualitätsgarantien einer Anlage. Er tritt als reproduzierender Künstler auf und versucht Anlagen, wie projektiert, in Betrieb zu nehmen. Oft werden jedoch Modifikationen anlagen- oder produktspezifisch notwendig, die alle Kreativität und technische Kompetenz vom Inbetriebsetzer abverlangen. Der erfolgreichen Inbetriebnahme folgen ggf. Babysitting-Phase, Garantieläufe und Kundenabnahme. Alle Phasen werden heute gern vom Kunden zur Schulung des eigenen Personals genutzt. Dies ist wiederum eine zusätzliche Fähigkeit des Inbetriebsetzers. Nach Abschluss aller Arbeiten wird die aktualisierte Anlagendokumentation in die Marketing-/Projektierungsabteilungen zurückgegeben (vgl. Kap. 2.7). Dieses Feed Back ist sehr wichtig für alle am Projekt Beteiligten, denn es sichert für zukünftige Projekte wirtschaftliche Ergebnisse.

Der Instandhaltungsingenieur ist bemüht, durch regelmäßige Wartung und Inspektion (vorbeugende Wartung) sowie durch Reparatur- und Instandsetzungsarbeiten Kosten zu sparen, indem er die Ausfallzeiten einer Anlage bzw. die Ausfallrate der Produktion so niedrig wie möglich und die Qualitätsstandards der Produktion so hoch wie möglich zu halten versucht.

Der Serviceingenieur hat ein ähnliches Aufgabenspektrum. Die von ihm zu betreuenden Anlagen stehen allerdings nicht im eigenen Produktionsbetrieb, sondern auf der ganzen Welt verteilt. Auch seine Arbeit dient der Erhöhung der Verfügbarkeit von meist sehr komplexen Anlagen. Es gilt, Deckungsausfälle von mehreren hunderttausend Euro pro Stunde für ungeplante Stillstände in Produktionsanlagen zu vermeiden. Der Ingenieur unterstützt vor Ort Kunden oder agiert vom heimischen Standort zumeist in drei Eskalationsstufen wie: Hotline-Unterstützung, Teleservice und, wenn notwendig, Störungsbehebung vor Ort.

Anforderungen

Der Montageingenieur muss bei der Umsetzung der Projekt-Pläne vor Ort häufig Flexibilität und Improvisationsgeschick beweisen. Er muss die richtigen Termin- und Personaldispositionen umsichtig und schnell treffen, was eine ausreichend gute Kenntnis der lokalen Verhältnisse einschließt, z. B. Kenntnisse über die Verfügbarkeit örtlicher Arbeitskräfte. Gefragt ist weniger der Theoretiker und Stratege als vielmehr der „Macher" mit entsprechendem Durchsetzungsvermögen, getrieben durch gesamtwirtschaftliche Interessen. Sein Aufgabenspektrum kann er nur erfüllen, wenn er neben den Sachkenntnissen auch über entsprechende betriebswirtschaftliche, arbeitsrechtliche, sicherheitstechnische und umwelttechnische Grundkenntnisse verfügt.

Bei Auslandseinsätzen sind neben den notwendigen Fremdsprachenkenntnissen auch weitergehende geographische Kenntnisse, z. B. über Klima, Infrastruktur und Mentalität der Bevölkerung sowie Sitten und Gebräuche des jeweiligen Landes hilfreich. Schließlich muss der Montageingenieur in der Lage sein, die notwendige Montage-Dokumentation präzise und möglichst leicht verständlich zu erstellen.

Der Inbetriebsetzungs- und Serviceingenieur muss neben den obligatorischen Fachkenntnissen der eingesetzten Produkte und Systeme vor allem ein ganzheitliches Verständnis inklusive der technologischen Anforderungen in die Projekte mit einbringen. Er muss in der Lage sein, erforderliche Ergänzungen oder Änderungen der Anlage zu veranlassen, bis mit Probebetrieb und Garantieläufen die vertraglich zugesicherten Eigenschaften nachgewiesen werden. Weltweiter Einsatz setzen Mobilität und eine positive Einstellung gegenüber landesspezifischen Besonderheiten voraus. Wie beim Montageingenieur ist auch für den Inbetriebsetzungs- und Serviceingenieur wirtschaftliches Denken genau so wichtig wie die Fähigkeit, als Repräsentant eines Unternehmens gegenüber Kunden aufzutreten. Der Inbetriebsetzungs- und Servicegenenieur hat heute ein sehr gutes Produkt- und Systemwissen, gepaart mit branchenspezifischem, technologischem Know-how.

Das Ziel der Erhöhung der Verfügbarkeit von Produktionsanlagen verlangt die präzise Erstellung von Servicekonzepten (vorbeugende Wartung, Logistik, Reparatur, Oncall-Unterstützung, ...). Treibende Kräfte sind die wirtschaftlichen Aspekte des eigenen oder eines fremden Unternehmens. Der betreffende Ingenieur muss also in der Regel über ein breites, allgemeines und praktisch orientiertes Wissen verfügen. Vom Serviceingenieur erwartet man zudem die Fähigkeit der kundenorientierter Beratung. Damit wird neben dem erforderlichen Fachverstand auch ein kundenfreundliches und kundenorientiertes Verhalten bei hoher Einsatzbereitschaft auch außerhalb normaler Dienststunden erwartet.

Perspektiven

Produktion und Fertigung sind nach wie vor wichtige Einsatzbereiche für Elektroingenieure. Die Fertigung bietet immer noch ein hohes Maß an Effizienz- und Produktivitätsreserven. Dazu müssen die Arbeitsabläufe im Ganzen, aber auch die Teilschritte neu organisiert werden. Dabei wird die Produktivität zusätzlich durch Kontinuierliche Verbesserungsprozesse (KVP) in vielen kleinen Schritten gesteigert, wobei jeder einzelne Mitarbeiter qualifiziert und motiviert sein muss. Größere Umbrüche im Produktionsprozess kündigen sich an: „3D-Drucker", „Industrie 4.0", „GreenIndustry" und allgemein „Digitalisierung". Von den betroffenen Ingenieuren werden große Anstrengungen erwartet, immer „up to date" zu sein: So kann sich Produktion auch in Hochlohnländern lohnen (s. S. 98).

Montage und Inbetriebnahme. Heute werden unter dem weltweiten Wettbewerbsdruck aus Rationalisierungsgründen immer mehr und immer hochwertigere Automatisierungssysteme eingesetzt, die entsprechendes Fachwissen aus der Elektrotechnik, Elektronik und Informationstechnik voraussetzen. Somit werden immer mehr Elektroingenieure speziell für die Inbetriebnahme von komplexen Automatisierungsanlagen inklusive der heute sehr anspruchsvollen Antriebstechnik eingestellt. Wer jung, unabhängig und mobil ist, für den ist der Einstieg ins Berufsleben über die Inbetriebnahme eine ideale Möglichkeit, das erworbene Ingenieurwissen in der Praxis zu vertiefen und Technik mit technologischen Themen als ein weiteres Standbein im Beruf zu festigen.

Instandsetzung und Service gewinnen zunehmend an Bedeutung in unserer Dienstleistungsgesellschaft. Die Produktionsprozesse wie auch die Produktionsanlagen werden bei aller angestrebter Bedienerfreundlichkeit immer komplexer. Damit steigt auch die Bedeutung der vorbeugenden Wartung und der Instandsetzung für das Ziel, Produktionsausfälle zu vermeiden. Auch die Produktionsergebnisse werden immer komplexer und erklärungsbedürftiger - ein deutlicher Trend im Servicegeschäft. Auch hier ermöglicht die Digitalisierung zunehmend, Kundenanlagen online über Internet vorbeugend zu betreuen und im Störungsfall per Ferndiagnose Anlagen schneller wieder produzieren zu lassen.

Damit steigen auch die Chancen für Serviceingenieure. Um aber per Ferndiagnose direkt verbunden mit Bussystemen in Automatisierungsanlagen und/oder verbunden mit eigens für den Service installierten Informationsquellen wie Messboxen umgehen zu können, sollten Serviceingenieure eine Vergangenheit als Inbetriebsetzungsingenieur haben. Das aber bedeutet zugleich, dass die Tätigkeiten eines Serviceingenieurs nicht zu den typischen Einstiegsberufen zählen.

Die ertragssteigernden Potenziale des Service sind nicht hoch genug einzuschätzen. Weil diese Potenziale aber noch nicht voll ausgeschöpft sind, bieten sich für erfahrene Serviceingenieure gute Perspektiven.

Produktion in Hochlohnländern lohnt sich

Es ist mit vielen Vorteilen verbunden, Produktionsstandorte in Deutschland zu belassen oder sogar neu aufzubauen:

1. Vernetzt produzieren über mehrere Standorte verteilt.

An keinem Ort der Welt gibt es alles an Fähigkeiten und Ressourcen. Deshalb werden Aufgaben in der Fertigung bündelweise so verteilt, dass sie jeweils am besten dafür geeigneten Ort erledigt werden können – also z. B. Designaufgaben in Kalifornien, komplexe, prozessbasierte Produktion mit spezialisierten Zulieferern in Baden-Württemberg und Herstellung von B- und C-Teilen in Malaysia.

2. Für schnelle Umsetzung technologischer Innovationen sorgen.

Wer technischen Fortschritt schnell in Wettbewerbsvorteile umsetzen will, sollte auf kurze Realisierungszeiten setzen: Heute eine Idee, morgen planen, übermorgen umsetzen. Am besten geeignet für dieses Vorgehen ist die eigene Fertigung nahe dem Hauptsitz. Weit entfernt liegende Outsourcing-Partner oder Töchter in fremden Kulturräumen dagegen bremsen die schnelle Umsetzung: Kommunikation ist schwierig, Ware befindet sich lange auf dem Seeweg und kann im Zoll aufgehalten werden. Das schwächt die Vorteile der Billiglohn-Standorte.

3. Die Vorteile der industriellen Pluralität nutzen.

Für viele industrielle Aufgaben gibt es heute weltweit diverse Standorte, die in Frage kommen. Schwellenländer und neue Industrieländer haben in den letzten Jahren große Fortschritte gemacht. Titus International etwa, IKEAs Zulieferer für Beschläge, hat Design und Zentrale in der Nähe von London angesiedelt. Die eigene Fertigung befindet sich im aufstrebenden Slowenien, das gute Infrastruktur, gutes Bildungsniveau, geringe Distanz zur Zentrale und tragbare Lohnkosten bietet.

4. Der Kunde wünscht individuell gefertigte Produkte.

Ein Trend nicht nur bei Produkten der Großtechnik wie Autos, Schiffen oder Kraftwerken: Aufträge werden gemäß Spezifikationen des Kunden erstellt, Losgrößen schrumpfen dadurch, nicht selten bis hin zu einstelligen Werten. Das aber verlangt Fertigung nahe am Kunden, um Transaktionszeiten und Lieferwege zu minimieren. Beispiel: Essilor (Frankreich) ist der weltweit größte Hersteller von Brillengläsern. Von 300 Mio. jährlich hergestellten Gläsern wurden 100 Mio. nach Kundenspezifikation produziert.

5. Die Chancen als Nischen-Zulieferer nutzen.

Im Sog großer industrieller Komplexe (Beispiel: Automobilfabriken) gibt es einen hohen Bedarf an kleinen industriellen Zulieferern, die spezialisierte Aufgaben übernehmen, für die beim Giganten die Ressourcen oder das Wissen fehlen. Diese Zulieferer sind räumlich am besten in der Nähe ihrer Abnehmer anzusiedeln – auch im Hochlohnland.

Das Modell Deutschland dient inzwischen weltweit als Vorbild. Es gibt keinen strategischen Grund, den Stammsitz im Hochlohnland zu de-industrialisieren. Die größten Vorteile aus dieser Denkweise haben in Zukunft jene Unternehmen, denen es gelingt, die spezifischen Vorteile einer Vielzahl von Standorten zu nutzen.

Quelle: Trend Alert

2.5   Datenverarbeitung, Organisation:
Gefragte Tätigkeitsfelder

Aufgaben – Anforderungen – Perspektiven

Die Haupteinsatzgebiete für Datenverarbeitungs-Spezialisten sind Software-entwicklung, -vertrieb und -beratung. Dabei umfassen die Datenverarbeitungs-produktc alle denkbaren Anwendungsgebiete computerunterstützter Informati-onssysteme, von der Standardsoftware im kaufmännischen Bereich bis zu komplexen CIM-Lösungen und zur Koordinierung logistischer Probleme, z. B. bei der Just-in-Time-Produktion vgl. Kap. 1.3.4).

Die Softwareentwicklung bildet nach wie vor den wichtigsten Schwerpunkt. Software-Entwickler werden sowohl für kaufmännische und verwaltungstechni-sche Problemlösungen (Organisation) als auch für den produktionstechnischen und logistischen Bereich gesucht.

Ein besonderer Aspekt gewinnt hierbei zunehmend an Bedeutung: der Wirt-schaftsschutz bzw. „Managing Trust" (Kap. 3.2).

Der Vertrieb bietet wie in allen Branchen mit erklärungsbedürftigen Produkten auch im Datenverarbeitungsbereich große Chancen. Hauptaufgaben der Ver-triebsmitarbeiter sind Marktanalyse hinsichtlich Bedarfsentwicklung und Markt-einführung neuer Datenverarbeitungsprodukte.

Der Datenverarbeitungs-Berater unterstützt den Vertrieb, passt vorhandene Datenverarbeitungsprodukte den individuellen Kundenwünschen an und weist die Kunden in den Gebrauch der Datenverarbeitungsprodukte ein.

Anforderungen. Grundanforderungen sind fundierte Kenntnisse in Program-miersprachen und Betriebssystemen. Analytisches Denkvermögen, Kommuni-kations- und Teamfähigkeit. Organisationstalent und Bereitschaft zur ständigen Weiterbildung sind weitere allgemeine Anforderungen.

Perspektiven. Der Markt für IK-Technik ist zur Zeit wohl einer der wich-tigsten Wachstumsmotoren. Besondere Wachstumsschübe kommen von der Nachfrage nach neuen Diensten im Umfeld von Internet, eBusiness und eCommerce. Die entscheidenden Impulse gehen hierbei von der Konvergenz und Vernetzung von Technologien, Märkten und Anwendungen aus. Wie die BITKOM, der Industrieverband der IKT-Wirtschaft, schon auf der CeBIT 2013, mitteilte, rechnete die Branche weiterhin mit einem überdurchschnitt-lichen Wachstum. Entsprechend gut bis sehr gut sind denn auch die beruf-lichen Perspektiven für Informationstechniker und Informatiker mit entspre-chenden Anwendungsrichtungen. Diese Tendenz wird sich auch weiter fort-setzen.

2.6 Wettbewerbsfaktor „Qualität"

Aufgaben. Mit der Entwicklung der Qualitätssicherung weg von der reinen Qualitätsprüfung der fertigen Produkte (end-of-pipe-Verfahren) hin zum heutigen „Total Quality Management" (TQM) ist auch die Aufgabe von der technischen Produktqualität auf Management-Aufgaben erweitert, die alle Fachbereiche eines Unternehmens durchdringen: TQM soll durch hohe Qualität von Produkten, Prozessen und Dienstleistungen Kundenzufriedenheit erzielen.

Anforderungen. Von einem Qualitätsingenieur wird also mehr erwartet als „nur" die Durchführung technischer Prüfkontrollen. Dabei hängen die Anforderungen an den Qualitätsingenieur je nach Unternehmen bzw. Produkt im Wesentlichen aber von der jeweiligen internen Funktion und dem Einsatzbereich ab. Generell muss der Bewerber neben seiner ingenieurtechnischen Kompetenz kommunikative Fähigkeiten besitzen, um die teilweise gegeneinander gerichteten Anforderungen der verkaufenden Abteilungen mit den entwicklungs- und technischbedingten Möglichkeiten in das Qualitätssystem und damit in den Produkt Life Cycle zu integrieren.

Entscheidungsfreudigkeit und die Übernahme von Verantwortung sowie analytische und statistische Betrachtungs- und Vorgehensweise und deren Anwendung bei der Lösung von Problemfällen sind weitere wichtige Anforderungen.

Perspektiven. Die immer härter werdenden Marktbedingungen zwingen heute alle Unternehmen, der Qualität erhöhte Aufmerksamkeit zu widmen. Besonders Deutschland als stark exportorientiertes Hochlohnland hat zur Qualität keine Alternative, um gegenüber der Konkurrenz auf den internationalen Märkten zu bestehen: Für Qualitätsingenieure bedeutet dies eine hochinteressante und positive Zukunft.

Qualitätsmanagement

Es war einmal ein Schäfer, der in einer einsamen Gegend seine Schafe hütete. Plötzlich tauchte in einer großen Staubwolke ein nagelneuer Jeep auf und hielt direkt neben ihm. Der Fahrer des Jeeps, ein junger Mann in Brioni-Anzug, Cerruti-Schuhen, mit Ray Ban-Sonnenbrille und YSL-Krawatte fragt ihn: „Wenn ich errate, wie viele Schafe Sie haben, bekomme ich dann eins?" Der Schäfer schaut den jungen Mann an, dann seine friedlich grasenden Schafe, und er sagt ruhig: „In Ordnung". Der junge Mann vebindet sein Notebook mit dem Smartphone, geht ins Internet, öffnet eine Datenbank mit vielen Formeln und druckt schließlich einen 150-seitigen Bericht auf seinem Hi-Tech-Minidrucker. Dann dreht er sich zu dem Schäfer um und sagt: „Sie haben hier exakt 1.586 Schafe." Der Schäfer sagt: „Das ist richtig, suchen Sie sich ein Schaf aus." Der junge Mann nimmt sich ein Schaf und lädt es in den Jeep. Der Schäfer schaut ihm zu und fragt: „Wenn ich Ihren Beruf errate, geben Sie mir dann das Schaf zurück?" Der junge Mann antwortet: „Klar, warum nicht?" Der Schäfer sagt: „Sie sind ein Qualitätsmanagement-Berater." „Das ist richtig, woher wissen Sie das?" will der junge Mann wissen. „Sehr einfach", sagt der Schäfer: „Erstens kommen Sie, obwohl Sie niemand gerufen hat. Zweitens wollen Sie ein Schaf als Bezahlung dafür haben, dass Sie mir etwas sagen, was ich ohnehin schon weiß. Drittens haben Sie keine Ahnung von dem, was ich mache. Und jetzt geben Sie mir meinen Hund wieder!"
Quelle: Internet (unbek.)

2.7 Projektierung und Marketing: Tätigkeitsfelder mit besonderen Anforderungen – und mit besonderen Perspektiven

2.7.1 Aufgaben – Anforderungen - Perspektiven

Das Tätigkeitsfeld eines im Marketing eingesetzten Ingenieurs umfasst Aufgaben von der Marktbeobachtung/Marktforschung über Kundenberatung und Erarbeitung von Lösungskonzepten bis hin zum Vertragsabschluss und der Erstellung von technischen Unterlagen und Beschreibungen für den Kunden und den Kundendienst. Unternehmensintern ist der Marketingingenieur die Schnittstelle zwischen Entwicklungslabor und Vertriebsorganisation. Gemeinsam mit der Entwicklungs- und Einkaufsabteilung werden neue Produkte definiert und Produktstrategien entwickelt. Die Markteinführung mit/durch die Vertriebsabteilung beinhaltet die Präsentation auf Messen und bei Schlüsselkunden sowie das Verfassen produktbezogener Handbücher und Fachaufsätze.

Anforderungen

Um als kompetenter Gesprächspartner anerkannt zu sein, müssen die technischen Fachkenntnisse des Marketingingenieurs stets auf dem Laufenden sein. Der anspruchsvolle typische Ausbildungsweg zum Vertriebsingenieur beinhaltet daher neben intensiven Produkt- und Systemschulungen längere selbständige Projektierungs-, Entwicklungs- und/oder Inbetriebsetzungstätigkeiten, sowie Innendiensttätigkeit innerhalb eines Vertriebsteams.

Wie bei allen kundenorientierten Berufen wird auch vom Marketingingenieur zusätzlich Kontaktfreude, Mobilität, Fremdsprachenkenntnisse, Teamfähigkeit und unternehmerisches Denken erwartet.

Perspektiven

Mit immer größer werdender Vielfalt wie auch Komplexität der Produkte bei gleichzeitig immer kürzer werdenden Entwicklungszyklen wird zunehmend ein systematisches Marketing erforderlich, das immer stärker auch die Ingenieure mit einbezieht. Der zunehmende Bedarf an Nachwuchskräften zeigt sich durch attraktive Einstiegsprogramme und systematische Maßnahmen zur Höherqualifizierung.

Die enge Zusammenarbeit mit dem Service wird immer wichtiger, da im Service noch steigerungsfähige Potenziale hinsichtlich Ertragssteigerung – und damit auch im Hinblick auf wettbewerbsentscheidende Kundenbindung – vorhanden sind.

2.7.2 Verkaufen kann man lernen

Es gibt extrovertierte Menschen, die herausragende Verkäufer sind, aber es gibt ebenso introvertierte Menschen, die ebenso erfolgreich verkaufen. Verkaufen kann man lernen, wenn man es lernen will; man kann es trainieren, wenn man es trainieren will. Viele Ingenieure ahnen gar nicht, dass sie auch ein sehr gutes verkaufskommunikatives Talent haben. Daher bietet der VDE immer wieder auch Seminare für Vertriebsingenieure an.

Märkte wandeln sich rapide, Kundenansprüche verändern sich, werden größer, nicht nur in Bezug auf Produkte, sondern vor allem in Bezug auf kompetente und kommunikative Beratung und Service. Wer bestehen will, muss innovativ, kreativ, schneller, kundenorientierter, einfach besser als andere sein - intern und extern. Wer immer dasselbe macht, oder wer „es" immer auf dieselbe Art macht – hat immer dieselben Ergebnisse. Wer andere Ergebnisse wünscht – muss etwas anderes machen, oder er muss „es" einmal anders machen ... wagen ... Gerade Ingenieure mit sehr hoher technischer Kompetenz haben hier enorme Chancen und Potenzial, ihr Fachwissen mit verkäuferischem und akquisitorischem Geschick zu verbinden.

Es gibt extrovertierte Menschen, die herausragende Verkäufer sind, aber es gibt ebenso introvertierte Menschen, die ebenso erfolgreich verkaufen. Verkaufen kann man lernen, wenn man es lernen will; man kann es trainieren, wenn man es trainieren will. Viele Ingenieure ahnen gar nicht, dass sie auch ein sehr gutes verkaufskommunikatives Talent haben, im Seminar finden wir es heraus. Geschäfte werden immer noch zwischen Menschen gemacht, nicht zwischen Firmen. Gerade bei erklärungsbedürftigen Produkten kommt es auf kommunikatives Können an. Wenn die Produkte immer austauschbarer werden, wird die Rolle der Menschen immer bedeutender.

Die Teilnehmer erweitern ihr kommunikatives Können und trainieren Zuhör- und Dialogtechniken hin zu mehr persönlicher Kompetenz und Durchsetzungsstärke, um erfolgreicher zu kommunizieren und zu verkaufen:

Sie stärken ihre Verhandlungstechnik und ihr Verhandlungsgeschick besonders in Preis- und Konditionenverhandlungen.

Weitere Infos: VDE Seminare, www.vde.com/seminare

2.8 Betriebsführung / Management: Nicht-fachliche Zusatzqualifikationen sind gefragt

2.8.1 Aufgaben - Anforderungen - Perspektiven

Aufgaben

Betriebsführung/Management ist immer auch mit Personalführungs- und Leitungsverantwortung verbunden. In diese Verantwortung muss ein Jungingenieur erst allmählich hineinwachsen. Je nach Eignung, Fähigkeiten und Erfahrungen können Elektroingenieure in verschiedene Managementebenen aufsteigen. Die jeweiligen Funktionsbezeichnungen und die damit verbundenen Verantwortungsbereiche variieren von Unternehmen zu Unternehmen und sind zum Teil auch abhängig von Unternehmensgröße und -struktur. Allgemein kann man von folgender Abstufung/Hierarchie ausgehen:

- Sachbearbeiter,
- Gruppenleiter,
- Abteilungsleiter, Betriebsleiter,
- Hauptabteilungs-, Ressort-, Spartenleiter,
- Werksleiter, Fachbereichsleiter,
- Mitglied der Geschäftsführung (Vorstand).

Anforderungen

Bei den Qualitäten und Qualifikationen, die von einem Elektroingenieur mit Managementambitionen erwartet werden, handelt es sich um nichtfachbezogene Anforderungen, die in der Regel erst mit wachsender Berufserfahrung erworben werden: Der Ingenieur muss sich zu einer von seinen Mitarbeitern anerkannten Persönlichkeit entwickeln, und er muss sich das für die jeweilige Leitungsfunktionen erforderliche Rüstzeug aneignen können.

Perspektiven

Das Studium der Elektrotechnik/Informationstechnik ist kein Managementstudium, und in Managementaufgaben muss eine potenzielle Führungskraft erst allmählich hineinwachsen (s. o.). Aber je mehr sich die projektorientierten Organisationsstrukturen durchsetzen und je flacher die Hierarchiekegel werden, um so mehr unternehmerische Verantwortung muss dann auch der einzelne Fachspezialist übernehmen. So können auch jüngere Ingenieure schon relativ früh ihr mögliches Führungspotenzial nachweisen.

Unternehmensführung: Die „7 Todsünden" des Managements

Schon in der Antike mussten Würdenträger z. B. im Dienst der ägyptischen Pharaonen und der römischen Kaiser „führen". Auch die katholische Kirche entwickelte sich zu einer so großen und mächtigen Organisation, dass man sie mit ihren zahlreichen Bistümern, Orden und Klöstern mit einem multinationalen Unternehmen mit vielen Tochtergesellschaften vergleichen kann. So listete Papst Gregor I. Ende des 6. Jh. im „Lasterkatalog" sieben Wurzelsünden auf, fälschlicherweise oft als Todsünden bezeichnet. Dieser „Katalog" kann noch heute Managern als Richtschnur dienen.

Wie prägen die sieben Hauptlaster die Persönlichkeitsstruktur?

Hauptlaster	Zu wenig davon	Zu viel davon	Als Tugend / In Balance
Superbia (Hochmut)	Neigt zum Selbstzweifel. Lässt sich zu schnell von seinem Konzept abbringen. Tut sich schwer, eine Position und einen Weg zu zu verteidigen.	Neigt zur Selbstüberschätzung. Denkt, er sei was Besseres. Ist blind für Feedback. Ist nicht mehr in der Lage zu lernen. Gilt als arrogant.	Ein gesundes Maß an Selbstbewusstsein und Überzeugungen. Genügend Demut, um sich nicht zu überschätzen. Ist dankbar für Feedback.
Avaritia (Geiz)	Vernachlässigt Eigeninteressen. Verschenkt gern alles. Zieht oft den „Kürzeren" und bleibt letztendlich auf der Strecke.	Denkt nur noch an sich. Ist egoistisch. Hat keine Probleme, einen Geschäftspartner oder Mitarbeiter zu übervorteilen. Am Ende muss er stets gewinnen.	Denkt in einem gesunden Maß auch an seine eigenen Interessen.
Luxuria (Verschwendung)	Materielle Entsagung prägt das Handeln und wird auch von anderen erwartet.	Schätzt nicht mehr die Dinge. Neigt zur Verschwendung. Statussymbole und Luxus werden zum Hauptmotiv des Handelns.	Kann auch Dinge genießen. Hat eine gute Balance zwischen Arbeiten und dem wertschätzenden Umgang mit dem Erreichten.
Ira (Zorn)	Unterdrückt seine Emotionen. Versucht, diese so im Griff zu haben, dass er davon krank wird. Ist für das Umfeld nicht „lesbar", da er keine Reaktionen zeigt.	Jähzorn und Aggression prägen oft das Handeln. Andere werden gern als Feinde gesehen, die besiegt werden müssen.	Steht zu seinen Emotionen und tritt seinem Umfeld authentisch gegenüber.
Gula (Völlerei)	Askese und Entsagung prägen das Handeln und Denken.	Neigt zur Suchtgefahr, um den Alltag zu ertragen (Essen, Alkohol, Drogen, Spiele).	Hat ein positives Verhältnis zu den sinnlichen Dingen des Lebens. Essen, Trinken und sonstige Genüsse sind in einer gesunden Balance.
Invidia (Neid)	Orientiert sich überhaupt nicht an anderen. Kann dadurch nicht lernen.	Gönnt anderen nichts. Es ist für ihn unerträglich, dass andere besser sind, mehr haben usw. Anstatt sich selber in Frage zu stellen und daraus zu lernen, zerstört er lieber andere.	Orientiert sich positiv an Erfolgsmodellen. Lässt sich davon motivieren und stellt sich anderen in einem konstruktiven Wettbewerb.
Acedia (Trägheit des Herzens/ Geistes)	Ist faul, sowohl im körperlichen als auch im geistigen Sinn. Entwickelt sich nicht weiter und beschränkt sich auf das, was er kennt.	Ist ruhe- und rastlos. Ist ein Getriebener seiner Schaffenskraft.	Hat eine gesunde Neugier. Will sich weiterentwickeln. Ruht sich nicht auf dem Bestehenden aus, sondern setzt seine Energie für die Gestaltung seines Umfelds ein. Ist körperlich und geistig rege.

Quelle und weitere Infos: www.kraus-und-partner.de

3   Praxisbeispiele Branchen:

Keine Branche ohne Ingenieure und Ingenieurinnen der Elektro- und Informationstechnik

Eine Gliederung der weiten Palette von Berufsmöglichkeiten für Ingenieure der Elektro- und Informationstechnik entsprechend der entweder zu allgemein gehaltenen oder der zuweilen auch sehr schillernden Berufsbezeichnungen ist wenig praktikabel.

Im Folgenden wird daher die konventionelle Gliederung nach Wirtschaftszweigen (Branchen und Sparten) dargestellt, soweit sie für den Arbeitsmarkt der Elektroingenieure relevant sind, obwohl auch dieses Vorgehen seine Probleme hat. Nicht immer lassen sich einzelne Unternehmen eindeutig einem Wirtschaftszweig zuordnen; die Grenzen zwischen den Branchen sind häufig fließend.

3.1   Elektrotechnik- und Elektronikindustrie

3.1.1   Arbeitsmarktentwicklung

Marius Rieger, Abt. Innovationspolitik
ZVEI - Zentralverband Elektrotechnik- und
Elektronikindustrie, Frankfurt a.M.

Gefragte Ingenieure und attraktive neue Abschlüsse in einem spannenden Arbeitsfeld

Elektroingenieurinnen und -ingenieure sind das Rückgrat der Innovationsfähigkeit unseres Landes und gefragt wie nie zuvor. Auf ihrem Erfindungsreichtum und Unternehmergeist beruht entscheidend der Wohlstand unserer modernen Gesellschaft.

Sie liefern das Know-how für international wettbewerbsfähige Technik für Produktionsprozesse, moderne Dienstleistungsangebote und leistungsfähige Infrastrukturen. In der Elektrotechnik- und Elektronikindustrie finden sie ein attraktives und zukunftssicheres Arbeitsfeld. Mehr als 1.500.000 Mitarbeiterinnen und Mitarbeiter sind heute bei Unternehmen der deutschen Elektrotechnik- und Elektronikindustrie beschäftigt – davon mehr als 800.000 in Deutschland – und der Anteil der hochqualifizierten Facharbeiter und Ingenieure steigt angesichts der technologischen und wirtschaftlichen Dynamik kontinuierlich. Umfragen unter den ZVEI-Mitgliedsunternehmen bestätigen immer wieder diese Prognose: Die meisten Unternehmen wollen noch mehr Facharbeiter und Ingenieure einstellen, während der Anteil der angelernten Beschäftigten weiter schrumpfen wird.

In der Öffentlichkeit wird die herausragende Bedeutung der Elektroindustrie als Innovations- und Wachstumsmotor dabei oft unterschätzt, da ein Großteil ihrer Produkte die Endkunden als Bestandteil von anderen Produkten erreicht, beispielsweise elektronische Systeme im Auto. Dennoch ist die Elektrotechnik- und Elektronikindustrie mit einem Umsatz im Jahr 2016 von ungefähr 179 Mrd. Euro eine der größten Industriebranchen Deutschlands. Ihre Unternehmen bieten mehr als einhunderttausend verschiedene Produkte und Systeme an – vom komfortablen Hausgerät über elektromedizinische Diagnosegeräte bis zu schlüsselfertigen Großanlagen. In sehr vielen Produkten und in praktisch allen technischen Prozessen ist die Elektrotechnik ein wesentlicher Bestandteil.

Umweltschutz, Gesundheit und Kommunikation, zukunftssichere Energieversorgung im Smart Grid, die umweltschonende Vernetzung von Verkehrsmitteln, intelligente, schadstoffarme Fahrzeuge und Elektromobile, Automatisierung, Embedded Systems und „Industrie 4.0" – das sind nur einige der Themen, bei denen neue Aufgaben und neue Chancen für die Elektrotechnik- und Elektronikindustrie entstehen. So gehört die Elektroindustrie zu den forschungsintensivsten und innovationsstärksten Branchen Deutschlands. Sie wendet jährlich ca. 16 Mrd. Euro für Forschung und Entwicklung auf. Mit Erfolg: Jede dritte Neuerung im Verarbeitenden Gewerbe erfährt ihren originären Anstoß aus der Elektroindustrie.

In ihren Forschungs- und Entwicklungsabteilungen arbeiten Elektrotechniker aller Fachrichtungen, Physiker, Informatiker, Mathematiker und viele andere. Hinzu kommen immer mehr Kollegen in anderen Ländern. Viele von ihnen arbeiten in gemeinsamen Projekten mit staatlichen Forschungseinrichtungen und Hochschulinstituten zusammen.

Auch die Zukunfts- und Karriereaussichten für Elektroingenieurinnen und -ingenieure sind sehr gut. Eine Vielzahl junger Menschen hat das erkannt: Die

Zahl der Studienanfänger und Absolventen der Elektrotechnik ist in den letzten Jahren kontinuierlich angestiegen. So konnten rund 28.000 Studienanfänger und mehr als 15.000 Absolventen der Elektrotechnik im Jahre 2015 registriert werden; beides langjährige Rekorde in diesem wichtigen Ingenieurfach.

Diesen stehen alle Wege auf der Karriereleiter offen: Auch die Vorstände erfolgreicher Unternehmen setzen sich heute nicht mehr nur aus Juristen oder Kaufleuten zusammen.

Die Einführung von Bachelor- und Masterabschlüssen in Deutschland fand seitens der Industrie von Beginn an eine hohe Akzeptanz. Die vollzogene strukturelle und inhaltliche Reform der Studiengänge hat die große Chance einer gezielten Steigerung der Qualität der Ingenieurausbildung genutzt.

Der Technologiestandort Deutschland bleibt nur mit gut ausgebildeten Ingenieurinnen und Ingenieuren attraktiv. Dies wird auch in der globalen Informations- und Kommunikationsgesellschaft so sein. Und das bedeutet auch:

Nichts sichert die berufliche Zukunft so zuverlässig wie eine fundierte technische Ausbildung.

3.1.2 Vielseitigkeit ist Trumpf

In konventionellen Publikationen wird die Elektroindustrie nach Produktbereichen untergliedert:

Komponenten der Elektronik	Medizinische Technik,
Datentechnik,	Mess- und Prüftechnik,
Elektroinstallation,	Nachrichtentechnik,
Energietechnik,	Physikalische Technik,
Hausgerätetechnik,	Raumfahrt- und Satellitentechnik,
Industrieelektronik,	Unterhaltungselektronik,
Kommunikationstechnik,	Verkehrstechnik, ...

Obwohl diese Aufzählung nicht vollzählig ist - es fehlt z. B. die „Elektrische Automatisierungstechnik" - so verdeutlicht die Aufzählung doch, dass der Elektroingenieur schon allein in der Elektroindustrie sehr vielfältige Auswahlmöglichkeiten hat. Sie verdeutlicht aber auch, dass sich diese Vielfalt keineswegs 1:1 auf entsprechend zu spezifizierende Studiengänge niederschlagen kann. Das bedeutet für den Studenten, dass er sein Studium auf das ingenieurmäßige Grundlagenwissen ausrichten sollte; die branchenbezogenen Spezifikationen wird er „vor Ort" erhalten.

Ein zu stark branchenbezogenes Studium bzw. eine zu stark branchenbezogene Stellensuche ist aber auch aus einem weiteren Grund nicht zu empfehlen: Die verschiedenen Produktbereiche selber sind einem ständigen Wandel unterworfen. So haben sich einige dieser traditionellen Produktbereiche zu durchaus eigenständigen Sparten entwickelt, bzw. beeinflussen andere Branchen entscheidend. Insbesondere durch das rasante Wachstum der Informations- und Kommunikationstechnik sind völlig neue Arbeitsplätze entstanden. Und Elektroingenieure, für die die Informationstechnik inzwischen zum unverzichtbaren und bedeutenden Bestandteil des Studiums geworden ist, werden heute nicht mehr nur für die klassischen Industriebranchen wie Elektrotechnik, Maschinenbau und Automobilbau, sondern auch für IT-gestützte Dienstleistungen gesucht.

In all diesen Branchen nimmt der Wertschöpfungsanteil von Elektrotechnik, Elektronik und Informationstechnik stetig zu. Vor allem die Technologietreiber Mikroelektronik und Software setzen auch in allen anderen Produktbereichen der Elektrotechnik Potenziale frei und beschleunigen damit den Wandel hin zu neuen Produkten, Produktionsprozessen und Strukturen. Dies gilt für die Automatisierungstechnik ebenso wie für die Energietechnik oder die Verkehrstelematik. Wachsende Kundennähe und zunehmende Vielfalt der Anwendungen von Elektrotechnik, Elektronik und Informationstechnik fordern wiederum von den angehenden Elektroingenieuren eine möglichst breite Ausbildung, die sie befähigt, auch über den Tellerrand der eigenen Spezialisierung hinauszublicken und gemeinsam mit anderen Fachleuten Problemlösungen zu entwickeln.

3.1.3 Komponenten der Elektronik / Mikroelektronik: Branchenüberblick

Christoph Stoppok, GF Fachverband Electronic Components and Systems, ZVEI – Zentralverband Elektrotechnik- und Elektronikindustrie, Frankfurt a.M.

Neben den Halbleiter-Bauelementen (integrierte Schaltungen und diskrete Bauelemente), zählen zu den elektronischen Komponenten die passiven Bauelemente (z. B. Widerstände, Kondensatoren, Filter und Induktivitäten), mikromechanische Sensoren sowie elektromechanische Bauelemente (Steckverbinder und Schalter), Leiterplatten und integrierte Schichtschaltungen. Die treibende Kraft für die Innovation und Neuentwicklung in diesem Segment ist nach wie vor die Optimierung der Cost-Performance. Außerdem spielt für mobile Anwendungen die Energieeffizienz eine wichtige Rolle. Als Resultat ist eine zunehmende Systemintegration und Miniaturisierung der Elektronischen Komponenten zu verzeichnen, mit dem Ziel eine höhere Funktionsdichte zu erreichen. Dabei nimmt die Mikrosystemtechnik – derzeit im Wesentlichen halbleiterbasierte mikromechanische Sensoren – eine dominierende Rolle ein und dokumentiert diesen Trend sehr deutlich.

Innerhalb der elektronischen Komponenten nehmen die Halbleiter sowohl hinsichtlich des Umsatzvolumens als auch mit Blick auf die Innovationsgeschwindigkeiten eine dominierende Rolle ein. Verantwortlich für dieses Wachstum ist größtenteils der zunehmende Anteil Elektronischer Komponenten in den Endprodukten. So beträgt der Wertanteil der Elektronik eines Mittelklasse-Pkw an den gesamten Produktionskosten derzeit etwa ein Drittel, Tendenz steigend. Dabei spielen neue Applikationen im Sicherheitsbereich ebenso wie in der Telematik und im Motormanagement eine entscheidende Rolle.

Den Standort Deutschland zu sichern und für die Komponentenindustrie wettbewerbsfähig zu gestalten wird nach wie vor eine Herausforderung sein. Seitens der Abnehmermärkte herrscht ein sehr deutlicher Trend zur Abwanderung. Sollte sich dieser fortsetzen, so besteht die Gefahr, dass wichtige Kompetenzen der Mikroelektronik in Deutschland und Europa ebenfalls verloren gehen.

3.1.4 Energietechnik, Elektroinstallation und Lichttechnik

3.1.4.1 Branchenüberblick

F. Rainer Bechtold, Abteilung Kommunikation und Marketing,
Dr. Jürgen Waldorf, GF der Fachverbände Elektrische Lampen und
Elektroleuchten, ZVEI, Frankfurt/M.

Zum Spektrum der Energietechnik zählen Systeme der Elektrizitätsversorgung und deren Komponenten: Im Bereich Stromerzeugung die Kraftwerkstechnik, Kraftwerksleittechnik und Erzeugungstechnologien der Erneuerbaren Energien. In der Stromübertragung und -verteilung sind insbesondere Schaltanlagen, Transformatoren, Kabel- und Freileitungsanlagen mit Schutz- und Netzleittechniksystemen sowie Übertragungssysteme auf Basis von Leistungshalbleitern von Bedeutung, während die elektrische Messtechnik insbesondere am Anschlusspunkt des Verbrauchers oder des dezentralen Erzeugers wirkt. Angesichts sich wandelnder Verbrauchs- und Erzeugungsstrukturen erlangt die Energietechnik zunehmend öffentliche Wahrnehmung. Forderungen nach effizienter, umweltfreundlicher, flexibler und sicherer Stromerzeugung und -übertragung erfüllt die Industrie mit innovativen Systemen, Produkten und Dienstleistungen.

Das Stromnetz der Zukunft unterscheidet sich wesentlich vom klassischen Verteilnetz. Es muss flexibel große und kleinste Erzeuger zusammenschalten und Strom in alle Richtungen transportieren können. Besondere Anforderungen ergeben sich auch aus der Elektromobilität, wenn Millionen von Fahrzeugen an hunderttausenden „Elektrotankstellen" Energie speichern und später abrechnen wollen. Beim Stromnetz der Zukunft spricht man vom ‚Intelligenten Netz' oder auch vom ‚Smart Grid'.

Deutsche Technik wird dabei auch im Ausland geschätzt. Dass jeder zweite Euro der deutschen Unternehmen mit Kunden im Ausland umgesetzt wird, belegt die internationale Spitzenposition dieser Technologien aus unserem Land.

Die elektrische Installationstechnik umfaßt Installationsanlagen und -geräte, Klimaanlagen und -geräte, Starkstromkabel und -leitungen, Schaltgeräte und Zähler, Schutz- und Sicherungssysteme sowie die Lichttechnik. Der Elektronik in Haus- und Installationsgeräten ist ein eigenes Kapitel gewidmet (Kap. 3.1.5).

Überblick Lichtbranche

Die Lichttechnik umfasst die Lampen- und Leuchtentechnik. Sie dient in vielfältiger Weise der Verbesserung von Sicherheit und Lebensqualität. Lichttechnische Systeme beleuchten Betriebshallen und Freizeitanlagen, steuern den Verkehr, fördern das Wohlbefinden im privaten Bereich, verhelfen zu dekorativem Glanz. Standen bislang die Funktionalität und Wirtschaftlichkeit einer Beleuchtungsanlage im Vordergrund, so gewinnen zunehmend gestalterische, architektonische Komponenten und die Flexibilität der Beleuchtungsanlage an Bedeutung.

Im Leuchtengeschäft besteht eine anhaltend lebhafte Nachfrage aus dem Ausland. Die Belebung des Inlandsmarkts resultiert vor allem aus dem Umrüsten und Anpassen des Leuchtenbestandes an energieeffiziente Techniken und aktuelle Designentwicklungen. Der Trend zu energiesparenden und qualitativ hochwertigen Lichtlösungen in Verbindung mit intelligenter Lichtsteuerung hält an.

Nach Angaben der Fördergemeinschaft Gutes Licht (www.licht.de) und der Deutschen Lichttechnischen Gesellschaft (LiTG) ist die Branche neben einigen Großfirmen mittelständisch strukturiert. Aufgabenfelder der Lichttechniker in der Industrie liegen in den Gebieten Entwicklung, Konstruktion, Fertigung, Planung, Beratung und Vertrieb lichttechnischer Produkte und Anlagen; interdisziplinäre Anforderungen wirken in jede lichttechnische Arbeit hinein.

NanoLux - mehr Licht mit weniger Energie

Allein die Beleuchtung macht heute ca. 16 % am gesamten Stromverbrauch in Deutschland aus. Der Bedarf nach künstlichen Lichtquellen nimmt noch zu. Das macht die Entwicklung energiesparender Beleuchtungen besonders wichtig.

Herkömmliche Glühlampen hatten einen Wirkungsgrad von nur 5 %. Ihr Licht ähnelt aber dem der Sonne, was wir als angenehm empfinden. Sehr beliebt sind Halogen-Lampen. Sie ähneln in Form und Lichtfarbe den herkömmlichen Glühlampen, haben aber zugleich höhere Energieeffizienz. Mit der Entwicklung leistungsstarker LEDs (light emitting diodes) hat ein rasanter technologischer Wandel eingesetzt. Einer McKinsey-Studie zufolge werden LEDs 2020 einen weltweiten Marktanteil von 70 Prozent haben. Solche modernen Systeme haben einen noch höheren Wirkungsgrad. Die LEDs selbst wandeln 95 % der Energie in Licht um. Sie werden inzwischen in verschiedenen Farbtemperaturen und attraktivem Design angeboten.

Viele alltägliche Dinge in der Wohnung, im Auto oder das Handy nutzen die neuartigen Lichtquellen, um uns eine kundenfreundliche und sichere Benutzung zu ermöglichen. Immer häufiger findet man LEDs auch bei Anwendungen in der Allgemeinbeleuchtung oder im Frontscheinwerfer von Autos.

Mit der Nutzung der Nanotechnologie kann jetzt die Lichtausbeute aus Halbleitern drastisch erhöht werden. Moderne Nanotechnologie ermöglicht damit eine Lichtquelle, die die Vorteile konventioneller Lichtquellen erhält. Aus Halbleitermaterial - ähnlich den Chips im Computer - soll Licht effizient und gleichzeitig in einer angenehmen Farbe erzeugt werden können.

Deutsche Unternehmen sind in einer hervorragenden Ausgangssituation, ihre Weltmarktposition für Leuchtmittel durch die Nutzung der Nanotechnologie weiter zu stärken. Für die vielen mittelständischen Leuchtenhersteller wird im Erfolgsfall die Marktposition auf dem Weltmarkt verbessert.

3.1.4.2 Nach LED kommt OLED

Die vier Buchstaben OLED stehen für Organic Light Emitting Diodes. Sie bedeuten eine bahnbrechende Veränderung in der Beleuchtungstechnologie und sollen in wenigen Jahren einen Milliardenmarkt erschließen. Im Gegensatz zu LEDs, die ihr Licht punktförmig abgeben, sind OLEDs flächige, homogene Lichtquellen, die ihr weiches, diffuses Licht über die gesamte Fläche abstrahlen. Die sind nicht dicker als 1,8 mm und bestehen aus mehr als 15 hauchdünnen Schichten organischer, halbleitender Materialien, die durch Strom zum Leuchten gebracht werden. Wegen ihrer unterschiedlichen Abstrahlcharakteristik ergänzen sich LED und OLED ideal. Es sei die Kombination beider Technologien, die Lichtgestaltern eine völlig neue Dimension des Beleuchtungsdesigns eröffne.

Dank ihres flexiblen, transparenten Materials und ihrer flachen Bauweise sind OLEDs einfach zu verwenden – und zwar auf eine Weise, wie es mit anderen Lichtquellen nicht möglich ist. Zudem gibt es keinen effektiveren physikalischen Ansatz, Strom in Licht zu verwandeln. Auch werden OLEDs nicht wärmer als 30° Celsius und ihre spätere Entsorgung ist problemlos und völlig ungiftig.

3.1.5 Hausgerätetechnik

Die Hausgerätebranche stellt in Deutschland einen erheblichen Wirtschaftsfaktor dar. Es gibt in Deutschland über 30 Fertigungsstandorte für große und kleine Hausgeräte. Hausgeräte verkaufen sich in Deutschland weiterhin gut. Der ZVEI prognostiziert für das Jahr 2017 eine Steigerung des Inlandsumsatzes mit Haushalt-Großgeräten um ein bis drei Prozent auf knapp 6 Milliarden Euro. Ein Wachstum in etwa gleicher Höhe erwartet der ZVEI für die kleinen Hausgeräte. Der Herstellerumsatz mit Kleingeräten würde damit auf 2,8 Milliarden Euro klettern. Etwa 70 Prozent davon gehen in den Export.

Digitalisierung und Vernetzung gehen auch in dieser Branche Hand in Hand: Elektrische Hausgeräte haben in den letzten Jahren eine rasante Entwicklung durchgemacht. Intelligente Elektronik und ausgeklügelte Mechaniken sorgen für hohen Bedienkomfort, beste Gebrauchseigenschaften und niedrigen Energieverbrauch. Die Kunden erwarten smarte und vernetzte Produkte, deren Leistungen die Branche als zentraler Gestalter des digitalen Wandels noch besser erklären will:

Ein wesentliches Kriterium für Verbraucher beim Kauf eines Haushalt-Großgeräts, wie etwa einer Waschmaschine oder eines Kühlschranks, ist die Energieeffizienz. Hier hat es besonders große Fortschritte gegeben. Gegenüber etwa 15 Jahre alten Geräten konnte der Energieverbrauch von hocheffizienten Neugeräten im Durchschnitt um zwei Drittel gesenkt werden. An eingesparten Stromkosten können so leicht einige hundert Euro pro Haushalt und Jahr zusammenkommen. Verbraucher können sich anhand des Energielabels leicht über die Stromverbrauchswerte informieren. Dieses Etikett gibt aber auch Auskunft über andere wichtige Gebrauchseigenschaften, wie etwa die Geräuschentwicklung oder die Schleuderleistung einer Waschmaschine.

Die Verbraucher interessieren sich aber nicht nur für die technischen und umweltrelevanten Eigenschaften von Hausgeräten. Besonders die Geräte, die in der Küche und im Bad genutzt werden, entwickeln sich zunehmend zu Lifestyle-Produkten. Das Design spielt deshalb eine wichtige Rolle. Die Geräte sollen nicht nur gut funktionieren, sondern auch schick aussehen. Edle Materialien wie Edelstahl, Aluminium oder Glas finden zunehmend Verwendung.

Ein sehr aktuelles Thema ist die Vernetzbarkeit von Hausgeräten. Damit verbunden ist ein Gewinn an Bedienkomfort und künftig auch die Möglichkeit des intelligenten Energiemanagements in den eigenen vier Wänden. Zahlreiche Unternehmen bieten bereits heute sogenannte Smart-Home-Produkte und Lösungen für das vernetzte Zuhause an. Die Heimvernetzung erfolgt leitungsgebunden oder per Funk. Ein Beispiel für Hausgeräte im Smart Home ist die Waschmaschine, die an das Smartphone meldet, wenn das Waschprogramm zu Ende ist, oder künftig mit dem Energiezähler kommuniziert und zum Zeitpunkt des niedrigsten Strompreises läuft.

VDE-Studie:
95 Prozent der Verbraucher fordern Sicherheitsprüfung
bei Elektrogeräten*)

Bei Elektrogeräten kennt der Bürger keinen Spaß. 95 Prozent der Verbraucher finden es wichtig, dass eine neutrale Stelle Elektroprodukte auf ihre Sicherheit überprüft. Neun von zehn Verbrauchern wollen nicht, dass der Hersteller, sondern eine neutrale Instanz sie über Sicherheit und Gebrauchstauglichkeit der Produkte informiert. Bei Nahrungsmitteln und Elektrogeräten setzen die Bürger generell auf Qualität und Transparenz. 66 Prozent achten bei Lebensmitteln auf Qualitäts- und Prüfsiegel, 63 Prozent bei Elektroprodukten, 60 Prozent bei Gesundheitsprodukten. Zum Vergleich: Nur 32 Prozent achten bei Finanzprodukten und Versicherungen auf Qualitäts- und Prüfsiegel. Das VDE-Dreieck als Synonym für geprüfte Sicherheit kennen 67 Prozent der Verbraucher.

*) Ergebnis einer Verbraucherumfrage des VDE mit den Marktforschungsinstituten SMR und IPSOS

3.1.6 Qualität und Sicherheit – VDE geprüft

Von einem Elektroprodukt wird nicht nur gute Qualität erwartet, sondern auch ein hohes Maß an Sicherheit. Die Bestimmungen des Geräte- und Produktsicherheitsgesetzes (GPSG) besagen, dass der Gerätehersteller nur Produkte in den Handel bringen darf, von denen bei vorgesehener Verwendung keinerlei Gefahren für den Benutzer ausgehen können. Der Nachweis, dass das Produkt den Vorschriften des Gesetzgebers entspricht, ist z. B. erbracht, wenn es das VDE-Prüfzeichen trägt. Für mehr als zwei Drittel der Bundesbürger ist das Sicher-heitszeichen ein wichtiges Kriterium für die Kaufentscheidung.

Sicherheit ohne Kompromisse: 90 Jahre VDE-Zeichen

Seit 1920 steht das VDE-Zeichen für Sicherheit und Qualität in der Elektro- und Informationstechnik. Mehr als 100.000 Geräte pro Jahr unterziehen die unabhängigen Prüfingenieure des VDE einem Härtetest bevor sie das VDE-Prüfzeichen erhalten. Rund um den Globus überwachen die VDE-Experten mehr als 7.000 Fertigungsstätten. Kooperationsvereinbarungen mit mehr als 50 Ländern sorgen dafür, dass die vom VDE-Institut durchgeführten Prüfungen international anerkannt sind. Weltweit tragen 200.000 Produkttypen mit einer Million Modellvarianten das VDE-Zeichen.

Die gemeinnützige VDE Prüf- und Zertifizierungsinstitut GmbH beschäftigt mehr als 600 Mitarbeiter weltweit, rund 500 davon in Deutschland. Zu den Aufgaben des VDE-Instituts zählt der Verbraucherschutz, darunter fallen Produktprüfungen, die konsequente Verfolgung von Markenrechtsverletzungen sowie die enge Zusammenarbeit mit den deutschen und europäischen Marktaufsichtsbehörden. Im Rahmen der Überwachung der korrekten Energieeffizienzkennzeichnung (EU-Label) ist das VDE-Institut Partner der Industrie und der Marktaufsichtsbehörde. Die Prüfbestimmungen für elektrotechnische Hausgeräte betreffen sowohl die elektrische als auch die mechanische Sicherheit bei normalem und unsachgemäßem Betrieb. Feuchteeinflüsse, Korrosionsverhalten und Isolationsfähigkeit werden neben weiteren Prüfkriterien ebenso getestet wie scharfe Kanten an Gehäusen und der die Sicherheit betreffende Inhalt von Gebrauchsanweisungen.

Insbesondere in den Bereichen Umweltprüfungen und Prüfungen von Hightech-Endgeräten baute das VDE-Institut im vergangenen Jahr sein Dienstleistungsportfolio weiter aus. Im Bereich der EMV-Messungen z. B. entwickelte das VDE-Institut gemeinsam mit der TU München ein weltweit einmaliges Messverfahren für elektromagnetische Verträglichkeit von Elektroprodukten bis hin zu Elektrofahrzeugen. Auch Systeme im Bereich der Medizintechnik werden vom VDE-Institut zertifiziert.

3.1.7 Wer die Norm setzt, macht den Markt

Seit der Verabschiedung der ersten elektrotechnischen Norm VDE 0100 am 23. November 1895 auf der Wartburg zu Eisenach sind VDE-Normen untrennbar mit der Entwicklung der Schlüsseltechnologien Elektro- und Informationstechnik und dem Verbraucherschutz verbunden.

Normen sind eine wichtige Voraussetzung für Innovationen und für die Sicherheit von Mensch und Umwelt. Sie sind aber auch ein bedeutender wirtschaftlicher Faktor, bauen Handelshemmnisse ab und sind für den Unternehmenserfolg von ähnlicher Bedeutung wie Patente und Lizenzen.

Die vom VDE getragene DKE Deutsche Kommission Elektrotechnik Elektronik Informationstechnik im DIN und VDE ist die nationale Organisation für die Erarbeitung von Normen und Sicherheitsbestimmungen in der Elektro- und Informationstechnik. Sie vertritt die deutschen Interessen in den internationalen bzw. europäischen Normungsorganisationen IEC und CENELEC. Das VDE Prüfinstitut prüft Elektroprodukte und vergibt das weltweit bekannte VDE-Zeichen. Das Know-how aus diesen Prüfungen fließt wiederum in die Normungsarbeit ein. Die VDE-Verlag GmbH veröffentlicht und vertreibt das VDE-Vorschriftenwerk und weiterführende Fachbücher zu Normen.

Industrie, Hochschulen und Forschungsinstitute sind sich einig: Die Mitarbeit in internationalen Normungsgremien ist für die deutschen technologiepolitischen Interessen essenziell. Bevorzugten Normungsbedarf sehen die Experten in der Informationstechnik und in den Bereichen Regenerative Energien und „Smart Home" sowie in der Automobilelektronik und der Nanotechnologie. Einhellig sind die VDE-Experten dabei der Meinung, dass international harmonisierte Normen entscheidend für den Welthandel sind.

Produkt- und Markenpiraterie sowie ungeprüfte Billigprodukte unterlaufen die internationalen Normierungsbemühungen. Dadurch werden nicht nur die Volkswirtschaften gefährdet. Noch gefährlicher wird es für den Verbraucher, wenn er ein gefälschtes unsicheres Produkt erwirbt. Daher arbeitet das VDE-Institut intensiv mit den europäischen Zollbehörden und mit Interpol zusammen und veröffentlicht online die sogenannte „Schwarze Liste" entdeckter Plagiate und unsicherer Produkte:

www.vde.com/zeichenmissbrauch

VDE-ITG: Die Bedeutung der IKT für den Standort Deutschland

• Zunehmende Durchdringung aller Lebensbereiche mit modernen Kommunikationstechniken und -systemen sowie die Abhängigkeit weiter Bereiche der Wirtschaft vom Internet: massive Anforderungen an Netzinfrastruktur: Kapazität, Sicherheit, Zuverlässigkeit, Verfügbarkeit und Effizienz der Netze.

• Flächendeckende Versorgung der Bevölkerung mit hochqualitativen, mobilen, jederzeit verfügbaren und sicheren Breitband-Diensten ist eine der wichtigsten und auch notwendigen Verpflichtungen gegenüber unserer Gesellschaft.

• Der IKT-Sektor gehört zu den hoch innovativen Branchen, die einen überdurchschnittlichen Beitrag zum gesamtwirtschaftlichen Wachstum in Deutschland leisten. Eine der führenden Branchen in Deutschland: 843 000 Beschäftigte und 145 Mrd. Euro Umsatz.

• Neue, komplexe Dienste und Anwendungen wie Smart Grid, Cloud Computing, Smart Cities und Smart Home sind mit einem rasanten Anstieg des Datenverkehrs, mit wachsenden Bandbreiten- und Qualitäts-Anforderungen und mit einer zunehmenden Konvergenz der Netze verbunden.

• Die Energie-, Informations- und Logistik-Probleme einer älter werdenden und wohlhabenden Gesellschaft lösen. Dafür müssen die geeigneten Rahmenbedingungen geschaffen werden: Ausbau der Netze weiter forcieren und für neue Dienste gestalten.

– Zunahme der Datenbandbreite und speziellen Anforderungen an die Netzinfrastruktur: Mit datenintensiven Anwendungen wie YouTube, Skype, usw. möchte jeder Nutzer an jedem Ort, zu jeder Zeit online sein, kommunizieren, Informationen austauschen. Der Datenverkehr steigt hauptsächlich durch die Übertragung von Video und Bildern.

– Starker Anstieg des Datenvolumens für die Kommunikation zwischen Maschinen z. B. bei Sensoren/Aktuator-Systemen und zwischen Rechenzentren. Das heißt: Für die nächsten zehn Jahre Daten-Zuwachs um 50% bis 100% p.a.; Betreiber müssen massiv in den Ausbau von Infrastruktur investieren; hohe Ansprüche in Bezug auf Qualität, Stabilität und Verfügbarkeit, kurze Latenzzeiten, hohe Bandbreite in Kombination mit Kosten- und Energieeffizienz.

– Der sehr dynamische Fortschritt bei neuen Anwendungen, Dienste und HW-/SW-Plattformen sowie von IT-Sicherheitsmechanismen beinhaltet große Entwicklungschancen in der IKT, muss von dieser Seite aus aber frühzeitig erkannt und innovativ gestaltet werden.

– Komplett neue Möglichkeiten der Wertschöpfung für die IKT und darüber hinaus für andere Wirtschaftzweige.

IKT-Ausbau ist Voraussetzung für hochkomplexe Technologien, Anwendungen und Dienste zur Lösung großer gesellschaftlicher Aufgaben in den Bereichen Energie, Mobilität, Kommunikation, Gesundheit: Smart Grid, Smart Automation, Smart Home, Smart City, Ambient Assisted Living oder Telemedizin. Ohne Intelligenz im Energienetz, dem sogenannten Smart Grid, werden die globalen energetischen und ökologischen Herausforderungen kaum gemeistert werden.

Im Verbund mit sicheren Kommunikationslösungen lässt sich zukünftig jedes Objekt, jeder Prozess und jedes System mit digitaler Intelligenz ausstatten. *Quelle mit Bezugshinweis:*

3.2 IKT-Branche weiter im Aufschwung

Digitalisierung wirkt sich maßgeblich auf die Wettbewerbsfähigkeit der gesamten Wirtschaft, die öffentliche Hand und das tägliche Leben auswirken wird. Vor diesem Hintergrund fordert der Digitalverband Bitkom eine Strategie zu Entwicklung und Einsatz von Künstlicher Intelligenz auf Bundesebene. Ziel sollte es sein, Deutschland bei der KI-Forschung weiterhin international wettbewerbsfähig zu halten und die Überführung der Forschungsergebnisse in marktgängige Produkte zu fördern. So sollten unter anderem mindestens vier Milliarden Euro an staatlicher Förderung für die Forschung bereitgestellt und 40 zusätzliche Professuren an den Hochschulen geschaffen werden, um dem künftigen Bedarf an Fachkräften Rechnung zu tragen.

3.2.1 Bitkom: 80 Prozent der Unternehmen erwarten Umsatzplus

Die Bitkom-Branche blickt mit viel Optimismus auf das laufende Jahr. 82 Prozent der Unternehmen erwarten für 2017 steigende Umsätze. Nur 7 Prozent gehen von einem Umsatzrückgang aus. Besonders optimistisch sind die Anbieter von IT-Dienstleistungen, die zu 86 Prozent von steigenden Umsätzen ausgehen. Im Segment Software sind es 83 Prozent, in der Kommunikationstechnik 78 Prozent und bei Herstellern von IT-Hardware 68 Prozent.

Angesichts der positiven Geschäftsentwicklung ist der Personalbedarf groß. Zwei Drittel der ITK-Unternehmen (65 Prozent) wollen in diesem Jahr zusätzliche Arbeitsplätze schaffen. Von einem Personalabbau gehen dagegen lediglich 7 Prozent der Unternehmen aus. Die Bitkom-Branche schafft jedes Jahr gut 20.000 neue Jobs. Bis zum Jahresende erwartet der Bitkom einen Anstieg auf 1,051 Millionen Beschäftigte. Aber: Der sich zuspitzende Fachkräftemangel bremst das Wachstum aus. Nach Bitkom gibt es branchenübergreifend derzeit 51.000 unbesetzte Stellen für IT-Fachkräfte. Daher fordert auch Bitkom eine digitale Bildungsoffensive, um die immer wichtiger werdenden Digitalkompetenzen zu stärken. *Weitere Infos: www.bitkom.com*

Digitalverband BITKOM

Bitkom vertritt mehr als 2.500 Unternehmen der digitalen Wirtschaft. Sie erzielen allein mit IT- und Telekommunikationsleistungen jährlich Umsätze von 190 Mrd. Euro darunter Exporte in Höhe von 50 Mrd. Euro. Zu den Mitgliedern zählen 1.000 Mittelständler, mehr als 400 Start-ups und nahezu alle Global Player. Sie bieten Software, IT-Services, Telekommunikations- oder Internetdienste an, stellen Geräte und Bauteile her, sind im Bereich der digitalen Medien tätig oder in anderer Weise Teil der digitalen Wirtschaft. 80 Prozent der Unternehmen haben ihren Hauptsitz in Deutschland, jeweils 8 Prozent kommen aus Europa und den USA, 4 Prozent aus anderen Regionen.

Bitkom fördert und treibt die digitale Transformation der deutschen Wirtschaft und setzt sich für eine breite gesellschaftliche Teilhabe an den digitalen Entwicklungen ein. Ziel ist es, Deutschland zu einem weltweit führenden Digitalstandort zu machen.

3.2.2   Digitalisierung fördert auch Cyberkriminalität

Straftätern bieten sich durch die Digitalisierung immer neue Angriffs-punkte. Sie operieren innovativ und anpassungsfähig und bedienen sich neuster Technologien. Schutz, Abwehr und Prävention müssen daher immer auf den neuesten Stand gebracht werden.
(Bitkom-Presse, 21.07.2017)

Spionage, Sabotage, Datendiebstahl:
Deutscher Wirtschaft entsteht jährlich ein Schaden von 55 Milliarden Euro

Mehr als die Hälfte der Unternehmen in Deutschland (53 Prozent) sind in den vergangenen beiden Jahren Opfer von Wirtschaftsspionage, Sabotage oder Datendiebstahl geworden. Dadurch ist ein Schaden von rund 55 Milliarden Euro pro Jahr entstanden. Das ist das Ergebnis einer Studie des Digitalverbands Bitkom, für die 1.069 Geschäftsführer und Sicherheitsverantwortliche quer durch alle Branchen repräsentativ befragt wurden. Verglichen mit der ersten Studie vor zwei Jahren ist der Anteil der Betroffenen nur leicht von 51 auf 53 Prozent gestiegen, der Schaden ist zugleich um rund 8 Prozent von 51 auf 55 Milliarden Euro gewachsen. Betroffen sind Unternehmen aller Branchen und jeder Größe. Digitalisierung ist unabdingbar, erfordert aber auch erhöhten Wirtschaftsschutz.

Dazu gehören nicht allein IT-bezogene Maßnahmen, sondern auch risikomini-mierende Pläne in den Bereichen Organisation, Personal und Sensibilisierung. Wichtig ist auch die intensive Zusammenarbeit zwischen Wirtschaft und Behör-den sowie den Behörden untereinander.

Die Angreifer haben es aber nicht immer ausschließlich oder direkt auf digitale Daten abgesehen. Häufigstes Delikt ist der Diebstahl von IT- oder Telekom-munikationsgeräten wie Notebooks oder Smartphones, wobei in der Regel unklar ist, ob die Täter es auf die Geräte an sich oder auf die darauf gespeicherten Daten abgesehen haben. Rund jedes fünfte Unternehmen berichtet von Social Engineer-ing. Dabei werden Mitarbeiter manipuliert, um an sensible Informationen zu kommen, mit denen dann in einem weiteren Schritt z. B. Schadsoftware auf die Firmenrechner gebracht werden kann. Jedes achte Unternehmen (12 Prozent) ist Opfer von digitaler Sabotage geworden, durch die z. B. die Produktion gestört wurde. 8 Prozent berichten vom Ausspähen der digitalen Kommunikation wie E-Mails, 7 Prozent vom Abhören von Telefonaten oder Besprechungen. Klassische analoge Angriffe kommen demgegenüber eher selten vor. So wurden 17 Prozent der Unternehmen Opfer eines klassischen Diebstahls von Dokumenten wie Papieren, Mustern oder Bauteilen, in lediglich 4 Prozent der Unternehmen wurden Produktionssysteme oder Betriebsabläufe auf analogem Weg sabotiert und lahmgelegt.

Der Großteil der Angriffe kommt aus dem Ausland: 23 Prozent der Unternehmen berichten von Tätern aus Osteuropa, 20 Prozent aus China und 18 Prozent aus Russland. Erst danach folgen die USA (15 Prozent), die Summe aller westeuropäischen Länder (12 Prozent) und Japan (7 Prozent).

Nicht einmal jedes dritte betroffene Unternehmen (31 Prozent) schaltet staatliche Stellen ein. Dabei sollte der Grundsatz „Need to share" gelten: Nur wenn Unternehmen Angriffe melden, können realitätsnahe Lagebilder erstellt und Abwehrstrategien entwickelt werden.

Viele Unternehmen haben bereits Maßnahmen ergriffen, um sich besser gegen Angreifer zu schützen. So setzen alle Unternehmen einen technischen Basisschutz wie etwa Passwörter auf allen Geräten, Firewalls und Virenscanner ein und fertigen regelmäßig Backups ihrer Daten an. Anspruchsvollere Maßnahmen sind dagegen selten, etwa Intrusion Detection Systeme (20 Prozent) oder Penetrationstests (17 Prozent). Auch im Bereich der organisatorischen Sicherheit sind Standardmaßnahmen weit verbreitet, etwa die Festlegung von Zugriffsrechten für bestimmte Informationen (99 Prozent), die eindeutige Kennzeichnung von Betriebsgeheimnissen (85 Prozent) oder die Festlegung von Zutrittsrechten in bestimmte Unternehmensbereichen (81 Prozent). Dagegen setzt nur eine Minderheit auf Sicherheits-Zertifizierungen (43 Prozent) oder regelmäßige Sicherheits-Audits durch externe Spezialisten (24 Prozent). Großen Nachholbedarf gibt es im Bereich der personellen Sicherheit. Nur 6 von 10 Unternehmen (58 Prozent) führen Background-Checks bei Bewerbern für sensible Positionen durch, nur jedes zweite hat einen Sicherheitsverantwortlichen benannt (54 Prozent) oder schult Mitarbeiter zu Sicherheitsthemen (53 Prozent). Hier ließe sich die Sicherheit in den Unternehmen mit vergleichsweise geringem Aufwand und in kurzer Zeit deutlich verbessern.

Bitkom und Bundesverfassungsschutz geben Unternehmen, die ihre Sicherheit verbessern wollen, folgende Tipps:

1. Sicherheit zur Chefsache machen
2. Technische IT-Sicherheit steigern
3. Organisatorische Sicherheit erhöhen
4. Personelle Sicherheit verbessern
5. Sicherheitszertifizierungen anstreben.

© Fussel cartoon, Paderborn

3.3 Energiewirtschaft: Mehr als nur Elektrizitätstechnik

3.3.1 Branchenüberblick

Globaler Wirtschaftsmotor braucht Energiesicherheit. Der Energiesektor hat Schlüsselrolle bei ökonomischer, sozialer und ökologischer Neuausrichtung der Weltwirtschaft. Die Bereitstellung und Verteilung elektrischer Energie wird in Zukunft noch mehr als heute von der Synergie zwischen klassischer Elektrotechnik und intelligenter Informationstechnik abhängig sein. Die Informations- und Kommunikationstechnologien verändern das gesamte Feld der Kraftwerks- und Netzführung, des Energiehandels und des Service dynamisch und ermöglichen die ganzheitliche Integration der technischen und kommerziellen Prozesse.

Stromversorger als Dienstleistungspartner. Die deutschen Stromversorger sorgen nicht nur für die möglichst rationelle Erzeugung von Strom, sondern sie fördern auch die rationelle Energieanwendung bei ihren Kunden. Zahlreiche Unternehmen führen deshalb - die Nachfrage beeinflussende - Demand-Side Management-Maßnahmen durch (DSM). Sie reichen von Zuschüssen für energiesparende Geräte bei Privatkunden über Beratung und Umsetzung von Energiesparmaßnahmen für Gewerbe- und Industriekunden bis zur Planung, Installation und Wartung von energietechnischen Anlagen in öffentlichen Gebäuden. Der Kunde zahlt nicht mehr für die Energie, sondern für die Energiedienstleistung.

Große Marktchancen bei Energieeffizienz und Erneuerbarer Energie. Die deutschen Unternehmen sind ideale Partner, um weltweit Energieeffizienz und Erneuerbare Energien voranzubringen: „Von Klimawandel und knappen Ressourcen sind alle betroffen. Während Industrieländer ihren Umgang mit Energie auf hohem Niveau umstrukturieren, wächst der Bedarf an energieabhängigen Produkten und Dienstleistungen insbesondere in Schwellenländern wie China und Indien rasant. Für deutsche Hersteller eröffnen sich dadurch weltweit große Marktchancen. Sie haben die Entwicklung von effizienten Kraftwerken, Maschinen und Anlagen sowie von Erneuerbare-Energien-Technologien entscheidend vorangetrieben. Und sie wissen aus langjähriger Exporterfahrung, wie diese Technologien im Ausland optimal eingesetzt werden." (Deutschen Energie-Agentur). Obwohl Deutschland bei hocheffizienten Technologien eine Führungsrolle inne hat, dürfte sich der Schwerpunkt der Investitionen auch bei Erneuerbaren Energien in naher Zukunft von Europa in die USA und nach China verschieben. Auch Wirtschaftsmächte wie Brasilien und Indien holen auf.

VDE/ETG: Innovationen sichern Stromversorgung

Das Thema Energie ist eine Herausforderung, der wir uns heute stellen müssen, um die Zukunft zu sichern, unterstreicht die Energietechnische Gesellschaft im

VDE (ETG): Innovationen können die Stromversorgung für die Zukunft sichern – aber fehlender Nachwuchs kann dazu führen, dass Deutschland auch auf diesem Gebiet im internationalen Wettbewerb den Anschluss verliert.

Die Beschäftigungssituation für Ingenieure der Elektro- und Informationstechnik sowie für Energieingenieure ist derzeit durch einen umfassenden Strukturwandel geprägt. Das bedeutet, dass sich auch das Berufsbild wandelt. Die Aufgabenfelder werden spannender und umfassender, aber auch anspruchsvoller (Kap. 3.3.2). Ingenieure müssen die zur Bewältigung der vielfältigen Zukunftsaufgaben erforderlichen Qualifikationen mitbringen. Die Berufsaussichten für den engagierten Ingenieurnachwuchs der Energietechnik sind allein aufgrund der derzeit zu geringen Studentenzahlen sehr gut.

Weitere Infos: VDE-Studie „Energieforschung 2020"; im InfoCenter unter www.vde.com erhältlich

3.3.2 Der Energieingenieur: Tätigkeiten, Aufgaben und Anforderungen

Das Anforderungsprofil. Unter „Energieingenieuren" versteht man alle Ingenieure, die in Anwendung und Forschung auf den verschiedenen Stufen in der Energieumwandlungskette von den Primärenergien bis zu den Nutzenergien und mit Verfahren, Anlagen und Geräten am optimalen Einsatz der verfügbaren Ener-gie arbeiten.

Das Aufgabengebiet der Energieingenieure ist außerordentlich vielfältig und hat sich in den letzten Jahren erheblich erweitert. Die explosionsartig wachsenden naturwissenschaftlich-technischen Erkenntnisse, die ständig verbesserten Hilfsmittel und die sich ändernden Organisations- und Führungsmethoden erfordern eine stetige Anpassung an neue Arbeitsinhalte. Neben den in der Energietechnik zu beherrschenden Massen- und Energieströmen haben die Informationsströme und deren Verarbeitung mit modernen Kommunikationsmitteln große Bedeutung gewonnen. Der Energieingenieur muss dabei zumindest für seine fachlichen Nachbargebiete gesprächsfähig sein.

Die Energieversorgung ist spätestens seit den 80er Jahren zu einer zentralen politischen Aufgabe geworden. Unser Umgang mit Energie beeinflusst maßgeblich unsere wirtschaftliche Situation, unsere soziale Sicherheit und den Zustand unserer Umwelt, und zwar weltweit. Der Nachholbedarf der Energieversorgung insbesondere in der Dritten Welt wird mittelfristig zur bedeutendsten Herausforderung unserer Zeit.

Der Umweltschutz bestimmt heute in besonderem Maße die Diskussion unserer Energieversorgung und ihre zukünftige Ausrichtung. Schlagwörter hierbei sind

121

„Energieeffizienz" und „Regenerative Energien". Energieversorgung und Umweltschutz bilden eine untrennbare Einheit, an der sich der Energieingenieur orientieren muss.

Technologiebewertung und gesellschaftliche Akzeptanz bestimmen seine Arbeit und sein Bewusstsein in gleichem Maße wie die Beherrschung des technisch Machbaren.

Ziel einer jeden Ausbildung muss es sein, auf einer gut fundierten Allgemeinbildung ein solides Grundwissen für die spätere Berufsarbeit aufzubauen und exemplarisch Methoden zu erlernen, die erworbenen Kenntnisse in die Praxis umzusetzen. Das schnell wachsende Fachwissen darf nicht zu einer unzumutbaren Verlängerung der Ausbildungszeiten führen, sondern erfordert eine Konzentration des Studiums auf die Grundlagen, auf denen der Ingenieur lebenslang spezifisches Fachwissen aufbauen kann und die ihn in die Lage versetzen, nach relativ kurzer Einarbeitung auch in Nachbargebieten qualifiziert tätig zu sein.

Die Praxis mit ihren vielschichtigen Problemen verlangt von den Ingenieuren zunehmend gute Kooperation im Team und Mitdenken in anderen Disziplinen. Hierbei spielen schnelle Auffassung, Flexibilität, Ausdrucksfähigkeit in Wort, Schrift und Bild sowie eine dem Adressaten angemessene Darstellung eine immer wichtigere Rolle.

Die Kommunikationsfähigkeit in deutscher Sprache muss ergänzt werden durch praktisch anwendbare Kenntnisse des Englischen (und möglichst auch des Französischen oder einer anderen Fremdsprache): Ein großer Teil der einschlägigen Fachliteratur erscheint nur in Englisch und muss unmittelbar verarbeitet werden können.

3.3.3 Energiewende in Gefahr?

Die Energiewende, die als Konsequenz der Reaktorkatastrophe von Fukushima höchste politische Priorität erlangt hat, ist ins Stocken geraten. Die Ursachen für die sich abschwächende Dynamik sind vielfältig. Ein Problem liegt im Netzausbau, der weit hinter dem Zeitplan liegt.

Ein weiterer Grund liegt in der stetig fallenden Akzeptanz des Erneuerbaren-Energie-Gesetzes EEG, weil es den Betreibern von Windkraftanlagen eine feste, nicht am Markt orientierte Einspeisevergütung für 20 Jahre gewährt, für die alle Endkunden aufkommen müssen. So berücksichtigt die VDE-ETG in ihrer Studie zum Gelingen der Energiewende u.a. auch marktgerechte Maßnahmen.

Bioenergie. Der Boom bei den Biogasanlagen auf Basis von Raps und Mais ist nach Erkenntnissen der BayWa AG vorbei. Wegen der knappen Flächen stoßen die Betreiber solcher Biogasanlagen nun an ihre Grenzen.

Solarenergie. Angesichts der Insolvenz- und Entlassungswelle in der deutschen Solarbranche wollen mehrere Bundesländer die vom Bundestag beschlossene Förderkürzung rückwirkend abmildern. Kritik an den Einschnitten von bis zu 30 Prozent kommt parteiübergreifend vor allem aus Ostdeutschland.

Windenergie. Trotz der positiven Entwicklung in den vergangenen Jahren ziehen auch über der Windbranche immer mehr Wolken auf. Dem Industriekonzern Siemens macht die Anbindung der Windparks auf offener See ans Stromnetz zu schaffen.

Der „Energiesoli". Es gibt verschiedene Reformkonzepte, die eine Begrenzung der Belastung der Stromverbraucher, eine Verbesserung der Effizienz und eine andere Verteilung der Belastung zum Ziel haben. Im Hinblick auf all diese Kriterien überzeugt das Konzept einer Haushaltsfinanzierung am ehesten.

Der Ausbau der Erneuerbaren Energien zur Stromerzeugung wird in Deutschland durch die EEG-Umlage gefördert. Die Umlage belastet alle Stromverbraucher, unabhängig davon, ob sie erneuerbar oder fossil erzeugten Strom nutzen. Auch die zunehmenden Netzausbaukosten werden auf die Stromverbraucher umgelegt, so dass grüner Strom im Vergleich zu fossilen Energieträgern relativ teuer wird und Projekte zur Sektorkopplung unattraktiv werden. Deshalb gibt es verschiedene Reformkonzepte, die eine Begrenzung der Belastung der Stromverbraucher, eine Verbesserung der Effizienz und eine andere Verteilung der Belastung zum Ziel haben. Im Hinblick auf all diese Kriterien überzeugt das Konzept einer Haushaltsfinanzierung am ehesten, zumal es der herausragenden politischen Bedeutung des Vorhabens entspricht. Durch einen Aufschlag auf die Einkommen- und Körperschaftsteuer („Energiesoli") könnte die Finanzierung der notwendigen Haushaltsmittel erfolgen und die EEG-Umlage dafür entfallen. Steuerzahler mit hohen Erträgen und geringem Stromverbrauch würden dadurch höher belastet. Für einkommensschwache Haushalte und Unternehmen mit hoher Stromintensität würde die Belastung sinken.

Thilo Schaefer: Der Energiesoli – Alternative Finanzierungsmodelle für die Energiewende (IW policy paper)

„Die Energiewende geht weiter", so lautet das Motto des internationalen ETG Congress 2017 am 28./29. November in Bonn. Die Botschaft ist eindeutig: Zwar sind die ersten 30 Prozent Erneuerbare Energien integriert. Aber jetzt müssen vor allem neue Technologie- und Systemlösungen her, denn mit der weiteren Integration wächst der Bedarf an Flexibilität und Digitalisierung in allen Bereichen der Energieversorgung. Dabei dringen die eher „soften" Gebiete wie Mess- und Automatisierungstechnik, Informations- und Kommunikationstechnik und auch das Thema Cybersecurity immer tiefer in die Gebiete der „harten" Komponenten wie Energiewandler, Leistungselektronik, Energiespeicher und Energienetze ein.

VDE-Studie „Aktive Energie-Netze im Kontext der Energiewende"

Empfehlungen zu Anforderungen an künftige Übertragungs- und Verteilungsnetze unter Berücksichtigung von Marktmechanismen

1. Um eine signifikante Erhöhung der Transportkapazität der Übertragungsnetze zu erreichen, die im Zuge der Energiewende und der Umsetzung energiepolitischer EU-Vorgaben nötig geworden ist, empfiehlt der VDE den modularen Aufbau eines Overlay-Netzes in Hochspannungs-Gleichstromübertragungs-Technologie (HGÜ) und die Integration des Netzausbaus in die gesamteuropäische Netzentwicklung.

2. Die Hybridstruktur des Übertragungsnetzes und die wachsende Integration volatiler und örtlich gebundener Stromerzeugung aus erneuerbaren Energien erfordert die Umsetzung zahlreicher technischer und organisatorischer Maßnahmen in der Systemführung (insbesondere die Aufrüstung der Netze mit Kommunikations-, Mess-, Steuer-, Regel-, Schutz- und Automatisierungstechnik) sowie Kooperationen zwischen Übertragungsnetz- und Verteilungsnetzbetreibern und eine engere Zusammenarbeit der europäischen Übertragungsnetzbetreiber.

3. Die politischen Entscheidungsträger stehen vor der Aufgabe, langfristige Planungs- und Rechtssicherheit herzustellen und die Wirtschaftlichkeit von Investitionen in das Stromversorgungssystem zu ermöglichen, den erforderlichen politischen und regulatorischen Rahmen für die Umsetzung des Netzausbaus zu schaffen und ergänzend zur Entwicklung des Übertragungsnetzes Mechanismen und Rechtsgrundlagen einzuführen, die den Ausbau der regionalen Stromversorgung unterstützen und den weiteren Zubau von Stromtrassen vermeiden oder reduzieren helfen.

4. Die beschriebenen technischen Innovationen und die Erweiterung der Übertragungsnetze in Deutschland und Europa bringen einen in diesem Umfang bisher nicht dagewesenen Bedarf an Forschungs- und Entwicklungsarbeiten mit sich, bei denen ganzheitliche Systembetrachtungen und die interdisziplinäre Zusammenarbeit zwischen Netzbetreibern, Systemtechnikherstellern sowie Universitäten und Forschungseinrichtungen im Vordergrund stehen müssen.

5. Um eine volkswirtschaftlich optimale Netzdimensionierung zu ermöglichen, müssen die Verteilungsnetzbetreiber als Treiber der dazu erforderlichen regionalen Netzentwicklung zu Investitionen motiviert werden und die Möglichkeit erhalten, Einspeisung und Verbrauch intelligent zu steuern.

6. Die Empfehlungen der Deutschen Normungsroadmap „Smart Grid" sind bezüglich der Anwendung einheitlicher Standards bei der Verteilungsnetzautomatisierung konsequent umzusetzen. Weiterhin sind geeignete Konzepte für Datenschutz und Datensicherheit zu entwickeln bzw. weiterzuentwickeln.

7. Die Einbindung von Marktmechanismen zur Vermeidung von Netzausbau erfordert einen Paradigmenwechsel bei allen Marktakteuren. So sind im Bereich der Spannungshaltung die Schnittstellen zwischen Kraftwerken und Übertragungsnetz einerseits und Übertragungs- und Verteilungsnetzen sowie direkt angeschlossenen Endkunden und dezentralen Erzeugungseinheiten andererseits neu zu definieren. Rechtliche Änderungen im Bereich der Regel- und Ausgleichsenergie sind zwingend und zeitnah zu schaffen.

8. Smart Grid und Smart Market sollten nicht unabhängig voneinander, sondern im Kontext eines Smart Supply Systems entwickelt werden. Dazu sollte der derzeitige Rechtsrahmen, der den wirtschaftlich effizienten Ausbau zu einem Smart Supply System behindert, konsistent angepasst werden. Markt und Netz sollten künftig deutliche Anreize setzen, damit die regional verteilte Erzeugung bilanzierbar und steuerbar wird und eine direkte Marktteilnahme der regenerativen Erzeuger sowie eine deutliche Spreizung zwischen Niedrig- und Hochtarifen bzw. Sonderentgeltmodellen für die Stromkunden ermöglicht werden.

9. Es wird empfohlen, den Einsatz von Speichern generell von Netzentgelten zu befreien und marktgerechte Bedingungen für verbrauchernah installierte, flexible Kraftwerksleistung zu schaffen. Speicher sollten bei einem wachsenden Anteil volatiler Energieerzeugung mittelfristig (bei mehr als 40 Prozent Anteil regenerativer Erzeugung) auf Übertragungsebene ausgebaut werden, unter anderem um das Netz zu stützen.

10. Die bundesweite Verantwortung für den Ausbau des Stromversorgungsnetzes, die heute in unterschiedlichen Zuständigkeiten liegt, sollte in einer Hand gebündelt werden, um die zügige und konsistente Novellierung eines breiten Spektrums an Gesetzen und Verordnungen zu ermöglichen.

3.4 Der Deutsche Maschinen- und Anlagenbau

Als größter industrieller Arbeitgeber, führende Exportbranche und oft wichtigster Partner in der Entwicklung und Umsetzung von Innovationen hat der Maschinenbau quantitativ und qualitativ eine Schlüsselstellung in der deutschen Wirtschaft.

„Die Digitalisierung des Maschinen- und Anlagenbaus ist Herausforderung und noch mehr Chance für die gesamte Industrie." *VDMA-Geschäftsbericht 2013-2016*

Als größter Wirtschaftsbereich trägt der Maschinenbau wesentlich zum Gesamtergebnis der Wertschöpfung im verarbeitenden Gewerbe in der EU bei. Auf die deutschen Hersteller entfallen rund 42 Prozent der Maschinenindustrie, gefolgt von Italien, dem Vereinigten Königreich und Frankreich. Alle zusammen bilden ein weltweit einzigartiges, mit allen Kunden- und Lieferantenbranchen eng geknüpftes Netzwerk im Herzen Europas.

China ist seit 2009 weltweit größter Produktionsstandort im Maschinen- und Anlagenbau. China konnte seinen Anteil am Weltumsatz von 2012 bis 2015 um weitere 8 Prozent auf rund 38 Prozent ausbauen. Die Herstellerländer der EU folgen mit deutlichem Abstand, liegen aber nicht minder deutlich vor dem Wettbewerb aus den USA. Deutschland – Exportweltmeister im Maschinenbau – konnte sich im Beobachtungszeitraum an Japan vorbei auf Platz drei der weltweit größten Herstellerländer schieben. Insgesamt stieg der globale Maschinenumsatz von 2012 bis 2015 um rund 14 Prozent auf den neuen Rekordwert von 2.570 Milliardend. Euro.

Industrieller Mittelstand. Im deutschen Maschinenbau dominieren mittelständische Betriebs- und Entscheidungsstrukturen. Rund 90 Prozent der Unternehmen beschäftigen weniger als 250, nur circa zwei Prozent mehr als 1.000 Mitarbeiter. Zwei Drittel der Unternehmen haben sogar weniger als 100 Beschäftigte. Viele der kleinen und mittleren Unternehmen sind auf ihren Spezialgebieten weltweit führend.

Exportweltmeister. Exportorientierung bestimmt das Geschäft des deutschen Maschinen- und Anlagenbaus. Gut drei Viertel der deutschen Maschinenproduktion geht ins Ausland.

Herausforderung: Märkte. Die Zukunft liegt in der weiteren Internationalisierung. Local-Content-Anforderungen wichtiger Zielländer und die Absicht vieler Unternehmen, nahe bei ihren Kunden zu sein, führen hier zu erheblichen Herausforderungen.

Herausforderung: Umwelt. Ressourcen sind endlich, doch die Weltbevölkerung wächst – der Ressourcenbedarf steigt. Ressourceneffizienz ist längst ein wettbewerbskritischer Bestandteil der Unternehmensstrategie geworden. Insbesondere der Maschinenbau ist mit seinen zahlreichen energie- und materialeffizienten Neuerungen stetiger Vorreiter zukunftsweisender Trends und Entwicklungen. Und somit ein wichtiger Wegbereiter für die Entkoppelung des Ressourcenverbrauchs vom Wirtschaftswachstum.

Herausforderung Demografie. Zum Problem der wachsenden Weltbevölkerung kommt für Deutschlad die Herausforderung alternde Bevölkerung bzw. fehlender Nachwuchs dazu. Gut ausgebildete und hoch motivierte Mitarbeiter sind in einem Industriezweig mit höchsten technischen Ansprüchen das größte Kapital. Über 170.000 Ingenieure und Informatiker beschäftigt der deutsche Maschinen- und Anlagenbau und ist damit einer der wichtigsten Arbeitgeber für Ingenieure. Der Bedarf wird weiter wachsen, und zwar nicht nur im Bereich FuE und Innovation (s.u.). Auch die nicht-akademischen Beschäftigten, die in der Regel mindestens einen Facharbeiterabschluss haben, werden gesucht. In puncto Qualifikation wie auch Flexibilität nehmen die Anforderungen an die Belegschaften seit Jahren zu.

Forschung und Entwicklung. Mit einem Anteil von neun Prozent der internen Forschungs- und Entwicklungsaufwendungen der Gesamtwirtschaft zählt der Maschinenbau neben dem Fahrzeugbau, der Elektroindustrie und der pharmazeutischen/chemischen Industrie zu den forschungsstärksten Industriebranchen. Rund 44.300 und damit fast elf Prozent aller mit Forschungs- und Entwicklungsaufgaben beschäftigten Arbeitnehmer in der Wirtschaft waren 2015 im Maschinenbau tätig. Die internen Forschungs- und Entwicklungsaufwendungen lagen 2015 bei 5,6 Milliarden Euro.

Innovation. In kaum einem anderen Wirtschaftszweig kommt den Konstruktionsleistungen so große Bedeutung zu wie im Maschinenbau, sie werden jedoch bei den FuE-Kennzahlen nur zum Teil erfasst. Alternativ lässt sich die Innovationskraft einer Branche über ihren Innovationsbeitrag messen. Mit Hilfe des Innovationsbegriffs werden zusätzlich jene Aktivitäten eines Unternehmens erfasst, welche notwendig sind, um eine Erfindung zur Marktreife zu bringen. Auch bei den Innovationen steht der Maschinenbau zusammen mit den oben genannten Branchen an der Spitze des Rankings innerhalb des Produzierenden Gewerbes. In 2015 erzielten die Maschinenbauer ein gutes Fünftel ihres Umsatzes mit Innovationen. Mehr als die Hälfte der Firmen konnte in den Jahren 2013 bis 2015 mindestens eine Innovation erfolgreich abschließen. Die Innovationsaufwendungen betrugen 2015 14,6 Mrd. Euro und lagen um mehr als 7 Prozent über dem Vorjahreswert. Die Innovationsintensität (Innovationsausgaben in Prozent des Branchenumsatzes) stiegen auf 5,9 Prozent (2014: 5,7 Prozent).

Patentaktivitäten. Ein weiterer Indikator für den Innovationserfolg sind Patente. Bei der Anzahl der Maschinenbau-Patentanmeldungen am Europäischen Patentamt führen die deutschen Erfinder die Rangliste an. In einigen Technologiefeldern sind sie sogar Patentweltmeister. Eine zunehmend wichtige Rolle für die Innovations-aktivitäten des Maschinenbaus spielen Umweltaspekte. Sie sind nicht nur Treiber vieler Innovationsvorhaben. Der Erfolg dieser Projekte schlägt sich unter anderem in entsprechenden Anmeldungen internationaler Patente nieder.

Der VDMA – Verband Deutscher Maschinen- und Anlagenbau e.V.

Der VDMA ist nicht nur der größte Industrieverband Europas, sondern er vertritt eine Industrie, die wie kaum eine andere für die Zukunft steht. Er fördert den Maschinen- und Anlagenbau in Deutschland, in Europa und weltweit.

Der VDMA vertritt 3.200 Unternehmen – auf politischem Parkett wie auch in den Medien. Er schlägt Brücken zwischen Wirtschaft und Politik.

Der VDMA schafft die Voraussetzung für die nachhaltige Entwicklung wettbewerbsfähiger Spitzentechnologie. Er hilft, die neuen Herausforderungen zu meistern:

Die zunehmende Komplexität im Markt, die hohe Dynamik, die immer kürzeren Veränderungszyklen, die Digitalisierung, die Vernetzung, der demografische Wandel und ein ressourcenschonendes Wachstum..

Weitere Infos: www.vdma. org

Perspektiven

Wenn dem digitalen Wandel auch häufig unter Hinweis auf Hauptmann's Weber die Funktion eines Job-Killers zugesprochen wird, so gilt zumindest für den deutschen Maschinen- und Anlagenbau, dass der digitale Wandel für alle Beteiligten, für die Unternehmen wie für die Beschäftigten, Herausforderung und Chance zugleich ist:

Die Digitalisierung verändert Geschäftsmodelle, innoviert Prozesse und fordert eine Anpassung des Marktes. Unternehmen und Produkte werden sich entwickeln müssen. Und genau hier liegt die Chance für hoch qualifizierte Mitarbeiter, die Zukunft mitzugestalten.

Insbesondere für (Elektro-)Ingenieure gilt, dass die Unternehmen dringend nach qualifizierten Ingenieuren suchen. Immer häufiger werden offene Stellen nicht besetzt. Der demografische Wandel und technologische Veränderungen lassen weitere Nachfrageschübe nach Ingenieuren erwarten.

3.4.1 Ethernet in der Automation

Dr. **Markus Winzenick,**
ZVEI-Fachverband Automation, Frankfurt am Main

Die Automatisierungsindustrie in Deutschland und weltweit setzt auf verteilte Automatisierungsstrukturen, durchgängige Kommunikation und den Einsatz offener IT-Standards. Diese Mega-Trends in der Automation bedingen zunehmend den Einsatz von Web-Driven-Technologies und Ethernet in der Automation (s. Abb.), und es stellt sich die Frage, was Ethernet als einheitlichen Kommunikationsstandard in der Automation auszeichnet. Unbestritten ist Ethernet im Office-Bereich seit Jahren das etablierte und am weitesten verbreitete Kommunikationsnetzwerk. Der Wunsch nach vertikaler Integration, also nach der Anbindung der Automatisierungsebene an den Office-Bereich und darüber hinaus an das weltweite Internet ist der Grund dafür, dass in den letzten Jahren von der Industrie große Anstrengungen unternommen wurden, die für den Office-Bereich entwickelte Ethernet-Technologie industrietauglich zu machen.

Die Anstrengungen haben sich gelohnt. Heute gibt es zahlreiche Ansätze, die die ursprünglichen Bedenken, Ethernet in der Automation einzusetzen, widerlegen. So stehen heute industrietaugliche Ethernet-Installationsverbindungen ebenso zur Verfügung wie innovative Konzepte, die die im Industrieumfeld geforderte Performance hinsichtlich Echtzeitfähigkeit, Determinismus, Zeitsynchronisation, Vermeidung von Datenkollisionen, Sicherheitsanforderungen etc., garantieren. Hierzu gesellen sich zunehmend WLAN-Lösungen, auch in der Fabrik.

Die Megatrends der Automation, Verteilte Intelligenz, Vertikale Integration und die Verwendung offener Standards, bedingen den Einsatz von Web-Driven-Technologien und Ethernet in der Automation

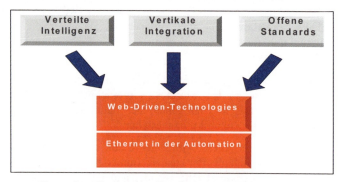

Wenn auch die heute vorliegenden Konzepte teilweise unterschiedlich sind und der Kundenwunsch nach einem einheitlichen Standard noch nicht erfüllt werden kann, so lässt sich mit Sicherheit sagen: Der Einsatz von Ethernet und WLAN-Technologie in der Automation ist nicht mehr aufzuhalten.

So hat sich Ethernet auch heute schon in vielen Automationsebenen durchgesetzt. Neben der Verbindung auf Leitsystemebene sowie zwischen Leitsystemen und Produktionsplanungssystemen, werden zunehmend auch prozessnahe Komponenten über Ethernet verbunden. Da Ethernetkomponenten Massenmarktprodukte sind, die bereits heute im IT-Bereich standardmäßig in großer Stückzahl eingesetzt werden und hohen Anforderungen hinsichtlich Zuverlässigkeit und Stabilität unterliegen, erwartet man durch den Einsatz dieser Basiskomponenten auch in der Automation deutliche Kosteneinsparungen.

Ethernet ermöglicht zudem die Verwendung der im Umfeld des Internets entstandenen Technologien, wie z. B. Web-Browser für eine einheitliche Visualisierung, XML als standardisiertes Datenaustauschformat, Suchmaschinen und verschiedene Techniken zur Datenkomprimierung und Datenverschlüsselung, etc. Durch Nutzung dieser einheitlichen Werkzeuge lassen sich erhebliche Kosten-einsparungen erzielen.

Doch der Einsatz von Ethernet ist nicht nur auf die vertikale Integration beschränkt. Die vielversprechenden Ansätze hinsichtlich Echtzeitfähigkeit und Determinismus lassen Ethernet auch für die horizontale Integration, also für die Kommunikation in der Feldebene, immer interessanter werden. Galt dies bislang nur für einige Nischenanwendungen insbesondere in der Fertigungsautomatisierung, so muss man heute davon ausgehen, dass Ethernet in absehbarer Zeit auch als Kommunikationsstandard für intelligente Feldgeräte eingesetzt wird. Und schon heute laufen Entwicklungen an einer hochperformanten, realtime-fähigen und taktsynchronen Ethernet-Variante für Motion Control Anwendungen.

Die Beispiele zeigen, dass trotz der ursprünglich erheblichen Bedenken zum Einsatz von Ethernet in der Automation, mittlerweile zahlreiche Lösungen entwickelt wurden, wenn auch mit durchaus unterschiedlichem Fokus. Diese unterschiedlichen Lösungen sind im einzelnen recht komplex und lassen sich nur schwer in ihrer Gesamtheit überschauen. Sie unterscheiden sich teilweise in ihren Anwendungsgebieten und in der Philosophie für den gewählten Ansatz.

In den vergangenen Jahren haben sich unter den Namen *EtherNet/IP* (Ethernet Industrial Protocol), *HSE* (High Speed Ethernet), *IDA* (Interface for Distributed Automation) und *PROFInet* insbesondere vier bedeutende Technologien formiert, die für sich den hohen Anspruch von offenen Systemen definieren und nicht nur von einzelnen Firmen sondern von Nutzerorganisationen weltweit vertreten werden. Sie streben auch eine weltweite Verbreitung, Standardisierung und Marktführerschaft an. Die Entwicklung dieser Systeme ist zum heutigen Zeitpunkt noch nicht abgeschlossen und lässt für die nächsten Jahre spannende technologische Neuerungen erwarten. Wie diese Systeme vom Markt letztlich akzeptiert werden, wird sich noch zeigen.

3.4.2   Industrie 4.0:   Die Vierte Industrielle Revolution

Mit dem Leitthema „Integrated Industry" rückt die HANNOVER MESSE 2018 die zunehmende Vernetzung aller Bereiche der Industrie in den Mittelpunkt. „Maschinen, Anlagen, Werkstücke und Bauteile werden künftig Daten und Informationen in Echtzeit austauschen. Hierdurch wird es in Produktion und Logistik einen Schub für Effizienz, Sicherheit und Ressourcenschonung geben", sagte Dr. Jochen Köckler, Vorstandsvorsitzender der Deutschen Messe AG, Hannover.

In der deutschen Industrie geschieht Großes. Von radikalen Veränderungen, gar einem grundlegenden Paradigmenwechsel, ist die Rede. Nach Mechanisierung, Industrialisierung und Automatisierung, so die Meinung vieler Experten, stehen wir vor der vierten industriellen Revolution – der Industrie 4.0. Dahinter steht die Verschmelzung von virtueller und realer Produktionswelt: die bisherige zentrale Steuerung wird durch eine dezentrale internetbasierte ersetzt. Das Ausgangsmaterial des Produkts steuert den Prozess und sagt beispielsweise den Maschinen, wie es bearbeitet werden will. Diese Revolution vollzieht sich zwar schleichend und ist aber in ersten Ansätzen bereits Teil des industriellen Alltags.

Die Smart Factory steht im Mittelpunkt

In der Automobilindustrie beispielsweise werden seit einiger Zeit die Karossen in der Montage mit Transpondern versehen. Die beinhalten Informationen über die Karosserie und das, was während der Produktion passieren soll. Die Transponder kommunizieren mit den Maschinen und den Mitarbeitern am Band. Beide, Mensch und Maschine, lesen Informationen aus beziehungsweise ein, so dass am Ende der Montage all das gemacht und belegt wurde, was auf dem Transponder an Modelldetails vorgegeben war. Im Maschinenbau sind solche eingebetteten Systeme ebenfalls weit verbreitet.

„In der vierten industriellen Revolution", sagt Prof. Thomas Bauernhansl vom Fraunhofer Institut für Fabrikbetrieb und Automatisierung in Stuttgart, „steht die Smart Factory im Mittelpunkt. Dort werden alle Technologien eingesetzt, die aus der Informations- und Kommunikationstechnologie, aber auch aus dem Maschinenbau kommen."

Damit könnten dann hochkomplexe Abläufe dezentral betrieben und optimiert werden. Eine grundlegende Technologie dabei sind sogenannte Cyber-Physische-Systeme (CPS). „Physisch" steht dabei für ein Produkt. „Cyber" bedeutet, dass dieses Produkt mit anderen Produkten und dem Internet vernetzt ist und Produktionsprozesse aktiv beeinflussen kann.

130

Der Rohling beauftragt die Maschine

Ein mögliches Szenario beschreibt Sebastian Schlund, Wissenschaftler am benachbarten Fraunhofer-Institut für Arbeitswirtschaft und Organisation IAO. Der neue Industrie-4.0-Alltag könnte demnach folgendermaßen aussehen: Ein Zulieferbetrieb erhält am Montag via Internet einen Auftrag über 600 Maschinenbauteile, die Freitagnachmittag beim Kunden sein müssen. Sind die erforderlichen Rohlinge in der Produktion verfügbar, erhält jedes Teil einen RFID-Transponder, auf dem alle wichtigen Daten vorhanden sind und der sich über WLAN mit dem Internet verbinden kann – bei Industrie 4.0 spricht man in diesem Zusammenhang vom „Internet der Dinge".

Die Teile fragen darüber dann im Maschinenpark nach: „Wer kann uns bearbeiten?" Vier CNC-Maschinen melden sich in unserem Fall sofort zurück. Zwei antworten, dass sie bis Freitag ausgebucht sind. Die dritte Maschine teilt mit, dass sie gerade nichts zu tun hat und 400 Teile übernehmen kann. Die vierte Maschine erklärt, dass sie einen Tag später die restlichen 200 Teile schafft. Allerdings muss sie dafür umgerüstet werden. Sie schickt daher eine kurze Mitteilung auf die Smartphones der beiden dafür qualifizierten Mitarbeiter. Einer der beiden hat an dem Tag frei, lehnt die Anfrage daher ab. Sein Kollege bekommt das mitgeteilt und übernimmt den Rüstauftrag.

Während sich die Teile von den CNC-Maschinen in Form bringen lassen, haben sie längst schon mit dem Versand einen Verpackungstermin am Freitagmorgen vereinbart. Auch der Spediteur ist für 12 Uhr bestellt, um die Produkte zum Kunden zu bringen. Der hat sich übrigens am Donnerstag via Internet bei seinen Teilen erkundigt, wie der Stand der Dinge ist, und zufrieden festgestellt, dass alles nach Plan läuft. Das entstehende Produkt steuert somit den Produktionsprozess selbst, überwacht über die eingebettete Sensorik die relevanten Umgebungsparameter und löst bei Störungen entsprechende Gegenmaßnahmen aus – es wird gleichzeitig zum Beobachter und Akteur.

Industrie 4.0 ist mehr als nur Technik

Doch das alles geschieht nicht von jetzt auf gleich. „Es wird eine Entwicklung sein, die nach und nach nicht nur die Anlagen, sondern auch das Denken der Mitarbeiter verändert", sagt Professor Dieter Spath, Leiter des Fraunhofer-Instituts für Arbeitswissenschaft und Organisation IAO in Stuttgart. Hier befasst man sich besonders mit der Frage, welche Rolle der Mensch in dem Wandel spielt. „Die Möglichkeiten von Industrie 4.0 gehen unserer Meinung nach weit über die rein technischen Aspekte hinaus", so Spath. Die Produktionsarbeit würde auch in Zukunft von menschlicher Arbeit geprägt sein – ganz besonders im Hochlohnland Deutschland.

Die Fragen, die sich die Wissenschaftler beim Fraunhofer IAO stellen? Beispielsweise, „wie wir diese menschliche Arbeit durch die neuen Möglichkeiten der Technik sinnvoll unterstützen können, wie die Zufriedenheit und Produktivität der Mitarbeitenden z. B. durch höhere Flexibilität und Selbstorganisation gesteigert werden kann."

Die Wissenschaftler wollen Lösungen entwickeln, welche die Flexibilität aller Mitarbeiter durch den Einsatz von Mobilgeräten, Kommunikationsmöglichkeiten und stärkerer Vernetzung mit Objekt- und Anlagendaten steigern sollen. Nutzen würde das allen Beteiligten, wie in einem Blog des Fraunhofer IAO zu lesen ist:

„Dem Unternehmen, indem anstehende Produktionsaufträge ohne Wartezeit und Bündelung in der Auftragslosgröße gefertigt werden können; dem Kunden, indem dadurch eine drastische Reduktion der Lieferzeiten möglich wird; den Mitarbeitern, indem starre Arbeitszeitmodelle flexibilisiert werden und an Präferenzen oder Lebenssituationen angepasst werden können; der Gesellschaft, indem der Mitarbeitereinsatz produktiver gemanagt wird, insbesondere in Verknüpfung mit einer sinnvollen Nutzung anfallender Leerlaufzeiten."

Klare Regeln für dezentrale Entscheidungen

„Allerdings hat diese Flexibilität ihren Preis", sagt Moritz Hämmerle vom Fraunhofer IAO. „Mitarbeiter müssen für Industrie 4.0-Prozesse qualifiziert, übergreifende Standards geschaffen sowie eine leistungsfähige Informations- und Kommunikationsstruktur mit ausgefeilter Sensorik bereitgestellt werden", so der Wissenschaftler. Insbesondere müsse eine Umstellung der Produktion auf das 4.0-Prinzip „aber auch organisiert werden". Denn wer vernetzt produzieren wolle, müsse dies auch organisieren. Eine dezentrale Entscheidungsfindung funktioniere nur dann, wenn klare Regeln sowie handhabbare Strukturen und Prozesse zur Kommunikation geschaffen würden.

Deshalb wollen die Stuttgarter Arbeitswissenschaftler ein Zukunftslabor einrichten, in dem in den nächsten Jahren die Erkenntnisse der Forschungsarbeit einfließen werden und in dem eng mit Industriepartnern zusammengearbeitet wird. Man möchte zeigen, wie eine Abstimmung von intelligenten Objekten und selbstbestimmten Mitarbeitern aussehen kann. Schließlich will niemand, dass die vierte industrielle Revolution ihre Kinder frisst.

Kontakt: Fraunhofer IAO, Dr. Sebastian Schlund

3.5 Mikrotechnologie und Nanotechnologie weiter gestärkt

Größenmaßstäbe in der Zwergenwelt: Ein Nanometer hat das gleiche Größenverhältnis zu einem Meter, wie der Durchmesser einer 1-Cent-Münze zum Durchmesser der Erde.

Mikrotechnologie und Nanotechnologie nehmen in der Industrie ständig an Bedeutung zu. Industrieautomation braucht Qualitätssicherung und Präzision bis in den Mikro- und Nano-Bereich. Mikrotechniken ermöglichen neue Anwendungen in Produkten des Maschinen- und Anlagenbaus, der Chemie, Pharmazie und Life-Science-Industrie sowie der Automobilindustrie und Elektrotechnik.

Nanotechnologie gilt als Zukunftstechnologie schlechthin. Die Nanotechnologie nutzt neuartige Effekte allerkleinster Strukturen im Bereich weniger Nanometer, was weit mehr bedeutet, als nur bekannte Funktionalitäten lediglich auf kleinerem Raum realisieren zu wollen.

Der internationale Wissensvorsprung der deutschen Nanotechnologie, die offene Haltung der Bevölkerung ihr gegenüber und das große Interesse der Nachwuchsgeneration sind große Standortvorteile – doch noch läuft die Umsetzung von wissenschaftlichen Ergebnissen in wirtschaftliche Anwendungen hierzulande langsamer ab als beispielsweise in den USA oder Japan.

Anfang 2015 waren rund 1.100 Unternehmen in Deutschland gelistet, die sich mit der Entwicklung, der Anwendung und dem Vertrieb nanotechnologischer Produkte befassen, darunter ca. 75 Prozent KMUs. Die Zahl der Arbeitsplätze liegt bereits bei über 50.000.

BMBF-Aktionsplan Nanotechnologie 2020

Nanotechnolgie hat das Potenzial, wichtige technologische Lösungsbeiträge zu den großen gesellschaftlichen Herausforderungen zu leisten. Daher hat das Bundesforschungsministerium BMBF den Aktionsplan Nanotechnologie 2020 vorgestellt. Es ist Ziel der Hightech-Strategie für Deutschland, die Wertschöpfungspotenziale der Schlüsseltechnologien, also auch der Nanotechnologie, zu nutzen, um nicht zuletzt den Technologiestandort Deutschland zu sichern und zu stärken. Um die Anwendungen der Nanotechnologie für Deutschland nutzen zu können, müssen aber zugleich die Auswirkungen der Nanotechnologie auf Mensch und Umwelt erforscht und mit der Öffentlichkeit diskutiert werden.

Hintergrund

Nanotechnologie beschäftigt sich mit der Forschung und Konstruktion in sehr kleinen Strukturen: ein Nanometer (nm) entspricht einem millionsten Millimeter. Nano (griech.: Zwerg) umfasst Forschungsgebiete aus der belebten und unbelebten Natur. Anwendungen entstehen in der Energietechnik (Brennstoff- und Solarzellen), in der Umwelttechnik (Materialkreisläufe und Entsorgung) oder in der Informationstechnik (neue Speicher und Prozessoren), aber auch im Gesundheitsbereich. Nanotechnologie ist ein Oberbegriff für unterschiedlichste Arten der Analyse und Bearbeitung von Materialien, denen eines gemeinsam ist: ihre Größendimension beträgt ein bis einhundert Nanometer.

Die Nanotechnologie nutzt die besonderen Eigenschaften, die für viele Nanostrukturen charakterisatisch sind: Die mechanischen, optischen, magnetischen, elektrischen und chemischen Eigenschaften dieser kleinsten Strukturen hängen nicht allein von der Art des Ausgangsmaterials ab, sondern in besonderer Weise von ihrer Größe und Gestalt. Das heißt, dass Nanomaterialien mit gleicher Zusammensetzung aber unterschiedlicher Morphologie sich völlig anders verhalten können. Voraussetzung für die Nanotechnologie ist die Entdeckung der Arbeitsmöglichkeiten mit einzelnen Bausteinen der Materie sowie das damit zunehmende Verständnis der Selbstorganisation dieser Bausteine. So gesehen ist Nanotechnologie Ergebnis der natürlichen Evolution wissenschaftlichen Handelns, da das Verständnis und gezielte Manupulation kleinster Strukturen ein vergleichsweise junges Feld ist.

Die Nanotechnologie erarbeitet z. B. die Grundlagen für immer kleinere Datenspeicher mit immer größerer Speicherkapazität für hochwirksame Filter zur Abwasseraufbereitung, für photovoltaische Fenster, für Werkstoffe, aus denen sich in der Automobilindustrie ultraleichte Motoren und Karosserieteile fertigen lassen, oder für künstliche Gelenke, die durch organische Nanooberflächen für den menschlichen Körper verträglicher sind. Ein Anstieg der Nutzung von Nanotechnologie ist in immer mehr Bereichen zu beobachten.

Ausgangslage

Die industrielle Eroberung der Nanometer-Dimension hat bereits eingesetzt. Ähnlich wie in der Informationstechnik geht die Erforschung der physikalischen Grundlagen und die Entwicklung und Markteinführung erster Produkte Hand in Hand. In der Elektronik gehört die nanoskalige Strukturierung bei der Chipherstellung oder bei der Entwicklung neuer Festplatten für Computer schon heute zum Handwerk. Aber auch für viele andere in Deutschland wichtige Industriebranchen wie Chemie, Pharma, Automobilbau, Informationstechnik oder Optik hängt die künftige Wettbewerbsfähigkeit ihrer Produkte von der Erschließung des Nanokosmos ab. Die künftigen Fortschritte der Nanotechnologie sind entscheidend für die weitere Entwicklung dieser Industriesektoren.

Einen wesntlichen Beitrag dazu leistete die konsequente Förderpolitik des BMBF seit Anfang der 90er Jahre, wodurch Deutschland in Europa den Spitzenplatz einnimmt. Dabei wurden auch die möglichen Risiken der Nanotechnologien mit berücksichtigt, so dass Deutschland bei der Risikoforschung sogar international führend ist.

3.5.1 Schlüsseltechnologie Nanotechnologie

Die Nanotechnologie wirkt in nahezu alle Wissenschaftsdisziplinen und Wirtschaftsbranchen hinein. Neben der Entwicklung leistungsfähiger, langlebigerer oder funktionsoptimierter Gebrauchsgüter stellen sich Nanotechnologen in der Grundlagen- und Produktionsforschung nicht zuletzt drei großen Herausforderungen unserer Zeit: Der ressourcenschonenden Energiegewinnung, dem Umweltschutz und der wirksamen Bekämpfung von Krebserkrankungen.

Beispiel: Gesundheit/Ernährung/Landwirtschaft

Von derzeit 30.000 bekannten Erkrankungen des Menschen ist heute erst rund ein Drittel behandelbar. Viele Krankheitsursachen können nur unter erheblichem Aufwand und mit eingeschränkter Verlässlichkeit nachgewiesen werden. Vor allem Viruserkrankungen und Krebsleiden stellen Forscher und Ärzte vor gewaltige Herausforderungen. Die Gesundheitsversorgung der Zukunft soll schneller, sicherer, wirksamer und verträglicher werden. Um dieses Ziel zu erreichen, setzt man weltweit große Hoffnungen in die medizinischen Anwendungen der Nanotechnologie. Krebsbehandlungen mit Nanoteilchen zeigen bereits im klinischen Einsatz Erfolge, die Hoffnung machen. Medizintechnische Hilfsmittel werden durch Nanobeschichtungen hygienischer und verträglicher.

Auf dem Gebiet der Landwirtschaft können Nanomaterialien zu einer besseren Wirksamkeit von Pflanzenschutzmitteln ebenso wie zum genaueren Nachweis von Tier- und Pflanzenkrankheiten beitragen. Im Ernährungssektor zählen zu den vorrangigen Anwendungszielen etwa der Einsatz von selbstreinigenden Nanoschichten bei Herstellung, Lagerung und Transport von Nahrungsmitteln oder von Verpackungen mit neuen Funktionen.

Beispiel: Energie

Nanotechnologie verspricht für den Energiesektor Fortschritte in der Energieerzeugung, Energieumwandlung und Energiespeicherung. Wichtige Anwendungen werden hier z. B. die Brennstoffzellen sein, in denen Strom durch eine chemische Reaktion erzeugt wird. Ebenso wichtig wird in Zukunft die Solar-

energie sein. Bereits heute sorgen Nanomaterialien auf Verglasungen von Solar-
panelen dafür, dass mehr Sonnenlicht in Strom oder Wärme umgewandelt wird.
Energieeinsparungen ermöglichen auch Leuchtdioden, die auf Basis von Nanoschichten helleres Licht liefern und erheblich weniger Strom verbrauchen.

Beispiel: Klima- und Umweltschutz

Angesichts einer wachsenden Weltbevölkerung wird der Schutz unserer Umwelt
immer wichtiger. Nanotechnologie kann dazu einen erheblichen Beitrag leisten.
In der Chemie werden z. B. heute schon Nanomaterialien ein gesetzt, die
Schadstoffe vermeiden helfen und den Rohstoffverbrauch reduzieren. Umweltverträgliche Nanoteilchen übernehmen die Sanierung schadstoff- belasteter
Böden mit enormer Zeitersparnis. Luftfilter aus Nanofasern binden Stäube in
den Auspuffanlagen großer Fahrzeuge ebenso wie in Industrie betrieben.

Beispiel: Mobilität

Ein weiteres vielversprechendes Gebiet ist die Elektromobilität, repräsentiert
durch Brennstoffzellen oder Lithium-Ionenakkus. Die Anwendungschancen
gehen sogar über das Auto hinaus: Nanoelektronik und neue Materialien können
zukünftig zu geräuscharmen Straßen führen. Daneben können die Fahrzeuge
auch untereinader Daten austauschen – Stichwort: „intelligente Straße".

Beispiel: Kommunikation

Die Herstellung integrierter Schaltungen auf Basis der heutigen Silizium-
technologie ist vergleichsweise kostenintensiv und aufwändig. Nanotechnologie
eröffnet Möglichkeiten, mit Nanopartikeln oder -schichten Schaltkreise einfach
auf Kunststoff-Folien oder andere Trägermaterialien aufzudampfen oder aufzu-
drucken. Diese Technik wird beispielsweise zu noch dünneren Displays führen.

Abhörsichere Datenübertragung über große Strecken soll zukünftig durch die
sogenannte Quantenkommunikation realisiert werden. Dabei werden Zustands-
änderungen auf der Ebene der Materiebausteine selbst (Atome oder Ionen) als
Signale verarbeitet. Nanotechnologen arbeiten daran, für diese neuartige Technik
Übertragungs- und Verstärkungssysteme zu entwickeln.

Beispiel: Sicherheit

Jährlich entstehen durch Produktpiraterie weltweit wirtschaftliche Schäden in
Höhe von rund 600 Milliarden US-Dollar. Davon betroffen sind keineswegs nur
Konsumartikel wie Mode, Uhren oder Schmuck. Weit gravierender sind Fäl-
schungen von Arzneimitteln oder Auto- und Flugzeugbauteilen, die Menschen-
leben in Gefahr bringen können. Produktinformations- und Schutzsysteme auf
Basis von Nanomaterialien sichern den entscheidenden Vorsprung vor den
Fälschern. Dabei können leuchtende Nanoteilchen, optische Schichten oder

sogar biologische Bausteine eingesetzt werden, um schwer imitierbare, unsichtbare Markierungen anzubringen. Große Anstrengungen werden auch im Bereich des Katastrophen- und Zivilschutzes unternommen, z. B. beim Abbau von Umweltgiften mit der chemischen Nanotechnologie oder die Ausrüstung von Schutzkleidung mit neuen Funktionen. *Quelle:www.nanotruck.de*

3.5.2 Wo studieren und arbeiten „Nanotechniker" heute?

Zusammenspiel der Wissenschaften. Eine große Besonderheit der Nanotechnologie ist, dass sie ein fachübergreifendes Zusammenspiel vieler spezialisierter Fachgebiete der Naturwissenschaften darstellt. So spielt die Physik eine wichtige Rolle, allein schon bei der Konstruktion der Mikroskope zur Untersuchung und vor allem wegen der Gesetze der Quantenmechanik. Für eine gewünschte Struktur der Materie und Atomanordnungen bedient man sich der Chemie. Der gezielte Einsatz von Nanopartikeln in der Medizin soll bei bestimmten Krankheiten helfen. Andererseits werden aber auch Strukturen, wie z. B. zweidimensionale Kristalle, im Nanometermaßstab aus DNA konstruiert, weil diese sich mit bisherigen Technologien (z. B. der Polymerase-Kettenreaktion) gut manipulieren lässt. Die Wissenschaft ist hier an einem Punkt angelangt, an dem die Grenzen der verschiedenen Disziplinen verschwimmen, man nennt Nanotechnologie deswegen auch eine konvergente Technologie. *(Wikipedia)*

Nanotechnik als Beruf

Die Nanotechnik als Beruf ist noch sehr jung. Der Arbeitsschwerpunkt liegt noch überwiegend im Bereich Forschung und Entwicklung. Entsprechend zahlreich sind hier Hochschulabsolventen vertreten. Wer in der Nanotechnik arbeiten will, kann dorthin mit einem Studium in Physik, Chemie, Halbleitertechnik, Biologie, Medizin, Elektrotechnik/Informationstechnik, Informatik oder Materialwissenschaften gelangen. Eigenständige, interdisziplinär ausgerichtete Studiengänge zur Nanotechnologie werden bislang nur vereinzelt von Universitäten angeboten (Uni Hannover, Erlangen, Würzburg). Daneben gibt es Vertiefungsangebote und Aufbaustudiengänge. An FH's sind Lehrangebote zur Nanotechnologie vorrangig in den Fachbereichen Elektrotechnik/Informatik, Physik, Maschinenbau und Werkstofftechnik zu finden. Die FH Südwestfalen bietet einen reinen Nano-Studiengang Bio- und Nanotechnologie an.

Ein Studiengang kann zu den unterschiedlichsten Arbeitsplätzen führen – und unterschiedliche Studiengänge münden oft in gemeinsame Arbeitsgruppen, denn sowohl in den Laboren der Universitäten als auch in der Industrieforschung bestehen die Forscherteams aus Fachleuten verschiedener Wissenschaftsdisziplinen: „Auf der Nanoskala werden die Grenzen zwischen den wissenschaftlichen

3.5.3 Mechatronik: Überfachliche Verortung – Exempel Institut für Mechatronische Systeme, Leibniz Universität Hannover

Die Mechatronik ist eine relativ junge Fachdisziplin. Sie ist durch das enge Zusammenwirken aus Mechanik, Elektrotechnik und Informationstechnik gekennzeichnet. Entsprechend facettenreich sind auch die Forschungsbereiche des Instituts für Mechatronische Systeme an der Leibniz Universität Hannover, hier angesiedelt an der Fakultät für Maschinenbau.

Wo die Mechatronik letztlich verortet ist, ist oft ganz unterschiedlich. Die Mechatronik könnte z. B. auch in der Elektrotechnik angesiedelt sein. So kommt der Instituts-leiter Prof. Ortmaier selber aus der Elektrotechnik. Seine Forschungsschwerpunkte liegen in der Modellierung, Identifikation, Optimierung, Regelung und Vernetzung komplexer Systeme.

Prof. Dr.-Ing. **Tobias Ortmaier**

Mechatronische Produkte begegnen uns überall im Alltag, zumeist ohne dass wir sie bewusst wahrnehmen: als Festplatte im Computer, als ABS im Auto, als Espressomaschine im Büro, … Aber auch in der Produktion, der Warenlogistik und in der Medizin ist die Mechatronik nicht mehr wegzudenken. Roboter montieren Autos, unterstützen bei der Verräumung von Waren in Lagern und feinfühlige mechatronische Manipulatoren positionieren millimetergenau chirurgische Instrumente bei operativen Eingriffen an Patienten, zum Beispiel bei komplizierten Stimmbandoperationen.

Im März 2017 konnte eine Gruppe von Ehemaligen bei einer Führung durch das Institut die weite Spanne der Forschungsschwerpunkte und ihre Anwendungs-möglichkeiten an ausgewählten Beispielen kennenlernen. In der großen Halle erklärte z. B. Christian Hansen, Gruppenleiter der Forschunsgruppe „Vernetzte Syteme und maschinelles Lernen", wie die Energieeffizienz von elektrischen Antriebsmaschinen gesteigert und beispielsweise Energie aus einer Bewegung für nachfolgende Bewegungen zwischengespeichert werden kann. Ganz besonders interessiert zeigten sich die Alumnis an Robotern, die als Assistenten am Operationstisch fungieren können. Die Forschungsgruppe „Medizintechnik und Bildverarbeitung" von Dr.-Ing. Lüder Kahrs erläuterte, welche Möglichkeiten der Operationsplanung hierbei durch ergänzende augmented reality-Komponenten eröffnet werden. Und Svenja Tappe vom Bereich „Robotik und autonome Systeme" stellte ein schlangenartiges Endoskop vor, das künftig mithilfe von elektromagnetischen Kippaktoren die minimalinvasive Diagnostik per Endoskopie verbessern soll. *Meike Hoffmann, Alumnibüro Leibniz Universität Hannover*

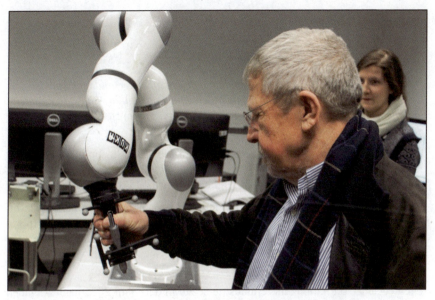

Alumnus Emil Hinrichs testet, wie sich der Roboterarm bedienen lässt (oben)
Christian Hansen beschäftigt sich mit energieeffizienten Trajektorien
(Fotos: Alumnibüro Leibniz Universität Hannover)

3.6   Die Automobilindustrie im Umbruch

3.6.1   Branchenüberblick

Die (deutsche) Automobilindustrie befindet sich in einem grundlegenden Umbruch. Die Wachstumsmärkte verlagern sich zunehmend in die Schwellenländer und die Elektromobilität und das Autonome Fahren führen zu einem Paradigmenwechsel.

Die deutsche Automobilindustrie generierte im Jahr 2016 knapp 405 Milliarden Euro Umsatz. Davon wurden 37 Prozent im Inland umgesetzt. Der Anteil der im Ausland erzielten Erlöse belief sich folglich auf etwa 63 Prozent

Die Anzahl der aus Deutschland exportierten Personenkraftwagen belief sich im Jahr 2016 auf rund 4,4 Millionen Stück. Dies waren genauso viele Pkw-Exporte wie im Vorjahr. Der größte Teil der Exporte ging 2015 nach Europa, aber auch Asien und Nord-/Südamerika waren Abnehmer einer Vielzahl von Autos aus Deutschland.

Die deutsche Automobilzulieferindustrie setzte in dem Jahr 2015 nach Angaben des VDA (Verband der Automobilindustrie) rund 76 Milliarden Euro um. Im Jahr 2009 generierte dieser Industriezweig mit rund 50 Milliarden deutlich weniger Umsatz. Die Beschäftigtenzahl in der deutschen Zulieferindustrie lag im Jahr 2015 bei mehr als 300.000.

CO_2-Reduzierung. Die politisch geforderte CO_2-Reduzierung ist nicht allein über die Optimierung klassischer Antriebe zu erreichen. Hinzukommen muss ein immer höherer Anteil an Fahrzeugen mit alternativen Antrieben. Diese Herausforderung wird durch die Urbanisierung verstärkt.

Urbanisierung. Ende des nächsen Jahrzehnts werden zwei Drittel der Menschheit in Städten leben. Neben der CO_2-Reduzierung und der Entwicklung alternativer Antriebe müssen auch neue Verkehrskonzepte entwickelt werden. Eine besondere Rolle kann hierbei das Autonome Fahren spielen.

Elektromobilität. Die Automobilindustrie hält an ihrer Strategie „weg vom Öl" fest. Aber letzten Endes entscheidet der Kunde – der Neuwagenkäufer muss von den Vorteilen der Elektromobilität überzeugt sein. Diese Mentalitätseinstellung kommt durch Äußerungen wie „Spass am (Selber-)Fahren" zum Ausdruck, was gerade in der Diskussion um Autonomes Fahren immer wieder vorgebracht wird.

Vernetztes Fahren. Neben weiteren Fortschritten bei der Effizienssteigerung der Fahrzeuge rückt immer mehr das „vernetzte Fahren" in den Vordergrund („Connected Car"). Der Informationsaustausch aller Verkehrsteilnehmer untereinander und die Vernetzung mit dem Internet sind ein großer Schritt hin zum angestrebten ressourcen- und zeitsparenden Verkehr.

Autonomes Fahren. Die Technologievoraussetzungen für Autonomes Fahren sind offensichtlich schon wesentlich weiter fortgeschritten, als die Entwicklung alternativer Antriebe. Wenn z. B. VW jetzt 20 Mrd. Euro für die Entwicklung von E-Autos einsetzen will und den Start des Elektrobullis ID Buzz erst für 2022 ankündigt, dann könnte die Technologie des selbstfahrenden Autos sogar schon in zwei bis fünf Jahren die gesamte Automobilindustrie beherrschen. Dafür spricht auch, dass sie sich sowohl in Verbindung mit Verbrennungsmotoren als auch in Verbindung mit alternativen Antrieben realisieren lässt. Und die deutschen Autohersteller und Zulieferer sind hier offensichtlich gut gerüstet:

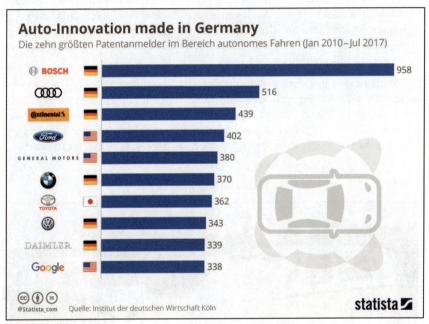

Deutsche Unternehmen haben in den vergangenen Jahren 52 Prozent aller Patente zum Autonomen Fahren angemeldet. Das geht aus einer Studie des Instituts der deutschen Wirtschaft Köln (IW) hervor. Allein auf Bosch, Audi und Continental entfallen über 1.900 Patentanmeldungen. Neben sechs deutschen Unternehmen sind drei aus den USA und eines aus Japan im Ranking der 10 größten Patentanmelder im Bereich Autonomes Fahren vertreten. Google als ein (noch) branchesfremdes Unternehmen erreicht nur Platz 10, und der so stark beworbene Tesla hat es nicht einmal unter die besten Zehn geschafft.

Allerdings verläuft die Entwicklung sehr dynamisch. Seit Februar 2016 hat sich die Zahl der Patente bis Juli 2017 mehr als verdoppelt. Und der amerikanische Konzern Ford, seinerzeit mit rund 100 Patentanmeldungen auf Platz 10 gelegen, konnte sich nun mit 402 Anmeldungen auf Platz 4 vorschieben.

Hohe FuE-Investitionen. Der Erfolg, den die deutsche Automobilindustrie in vielen Märkten weltweit erzielt, ist vor allem auf ihre hohe Innovationsgeschwindigkeit zurückzuführen. Sie investiert jährlich mehr als 20 Mrd. Euro in Forschung und Entwicklung. Auch in der Krise 2008/2009 hatte sie das F&E-Tempo nicht zurückgenommen. Nur so könne man den Produktionsstandort Deutschland und damit Arbeitsplätze sichern.

Derzeit gibt es in Deutschland laut Kraftfahrt-Bundesamt rund 34.000 Personenfahrzeuge mit Elektromotor. Weltweit waren Anfang des Jahres 2016 etwa 1,3 Millionen Elektroautos auf den Straßen unterwegs. Der deutsche Anteil beträgt also gerade einmal 2,6 Prozent. Das derzeit bedeutendste Produktionsland für Fahrzeuge mit Elektroantrieb ist China.

Bei Befragungen in Deutschland ergab es sich, dass der größte Teil der Bevölkerung die Entwicklung von selbstfahrenden Autos mit Skepsis betrachtet. Laut einer weiteren Umfrage spricht für die Hälfte der Befragten vor allem das eingeschränkte Sicherheitsgefühl gegen die Nutzung von selbstfahrenden Fahrzeugen. Zudem gaben 30 Prozent der Befragten an, Spaß am (Selber-)Fahren zu haben.

VW: Elektro-Bulli bald in Serie

Ein großes, günstiges Elektroauto mit Retro-Charme könnte über das Diesel-Drama hinwegtrösten. Emotionale Autos seien sehr wichtig für die Marke. Der Beetle würde z. B. in den USA sehr gut laufen, so VW. *(Quelle: Volkswagen)*

3.6.2 Autonome Fahrsysteme erobern den Automobilmarkt

Selbstfahrende Kraftfahrzeuge werden den riesigen Automobilmarkt bald fast vollständig übernehmen und dabei die gesamte Automobilindustrie komplett umkrempeln. Diese Technologie steht schon heute zur Verfügung, wird schon in Serie produziert und wird von mehreren zehntausend Menschen jeden Tag bereits genutzt.

 Zum Beispiel kann man in San Francisco viele dieser kleinen Autos ohne Fahrersitz und ohne Lenkrad sehen. In diesen Autos werden die Mitarbeiter des *Silicon Valley* von A nach B transportiert. Diese Autos fahren zielsicher und absolut autonom zu den gewünschten Zielorten.

Die Möglichkeiten, die das Autonome Fahren bietet, sind zweifellos unschlagbar. Sie sollen z. B. die Zahl der Autounfälle radikal reduzieren. Alle 24 Sekunden stirbt ein Mensch aufgrund eines Verkehrsunfalls. Dieser Trend ist volkswirtschaftlich ein großes Problem. Grund genug für die US-amerikanische Behörde National Highway Traffic Safety Administration - kurz NHTSA - ein neues Gesetz zu fordern, das die Autobauer dazu verpflichtet, jedes Auto mit einem Hightech-Unfallvermeidungssystem auszustatten. Dieses Gesetz könnte noch in 2017 Inkraft treten.

Diese Maßnahme würde weltweit alle Autobauer, die auf dem US-Markt verkaufen, dazu verpflichten, große Teile der Technologie des Autonomen Fahrens in jedes Auto einzubauen. Nicht jedes Auto wird dadurch ein selbstfahrendes Auto, aber es ist ein entscheidender Schritt in diese Richtung. Schon heute verfügen die Autos über einige der folgenden Funktionen, die als Zwischenschritte zur Technologie des selbstfahrenden Autos betrachtet werden können:

Adaptive Geschwindigkeitsregelung, - Automatisches Bremsen, - Spurwechsel-Hilfe, - Rück-Kamera im hinteren Teil des Autos, - Parkassistenten ...

Durch die neue (amerikanische) Gesetzgebung wird die Technologie des selbstfahrenden Fahrens weiter befeuert und ihre Realisierung extrem beschleunigt. Denn diese Technologie ist auch auf Automobile mit Verbrennungsmotoren anwendbar, ihre Umsetzung ist also nicht auf die erst zu erwartende Marktdurchdringung der Elektroautos angewiesen.

3.7 Die Luft- und Raumfahrtindustrie in Deutschland: Schlüsselbranche mit langfristiger Ausrichtung

3.7.1 Branchenüberblick

Deutschland nimmt in der stark vernetzten internationalen Luft- und Raumfahrtindustrie eine zentrale Rolle ein. Hamburg gehört weltweit zu den drei größten Standorten für Flugzeugentwicklung und Flugzeugbau. Von dort wird das erfolgreichste Flugzeugprogramm aller Zeiten gesteuert, die Airbus A320-Familie. Führende Triebwerks- und Hubschrauberhersteller sowie innovative Ausrüsterfirmen und Zulieferer sind in allen Teilen unseres Landes ansässig.

Die Luft- und Raumfahrt ermöglicht jeden achten Arbeitsplatz in Deutschland und sichert so unseren Wohlstand in einer vernetzten Welt. Neben der Industrie und dem Luftverkehr profitieren vor allem der Tourismus und die Exportwirtschaft vom Flugzeug, und ohne Raumfahrt würde die moderne Informations- und Kommunikationstechnologiebranche nicht existieren.

Die Luftfahrt ist nicht nur Lebensader der Wirtschaft, sondern mit über 108.000 direkt Beschäftigten ein Jobmotor der deutschen Industrie. Hier haben Tausende Forscher, Entwicklungsingenieure und Facharbeiter in Forschungseinrichtungen, Universitäten sowie in großen und kleinen Unternehmen einen entscheidenden Anteil an der Entwicklung von Weltklasse-Produkten für die Luftfahrt.

Strategische Zukunftsbranche. Die Luft- und Raumfahrt ist ein internationaler Wachstumsmarkt. Seine Wachstumsperspektiven mit 5% pro Jahr sind glänzend: Aufträge für über 30.000 Großraumflugzeugen werden in den kommenden zwei Jahrzehnten erwartet. Dies entspricht einem Wert von 5 Billionen Dollar. Dabei sind der weltweite Mobilitätsbedarf und der Ersatz von älteren Flugzeuggenerationen mit hohem Kerosinverbrauch die wesentlichen Wachstumstreiber.

Chancen und Herausforderungen. Trotz dieser positiven Aussichten gilt es, große Herausforderungen zu meistern. Sie sind bedingt durch scharfen Wettbewerb am Weltmarkt. So stellen die USA wesentlich mehr öffentliche Mittel für die Luft- und Raumfahrt zur Verfügung, und in China ist die gesamte Industrie Aufgabe des Staates.

Luft- und Raumfahrtindustrie 2016 weiter auf Erfolgskurs
• Luft- und Raumfahrtindustrie in Deutschland baut Bedeutung als strategischer Standortfaktor aus
• Branchenumsatz erzielt erneut Allzeithoch mit 37,5 Mrd. Euro
• Beeindruckendes Umsatzwachstum von 8% im Vorjahresvergleich
• Beschäftigtenzahl verzeichnet mit 108.000 Mitarbeiter neuen Höchststand
• Weiterhin sehr ausgeprägte Forschungsintensität: 11% des Branchenumsatzes fließen in Forschung und Entwicklung

Allgemeiner Branchenüberblick. Die deutsche Luft- und Raumfahrtindustrie hat sich 2016 sehr gut entwickelt. Das Umsatzwachstum der Gesamtbranche betrug 8%, der Gesamtumsatz erreichte ein Allzeithoch von 37,5 Mrd. Euro (Vorjahr: 34,7 Mrd. Euro). Die Gesamtbeschäftigtenzahl stieg auf 108.000 direkt in der Luft- und Raumfahrtindustrie Beschäftigten (Vorjahreswert: 106.800). Dieser Wert kennzeichnet einen neuen Höchststand der Beschäftigtenzahl. Der Exportanteil lag, gemessen am Umsatz der Gesamtbranche, bei 72%.

Die zivile Luftfahrt konnte sich auch im vergangenen Jahr sehr gut entwickeln. Weltweit zunehmender Mobilitätsbedarf und der Ersatz von älteren Fluggeräten mit hohem Kerosinverbrauch durch die neueste lärmarme, kraftstoffsparende Flugzeuggeneration sind wesentliche Wachstumstreiber. Der Umsatz stieg im Vergleich zum Vorjahr um 7% auf 27,1 Mrd. Euro (Vorjahr: 25,3 Mrd. Euro). Mit 72% Anteil am Gesamtbranchenumsatz bleibt die zivile Luftfahrt mit Abstand der größte Sektor mit 75.400 Beschäftigten.

Volle Auftragsbücher und das Anheben der Produktionsraten bei allen Luftfahrzeugherstellern trugen auch 2016 zum Umsatzwachstum bei. Die Auftragsreichweite entspricht, gemessen nach heutigen Produktionsraten, etwa zehn Jahren und sichert langfristig Arbeitsplätze. Davon profitieren auch die Triebwerkhersteller und mittelständisch geprägte Zulieferunternehmen. Diese Auftragsreichweite ist ein Alleinstellungsmerkmal unserer Branche."

Die Luft- und Raumfahrtindustrie investiert weiterhin - gerade auch im Vergleich zu anderen Industrien - stark in neue Technologien und Produkte in Hinblick auf die Entwicklung der nächsten Generation von Flugzeugen ebenso wie für Produktweiterentwicklungen für laufende Flugzeugprogramme. Ein wichtiger Bereich ist dabei auch die Einführung von Industrie 4.0 und Digitalisierung in Entwicklung, Produktion und Services. Diese Investitionen in Schlüsseltechnologien bilden auch künftig die Basis des globalen Markterfolges dieser Branche.

Die deutsche Zulieferindustrie partizipiert an dem Hochlauf der zivilen Luftfahrzeug-Programme: Die mittelständisch geprägte Industrie gewinnt weiterhin Programmbeteiligungen auch bei außereuropäischen Flugzeugherstellern. In allen jährlich ca. 1.800 weltweit ausgelieferten Verkehrsflugzeugen sind Komponenten ‚Made in Germany' enthalten.

Die militärische Luftfahrtindustrie konnte ihren Umsatz um 8 % auf 7,5 Mrd. Euro (Vorjahr: 6,8 Mrd. Euro) steigern und macht 20% des Gesamtbranchenumsatzes aus. Die Beschäftigtenzahl erhöhte sich um 3% auf 23.800 Mitarbeiter.

Raumfahrt. Hinter der hochinnovativen Schlüsseltechnologie-Branche Raumfahrt liegt wieder ein erfolgreiches Geschäftsjahr 2016. Der Umsatz erhöhte sich auf 2,9 Mrd. Euro und entspricht 8% des Branchenumsatzes. Die Beschäftigtenzahl stieg auf 8.900.

In den verschiedenen Raumfahrt-Sparten sind folgende Highlights hervorzuheben:

Die europäische Trägerrakete Ariane 5 stellte mit sieben erfolgreichen Starts auch im vergangenen Jahr ihre Zuverlässigkeit erneut unter Beweis. Bis zum heutigen Tag hat die Ariane 5 damit in Folge 77 Starts erfolgreich absolviert. Ariane 5 verfügt über 50 % Marktanteil im kommerziellen Trägerraketengeschäft weltweit. Parallel dazu wurde die Neuentwicklung der Trägerrakete Ariane 6 vorangetrieben, deren Jungfernflug für 2020 geplant ist.

Im Bereich von Navigation, Erdbeobachtung und Telekommunikation wurden innovative Satelliten mit maßgeblicher deutscher Beteiligung gestartet. Einen Höhepunkt stellte 2016 der erfolgreiche Start von gleichzeitig vier Galileo-Satelliten mit einer Ariane 5 dar. Ende 2016 konnten die ersten Dienste des Galileo-Satellitensystems in Betrieb genommen werden.

Mit Bau, Start und erfolgreicher Inbetriebnahme des SmallGEO Satelliten H36W-1 Anfang 2017 wurde eindrucksvoll unter Beweis gestellt, dass Deutschland wieder in der Lage ist, komplette Kommunikationssatelliten zu entwickeln und zu bauen. *Weitere Infos: http://bdli.de*

Foto: IGW

Die Hummel

Die Hummel wiegt 4,9 Gramm.

Sie hat eine Flügelfläche von 1,45 cm² bei einem Flächenwinkel von 6°.

Nach dem Gesetz der Aerodynamik kann die Hummel nicht fliegen.

Aber die Hummel weiß das nicht.

(unbekannte Quelle)

3.7.2 ESG Elektroniksystem- und Logistik-GmbH: Das Taineeprogramm bei einem Mittelständler

Stefanie Huber, Personalmarketing & Recruiting Cyber/IT, ESG Elektroniksystem- und Logistik-GmbH, Fürstenfeldbruck

Seit fünf Jahrzehnten zählt die ESG zu den führenden deutschen Unternehmen für die Entwicklung, Integration und den Betrieb von komplexen Elektronik- und IT Systemen für Kunden aus Militär, Behörden und Industrie, vor allem der Automobil- und Luftfahrtindustrie. Kurze Wege und eine offene Unternehmenskultur bedeuten ein überschaubares und angenehmes Arbeitsumfeld, in dem Mitarbeiter wachsen und sich entwickeln können. Die ESG fördert gezielt Leistung sowie die Übernahme von Verantwortung.

Durch die Zusammenarbeit im Team mit Experten und fachspezifische Weiterbildungen wird den Absolventen ein angenehmer Übergang von der Theorie in den Unternehmensalltag ermöglicht. Sie werden durch erfahrene Mentoren betreut, stehen im Austausch mit anderen Trainees im Unternehmen und haben somit die Chance, sich frühzeitig ein solides Netzwerk aufzubauen.

Wir haben mit zwei Mitarbeitern gesprochen - Niels Grimm ist Trainee im aktuellen Programm Vertragsmanagement, Lara Ackermann beendete 2013 das Traineeprogramm im Controlling und ist seitdem festangestellt bei der ESG.

Herr Grimm, weshalb haben Sie sich für ein Traineeprogramm entschieden anstelle eines Direkteinstieges?

Im Rahmen des Traineeprogrammes erhalte ich fachlichen Input in Form von Schulungen und Weiterbildungen – diese werden direkt von Fachexperten durchgeführt. Dabei lerne ich Kollegen und das Unternehmen kennen und werde optimal auf meine zukünftige Tätigkeit vorbereitet. Generell nehmen sich die Kollegen sehr viel Zeit für uns.

Wie sieht ein typischer Arbeitstag als Trainee bei der ESG aus?

So etwas wie einen typischen Arbeitstag gibt es eigentlich gar nicht. Jeder Tag ist ein bisschen anders und die Arbeit ist sehr abwechslungsreich! Zu meinen Hauptaufgaben zählt das Prüfen von Verträgen auf kritische Komponenten. Diese Risiken spreche ich dann mit den Projektleitern ab. Dann werden neue Vertragsklauseln formuliert und den Kunden vorgeschlagen.

Frau Ackermann, was hat Sie zu einer Bewerbung bei der ESG bewogen?

Nach einem Praktikum in einem großen Pharmakonzern hat mich die Arbeit im Mittelstand sehr gereizt. Hier bin ich einfach näher an allem dran: ich kann leichter Kon-takt zu anderen Abteilungen knüpfen, kenne die Leute hinter den Zahlen und kann so ein interdisziplinäres Netzwerk aufbauen. Dass ich als Trainee mit der Geschäftsführung in einem Meeting sitze, ist in einem großen Konzern schier unmöglich – bei der ESG aber schon!

Was macht für Sie die ESG besonders?

Ich finde die Entwicklungsmöglichkeiten super: Ich habe bereits das Nachwuchsführungskräfteprogramm durchlaufen und auch daneben gibt es zahlreiche Möglichkeiten, sich persönlich, fachlich und methodisch weiterzuentwickeln. Ich merke einfach, dass es sich bei der ESG um ein mittelständisches Unternehmen handelt und das Wohl der Mitarbeiter ganz oben auf der Prioritätenliste steht.

ESG-Trainees 2017

ESG-Zentrale bei Nacht

ESG-Traineeprogramm für MINT-Absolventen

Ein neues Traineeprogramm mit Fokus **Systems Engineering** im **Bereich Luftfahrt/ Defence** startet im Herbst 2017. Der Geschäftsbereich ist Partner bei der Entwicklung und Integration von Avioniksystemen für Flugzeuge und Hubschrauber, unbemannte Systeme sowie deren Boden- und Sondersysteme. Für das Traineeprogramm sucht die ESG MINT-Absolventen, die Leidenschaft für Technik und eine Affinität zu Luftfahrt-Themen mitbringen und Lust haben, sich in neue Themenfelder einzuarbeiten.

Die ESG bietet die Chance, die Projekte im Rahmen des Trainee-Programms die Chance Bereich Luftfahrt/Defence in ihrer Vielfalt kennenzulernen. Die jeweiligen Einsatzbereiche werden individuell für jeden Trainee gemeinsam mit dem Fachbereich festgelegt. Die Trainees entwickeln während des Programms ein Verständnis für unsere Kunden und können wertvolle Kontakte knüpfen. Ihre Integration in Projekte und das Tagesgeschäft sowie die Weiterentwicklung ihrer Fachkompetenz stehen zudem an oberster Stelle.

Ist dein Interesse geweckt? Finde zukunftsweisende Lösungen für Kunden aus den Bereichen Luftfahrt, Logistik, sowie IT und entwickle dich und deine Skills in einem dynamischen und teamorientierten Umfeld weiter. ESG freut sich auf deine vollständige Bewerbung unter <u>jobs.esg.de</u>

3.8 Maritime Wirtschaft :
Geprägt von Digitalisierung und Energiewende

Die Folgen der Weltwirtschaftskrise 2008/2009 und internationale Wettbewerbsverzerrungen machen der deutschen Schiffbauindustrie immer noch zu schaffen. Gleichwohl haben die deutschen Werften und Zulieferunternehmen auf die veränderten Rahmenbedingungen zügig reagiert.

Als im April 2011 in Stralsund das letzte Containerschiff der Werft getauft wurde, ging damit die erfolgreiche Ära des Containerschiffbaus in Deutschland nach mehr als vierzig Jahren vorläufig zu Ende. Künftig werden auf deutschen Werften vor allem hochwertige Spezialschiffe als Einzelstück oder in Kleinstserien gebaut. Insbesondere in den Bereichen Energieeffizienz, Umwelt- und Klimaschutz, der Schiffssicherheit und bei Qualität und Termintreue liegen die Stärken der deutschen Schiffbau- und Meerestechnikbranche.

Neuer Markt vor der Haustür. Von Aufbau und Wartung der Offshore-Windparks werden bis 2020 Potenziale von bis zu 6,5 Mrd. € für klassische Werfttätigkeiten und bis zu 11,5 Mrd. € für Offshore-Strukturen erwartet.

Vor allem der Bedarf an Offshore-Spezialschiffen ist hoch: Denn zum Schutz des Wattenmeeres dürfen die Anlagen in Deutschland nur weit draußen auf hoher See stehen. Dort müssen die Schiffe Fundamente in bis zu 50 Metern Meerestiefe installieren und die Anlagen bei starkem Seegang und unter schwierigen Wetterverhältnissen montieren und später warten. Errichterschiffe installieren die Windräder millimetergenau auf ihrem vorgesehenen Platz, und es werden auch Umrichterplattformen und Versorgungsschiffe benötigt, die Montage- und Wartungspersonal sowie Ersatzteile innerhalb des Windparks transportieren.

Für 2016/2017 meldet der Verband für Schiffbau und Meerestechnik e. V. (VSM) Rekordaufträge im deutschen Handelsschiffbau, und die weitere Entwicklung stimmt optimistisch: Stichworte „Digitalisierung" und „maritime Energiewende". doch gleichzeitig lassen die schlimmste Flaute im Weltschiffbau seit Jahrzehnten und zunehmender Protektionismus die Alarmglocken läuten. Local-Content-Forderungen und Subventionen in nie dagewesener Höhe führen zu weiteren Marktverzerrungen. Davon werden auch viele deutsche Komponenten-, System- und Anlagenbauer in voller Härte getroffen, vor allem, wenn sie als globale Zulieferer tätig sind.

Für die deutsche maritime Industrie werden die Herausforderungen in den kommenden Jahren deshalb weiter zunehmen.

Weitere Infos im Jahresbericht 2016 des VSM: http://www.vsm.de

3.9 Stahl- und Metallverarbeitung: Mehr als nur gebogener Draht

Es gibt Produkte, die begegnen einem fast täglich, und ihr Gebrauch ist für die meisten zu einer Selbstverständlichkeit geworden. Kaum jemand macht sich Gedanken darüber, wer sie herstellt und welche Technologie dahinter steckt.

Der Wirtschaftsverband Stahl- und Metallverarbeitung e.V. (WSM), mit Sitz in Düsseldorf, vertritt rund 5.000 vorwiegend familiengeführte Betriebe mit knapp 500.000 Beschäftigten und einem Gesamtumsatz von 80 Mrd. Euro (2016). Die Branche verarbeitet rund 20 Millionen Tonnen Stahl im Jahr – rund 40 Prozent der deutschen Stahlproduktion.

Innovationen sind der Schlüssel für nachhaltigen Erfolg in der Stahl- und Metallverarbeitenden Industrie. Die Innovationskraft der Branche ist hoch und garantiert den Unternehmen zugleich, im weltweiten Wettbewerb bestehen zu können. In der Automobilbranche, einer der wichtigsten Kundengruppe, sind Gewichtseinsparpotenziale, die durch innovative Materialeigenschaften von Stahl und durch Miniaturisierung erreicht werden können, ein zentrales Thema: So wird im Automobilsektor ständig nach Lösungen gesucht, die leichtere und kleinere Bauteilgewichte ermöglichen. Komfortanspruch und Kostendruck steigen, gleichzeitig aber müssen Schadstoffemissionen und Wartungsintervalle verringert werden. Diese Ansprüche kann nach Meinung der Experten häufig nur der Werkstoff Stahl erfüllen. Auch die zunehmende Elektrifizierung der Gesellschaft und die Umstellung der Energieversorgung von fossilen auf erneuerbare Energieträger bieten vielfältige Einsatzmöglichkeiten für Stahl.

Das Produktionsspektrum der WSM-Industrie ist breit gefächert. Es umfasst Konsumgüter, Investitionsgüter, Zulieferteile. Dazu gehören Hunderttausende von Produkten, ohne die im täglichen Leben so gut wie nichts funktionieren würde: Vom Scharnier an der Kühlschranktür bis zu den Toren der Fußball-Stadien, von der Schraube bis zum künstlichen Kniegelenk, von der Anschnallgurtöse bis zu extra harten Getriebewellen in Luxus-Kreuzfahrtschiffen, von der Garagentorfeder bis zum Hightech-Schmiedeteil in der Ariane V-Rakete, dazu Gartengeräte, Bestecke und Haushaltswaren – zu zahllosen Erzeugnissen aus Stahl und Metall gibt es auch in Zukunft keine Alternativen.

Trotz der großen Heterogenität der Produkte gibt es eine ganze Reihe gemeinsamer Strukturmerkmale der Branche:

• Die Branche ist stark mittelständisch geprägt. Mittelständische Betriebs- und Entscheidungsstrukturen herrschen vor. Größere Unternehmen von 500 und mehr Mitarbeitern sind nur in einigen Unterbranchen zahlenmäßig von Belang.

Allerdings tragen Großunternehmen knapp 30 % zum Gesamtumsatz der Stahl-und Metallverarbeitung bei.

• Familiengesellschaften sind die dominierende Unternehmensform, die Streuung des Grundkapitals ist gering, die Innenfinanzierung hat einen hohen Stellenwert. Es herrschen Unternehmen mit einem bis zwei Betrieben vor.

• Es herrscht ein geringer Konzentrationsgrad, oder anders betrachtet: eine sehr hohe Wettbewerbsintensität.

• Die Materialintensität und damit die Abhängigkeit insbesondere von den Stahlpreisen ist außerordentlich hoch.

• Der Spezialisierungsgrad ist hoch, es gibt viele Nischenanbieter. Die Unternehmen fertigen für die internationalen Märkte der Automobil-, Elektro- und Bauindustrie, den Maschinenbau und den Handel.

• Interessant für Berufsanfänger sind der zunehmende Grad an Internationalisierung und die flachen Hierarchien, die schon früh ein hohes Maß an Verantwortung bedeuten können.

Erwartungen kritisch. Voraussetzung für eine positive Entwicklung sind stabile politische und wirtschaftspolitische Rahmenbedingungen. Insbesondere die Energiepolitik muss deutlich stärker eine industriepolitische Perspektive einnehmen. Denn die Energiepolitik verunsichert den produzierenden Mittelstand nach wie vor stark, da die EEG-Umlage den Erhalt der internationalen Wettbewerbsfähigkeit stark beeinflusst. Die Stahl- und Metallverarbeiter fordern deshalb Rahmenbedingungen, die Wachstum fördern, das heißt u. a. keine weiteren Verteuerungen von Energie durch staatliche Abgaben und Umlagen.

Die Unternehmen der Stahl verarbeitenden Industrie sind derzeit mit dramatisch steigenden Stahlpreisen konfrontiert. Mit einem Materialkostenanteil von durchschnittlich 60 Prozent werden sie mit voller Wucht von dieser Entwicklung getroffen. Die Gründe für den Preisanstieg sind vielfältig und gehen überwiegend vom Weltmarkt aus. Für die Stahlverarbeiter in Deutschland gibt es daher keine Ausweichmöglichkeit. Der wichtigste Auslöser waren die gegenüber den Vorjahren deutlich erhöhten Preise der für die Stahlerzeugung wichtigen Rohstoffe. Die Preise für Kokskohle hatten sich 2016 mehr als vervierfacht. Die Preise für Eisenerz haben sich innerhalb eines Jahres verdoppelt.

Unter dem Dach des WSM sind seit Ende der 90er Jahr 21 selbstständige Fachverbände zusammengeschlossen. Darunter befinden sich die Ziehereien und Kaltwalzwerke, Stahlverformung sowie die Eisen-, Blech-, Metallverarbeitung.

Der Zusammenschluss machte Sinn, denn in kaum einer anderen Branche sind die Unternehmen so miteinander verwoben wie beim WSM. Die Betriebe der Mitgliedsverbände arbeiten in drei und mehr Wertschöpfungsstufen in einer Art Netzwerk zusammen. So beliefern beispielsweise Kaltwalzwerke Blechumformer, die wiederum ihre Produkte bei anderen Unternehmen härten lassen und anschließend an Komponentenhersteller für die Automobilindustrie liefern. Die Automobilzulieferindustrie bildet den Schwerpunkt der Branche, die sich darum mit anderen Wirtschaftsverbänden der Metallindustrie in der Arbeitsgemeinschaft Zulieferindustrie (ArGeZ) zusammengeschlossen hat. Ähnlich eng sind die Lieferbeziehungen in anderen Teilbranchen: Drahtzieher beliefern Federnhersteller, Verarbeiter von Stabstahl liefern an die Schraubenindustrie, die ihrerseits an die Industrie oder den Handel liefert. In den Betrieben gibt es viele individuelle und spezielle Herausforderungen, etwa in den Bereichen Normung, Technik oder Recht – eine enge Zusammenarbeit und steter Wissenstransfer liegen daher im Interesse aller Firmen.

Qualifizierte Mitarbeiter. Eine riesige Herausforderung ist die Diskussion um Rohstoffe und stärker schwankende Stahlpreise. Sie stellt hohe Anforderungen an junge Kaufleute und Ingenieure gleichermaßen. Für die internationale Wettbewerbsfähigkeit der Branche sind das wichtige Aspekte, schließlich liegt der Exportanteil bei 30 Prozent – im internationalen Vergleich ein Spitzenwert. Für die Zukunft entscheidend ist zudem die Innovationsfähigkeit der Unternehmen und die gute Zusammenarbeit entlang von Wertschöpfungsketten und Wertschöpfungsnetzwerken, zu denen auch Hochschulen gehören. Auch wenn Stahlverarbeitung und Innovation auf den ersten Blick kaum zusammenpassen und die Branche zur „old Economy" gezählt wird: die Ingenieurleistungen sind entscheidend. So z. B. können Schmieden gigantische Stahlblöcke mit tausenden Tonnen Presskraft auf den Bruchteil eines Millimeters einbaufähig exakt formen. Das kann sonst niemand auf der Welt.

3.10 Gießerei-Industrie: Kleine Branche mit großer wirtschaftlicher Bedeutung

Mittelstand mit Schlüsselfunktion. Deutsche Gussprodukte und die technologische Kompetenz der deutschen Gießereien sowie der beteiligten Zulieferunternehmen sind weltweit anerkannt. Die Branche beschäftigt in rund 600 Eisen-, Stahl- und Nichteisen-Metallgießereien ca. 80.000 Mitarbeiter. Die Gießerei-Industrie ist überwiegend mittelständisch strukturiert. Mit einem Anteil von nicht ganz einem Prozent an der Produktion des Produzierenden Gewerbes zählen die Gießereien zu den kleineren deutschen Industriezweigen. Die wirtschaftliche Bedeutung der Branche ist aufgrund ihrer Zulieferfunktion jedoch weitaus größer. So gibt es innerhalb des Investitionsgüter produzierenden Gewerbes kaum eine Branche, die nicht gegossene Komponenten verwendet.

In Europa seit Jahren unangefochten führend, spielen deutsche Gießereien im globalen Konzert zusammen mit den USA, China, Japan, Russland und Indien in der ersten Reihe.

Die deutschen Gusshersteller verfügen mit ihren qualifizierten Fachkräften über entscheidende Wettbewerbsvorteile entlang der Wertschöpfungskette:

- Hoher Qualitätsstandard der Produkte
- Großes Maß an Flexibilität
- Liefersicherheit und hohe Produktivität
- Fundiertes Know-how und hohe Innovationsfähigkeit
- Mitwirkung bei Simultaneous-Engineering-Projekten, Produktentwicklung
- Bearbeitung, Montagen, Logistikleistungen

In den letzten Jahren hat sich der Trend bei den Endprodukt-Herstellern verstärkt, die eigene Fertigungstiefe zu reduzieren. Das bedeutet umgekehrt für die Gießereien, dass die Tendenz, fertigbearbeitete Teile anzubieten oder komplett einbaufertige Baugruppen zu liefern, sich immer mehr durchsetzt. Damit bieten sie sich zunehmend durch eigenständige Entwicklungsarbeit als Problemlöser für die Endprodukthersteller an.

Beschäftigtenentwicklung. Die Erfahrung der Krise 2008/2009 hat gezeigt, dass unter Zuhilfenahme der Kurzarbeiterregelung der Personalabbau spürbar gemildert werden konnte. Auch 2016, als der Umsatz um 2,2 Prozent zurückgegangen war, sank die Zahl der Beschäftigten nur um 0,7 Prozent. So konnte man in der Erholungsphase ab 2010 und bei den wieder besseren Umsatzerwartungen für 2017 weiter auf das Facharbeiter- und Ingenieur-Know-how zurückgreifen.

Gleichwohl kennt man auch hier offensichtlich Nachwuchssorgen, und zwar sowohl im Azubi-Bereich als auch bei Facharbeitern und Ingenieuren: 2013 hat man eine vielschichtige und aufwendige Imagekampagne gestartet mit Broschüren, Internet-Auftritten, Regionaltagungen, Besuch ausgewählter Hochschul-Karrieremessen usw.

Es gibt wohl keinen eigenen Ingenieurstudiengang Gießereitechnik, aber es gibt doch einige Hochschulen und Universitäten, die entsprechende Ergänzungs- und Vertiefungsfächer anbieten. Fachlich gibt es sicherlich gute Überschneidungen entsprechend der weit gefächerten Kundengruppen der Gießereien: Einen über alle Werkstoffgruppen hohen Anteil hat der Straßenfahrzeugbau, die zweitwichtigste Abnehmerbranche ist der Maschinenbau. Darüber hinaus spielen die Bau- und die Stahlindustrie, die Elektroindustrie, der Schienenfahrzeugbau, die Luft- und Raumfahrt, der Schiffbau sowie die Möbel- und Beschlagindustrie eine wichtige Rolle.

Ressourcen- und Umweltschonung werden praktisch von allen Abnehmer-branchen gefordert. Dem entspricht die deutsche Gießerei-Industrie z. B. durch exakte Berechnung der auf die jeweiligen Komponenten einwirkenden Lasten geringere Wandstärken zu erreichen und dadurch Material und Gewicht ein-zusparen. Damit wiederum hilft der Metallguss auch dem Fahrzeugbau, der immerhin 60 Prozent zum Gießerei-Umsatz beiträgt, das Gewicht von Fahr-zeugen zu reduzieren und somit deren CO_2-Ausstoß zu senken. Den gleichen Effekt erzielt die Gießerei-Industrie durch die Hinwendung zum Leicht-metallguss. So ist der Umsatz mit Leichtmetallguss im vergangenen Jahr deutlich zu Lasten des schwereren Eisen- und Stahlgusses gestiegen, eine Entwicklung, die ebenfalls vor allem der Automobilindustrie geschuldet ist.

Erneuerbare Energien werden mit zunehmendem Ausbau ein weiterer wichtiger und steigender Abnahmebereich. Ohne Gussteile würde sich kein Windrad drehen und kein Wasserkraftwerk Strom liefern.

Neben der Nutzung der üblichen Vorteile der Digitalisierung (s. Kap. 1) wenden sich die Gießereien u. a. auch schon dem 3-D-Druck zu, der schon heute Kleinserien deutlich schneller und kostengünstiger realisieren hilft.

Weitere Infos: www.iwd.de/artikel/giessereien-2017 sowie www.bdguss.de

3.11   Green Economy - Ein neues Wirtschaftswunder

Das Bundesministerium für Bildung und Forschung und das Bundesumwelt-ministerium wollen mit einer gemeinsamen Initiative den Umbau der Wirtschaft zu einer „Green Economy" beschleunigen. Ihr Ziel ist, die Art des Wirtschaftens noch ressourceneffizienter, umweltverträglicher und sozial inklusiver zu machen. Eine nachhaltige Entwicklung bietet auch einmalige Chancen für die Wirtschaft: Klimaschutz, Ressourceneffizienz und Versorgung mit erneuerbaren Energien sind die Leitmärkte der Zukunft.

In Deutschland ist der Prozess eines „Greenings" der Wirtschaft schon weit vorangeschritten. Mit weniger Rohstoffen, weniger Schadstoffausstoß und geringerem Energieeinsatz als noch vor zehn Jahren werden heute die gleichen Erträge erwirtschaftet. Die Marktchancen sind enorm: Energie- und Rohstoff-effizienz werden zunehmend zum Wettbewerbsfaktor, Umwelt- und Effizienz-technologien sind Wachstumstreiber entlang der gesamten industriellen Wert-schöpfungskette.

Deutschland startet aus einer hervorragenden Position. Deutsche Anbieter haben bei den Umwelttechnologien weltweit eine Spitzenposition. Bei den „Umwelt-freundlichen Energien und der Energiespeicherung" verfügen sie z. B. über einen Weltmarktanteil von 23 Prozent.

Weitere Infos: www.fona.de/green-economy

3.12 Nichteisen-Metallindustrie: Unverzichtbar für das alltägliche Leben

Die Produkte der Nichteisen (NE)-Metallindustrie kommen in allen Bereichen des modernen Lebens vor - allerdings oft versteckt. Sie sind überall. Einige von ihnen begleiten den Menschen seit Tausenden von Jahren. Ohne sie wäre die moderne Industriegesellschaft undenkbar. Kein Auto würde fahren, kein Flugzeug fliegen, es gäbe weder Mobiltelefone, elektronische Haushaltsgeräte, Computer oder Sonnenkollektoren – und auch die Medizin wäre über den Stand der reinen Naturheilkunde nicht hinausgekommen.

Nichteisen(NE)-Metalle sind unverzichtbarer Bestandteil des täglichen Lebens. Dabei handelt es sich um chemische Elemente, zu denen Aluminium, Kupfer, Zink, Blei, Nickel, Magnesium, Edelmetalle wie Gold, Silber und Platin sowie unedle Metalle wie Wolfram, Molybdän und Titan gehören.

In 2016 zählten 655 Unternehmen mit rund 111.000 Beschäftigten in Deutschland zur NE-Metallindustrie. Sie erwirtschafteten einen Umsatz von 47 Mrd. Euro. Die Unternehmen produzieren zum einen die reinen Metalle, gegossen in massive Formen wie Barren, Platten und Blöcke, oder aber auch Legierungen, bei denen verschiedene Elemente zu einem neuen Werkstoff kombiniert werden. Zum anderen fertigen Unternehmen davon Zwischenprodukte wie Bänder, Bleche, Drähte, Profile, Rohre oder Gussteile, die in vielen anderen Anwendungs-bereichen verarbeitet warden.

Der bedeutendste Abnehmer für NE-Metalle und -Erzeugnisse ist die Transport- und Verkehrsbranche (30 Prozent). Gewichtsreduzierung und Leichtbaukonstruktionen führen zu einem stetig steigenden Einsatz dieser Materialien. Die Fahrzeugindustrie, der Schiffbau und die Luftfahrt würden ohne die vielfältigen Einsatzmöglichkeiten der NE-Metalle nicht in der heutigen Form existieren. Gleiches gilt für die Bauwirtschaft. Sie ist seit jeher wichtiger Abnehmer für NE-Metalle (29 Prozent). Der modernen Architektur verleihen die Metalle ein unverwechselbares Gesicht, ermöglichen zeitgemäße Stilelemente, bieten Schutz vor Korrosion und garantieren Bauobjekten eine lange Lebensdauer.

Es folgen Elektrotechnik, Telekommunikation sowie Energieversorgung und -verteilung (14 Prozent). Dazu gehört auch die Gewinnung erneuerbarer Energien. Moderne Elektronik ist ohne hochwertige NE-Metallwerkstoffe nicht möglich. Das gleiche gilt für zahlreiche Komponenten in der feinmechanischen und der optischen Industrie, für wesentliche Konstruktionsteile im Maschinenbau (9 Prozent). Verpackungen aus NE-Metallen (5 Prozent) setzen Maßstäbe für die Qualitätssicherung von Lebensmitteln, Medikamenten und anderen Bedarfsgegenständen.

Die NE-Metallindustrie gehört zu den Branchen mit der höchsten Energie-intensität im verarbeitenden Gewerbe. Höchste Reinheit und Qualität, die für mo- derne elektronische und industrielle Anwendungen unverzichtbar sind, erhalten Aluminium, Kupfer und Zink nur durch die Raffination in Elektrolysen, die mit hohem Stromverbrauch verbunden ist. Sind die Metalle erst einmal erzeugt, geht dieser Energieeinsatz jedoch nicht verloren. NE-Metalle können nämlich ohne Qualitätsverlust fast unbegrenzt recycelt werden, was nur einen Bruchteil der Energiemenge im Vergleich zur Erzeugung aus primären Rohstoffen verbraucht.

Heute gewinnt die deutsche NE-Metallindustrie über 50 Prozent ihrer Gesamt-produktion aus sogenannten Sekundärrohstoffen. Durch dieses Recycling leistet unsere Branche einen bedeutenden Beitrag zum Klimaschutz.

Als moderne Grundstoffindustrie steht die NE-Metallindustrie am Anfang der Wertschöpfungskette und ist somit unmittelbar von der konjunkturellen Ent-wicklung ihrer Abnehmerindustrien abhängig. Entsprechend ist die deutsche Nichteisen(NE)-Metallindustrie zur Zeit stabil (in 2016 8,5 Mio. Tonnen Pro-duktion, 2 Prozent mehr als in 2015; 2017 eher leicht steigend).

Die Versorgung mit Rohstoffen stellt die deutsche NE-Metallindustrie zuneh-mend vor Herausforderungen. Bei einer steigenden Nachfrage ist zu erwarten, dass bei einigen Spezialmetallen beginnend sich die Situation mittelfristig zu-spitzt und in der Folge eine Rohstofflücke droht. Im besonderen Maße hoch-innovative Bereiche der deutschen Industrie wie die Elektromobilität, die Medizintechnik und die erneuerbaren Energien sind von einem ausreichenden Rohstoffangebot abhängig.

Eine sichere und bezahlbare Rohstoff- und Energieversorgung sind Voraus-setzung für die Produktion im Industrieland Deutschland.

Und: Eine steigende Beschäftigung und eine rückläufige Arbeitslosigkeit führen in immer mehr Teilbereichen des NE-Metallindustrie-Arbeitsmarkts zu Knapp-heiten. Folglich wird sich der Fachkräftemangel weiter verschärfen.

Weitere Infos: www.wvmetalle.de

3.13 SPECTARIS:
Ein Industrieverband mit spektakulären Erfolgen

3.13.1 Branchenüberblick

Der Deutsche Industrieverband für optische, medizinische und mechatronische Technologien e.v. (SPECTARIS) ist der Zusammenschluss der Consumer Optics, Photonik + Präzisionstechnik und Medizintechnik. Dass so unterschiedliche Branchen in einem Verband zusammengeschlossen sind, ist in der Geschichte begründet. Die feinmechanische und optische Industrie entstand aus der in Jahrhunderten gewachsenen Zusammenarbeit von Wissenschaft und Handwerk. Feinmechanik und Optik gingen dabei eine innovative Verbindung ein. Zunehmend wuchs eine mittelständisch geprägte Industrie, die zu den vielseitigsten in Deutschland zählt. Sie arbeitet eng in Netzwerkstrukturen zusammen und hat dadurch eine Spitzenstellung auf dem Weltmarkt erreicht.

Die Technologien sind Weltspitze und das mit ihrem Einsatz erzielbare Einsparpotenzial ist beachtlich: Bis zu 1,5 Mrd. Euro könnten im Gesundheitswesen eingespart werden, wenn Kliniken und Arztpraxen konsequent moderne Medizintechnik einsetzen würden. Dies ist das Ergebnis einer Studie, die der ZVEI und SPECTARIS in Auftrag gegeben hatten.

Ein „überreglementierter Gesundheitsmarkt" in Deutschland behindere jedoch eine schnelle Verbreitung und flächendeckende Nutzung innovativer Produkte, kritisieren die Auftraggeber der Studie. Dabei erlauben Investitionen in moderne Medizintechnik frühere Erkennung von Krankheiten, kürzere Operationszeiten und schnellere Heilungsprozesse und damit auch. kürzere Aufenthaltszeiten der Patienten in Krankenhäusern - und damit Einsparungen bei Material- und Personalkosten.

Wirtschaftsentwicklung. Nach einer kurzen, durch die Finanz- und Wirtschaftskrise bedingten Atempause in 2009 befinden sich die Unternehmen der SPECTARIS-Branchen wieder auf dem Wachstumspfad. Die SPECTARIS-Branchen bilden damit ein ökonomisches Schwergewicht in Deutschland, das sich aber auch mit den aktuellen Herausforderungen konfrontiert sieht: Steigende Rohstoffpreise und Rohstoffverknappung, Investitionsstau und Fachkräftemangel. Angefangen von der Augenoptik (Consumer Optics) mit ihren in modernsten Verfahren hergestellten Gläsern, Fassungen und Kontaktlinsen über die Optischen Technologien (Photonik), die Präzisionstechnologien und die Mechatronik bis hin zur Medizintechnik sind das alles faszinierende und wachstumsstarke Branchen. Ihre Produkte seien in nahezu allen Bereichen des täglichen Lebens zu Hause und würden die industrielle Zukunft in Deutschland in den nächsten Jahren nachhaltig verändern. Als Schlüssel- wie Querschnittstechnologien würden sie in fast allen Wirtschaftszweigen Anwendung finden.

Berührungspunkte zwischen den einzelnen Teilbranchen gibt es viele. So wird beispielsweise Lasertechnik auch bei der Messtechnik oder der Medizintechnik verwendet. Viele Hersteller der augenoptischen Industrie stellen nicht nur hochwertige augenoptische Produkte, zum Beispiel Gläser her, sondern entwickeln auch Lösungen im Bereich der Optronik oder fertigen Objektive für den Bereich Imaging und Phototechnik. Alle Teilbranchen zeichnen sich zudem durch eine hohe Exportquote von 50 Prozent und mehr aus.

Die Agenda „Optische Technologien für das 21. Jahrhundert" hat einen vom BMBF geförderten Strategieprozess ins Leben gerufen, der deutlich macht, dass die Ära der Photonik (Lasertechnologie) begonnen hat. In der Informations- und Kommunikationstechnologie, in Computern, im Automobilbau, in der Bildgebung oder in der berührungslosen Messtechnik. Überall stecken optische Komponenten aus Deutschland, die teilweise mit einer Genauigkeit im Nanometerbereich gefertigt und wegen ihrer Präzision weltweit geschätzt werden. Die hiermit verbunden Verfahren eignen sich beispielsweise auch zur Überwachung einer Nullfehler-Produktion in vielen Industriebereichen. Ein besonderes Marktpotenzial hat dabei die Teilbranche (Laser-)Strahlenquellen und Optische Komponenten, die künftig mit Zuwachsraten von zehn Prozent rechnet und bereits im vergangenen Jahr eine Exportquote von 70 Prozent verzeichnete.

Ein weiterer wichtiger Bereich unter dem Dach des Industrieverbandes SPECTARIS ist die Analyse-, Bio- und Labortechnik. Die Zahl der Anwendungsfelder der hiermit verbunden Produkte ist beeindruckend: Sie finden sich in der Lebensmittelkontrolle, Qualitätskontrolle, Umwelttechnik, Materialprüfung, in pharmazeutischen, chemischen und medizinischen Laboratorien sowie in Forschung und Entwicklung. Die gesamte Gentechnik wäre ohne diese Geräte, viele von ihnen in Deutschland entwickelt und gebaut, nicht möglich.

Mit innovativen Technologien, maßgeschneiderten Problemlösungen, spezialisierten Nischenprodukten sowie durch ein hohes Maß an Flexibilität und Kundenorientierung sichern sich die SPECTARIS-Branchen ihre Position im internationalen Wettbewerb. Sie sind technologisch besonders leistungsfähig. Mehr noch: Die immer wieder mit bedeutenden Innovationspreisen ausgezeichnete Industrie hat in vielen Bereichen weltweit die Technologie-Führerschaft übernommen. Die Basis dafür bilden die hochqualifizierten Fachkräfte. Neben Spitzenleistungen im Ingenieurbereich sind es vor allem auch die Facharbeiter, deren Anteil im Schnitt bei rund 70 % der Belegschaften liegt.

Weitere Infos: www.spectaris.de

3.13.2 Medizintechnik:
Ein interdisziplinäres Aufgabenfeld

Deutschland ist in den Bereichen Mikro-, Nano- und Medizintechnik weltweit führend. Diese Sektoren zählen neben der Bio- und Medizintechnik zu den Schlüsseltechnologien mit der höchsten Innovationskraft.

Die Fortschritte in der Medizintechnik - wie miniaturisierte Behandlungs- und Operationsverfahren, modernste Bildgebungsverfahren oder verbesserte Kommunikationsmöglichkeiten (zum Beispiel durch Telemedizin) - revolutionieren Diagnose und Therapie von Erkrankungen und bringen damit erhebliche Verbesserungen sowohl für die Patienten als auch für die weiterführende Forschung.

Die Entwicklung von hochentwickelten Medizingeräten erfordert komplexes Know-How. Die Hersteller investieren rund 10 % ihres Umsatzes in Forschung und Entwicklung. Aufgrund dieses hohen Einsatzes bieten sich gute Chancen für Ingenieure in diesem hochinnovativen Bereich. Hinzu kommen neue weitere Betätigungsfelder.

Der Einsatz der Informations- und Kommunikationstechnologie unterliegt im Umfeld von Patienten besonderen Anforderungen, die vielfach nur durch entsprechend ausgebildete Ingenieure sichergestellt werden können. Auch die heute vielfach genannte Biotechnologie funktioniert nicht ohne enge Synergien mit Technikbereichen wie der Informationstechnik und der Mikrosystemtechnik.

VDE-Initiative MikroMedizin. Die medizinische und ökonomische Zukunft des Gesundheitswesens wird wesentlich durch die Entwicklung der Medizintechnik geprägt. Dies gilt insbesondere für mikromedizinische Systeme von Kathetern über mikroinvasive Techniken bis zu aktiven Implantaten und Patientenmonitoringsystemen.

In dieser wachsenden und international agierenden Branche hängt der künftige Erfolg von der Qualität der FuE-Landschaft, der Innovationsbereitschaft der Unternehmen und dem Grad der interdisziplinären Vernetzung aller Beteiligten ab. Hier leistet die VDE Initiative MikroMedizin einen wichtigen Beitrag: Sie führt Ingenieure, Ärzte und Naturwissenschaftler sowie Institute, Unternehmen und Kliniken von der Grundlagenforschung bis zur Anwendung in einem gemeinsamen Netzwerk zusammen. Dabei arbeitet die VDE-Initiative wettbewerbsübergreifend in Arbeitskreisen und Expertengremien an zentralen Fragestellungen:

- Systemkonzepte und Systementwürfe
- Aufbau- u. Verbindungstechnik
- Zulassung als Medizinprodukt
- Sensoren und Komponenten
- Biokompatibilität u. Testverfahren

VDE sieht Medizintechnik-Branche
weltweit vor gewaltigen Veränderungen

Die Medizintechnik-Industrie – in Deutschland eine der stabilen, wachstumsorientierten und innovationsstarken Branchen – steht weltweit vor gewaltigen Umbrüchen. Wurden bisher Weltmarkt und Produktinnovationen weitgehend von den USA bestimmt, so zeichnet sich in den kommenden Jahren eine dramatische Aufholjagd der asiatischen Länder ab. Dies geht vor allem zu Lasten der USA. Das ist das Ergebnis der Studie "MedTech 2020" des VDE, an der rund 700 internationale Experten aus Wissenschaft, Kliniken und Industrie mitgewirkt haben.

Die Medizintechnik ist in Deutschland mit einem Gesamtumsatz von 17,8 Mrd. Euro zu zwei Dritteln auf den Export ausgerichtet. Daher spielt die Situation auf dem Weltmarkt eine besondere Rolle für diese Branche. Nach den Ergebnissen der VDE-Studie "MedTech 2020" sehen die internationalen Experten in den kommenden Jahren vor allem bei der Innovationskraft deutliche Zugewinne für Asien. Im derzeit umsatzstärksten Bereich etwa, der bildgebenden Diagnostik, müssen die USA nach Ansicht der Befragten bis 2020 ihre Vorreiterrolle an Asien abgeben. Auch Europa soll in diesem Feld zurückfallen – nur noch jeder sechste Experte erwartet Europa vorn.

Als wichtigste neue Innovationsfelder erwarten die Fachleute bis 2020 Telemedizin und Digitalisierung des Gesundheitswesens (eHealth), die regenerative Medizin sowie Prothetik und Implantate. Vor allem bei Prothetik und Implantaten sehen sie in Asien sprunghafte Zuwächse. Dagegen wird nach ihrer Einschätzung im Feld Telemedizin und eHealth Europa die USA als Technologieführer ablösen. In anderen wichtigen Bereichen, etwa in der regenerativen Medizin, bei Diagnosen mit speziellen Probekits (in-vitro-Diagnostik) oder bei chirurgischen Instrumenten für minimalinvasive Chirurgie und Endoskopie, rechnen die Experten, dass die USA an Bedeutung verlieren, Europa seine Stellung weitgehend behaupten kann, zugleich aber Asien deutlich aufholt.

Die Medizintechnik in Deutschland investiert rund zehn Prozent ihrer Umsätze in Forschung und Entwicklung, fast 15 Prozent der Mitarbeiter sind in diesem Bereich beschäftigt. In der Zahl der angemeldeten Patente führt die Medizintechnik deutlich vor anderen innovationsträchtigen Branchen, etwa der Automobilindustrie oder der Datenverarbeitung. Etwa zwei Drittel der Medizintechnik-Produkte sind nicht älter als drei Jahre. Als wichtigste Schlüsseltechnologien für die weitere Entwicklung sieht die VDE-Studie "MedTech 2020" Computerwissenschaften, Informations- und Kommunikationstechnik sowie die Zell- und Biotechnologien.

Die VDE-Studie „MedTech 2020" kann beim InfoCenter bestellt werden: www.vde.com

Normung und Standardisierung. Unsicherheiten über fehlende Standards können zur Verlangsamung von Produktentwicklungen und -einführungen führen.

Die VDE Initiative MikroMedizin gibt in allen relevanten Feldern einen Überblick über vorhandene und in Vorbereitung befindliche Standards und Normen. Parallel zu diesen Informationen werden neue Standardisierungs- und Normungsaktivitäten national und international initiiert und koordiniert.

Weitere Infos: www.vde-mikromedizin.com

162

3.13.3 Smart Health - Gesundheitsversorgung für das 21. Jahrhundert: Herausforderung für Ingenieure

Hans-Peter Bursig, Geschäftsführer,
ZVEI-Fachverband Elektromedizinische Technik

Die Experten sind sich einig: in vielen Ländern der Welt führt der demografische Wandel dazu, dass die Bevölkerung älter wird. Damit steigt die Bedeutung der sogenannten Zivilisationskrankheiten, und immer mehr ältere Menschen werden mehrere Krankheiten gleichzeitig haben. Natürlich wird es auch weiter Unfälle geben und Patienten, die intensivmedizinisch betreut werden müssen. Aber gegenüber der akuten Behandlung wird das Management von Gesundheit deutlich an Bedeutung zunehmen.

In beiden Bereichen bieten sich aber auch in Zukunft spannende Aufgaben für Ingenieure und Naturwissenschaftler. In Forschung und Entwicklung, in der Fertigung und bei der Umsetzung maßgeschneiderter Konzepte. Egal ob Physiker, Elektrotechniker, Informatiker oder Mathematiker, die Medizintechnik ist ein interdisziplinäres Arbeitsgebiet, in dem Menschen mit verschiedenen Qualifi-kationen in Teams innovative Produkte und Lösungen entwickeln.

Atome tanzen lassen

Ein spektakuläres Beispiel ist die Magnetresonanz-Tomografie (MRT). Die Wissenschaftler beim CERN lassen im LHC Protonen aufeinander prallen, um subatomare Teilchen zu erzeugen, Bei der MRT wird dagegen ein starkes Magnetfeld benutzt, um die Atome im menschlichen Körper aus ihrer normalen Umdrehung abzulenken. Die schwachen Radiosignale, die entstehen, wenn die Atomkerne wieder in ihren ursprünglichen Zustand zurück fallen, erlauben einen Rückschluss darauf, um welches Atom es sich handelt. Daraus wiederum kann man schließen, welche Art von Körpergewebe vorliegt. Und das wiederum kann mit einer leistungsfähigen Software in ein dreidimensionales Bild des Körpers umgewandelt werden.

Die Geräte werden dabei von Jahr zu Jahr leistungsfähiger und können immer mehr Details mit immer feinerer Auflösung darstellen. Die MRT ist damit in den letzten Jahren zu einem unverzichtbaren Instrument bei der Diagnose und Behandlung von Krankheiten geworden. Das gilt besonders für Erkrankungen der Muskeln, des Gehirns und der Nerven. Vor dem Hintergrund der demografischen Entwicklung ist das von besonderer Bedeutung.

Neuro-degenerative Erkrankungen wie Parkinson und Alzheimer werden in den nächsten Jahrzehnten deutlich zunehmen. Die MRT wird einen wichtigen Beitrag dazu leisten zu entschlüsseln wie diese Krankheiten entstehen, wie man sie rechtzeitig erkennt und wie man sie erfolgreich behandeln kann.

Mit Wasser schneiden

Ein weiteres Beispiel für innovative Medizintechnik ist die sog. Wasserstrahl-Chirurgie. Dabei wird nicht mit einem Skalpell oder einem Laser operiert, sondern mit einem ultrafeinen Wasserstrahl mit hohem Druck. Da das menschliche Gewebe unterschiedlich empfindlich ist, wird es damit möglich auch dort zu operieren, wo im Gewebe Adern oder Nerven verlaufen. Der Wasserdruck wird so eingestellt, dass er zwar das umgebende Gewebe durchtrennt, nicht aber die Adern oder Nerven, Für den Patienten ist das logischerweise besser, weil auch nach der Operation die Durchblutung bzw. die Nervenfunktion erhalten bleiben. Dafür muss aber der Wasserdruck extrem genau kontrolliert werden. Ist der Druck ein wenig zu groß, könnten bereits lebenswichtige Blutgefäße verletzt werden.

Telemedizin

Medizintechnik funktioniert aber auch weniger spektakulär, ohne dass sie technisch weniger anspruchsvoll wird. Mit der richtigen App und qualifizierten Experten im Hintergrund leistet auch das Smartphone einen Beitrag zur Gesundheitsversorgung. Schon seit einiger Zeit reicht Auflösung der Smartphone-Kameras aus, um Bilder von Hautveränderungen an Experten zu schicken. Für die Experten ist die Qualität der Bilder gut genug, um zu entscheiden, ob eine weitergehende Untersuchung auf einen bösartigen Hautkrebs notwendig ist. Und mit ein paar intelligenten Zusatzgeräten kann das Smartphone heute auch Blutdruck oder Fieber messen.

Smart Home

Mit diesen Möglichkeiten wird dann auch Smart Health möglich: alle relevanten Informationen zur richtigen Zeit am richtigen Ort zur Verfügung zu haben. Das bietet vor allem den Patienten die Möglichkeit ein eigenständiges Leben zu führen. Auch erlaubt die Technik chronisch Kranken in der eigenen Wohnung zu bleiben und viele Routineuntersuchungen selber vorzunehmen.

Das funktioniert aber nur, wenn die Technik auch in die Gesundheitsversorgung angebunden ist. Systementwicklung ist dabei genauso wichtig, wie die technische Lösung für eine genaue Messung. Wie sicher sind die Übertragungswege? Wie lange darf die Übertragung dauern? Wie stark darf ich Daten komprimieren bevor lebenswichtige Informationen verloren gehen? Wie weit dürfen automatische Expertensysteme die Daten vorweg analysieren? Welche Daten braucht im Notfall der Rettungsdienst? Und wie bekommt er sie?

Wenn man die technische Entwicklung der letzten Jahre betrachtet, erscheint vieles tatsächlich mehr als Science denn als Fiction. Der Tricorder aus StarTrek zum Beispiel könnte schon bald Realität werden. Immer mehr wichtige

Vitalparameter können über Sensoren erfasst werden, die entweder ohne oder nur mit leichter Berührung funktionieren. In Zukunft wird es auch möglich werden, mit nur einem Tropfen Blut eine ganze Reihe von Tests auf verschiedene Krankheiten durchzuführen. Und in vielen Forschungseinrichtungen wird auch daran gearbeitet, kranke Organe oder verletzte Gliedmaße mit organischem Material zu ersetzen.

Gesundheitsversorgung für das 21. Jahrhundert - ohne Technik nicht denkbar

Wie eine Gesundheitsversorgung im 21. Jahrhundert aussehen kann, zeigt der ZVEI mit der Microsite ‚Smart Health' als Teil des Portals Vernetzte Welten (www.vwelt.zvei.org). Die Animation zeigt, dass Gesundheitsversorgung ohne Technik nicht funktioniert. Sie zeigt aber auch, dass die Technik alleine nicht ausreicht. Sie muss auch intelligent eingesetzt werden. Und je besser die Technik wird, desto stärker vernetzt sich Gesundheitsversorgung mit anderen Lebensbereichen. Bei der Betreuung chronisch Kranker spielt z. B. auch die technische Ausstattung der Wohnung eine Rolle. Smart Health und Smart Home gehören hier durchaus zusammen. Und auch in diesem Bereich bietet die Elektroindustrie spannende Aufgaben für Ingenieure und Naturwissenschaftler.

www.vwelt.zvei.org

Telemedizin verbessert die Versorgung und kann Kosten sparen

Telemedizinische Anwendungen haben großes Potential für eine Qualitätsverbesserung und -sicherung in der medizinischen Versorgung in fast allen medizinischen Disziplinen. Die Nutzung moderner Informations- und Kommunikationstechnologien vereinfacht die diagnostische und therapeutische Praxis, steigert die Qualität der medizinischen Versorgung und verbessert die Verfügbarkeit umfassenderen medizinischen Wissens auch in ländlichen Regionen und dünnbesiedelten Gebieten.

Telemedizin kann bei den unterschiedlichsten Krankheiten angewendet werden. Gemeinsam ist allen Leistungen lediglich, dass Arzt und Patient räumlich getrennt und nur durch IT-Technik miteinander verbunden sind. Eingesetzt wird Telemedizin vor allem bei Patienten, die mit den normalen Leistungen der Regelversorgung nicht ausreichend betreut werden können.

Gemeint sind zum Beispiel Patienten mit Herzproblemen, Diabetes, krankhaftem Übergewicht oder nach einem Schlaganfall – Menschen also, deren Gesundheitszustand regelmäßig kontrolliert werden muss, die aber nicht dauerhaft stationär überwacht werden können und wollen. Ohne Telemedizin wäre eine ausreichende Betreuung für die Krankenkassen teuer und für die Patienten zeitaufwendig.

Weitere Infos: www.dgtelemed.de

3.14 Technisches Immobilienmanagement: Eine krisenfester Berufszweig

Branchenüberblick

Für die Effektivität einer Immobilie ist längst nicht mehr nur deren Errichtung ausschlaggebend. Auch die effiziente Bewirtschaftung über alle Lebenszyklen hinweg bis hin zum Rückbau müssen heute in einer betriebswirtschaftlichen Immobilienrechnung berücksichtigt werden.

Bau- und Betriebskosten, die Wirtschaftlichkeit und der Wert von Gebäuden werden dabei immer stärker von der Gebäudetechnik bestimmt. Dazu gehören traditionell die Bereiche des technischen Ausbaus: Heizung, Klima, Lüftung, Licht, Elektroinstallation, Kommunikationstechnik, Sicherheitstechnik, Sanitärtechnik. Hinzu kommen die für die Klimatisierung und die Lichtführung immer wichtiger werdende Fassadentechnik sowie die Gestaltung und Ausrichtung des Baukörpers überhaupt. Der Anteil dieser Gewerke an den Baukosten liegt heute im Bereich des gewerblichen Baus bei 20 bis 60 % mit steigender Tendenz.

Die Elektroindustrie ist integraler und treibender Bestimmungsfaktor dieser Entwicklung. Sie durchdringt alle Gewerke, Produkte und Systeme mit ihrem Aderwerk der Energiezufuhr und ihren Nervensträngen der Kommunikationstechnik. Und sie bringt mit modernster Informationstechnik Intelligenz, Sicherheit und Komfort in die Gebäude. Ausgehend von ihrer Schrittmacherfunktion haben traditionelle Unternehmen der Elektroindustrie ihre Kompetenzen über ihre einstigen Grenzen hinaus in andere Gewerke und Lebenszyklusphasen der Immobilie hinein entwickelt. Neben der Beteiligung schon an der Konzeptionsphase eines Gebäudes bedarf es über die Errichtung hinaus intelligenter Bewirtschaftungskonzepte, um die vorhandenen Optionen zu nutzen, den Wert der Immobilie zu optimieren. Aber auch die Unternehmen der mechanischen Gebäudetechnik (typischerweise Heizung und Klima) haben ihr Know-how um Elektrotechnik und Elektronik angereichert.

Da in technisch anspruchsvollen Gebäuden die Technik bestimmender Faktor für Funktionalität und Wirtschaftlichkeit ist, werden mehr und mehr Ingenieurkapazitäten benötigt, die traditionell nicht aus der Bautechnik, sondern aus der technischen Gebäudeausrüstung stammen. Studiengänge und Ergänzungsstudien mit Ziel elektrotechnisch basierter Projektentwicklung und Unternehmensführung im Immobilienbereich bieten exzellente Berufsaussichten in einem aufstrebenden Markt, der häufig mit dem Schlagwort Facilitymanagement zusammengefasst wird. Und dieser Bereich ist praktisch abgekoppelt von der sonstigen bauwirtschaftlichen Entwicklung ein krisensicherer, weil auf Dauer angelegter Wachstumsmarkt. Denn was nicht neu gebaut wird, wird zumindest technisch modernisiert. Ein weiterer Nachfrageschub geht vom *smart home* aus:

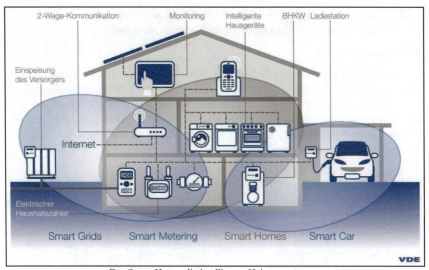

Das Smart Home, die intelligente Heimvernetzung:
62 % der Verbraucher hätten gerne ein modernes Energiemanagement bei sich zu Hause.

Smart Home: Fraunhofer will Botnets ausbremsen

Das Szenario: Angreifer infiltrieren mehrere Rechner - Bots (von engl. robots) -, schließen sie zu Netzen (engl. nets) zusammen und missbrauchen sie für Computerattacken. Fraunhofer-Forscher untersuchten deshalb, was es aktuell noch gar nicht gibt: Angriffe durch Botnets auf „Smart Homes", mit dem Internet vernetzte Gebäude bzw. Gebäudefunktionen. Das Ergebnis: Die Bedrohung ist real, über das Internet gesteuerte Rollläden, Heizungen oder Schließsysteme können für derartige Attacken genutzt werden. Der Hacker hat es dabei nicht wie bisher auf PCs abgesehen, sondern auf diejenigen Komponenten der Gebäudeautomation, die Häuser mit dem Internet verbinden. Einbrecher könnten z. B. die Daten nutzen, um ihre Raubzüge vorzubereiten. Hier agiert der Hacker passiv, zapft Informationen an. Er wäre aber genauso gut in der Lage, aktiv in die Systeme einzugreifen. Zum Beispiel für einen Auftraggeber aus der Energiebranche. Der könnte von mehr verkauftem Öl oder Gas profitieren, wenn der Verbrauch mehrerer Heizungen künstlich erhöht wird.

Schutzsoftware: Zwischen Internet und Gebäude-IT

Bei der Gebäude-IT messen kleine Minicomputer die Temperaturen, Licht oder Luftfeuchtigkeit; sie sind in Netzwerken zusammengeschlossen. Hierzu entwickelte das Team eine Schutzsoftware, die sich einfach zwischen Internet und Gebäude-IT schalten lässt. Die Technologie filtert potentielle Angriffe aus den Kommunikationsprotokollen heraus, noch bevor sie die eigenen vier Wände oder das Bürohaus erreichen. Ganz egal, welche Technik innerhalb der Gebäude verwendet wird: Sie muss bei dieser Herangehensweise nicht ausgetauscht werden. Jetzt fehlt nur noch ein Partner aus der Industrie, mit dem die Technologie zur Produktreife gebracht werden kann.

Weitere Infos:
Fraunhofer-Institut für Kommunikation, Informationsverarbeitung und Ergonomie FKIE in Wachtberg

3.15   Dienstleistungen und Wissenschaft: Wachsende Chancen für Ingenieure der Elektro- und Informationstechnik

Branchenüberblick

Öffentliche Dienstleistungen. Der Öffentliche Dienst hat den Auftrag, für eine sachgerechte und zuverlässige Erfüllung der öffentlichen Aufgaben Sorge zu tragen. Er umfasst die bei Bund, Ländern und Kommunen sowie bei anderen Körperschaften, Anstalten und Stiftungen des öffentlichen Rechts Beschäftigten. Beschäftigungsmöglichkeiten für Elektroingenieure bieten vor allem folgende Behörden und behördliche Anstalten:

- Schulen, insbesondere auch Berufsbildende Schulen,
- Hochschulen (Wirtschaftsakademien, Fachhochschulen, Universitäten
- Flughafenbetriebe,
- Forschungseinrichtungen,
- Bundeswehr (Streitkräfte)
- Bundeswehr (BWB - Bundesamt für Wehrtechnik und Beschaffung)
- Bundesanstalt für Materialprüfung

- Öffentliche Energieversorgungsunternehmen,
- Bundespatentamt,
- Europäisches Patentamt,
- Bundesgrenzschutz,
- Gewerbeaufsichtsämter,
- Hafenbetriebe,
- Eich- und Elektrische Prüfämter,
- Physikalisch-Technische Bundesanstalt,
- Rundfunk- und Fernsehanstalten
- Berufsgenossenschaften,
- Technische Überwachungsvereine.

Privatwirtschaftliche Dienstleistungen. In vielen Bereichen des Dienstleistungssektors bieten sich auch privatwirtschaftliche Unternehmen an: Beratung, Auftragsforschung, Entwicklungsdienste, Schulung, Neue Medien, Sonstige Dienstleistungen. Technik-affine Dienstleistungen nehmen stetig zu, unabhängig davon, ob sie im Angestelltenverhältnis oder auch freiberuflich selbständig ausgeübt werden. Eine Dienstleistung besonderer Art ist die des technischen Redakteurs:

Technische Redakteure erstellen verständliche Bedienungs- und Montageanleitungen, Soft- und Hardwaredokumentationen, Onlinehilfen, Schulungsunterlagen sowie Internet-Präsentationen und Printmedien der Marketingkommunikation eines Unternehmens. Mit Hilfe dieser professionell aufgebauten Dokumentationen soll der Anwender die beschriebenen Produkte optimal bedienen können. Zu den Aufgaben des Technischen Redakteurs gehören Textplanung, -produktion und -überarbeitung, Dokument- und Grafikgestaltung, Layouterstellung sowie Druckplanung und Überwachung.

Seine Tätigkeitsbereiche liegen in Industrie, Handel und im Dienstleistungsbereich. Vor allem in den Branchen IuK, Elektrotechnik und Maschinenbau; aber auch in Marketingabteilungen und Fachverlagen wird er eingesetzt.

168

Perspektiven

Die privatwirtschaftlichen Dienstleistungen weiten sich stetig aus und melden stetig zunehmenden Bedarf. Immerhin sind etwa 42 Prozent der Ingenieure im Bereich der technik-affinen Dienstleistungen beschäftigt.

Der Öffentliche Dienst ist bei jungen Elektroingenieuren häufig verpönt, weil sie damit ein trockenes Beamtendasein, einen vergleichsweise langen und niedrig vergüteten Vorbereitungsdienst, eine vergleichsweise niedrige Besoldung und eine einschränkende, planstellenorientierte Beförderungsmechanik verbinden. Tatsächlich differieren die Bruttojahreseinkommen zwischen Öffentlichem Dienst und Industrie erheblich. Dabei darf jedoch nicht übersehen werden, dass die Rahmen- und Gestaltungsbedingungen bei diesen beiden Arbeitgebern so stark voneinander abweichen, so dass zusammenfassende Ergebnisse zu falschen Schlüssen führen können. Die Vertreter des Öffentlichen Dienstes betonen deshalb auch immer wieder, dass ein Vergleich der Bezüge erst nach Berücksichtigung aller in der Industrie üblichen Abzüge sinnvoll wäre; sie empfehlen daher den Kandidaten, tatsächlich einmal den auf ihre persönlichen Verhältnisse abzustellenden Vergleich zu machen.

Vom Aufgabenspektrum her ist die Tätigkeit eines Ingenieurs der Elektro- und Informationstechnik wohl grundsätzlich nicht als „trocken" zu bezeichnen, auch im Öffentlichen Dienst nicht. Der Einsatz der Ingenieure wird ja in der Regel in den technischen Einrichtungen erfolgen, die auch bei den öffentlichen Dienststellen nicht weniger komplex sind als in der freien Wirtschaft.

Allerdings wird das Stellenangebot im Öffentlichen Dienst durch Privatisierung und Outsourcing insgesamt zurückgefahren. Bewerber, die beim Öffentlichen Dienst vor allem den Aspekt der Arbeitsplatzsicherheit sehen, werden diese Tendenz kritisch verfolgen.

Die Hochschulen und andere Lehr- und Forschungseinrichtungen sehen sich schon seit einigen Jahren in einer besonders prekären Situation: „Eine überaus kritische Nachwuchslage", stellte eine Arbeitsgruppe der Deutschen Forschungsgemeinschaft (DFG) unlängst fest. Bezüglich des natur- und ingenieurwissenschaftlichen Nachwuchses stehen die deutschen Hochschulen nicht nur im harten Wettbewerb mit der Wirtschaft, sondern auch mit den ausländischen Hochschulen, denen ebenfalls der Nachwuchs fehlt und die ihrerseits im Ausland, darunter auch in Deutschland, werben. Inzwischen arbeitet jeder vierte deutsche Post-Doc-Stipendiat im Ausland, stellt die Alexander-von-Humboldt-Stiftung fest. Eine mögliche Begründung hat die DFG-Arbeitsgruppe herausgefunden: „In keinem Land der Welt ist der Abstand zwischen der Selbständigkeit der Hochschullehrer und der Abhängigkeit des Nachwuchses so groß wie in Deutschland." - Das heißt also: Nachwuchs für die Hochschulen ist gesucht, aber ...

Auch FH-Forschung bietet sehr gute Qualifizierungschancen

Die Fachhochschulen haben ihre Stärken in der Forschung, im Wissens- und Technologietransfer mit Unternehmen und in der forschungsnahen Qualifizierung ihres Nachwuchses deutlich ausgebaut. Wesentlichen Anteil daran hatte die Förderung des Bundesministeriums für Bildung und Forschung (BMBF). Zu diesem Ergebnis kommt eine Evaluationsstudie des Fraunhofer Instituts für System- und Innovationsforschung in Karlsruhe: Die Fachhochschulen bauen wichtige Übergänge zwischen anwendungsnahen Forschungsfeldern und wirtschaftlicher Verwertung.

Die Studie zeigt, dass der Stellenwert anwendungsnaher Forschung und Entwicklung für die Fachhochschulen und ihre Partner in den letzten Jahren insgesamt gewachsen ist. Dies wird vor allem durch die hohe Mobilisierung von Forschungspartnern wie Unternehmen, Universitäten und außeruniversitären Forschungseinrichtungen deutlich.

Auch bei der forschungsnahen Qualifizierung des Nachwuchses stellt die Studie eine sehr gute Bilanz auf: Davon profitieren alle - die jungen Menschen ebenso wie die Unternehmen, in denen sie später arbeiten.

Die Studie als PDF: http://www.bmbf.de/pub/evaluation_fachhochschulen.pdf

Hochschulprofile. Jede Uni/TU und Fachhochschule hat im Rahmen ihrer gesetzlichen Vorgaben ihr jeweils eigenes Profil. Das wird in der Regel geprägt duch die zugehörigen Dozenten und auch durch die Unternehmen der Region (s. Kap. 4 und 5)

Weiterbildungsinstitutionen, ob öffentlich oder privatwirtschaftlich organisiert, stellen einen zunehmend wichtigen Bereich im Dienstleistungssektor dar. In Deutschland gibt es rund 30.000 Weiterbildungsanbieter. Auch die Hochschulen öffnen sich immer mehr der beruflichen Weiterbildung.

Gerade in den technisch-innovativen Branchen mit ihren kurzen Innovationszyklen kommt dem „lebenslangen Lernen" eine existenzielle Bedeutung zu. Umso wichtiger wird die Wahl des „richtigen" Bildungsangebots. Hier hilft ein bundesweites Qualitätszertifikat bei der Suche nach hochwertigen Bildungsangeboten: das – freiwillig zu erwerbende – Zertifikat „LQW2" (Lernorientierte Qualitätstestierung in der Weiterbildung, Version 2).

Was bringt der „Dr.-Ing."?

Ein neues VDE-Positionspapier beantwortet Fragen
zur Promotion:

- *Was ist eine Promotion?*
- *Was sind mögliche Motive für eine Promotion?*
- *Welche Voraussetzungen sollte man für eine Promotion mitbringen?*
- *Was erlernt man während der Promotion?*
- *Welche Belastungen entstehen?*
- *Welchse beruflichen Möglichkeiten und typischen Aufgaben haben promovierte Elektroingenieure in den Unternehmen?*
- *Welche Erwartungen haben Unternehmen an promovierte Elektroingenieure?*
- *In jüngster Zeit wird immer häufiger auch von Doktorandenschulen, Graduiertenschulen oder Graduiertenkollegs gesprochen. Was steckt dahinter?*
- *Promotion mit Fachhochschul-Abschluss an einer Universität?*
- *Was ist noch gut zu wissen?*

> *Als PDF kostenlos downloaden unter:*
> *http://www.vde.com/de/InfoCenter/Ratgeber-Merkblaetter/Seiten/Studium-Beruf.aspx*

Zukunft der Bildung ist digital:
For everyone, anywhere, anytime

In Trend Alert wie auch im Zukunftsletter und auf www.zukunftpassiert.de wurde schon seit längerem ein digitaler Bildungsboom prognostiziert. Der deutsche Robotik-Forscher Thrun hat sogar seine Harvard-Professur aufgegeben, um www.udacity.com zu gründen, eine Online-Universität für Menschen überall auf der Welt.

Schon 2014 war in Forbes zu lesen, dass das „Harvard-Modell" der teuren und elitären Bildung tot sei. Prof. Thrun hat seinen Lehrstuhl auch deshalb verlassen, weil er mit seiner Online-Universität mehr Menschen erreicht, das im Internet aber auf einer Kostenbasis, die nicht einmal einem Zehntel seiner Harvard-Professur entspricht. Schnell haben die ehernen Bildungsinstitutionen nachgezogen.

So wurde z. B. „edX" gegründet, ein Zusammenschluss zwischen Stanford, Harvard und dem Massachusetts Institute of Technology (MIT). Weltklasse-Ausbildung soll künftig im Netz stattfinden: „For anyone, anywhere, anytime." Es hat lange gedauert, doch der Erfolg zeichnet sich jetzt schon ab. Ein Kurs des MIT (mit Zertifizierung) wurde in einer „Klassengröße" von 150.000 Teilnehmern abgehalten (Dezember 2011). Die Vision des Projekts: „1.000.000 Menschen, zwei Universitäten, eine Vision" – digitale Bildung.

Das Konkurrenzprodukt Coursera bietet schon seit längerem ebenfalls Online-Studium und wird von Stanford und Princeton veranstaltet. Coursera unterrichtet nach eigenen Angaben eine Million Studenten aus 196 Ländern. *Quelle: Trendletter*

4 Exemplarische Beiträge zum Studium

4.1 Herausforderungen für Elektroingenieure / innen:
- Entwicklungen im Arbeitsumfeld
- Erwartungen von Personalverantwortlichen
- Tipps für Berufsstart und Karriere

Dr. Frank Stefan Becker,
VDI-Fachbeirat Ingenieurausbildung

1 Einleitung

Die Komplexität der Anforderungen an ein erfolgreiches Elektrotechnik-Studium hat durch die Bologna-Reform noch zugenommen: Neben guten Noten in den technischen Kernfächern, kurze Studienzeit, Auslandsaufenthalte, Schlüsselqualifikationen und Wirtschaftskenntnisse ist an Fachhochschulen wie Universitäten die Frage getreten, welcher Abschluss (Bachelor oder Master) der richtige für den Berufsstart und die Karriere ist. Gleichzeitig existiert nach wie vor das Spannungsfeld zwischen den Prioritäten einer akademischen Ausbildung und den Anforderungen der von wirtschaftlichen Zwängen dominierten Arbeitswelt.

Dieser Artikel möchte hier Orientierungshilfe geben, indem er wesentliche Trends der Elektroindustrie analysiert, die Anforderungen von Arbeitgebern beschreibt und die sich daraus ergebenden Konsequenzen für Berufsstart sowie mögliche weitere Karriereentwicklungen skizziert. Die Praxisbeispiele stammen dabei bevorzugt aus dem Bereich der Investitionsgüterindustrie, da hier Deutschland gerade in den Krisenjahren nach 2008 seine besondere Stärke bewiesen hat.

Angesprochen sind vor allem junge Menschen, die sich für Elektrotechnik interessieren, doch dürften die hier analysierten Fakten auch wichtig für alle sein, die Verantwortung für die Hochschulausbildung allgemein tragen.

2 Was soll ein Ingenieur alles können?

Die Frage, ob bzw. in welchem Maß Spezialistentum mit fachübergreifendem Wissen kombiniert werden müsse, prägt seit Langem die Ingenieurausbildung. So befand der VDI vor über sechs Jahrzehnten: *„Es ist zudem die Tragik des Ingenieurberufes, dass der Grad der Tüchtigkeit abhängt von der Vertiefung in die Einzelheiten. Die Spezialisierung verengt naturgemäß das Gesichtsfeld, und es bedarf schon einer großen geistigen Anstrengung, dieser im Beruf*

173

begründeten Einseitigkeit und Enge nicht anheim zu fallen" (1). In Anbetracht der rapiden technischen und politischen Veränderungen mahnte der VDI dann 1990: *„Deshalb muss in der Ausbildung auch das Verständnis z. B. für historische, politische, ökonomische, psycho-soziale und ökologische Zusammenhänge entwickelt werden. Durch fachübergreifende Kenntnisse sollen die angehenden Ingenieure komplexe technische Systeme auch in ihren nichttechnischen Aspekten beurteilen können. Daher ist die Ergänzung von ingenieur- und naturwissenschaftlicher Kompetenz durch Einblicke in andere Wissensgebiete erforderlich"*(2).

Dass diese Forderung keineswegs als erfüllt abgehakt werden kann, zeigen sowohl die hochschulpolitischen Debatten der letzten Jahre als auch die Erfahrungen von Personalverantwortlichen wie Berufsanfängern, auf die in Abschnitt 5 eingegangen wird. Der Grund liegt in der strukturbedingten Diskrepanz von Prioritäten und Auswahlmechanismen des akademischen Systems mit seiner starken Betonung fachspezifischer, durch Abschlüsse nachgewiesener Qualifikation einerseits und der Industrie andererseits, in der die Bewährung in wechselnden, auch fachfremden Gebieten ein oft entscheidendes Karrierekriterium bildet (3). Ein Beispiel möge das illustrieren: Als Studienabbrecher hätten weder Bill Gates, Steve Jobs noch Mark Zuckerberg eine Chance gehabt, Präsident einer Universität zu werden. In der IT-Branche jedoch konnten sie sehr wohl zu den erfolgreichsten Männern Amerikas aufsteigen!

3 Elektromarkt und Arbeitsumfeld

Seit den achtziger Jahren haben besonders die wachsende Bedeutung von Mikroelektronik und Software, seit den neunziger Jahren die auf den Fall des „Eisernen Vorhangs" folgende weltweite wirtschaftliche Öffnung und im letzten Jahrzehnt die globale Vernetzung durch das Internet das wirtschaftliche Umfeld teilweise dramatisch verändert.

Zu den Tendenzen, die heute den Elektromarkt prägen, gehören:

➢ Trend zu Gesamtlösungen, die von Projektfinanzierung bis zum Betrieb reichen können

➢ Wachsende Bedeutung von Wertschöpfung und Service vor Ort durch lokale Mitarbeiter

➢ Beschleunigter Fortschritt durch Mikroelektronik, Software, Sensorik und neue Materialien

➢ Tendenz zur Systemintegration, z. B. Zukauf ganzer Subsysteme in der Automobilindustrie

➢ Begrenzung der Produktlebensdauer durch Veraltung, nicht durch Verschleiß

➢ Verstärkte Bedeutung nichttechnischer Einflussfaktoren wie Patentsituation, Umwelt- und Akzeptanzfragen

174

- Sieg nicht der technisch besten, sondern der marktgerechten Lösung (Leistung/Preis)
- Erleichterte internationale Zusammenarbeit, Verlagerung von einfachen Arbeiten in die lohngünstigsten Länder und weltweiter Wissenszugriff durch das Internet
- Intelligente Vernetzung aller Prozesse (Industrie 4.0/Internet der Dinge) in Kombination mit lokaler Einzelfertigung (3D-Drucker)
- Internationale Konkurrenz, die den Preisdruck auf technische Produkte verschärft

Der zuletzt angesprochene Preisverfall ist jedem am Beispiel von Digital-kameras, Computern, Mobiltelefonen, Festplattenrecordern oder Flachbild-fernsehern vertraut. Was die Konsumenten erfreut, stellt die Hersteller jedoch vor beträchtliche Herausforderungen. Dabei prägt der Zwang, für weniger Geld immer mehr zu liefern, keineswegs nur den Teilmarkt der Unterhaltungs-elektronik, sondern seit Jahren den gesamten deutschen Elektromarkt:

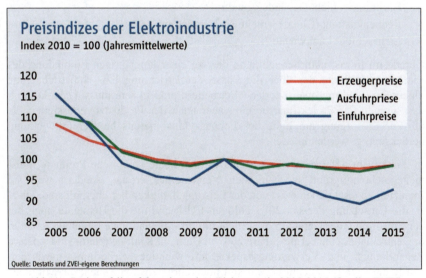

Abb. 1:   Preisverfall auf dem deutschen Elektromarkt 2005-2015 (Quelle: ZVEI).

Diese Entwicklung unterstreicht die Bedeutung der raschen Umsetzung von Neuentwicklungen in ein marktfähiges Angebot, um in der Frühphase der Markteinführung über angemessene Preise den Rückfluss der Entwicklungs-kosten sicherzustellen. So sind bei Siemens rund drei Viertel der Produkte nicht älter als fünf Jahre. Dabei spielen Marktforschung und Kostenplanung eine wichtige Rolle, um die richtige Leistung rechtzeitig und zum konkurrenzfähigen Preis anbieten zu können (time-to-market, design-to-cost). Ein internationaler Entwicklungs- und Fertigungsmix, der die Innovationsstärke von teuren, hochentwickelten Regionen mit den Kostenvorteilen günstiger Standorte für arbeitsintensive Produktionen kombiniert, ist dabei ein wichtiger Erfolgsfaktor. Diese Tendenz zur Internationalisierung, auf deren Bedeutung für die Ingenieure später noch eingegangen werden soll, wird durch das Bestreben der Kunden verstärkt, sich auf ihre Kernkompetenzen zu konzentrieren, d. h. statt technischer Einzelkomponenten verstärkt Subsysteme, komplette Anlagen oder sogar Gesamtlösungen nachzufragen. Diese können bereits im Vorfeld eine Finanzierung, anschließend dann Produkte und Wartung bis hin zum längerfristigen Betrieb umfassen. Vereinfacht gesagt ist es das Ziel der Kunden, den Nutzen einer Investition zu vermarkten, nicht die dafür benötigte Infrastruktur besitzen, also

> Transportkapazität – nicht Züge oder Lastwagen
> Energie – nicht Kraftwerke
> Kommunikation – nicht Telefon- und Internetterminals
> Büroraum – nicht Gebäudeeigentum
> Rechenleistung (Cloud) – nicht Rechenzentren
> Licht – nicht Lampen etc.

Gerade im Infrastrukturbereich kann dies zu einer langjährigen Einbindung des Lieferanten führen, der über die Phase der Errichtung bzw. Inbetriebnahme hinaus im Land mit qualifizierten Mitarbeitern präsent sein muss. Dazu kommt, dass Fragen der Projektfinanzierung, aber auch der Produktzuverlässigkeit bis hin zur Entsorgung am Ende des Lebenszyklus' bereits bei der Entwicklung berücksichtigt werden müssen.

In Anbetracht des raschen Fortschritts werden heute technische Produkte meist nicht mehr aufgrund mechanischen Verschleißes ersetzt, sondern weil sie finanziell abgeschrieben bzw. von der Leistungsfähigkeit her überholt sind. Da z. B. die Umsetzung der seit 2003 gültigen EU-Richtlinie die Hersteller auch bei der Entsorgung der Geräte in die Pflicht nimmt - die nationale Regelung ist 2006 in Deutschland, eine vergleichbare 2007 in China in Kraft getreten - sind spätere Behandlungs- und Verwertungsaspekte ein wichtiges Kriterium. Inzwischen wurde die Richtlinie überarbeitet - mit noch ehrgeizigeren Zielen; die Mitgliedstaaten mussten sie bis 2014 in nationales Recht umsetzen. Ein solcher Aspekt ist bereits in der Entwicklungsphase zu berücksichtigen, denn hier werden die Weichen für die Folgekosten gestellt. Dementsprechend sollte sich ein Produktentwickler auch für solche, durch gesellschaftliche Anforderungen bestimmte, Aspekte seiner Aufgabe interessieren.

Damit ergeben sich für die Arbeit eines Ingenieurs eine Reihe wichtiger Einflussgrößen jenseits der Technik, die ebenfalls zu berücksichtigen sind, und bei denen mit anderen Abteilungen zusammen gearbeitet werden muss:

➢ Finanzierung bei Großprojekten (Finanzabteilung)
➢ Terminplan (Projektmanagement)
➢ Gesellschaftliche Trends und Vorbehalte (Marktforschung)
➢ Kundenwünsche (Vertrieb und Marketing)
➢ Konkurrenzverhalten (Strategieplanung)
➢ Patent- und Markensituation (Patentabteilung)
➢ Preisgestaltung (Kostenrechnung, Einkauf)
➢ Qualitätsfragen incl. Zulieferer (Qualitätssicherung)
➢ Fertigungsfreundlichkeit (Produktionsverantwortliche)
➢ Bedienbarkeit, Reparaturfreundlichkeit (Serviceingenieure)
➢ Sicherheits- und Umweltaspekte (Rechts- und Umweltabteilung)
➢ Probleme mit Haftung, Schutzrechten und Exportgenehmigungen (Rechtsabteilung)

Natürlich kann niemand erwarten, dass ein Ingenieur fundierte Kenntnisse auf allen diesen Gebieten mitbringt oder sie in zahllosen Zusatzstudien erwirbt. Er oder sie muss sich jedoch der Bedeutung des jeweiligen Themas bewusst sein und genügend davon verstehen, um mit den anderen Abteilungen, in denen die Fachleute sitzen, in einem Team zusammenarbeiten zu können und die Relevanz von deren Beiträgen für den Erfolg der eigenen Arbeit einschätzen zu können. Im Laufe des Berufslebens ergeben sich aus einer solchen Offenheit oft auch neue, ungeahnte Karrierechancen in anderen Abteilungen.

4 Vielfältige Einsatzbereiche für Ingenieure

Grundsätzlich gilt für Elektroingenieure wie für andere Akademiker, dass ein Studium keineswegs nur auf die spätere Erfüllung klar definierter Fachaufgaben vorbereiten sollte, sondern die Grundlage für eine lebenslange Weiterentwicklung bildet, die einen mit den unterschiedlichsten Herausforderungen (und Möglichkeiten!) konfrontieren kann. Dass die rund 381.000 statistisch erfassten deutschen Elektroingenieure diese Chancen auch wahrnehmen, zeigt eine Analyse der Branchen, in denen sie tätig sind. Gemäß der in Abb. 2 wiedergegeben Aufteilung arbeiten sie je zur Hälfte in technikrelevanten Dienstleistungsbranchen und in den statistisch als Industrie klassifizierten Bereichen, wo man sie primär verorten würde (4).

Doch selbst in ihrem Kerngebiet, der klassischen Elektroindustrie, nehmen sie äußerst vielfältige Aufgaben wahr, wie die in Abb. 3 dargestellte Übersicht über die bei Siemens Deutschland beschäftigten Elektroingenieure illustriert. Zwar gibt es hier einige typische Einstiegspositionen wie z. B. Forschung und Entwicklung (F&E), Produktoptimierung (Engineering) oder Vertrieb, danach jedoch steht flexiblen und lernwilligen Mitarbeitern der Weg in praktisch jede Abteilung offen.

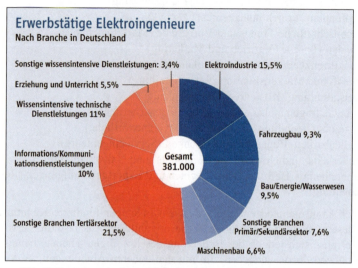

Abb. 2: Branchen, in denen Eletroingenieure in Deutschland arbeiten
(Stand 2013)

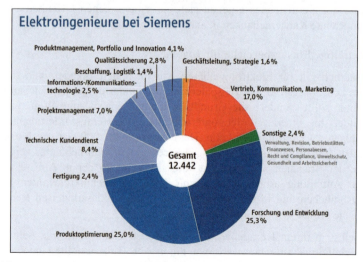

Abb. 3: Funktionen, in denen Elektroingenieure bei Siemens Deutschland arbeiten
(Stand: 10.2015)

Selbst im Bereich von F&E ist das Ziel jedoch nicht der von der Hochschule her vertraute wertfreie Erkenntnisgewinn, von dem kein Unternehmen leben kann. Hier wird vielmehr Vorfeldentwicklung betrieben, deren Ergebnisse innerhalb der nächsten Jahre zu Innovationen führen müssen, also zu vom Kunden akzeptierten Produkten oder Gesamtlösungen, deren Ertrag wiederum neue Entwicklungen finanziert. Dementsprechend arbeiteten z. B. 2011 von den 27.800 F&E-Mitarbeitern bei Siemens (davon rund 17.000 Software-Entwickler) über 90% in den operativen Sektoren; ein von den in Abschnitt 3 beschriebenen Randbedingungen „freier" Forscher fände in der Industrie kein Auskommen.

5 Benötigte Fähigkeiten aus Sicht von Arbeitgebern und Absolventen

Im Gegensatz zu der in akademischen Kreisen gelegentlich geäußerten Meinung, die Industrie müsse endlich sagen, was sie wolle, haben die Arbeitgeber schon vor langer Zeit und immer wieder deutlich gemacht, was sie von Ingenieuren erwarten. Zu den neuen Wissensinhalten, die schon im Studium vermittelt werden sollten, wurden bereits 1995 in einer gemeinsam mit Hochschulvertretern erstellten Ausarbeitung u. a. gezählt (5):

> Höhere Methoden- und Systemkompetenz in der gesamten Wertschöpfungs- kette (von der Geschäftsidee über Realisierung, Verbreitung, Betrieb bis zur Beseitigung von Geräten, Anlagen und Systemen der technischen Anwen- dungen)
> Vermehrte Vermittlung und Anwendung betriebswirtschaftlicher Kenntnisse
> Beherrschen von Methoden und Werkzeugen des System- und Projektmanagements
> Grundkenntnisse der Methoden der Unternehmensführung- und Steuerung
> Denken in Prozessen und übergreifenden Zusammenhängen

Diese Wunschliste ist nach wie vor aktuell, ja ihre Bedeutung hat angesichts der seither eingetretenen Entwicklungen noch zugenommen: die Notwendigkeit ist gewachsen, kundenorientiert, in gesellschaftlichen Zusammenhängen und unter Berücksichtigung der Rahmenbedingungen des Marktes zu denken.

5.1 Umfrage des ZVEI

Ingenieure sollen sich also heute nicht mehr nur als technische Tüftler verstehen, sondern in Teamarbeit kundengerechte Gesamtlösungen entwickeln. Damit müssen sie sowohl in der Lage sein, Experten anderer Gebiete ihre Ergebnisse verständlich darzustellen, als auch ihrerseits die Beiträge von Abteilungen wie Finanzen, Marktforschung, Service, Patente oder Vertrieb für den Gesamterfolg richtig einschätzen können.

Verständlicherweise besteht bei Studierenden erhebliche Unsicherheit, in welchem Ausmaß solche Kenntnisse auf fachfremden Gebieten von den zukünftigen Arbeitgebern erwartet bzw. gefordert werden, und welche nicht im Studium erwerbbare Zusatzqualifikationen einen Vorsprung auf dem Arbeitsmarkt bieten könnten. Da auch die Zeit der Studierenden begrenzt ist, stellt sich die Frage, auf den Erwerb welcher Kompetenzen man sich konzentrieren sollte und wo ggf. Abstriche möglich sind.

Die üblichen Befragungen zu den gewünschten Eigenschaften von Bewerbern bieten hier nur beschränkt Hilfestellung, da meist eine Skala vorgegeben wird, auf denen die Kompetenzen in ihrer Bedeutung eingeordnet werden sollen. Naturgemäß neigen Unternehmensvertreter generell dazu, allem, was wichtig sein könnte, einen hohen Rang zuzuweisen, so dass die Absolventen mit einem entmutigenden Idealbild konfrontiert werden (vgl. dazu Abschnitt 6.1).

Um die in der Realität aber durchaus vorhandenen Prioritäten der Unternehmen besser heraus zu arbeiten, wurde vom Autor in seiner Eigenschaft als Vorsitzender des ZVEI-Arbeitskreises Ingenieurausbildung im Frühjahr 2006 eine anders angelegte Umfrage durchgeführt. Dabei waren in drei Kategorien für je fünf Themen jeweils fünf Stimmen zu vergeben, von denen bis zu drei kumuliert werden konnten. So sollte die Problemstellung nachgebildet werden, mit der die Studierenden konfrontiert sind: Wenn bei begrenzten Ressourcen nicht alles machbar ist, worauf sollte besonderer Wert gelegt werden? Zusätzlich bietet dieser Ansatz die Möglichkeit, einzelne Themen zusammenzufassen (z. B. Inlands- und Auslandspraktika), da die Gesamtstimmenzahl in einer Kategorie stets 100% ergibt.

Die Fragen entsprachen dabei denen, die Industrievertretern wie dem Autor bei Veranstaltungen an Hochschulen immer wieder gestellt werden. Im Interesse einer aussagekräftigen Rücklaufquote musste der Fragebogen knapp ausfallen, so dass nicht alle relevanten Themen abgedeckt werden konnten. Befragt wurden einige der größten Arbeitgeber für Ingenieure in Deutschland, also schwerpunktmäßig große Unternehmen (u. a. DaimlerChrysler, Fujitsu-Siemens, BMW, Bosch, Osram, Deutsche Telekom, Philips, Siemens, Infineon, BSH, Deutsche Bahn), aber auch einige Mittelständler aus der Elektroindustrie, wobei teilweise aus einem Unternehmen mehrere Experten angesprochen wurden. Bewusst wurde darauf verzichtet, wahllos einen großen Kreis anzuschreiben, um sich dann mit einer geringen Rücklaufquote zu begnügen, sondern durch gezieltes Nachhaken ergab sich mit 30 Antworten eine Rücklaufquote von über 90%. Da diese Umfrage bisher ohne Parallele ist, seien die Ergebnisse hier nochmals dargestellt.

In der ersten Kategorie wurde nach **Initiativen** gefragt, die Studenten während oder außerhalb des Studiums entwickeln sollten. Wie Abb. 4 zeigt, führt klar das Industriepraktikum Inland. Dies ist einleuchtend, da so mit relativ geringem Aufwand die gewünschte Praxiserfahrung gewonnen werden kann. Zusätzlich haben Studierende wie Unternehmen die Chance, sich genauer kennen zu lernen und Kontakte zu knüpfen, die bis zu einem späteren Arbeitsverhältnis reichen können. Die Umfrage zeigt wieder einmal die hohe Wertschätzung, die die Unternehmen diesem Bestandteil deutscher Ingenieurstudiengänge beimessen.

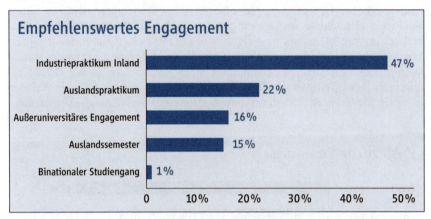

Abb. 4: Für Studierende aus Sicht der Unternehmen empfehlenswertes Engagement

Auch Auslandserfahrung in Form eines Praktikums oder eines Studiensemesters wird hoch bewertet. Im Gegensatz zur verbreiteten Annahme steht dabei jedoch nicht das Sprachtraining im Vordergrund – gutes Englisch wird heute vorausgesetzt und kann auch anders geübt werden. Vielmehr fördert ein Auslandsaufenthalt Selbständigkeit, interkulturelles Verständnis, Anpassungsfähigkeit an andere Umgebungen und relativiert die Absolutheit der eigenen Position (mehr dazu in Abschnitt 5.2). Diese Eigenschaften, die bei fortschreitender Internationalisierung der Unternehmensbelegschaften an Bedeutung gewinnen, können auch in einem anderen Kulturraum als dem angelsächsischen trainiert werden!

Auf den ersten Blick erstaunlich scheint daher der geringe Unternehmenswunsch nach Absolventen eines binationalen Studienganges. Dies stellt jedoch keine Geringschätzung dieses mit erheblichem Einsatz verbundenen Studienweges dar. Es zeigt nur, dass die dabei erworbenen vertieften Spezialkenntnisse (z. B. des Landes oder der Sprache) generell nicht so stark benötigt werden, dass sie gegen mögliche Alternativen bestehen könnten. Solange es sich nicht z. B. um eine Vertriebsposition handelt, werden Ingenieure primär wegen ihres Fachwissens eingestellt, da der spätere regionale Einsatzbereich nicht auf längere Frist vorhersehbar ist. Damit macht die Entscheidung für einen binationalen Studiengang dann Sinn, wenn seitens des Studierenden bereits ein klares Karrierekonzept in Richtung einer späteren Tätigkeit in einem Unternehmen oder einer

Branche verfolgt wird, für die der entsprechende Kulturraum und seine Sprache von hohem Stellenwert sind.

Relativ häufig wird außeruniversitäres Engagement genannt, obgleich hier keine inhaltliche Beziehung zum Studienfach gegeben sein muss. Die Unternehmen gehen jedoch davon aus, dass mit dem Einsatz in einem Verein, beim Sport, in einer politischen Gruppierung oder einer sozialen Einrichtung nicht nur Eigeninitiative und Interesse am Umfeld gezeigt, sondern auch wichtige Fähigkeiten im Umgang mit Menschen trainiert werden (Teamarbeit, Kompromissfähigkeit, Kommunikation, Führungsverhalten). Dazu kommen Erfahrungen in der Durchführung von Projekten, bei deren finanzieller Kalkulation, in der Öffentlichkeitsarbeit usw. Selbstverständlich können diese Fähigkeiten auch im Rahmen studentischer Gruppen oder in der universitären Selbstverwaltung geübt werden.

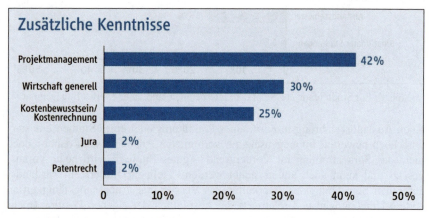

Abb. 5: Gewünschte zusätzliche Kenntnisse jenseits des technischen Fachs

In der zweiten Kategorie wurde nach **zusätzlichem Wissen** gefragt, das als Ergänzung eines technischen Faches z. B. durch Kurse erworben werden kann. Wie Abb. 5 verdeutlicht, geht hier der Trend klar zu allgemeinen Kenntnissen wie wirtschaftlichem Hintergrundwissen und vor allem Projektmanagement. Dies folgt daraus, dass Projekte, also zeitlich begrenzte, auf ein Ziel ausgerichtete Vorhaben, die verschiedene Abteilungen einbeziehen können, heute in jedem Unternehmen das Arbeitsumfeld prägen. Und ohne Verständnis für wirtschaftliche Zusammenhänge und die zentrale Rolle der Kosten lässt sich heute kein Erfolg mehr erzielen. Spezialkenntnisse auf Gebieten wie Patentrecht oder Jura werden dagegen kaum erwartet. Hier genügt im Normalfall das Wissen um die mögliche Relevanz des Themas und ggf. ein gewisses Verständnis, um mit den entsprechenden Fachabteilungen zusammenarbeiten zu können.

In der dritten Kategorie wurden allgemeine Fähigkeiten bewertet. Hier zeigt Abb. 6, dass Teamfähigkeit, Arbeitstechniken und Kommunikation mit Nichtfachleuten klar die Spitzenplätze belegen.

Diese Stärken können auch in Eigeninitiative trainiert werden, da sie an kein Fach gebunden sind. Als Übung zum Thema „Kommunikation" könnten beispielsweise Ingenieursstudenten den Inhalt ihrer Arbeit oder irgendeines technischen Gebietes (z. B. Digitaltehnik, Effizienz der Energiegewinnung) einer nicht fachlich vorgebildeten Grupcpe anderer Studierender vortragen und sich danach Rückmeldung holen, was verstanden wurde. Im nächsten Schritt könnten die Rollen getauscht werden – ein für beide Seiten meist aufschluss-reiches Erlebnis …

Abb. 6: Allgemeine Fähigkeiten, auf die Unternehmen besonderen Wert legen

Dies soll jedoch nicht heißen, dass hier die Hochschulen aus der Pflicht entlassen wären, solche Techniken und Fähigkeiten dort verstärkt in das Curriculum zu integrieren, wo sie am besten eingeübt werden können. Aus Sicht der Industrie bot die Einführung der neuen Bachelor- und Masterstudiengänge in Deutschland dazu eine gute Gelegenheit. Da diese Integration bisher noch unzureichend geschieht, wie die hochschulpolitische Debatte der letzten Jahre ebenso wie die Erfahrungen des Autors im Bereich der Akkreditierung neuer Studiengänge gezeigt hat, kann den Studierenden nur dringend empfohlen werden, sich solche Kompetenzen auch in Eigeninitiative anzuzeigen!

Der untergeordnete Stellenwert einer zusätzlichen Fremdsprache spiegelt die dominante Rolle des Englischen als internationaler Unternehmens- und Verkehrssprache wider. Zusätzliche Sprachen können beispielsweise im Vertrieb nützlich sein, falls hier bereits eine klare Berufsorientierung besteht. Wie am

Beispiel binationaler Studiengänge bereits dargelegt, kann generell nicht davon ausgegangen werden, dass gerade die im Studium zusätzlich erlernte Fremdsprache auch hinterher für das viele Jahrzehnte umfassende Berufsleben von entscheidender Relevanz sein wird. Weitere Sprachen können jedoch insofern positiv gewertet werden, als sie eine grundsätzliche Offenheit und Lernbereitschaft zeigen - unabhängig davon, wie nützlich sie für die Startposition sind.

5.2 Weitere Unternehmensbefragungen

Um die ZVEI-Ergebnisse mit anderen Aussagen von Arbeitgebervertretern zu korrelieren, werden im Folgenden noch einige weitere Umfragen betrachtet, wobei kein Anspruch auf Vollständigkeit erhoben werden soll. Es zeigt sich jedoch, dass die Diskrepanzen zwischen Wunsch und Wirklichkeit einem internationalen Trend entsprechen (6), dessen Ursachen bereits an anderer Stelle diskutiert wurden (3). Im Gegensatz zu der ZVEI-Analyse beruhen die folgenden Ergebnisse üblicherweise auf Antworten im Rahmen einer von 0 bis 100% reichenden Skala.

Abbildung 7 bewertet die gewünschten Zusatzqualifikationen und -kenntnisse von Ingenieurabsolventen, basierend auf der Befragung von knapp 300 Unternehmen (7). In Übereinstimmung mit den ZVEI-Ergebnissen (vgl. Abb. 4) wird Auslandserfahrung ebenfalls geschätzt, wobei im Vergleich zu früheren Befragungen deren Stellenwert jedoch deutlich abgenommen hat - ein Befund, der auch für die sonstigen Fremdsprachen - außer Englisch - zutrifft. *„Als Faustregel gilt: Gutes Englisch ist Pflicht, weitere Sprachen interessieren die Personalchefs wenig"*, fasste der „Spiegel" den Befund einer eigenen, breit angelegten Untersuchung zusammen (8). Nach Englisch folgen gleich Praktika - ein beliebtes Mittel, um sich als Studierender bereits während des Studiums mit den Anforderungen der Berufspraxis vertraut zu machen.

Vergleicht man diese Ergebnisse mit einer allgemeinen Umfrage unter gut 500 Unternehmen nach ihren Kriterien für die Auswahl von Fach- und Führungskräften (9), so ergeben sich aufschlussreiche Parallelen (Abb. 8). Auch hier rangiert Praxiserfahrung ganz vorne - nur noch übertroffen von dem Kriterium „Persönlichkeit". Art und Bezeichnung des akademischen Grades hingegen (ein gerade an Universitäten erbittert diskutiertes Thema), findet sich unter „ferner liefen." Moderne Unternehmen geben dementsprechend in Stellenanzeigen meist gar keine akademischen Grade mehr vor (Ausnahmen bildet eine geforderte Promotion), sondern beschreiben die zu lösenden Aufgaben, die Fachrichtung des gesuchten Abschlusses sowie die geforderten Schwerpunkte und ggf. weitere erwünschte Qualifikationen. Auch eine andere aktuelle Studie (10) stützt diesen Befund, da die hier befragten Firmenvertreter „Praxiserfahrung im Unternehmen" mit 70% an die erste Stelle der von Bewerbern gewünschten Eigenschaften setzen, während ein Masterabschluss z. B. nur auf 35% kommt. Weit abgeschlagen findet sich die „Reputation der Hochschule" mit 23%, die in anderen Untersuchungen (7, 13, 14) sogar nur auf Werte von 8-15% kommt.

Abb. 7   Bewertung der möglichen Zusatzqualifikationen von Ingenieurabsolventen

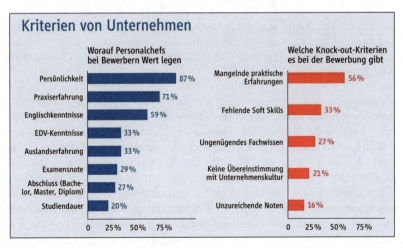

Abb. 8: Kriterien von Unternehmen für die Rekrutierung von Fach- und Führungskräften

185

Auch hier rangiert Praxiserfahrung ganz vorne – nur noch übertroffen von dem Kriterium „Persönlichkeit". Art und Bezeichnung des akademischen Grades hingegen (ein gerade an Universitäten erbittert diskutiertes Thema), findet sich unter „ferner liefen." Moderne Unternehmen geben dementsprechend in Stellenanzeigen meist gar keine akademischen Grade mehr vor (Ausnahmen bilden eine geforderte Promotion), sondern beschreiben die zu lösenden Aufgaben, die Fachrichtung des gesuchten Abschlusses sowie die geforderten Schwerpunkte und ggf. weitere erwünschte Qualifikationen. Auch eine andere aktuelle Studie (10) stützt diesen Befund, da die hier befragten Firmenvertreter „Praxiserfahrung im Unternehmen" mit 70% an die erste Stelle der von Bewerbern gewünschten Eigenschaften setzen, während ein Masterabschluss z. B. nur auf 35% kommt. Weit abgeschlagen findet sich die „Reputation der Hochschule" mit 23%, die in anderen Untersuchungen (7, 13, 14) sogar nur auf Werte von 8-15% kommt.

Unter den in Abb. 8 gleichfalls gelisteten Negativkriterien steht „mangelnde praktische Erfahrung" an der Spitze – ein Ergebnis, das die Furcht der Unternehmen zeigt, mit dem neuen Mitarbeiter keinen Problemlöser, sondern einen Problemfall eingestellt zu haben. In die gleiche Richtung weisen DIHK-Umfragen, bei denen rund 2.000 kleinere und mittlere Unternehmen angaben, welche Gründe zu der Trennung von neu eingestellten Hochschulabsolventen in der Probezeit geführt hätten (11). Hier führte der Punkt „Mangelnde Umsetzung der Theorie in die Praxis" mit 25% deutlich vor „Mangelnder fachlicher Qualifikation" mit 14%.

5.3 Die Sicht der Absolventen

Eine umfassende Darstellung muss auch die Sicht der Berufsanfänger berücksichtigen – vor allem um zu prüfen, ob sich hier grundsätzlich andere Erfahrungen und Wertigkeiten ergeben. Dies ist jedoch nicht der Fall, wie einige Beispiele zeigen sollen.

Aufschlussreich sind die Umfragen, die der VDE regelmäßig unter jungen Elektro-Ingenieuren durchführt, da hier die Berufsanfänger selbst einen Vergleich der an der Hochschule erworbenen Kenntnisse mit den Anforderungen der Berufspraxis ziehen. Die bei der letzten Erhebung beobachteten Diskrepanzen illustriert Abb. 9 (12). In der Darstellung wurden die „sehr wichtig/wichtig" bzw. die „sehr gut/gut vermittelt" Antworten jeweils zusammengezählt. Der Befund ist seit Jahren eindeutig und wird durch andere Untersuchungen bestätigt (z. B. 13): Während das gelernte theoretische Grundlagenwissen mehr als ausreichend erscheint, empfinden die Befragten u. a. das „anwendungsbezogene Fachwissen" als unzureichend – eine im Licht der oben gemachten Ausführungen gefährliche Schieflage.

Generell zeigt sich der immer wieder zu beobachtende Effekt: Im Bereich ihrer eigenen Kernkompetenz bilden die Hochschulen sehr gut aus, nicht jedoch auf dem Gebiet der für die spätere Berufsausübung ebenfalls wichtigen anderen Fähigkeiten (3). Natürlich kann ein Studium nicht alles vermitteln, was später möglicherweise gefordert wird. Die Studierenden müssten aber dafür sensibilisiert werden, dass jenseits der akademischen Welt andere Prioritäten und Spielregeln gelten und dazu angehalten werden, sich die dort benötigten Kenntnisse und Kompetenzen auch in Eigeninitiative anzueignen. Ein Beispiel möge das verdeutlichen: Skigymnastik ist eine gute und meist notwendige, keineswegs jedoch ausreichende Voraussetzung, um in diesem Sport erfolgreich zu sein. Die in der Turnhalle geübten standardisierten Bewegungsabläufe trainieren die Muskeln, haben aber wenig zu tun mit der komplexen Situation auf der Piste, auf der Nebel die Sicht behindern, Eis den Boden spiegelglatt und plötzlich von der Seite heranfahrende oder stürzende Zeitgenossen die gesamte Lage unübersichtlich gestalten können. Und trotzdem wird Skifahren, d. h. die Praxis, als sehr viel faszinierender erlebt als Skigymnastik, die vorbereitende Ausbildung!

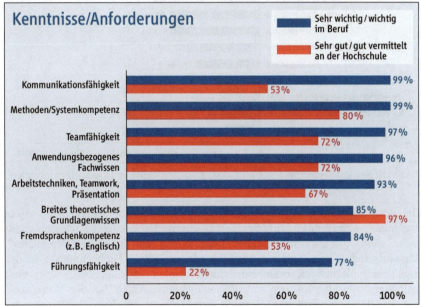

Abb. 9: Vergleich der an der Hochschule erworbenen Kenntnisse
mit den Anforderungen der Berufspraxis

Ob Menschen komplexe Problemlagen meistern, hat erfahrungsgemäß weniger mit ihren Fachkenntnissen als mit ihrer Persönlichkeit zu tun – weshalb Personaler diese an die erste Stelle setzen und die Bedeutung des persönlichen Auftretens in einem Vorstellungsgespräch für ihre Auswahlentscheidung mit 81% eindeutig am höchsten gewichten (13). Diese Rangfolge entspricht auch den Erfahrungen der Bewerber, wie Abb. 10 zeigt (14). Die daraus abzuleitende Erkenntnis, dass einmal erlerntes spezielles Fachwissen keineswegs das Wichtigste im Berufsleben darstellt, wird ebenfalls durch die HIS-Befragungen von Hochschulabsolventen fünf Jahre nach ihrem Studienabschluss gestützt (15).

Abb. 10 Selektionskriterien von Unternehmen aus der Sicht von Hochschulabsolventen

Bei der Präsentation solcher Ergebnisse an Hochschulen bekommt der Autor regelmäßig entrüstete Ausrufe des Tenors „Ja, wenn bei euch Fachwissen nichts mehr zählt …!!" zu hören. Hier liegt jedoch ein (bewusst überspitztes?) Missverständnis vor: Selbstverständlich bleiben solide Fachkenntnisse in den ingenieurstypischen Kernfächern, durch Noten dokumentiert, das erste Selektionskriterium, an dem sich Personalverantwortliche bei der Vorauswahl der Kandidaten orientieren. Danach erst kommt die Betrachtung weiterer Qualifikationen, die den Bewerber aus der Masse der Konkurrenten herausheben, und für deren Beurteilung das Vorstellungsgespräch eine entscheidende Rolle spielt (13). Um einen Vergleich zu gebrauchen: In einem wettbewerbsintensiven Umfeld verkauft sich kein Produkt mehr allein über seinen „Primärnutzen". Zwar wird ein Auto gekauft, damit es fährt; ein mp3-Spieler, damit er Musik macht und Kleidung, damit sie die menschliche Blöße bedeckt – aber diese Grundfunktionen sind längst nicht mehr kaufentscheidend! Sie werden heutzutage schlicht vorausgesetzt, während zusätzliche Qualitäten den im Markt entscheidenden Vorsprung bringen. Dementsprechend wird ein Akademiker von einem erfahrenen Personaler nicht nur nach Eignung für die ausgeschriebene Position bewertet, sondern auch als potentielle Führungskraft mit einem später möglicherweise ganz anderen Aufgabengebiet.

Fehlendes Fachwissen kann beim Berufs*ein*stieg nicht durch wie auch immer geartete Schlüsselqualifikation kompensiert werden. Beim Berufs*auf*stieg allerdings zählen aus Arbeitgebersicht zunehmend weitere Fähigkeiten.

6 Von der Hochschule in den Beruf

Mit dem Verlassen des akademisch geprägten Umfelds beginnt für die weit über 90% der Ingenieure, die nicht an Universitäten oder Forschungszentren eine Position finden, ein neuer Lebensabschnitt mit anderen Spielregeln und Prioritäten (3). Auf alle Unterschiede einzugehen, würde den Rahmen dieses Artikels sprengen; hier sei stattdessen auf die umfangreiche Ratgeberliteratur sowie die entsprechende Serie in den VDI nachrichten verwiesen (16).

6.1 Richtige Qualifikation und Stellenanzeigen

Die erste Frage, die sich vor allem seit der Einführung der Bachelor- und Masterstudiengänge auch an deutschen Hochschulen stellt, ist die nach dem Abschluss: Wie lange soll ich studieren, wann kann/soll ich mich bewerben? Wie bei der Wahl des Faches sollte auch hier die persönliche Neigung im Vordergrund stehen, d. h. der Spaß am Studium und an einer möglichen Vertiefung durch einen Master oder gar eine Promotion. Erst bei der Betrachtung einer zukünftigen Positionierung auf dem Arbeitsmarkt muss das Kriterium geprüft werden, inwieweit sich eine zusätzliche Investition an Zeit und Geld auch hinterher rentiert, d. h. ob ein Bachelorabschluss reicht oder aus Karrieregründen ein Master angehängt werden sollte (siehe dazu auch Abschnitt 6.3).

Hier haben von Standesinteressen diktierte, den Bachelorabschluss abwertende Stellungnahmen einiger Universitätsprofessoren zu erheblicher Verunsicherung in der Bildungslandschaft und im Arbeitsmarkt geführt. So verstieg sich z.B. die TU9, eine Lobbygruppe aus neun traditionellen technischen Universitäten, vor einigen Jahren sogar zu der Forderung *„Der Master muss als Regelabschluss für Karrieren in Wissenschaft **und Wirtschaft** gelten"* (17). Man kann sich das Kopfschütteln bei Wirtschaftslenkern vorstellen, wenn ihnen plötzlich von Außenstehenden die Kriterien für die Auswahl ihrer Fach- und Führungskräfte vorgegeben werden sollten!

Um der fortlaufenden Polemik ein Ende zu setzen, sah sich die Hochschul-rektorenkonferenz schließlich zu einer Klarstellung genötigt: *„Studierende, die unmittelbar an ihr Bachelorstudium ein Masterstudium anschließen, schlagen diesen Weg nicht immer aus Interesse an einer wissenschaftlichen Karriere ein, sondern weil sie den Bachelor nicht für einen vollwertigen Abschluss halten. In der Regel handelt es sich hierbei um eine Fehleinschätzung, die auf die Unwissenheit mancher Hochschullehrerinnen und -lehrer zurückgeht"* (18).

Die Entscheidung, ob man als Ingenieurstudent den Master machen muss, ist damit allerdings nicht leichter geworden. Zwar haben Wirtschaftsverbände und große Unternehmen wiederholt ihre Wertschätzung des Bachelors als vollwertigen, zum Berufseinstieg befähigenden Abschluss bekundet (19-22), andererseits weisen aktuelle DIHK-Untersuchungen (23) auf eine tendenziell zunehmende Unzufriedenheit bei kleineren Unternehmen speziell mit den Bachelorabsolventen hin, die nur zu 47% den Erwartungen entsprachen. Bei Masterabsolventen lag der Zufriedenheitsgrad immerhin bei 78%, für beide Absolventengruppen wurde jedoch vor allem eine stärkere Anwendungs-orientierung der Studieninhalte gewünscht (23). Ob diese Kritik speziell die neuen Abschlüsse betrifft, oder ob nicht vielmehr enttäuschte Erwartungen an die Reform sowie die gestiegenen Anforderungen des Arbeitsumfelds die Ursache sind, kann hier nicht geklärt werden.

Bei der Frage nach dem optimalen Abschluss hilft auch die vom Autor sonst empfohlene Betrachtung der im Internet verfügbaren Stellenanzeigen nicht weiter, da moderne Großunternehmen, wie schon erwähnt, oft keine akademi-schen Grade mehr spezifizieren, sondern nach Aufgabe ausschreiben („Gesucht wird ein Absolvent ..."). Wird dagegen noch explizit nur ein „Dipl. Ing." genannt, sollte man als Absolvent der neuen Studiengänge die fachlichen An-forderungen prüfen und sich nicht vorschnell von einer Bewerbung abschrecken lassen: Meist handelt es sich hier nicht um eine bewusste Unternehmens-strategie, sondern eher um durch die oben erwähnte Polemik erzeugte Vor-urteile – oder einfach nur um das Beharrungsvermögen der für die textliche Gestaltung zuständigen Sachbearbeiter, die weiterhin alte Vorlagen verwenden.

Generell kann davon ausgegangen werden, dass besonders die großen, inter-nationalen Unternehmen die volle Breite der angebotenen Abschlüsse benötigen, da sie ihre Stellen mit den richtigen, nicht mit den akademisch höchstqualifizier-ten (d. h. ggf. zu teuren und später mit den angebotenen Aufgaben unzufriede-nen) Kandidaten besetzen wollen.

Abb. 11 zeigt beispielhaft die Aufschlüsselung der von Siemens im Zeitraum 08/2015-07/2016 weltweit eingestellten neuen Mitarbeiter mit Hochschul-abschluss nach MINT (Mathematik, Informatik, Naturwissenschaft, Technik) sowie nichttechnischen Fächern. Eindeutig lässt sich die gute Akzeptanz eines

Bachelorgrades erkennen – selbst in Deutschland mit seinem großen Anteil an hochwertigen Konzernfunktionen. Auch z. B. bei Bosch sind fast 50% der jährlich weltweit eingestellten Akademiker Bachelors (31). Umfragen bestätigen, dass deutsche Unternehmen die neuen Abschlüsse sehr wohl akzeptieren (7,21) und dass ihre Hauptsorge weniger der fachlichen Tiefe gilt – die ggf. durch die „Höhe" des eingestellten akademischen Grades justiert werden kann – als einer möglichen Praxisferne (22, 23). Hier liegt es an den Vertretern der Hochschulen, durch entsprechende Gestaltung der Lehrpläne solche Vorbehalte zu entkräften.

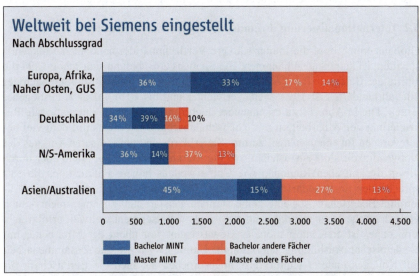

Abb. 11 Weltweit von Siemens 2015/16 eingestellte Mitarbeiter
mit Hochschulabschluss nach Abschlussgrad

Warum sollten Unternehmen auch keine jungen Ingenieure einstellen, die erfolgreich gut 5.000 Arbeitsstunden in das von ihnen gewählte Fach investiert, dazu 200-300 Stunden für eine erste wissenschaftliche Arbeit aufgewendet haben und – im Falle der Absolventen der meisten Hochschulen für Angewandte Wissenschaften (FH) – auch noch ein halbes Jahr Praxiserfahrung mitbringen? Schließlich entspricht der Bachelor mit seinen sechs akademischen Semestern dem klassischen FH-Diplom, das traditionell über 60% der deutschen Ingenieure zu einer erfolgreichen Berufsausübung befähigte!

Grundsätzlich ist Studierenden anzuraten, sich rechtzeitig vor dem Examen oder der Planung eines weiteren Ausbildungsschrittes durch das Auswerten von Stellenanzeigen über die am Markt gebotenen Möglichkeiten bzw. die gewünschten Anforderungen zu informieren. Dabei sollte man sich von der Fülle der dort geforderten Qualifikationen nicht vorzeitig entmutigen lassen: Stellenanzeigen haben eine gewisse geistige Verwandtschaft mit den in Zeitungen zu findenden Kontaktinseraten, in denen meist Models von Millionären gesucht werden (oder umgekehrt). Im Klartext: Die jeweilige Fachabteilung schreibt eher etwas zu viel in ihre Wunschliste, um dann in Anbetracht der Realität Abstriche zu machen. Die Alternative wäre für beide Seiten weit unangenehmer, wenn nämlich wesentliche, vom Kandidaten zu erfüllende, Anforderungen erst im fortgeschrittenen Stadium des Auswahlprozesses mit der Begründung auf den Tisch kämen, man habe nicht schon im Vorfeld die Bewerber entmutigen wollen.

6.2 Internationalisierung, Fremdsprachen und Studiendauer

Globalisierung, d. h. die immer stärkere Verflechtung der nationalen Volkswirtschaften, ist kein neues Phänomen. Bei Siemens z. B. befand sich schon 1894 die Hälfte der Belegschaft im Ausland – ein nach den politischen Rückschlägen des 20. Jahrhunderts erst 1997 wieder erreichter und bis 2014 auf 66% gestiegener Anteil. Die in Abb. 11 zu erkennende, überproportional hohe internationale Rekrutierung von Mitarbeitern mit Hochschulabschluss hat nichts mit dem viel beschworenen Ingenieurmangel zu tun. Sie erklärt sich zum kleineren Teil aus der Notwendigkeit, dort einzustellen, wo die Märkte wachsen, vor allem aber durch die in dynamischen Regionen wie China weitaus höhere Fluktuation, die entsprechenden Ersatzbedarf nach sich zieht. Doch Internationalisierung von Märkten und Belegschaft ist heute keine Domäne der Großunternehmen mehr - auch viele deutsche Mittelständler sind auf ihrem Marktsegment weltweit erfolgreich. Von daher ist ein „internationales Bewusstsein" vor allem der Mitarbeiter mit akademischer Ausbildung unerlässlich. Damit ist sowohl die Zusammenarbeit mit Kollegen anderer Kulturkreise angesprochen als auch die Bereitschaft, für eine Zeit im Ausland zu arbeiten. Hier bestehen jedoch z. T. erhebliche Vorbehalte, wie die schon erwähnte, vom VDE durchgeführte Umfrage zeigt (12).

Auffallend ist die starke Ablehnung jedes auch nur zeitweiligen Aufenthaltes in Asien oder anderen Regionen, zu denen z. B. Afrika, der Nahe Osten oder Südamerika zu zählen wären; ja selbst eine zeitweilige Versetzung in die USA würde von 37% nicht akzeptiert. Die Gründe für diese, im Vergleich zu früheren Befragungen sogar noch ausgeprägtere, Ablehnung dürften vielfältig sein. So spiegeln sich darin wohl die Krisenmeldungen aus vielen Weltregionen einerseits und die sehr guten Beschäftigungsaussichten in Deutschland (4,7) andererseits wider, die es weniger attraktiv erscheinen lassen, Risiken und Unannehmlichkeiten wie eine unbekannte Funktion, die Aufgabe der vertrauten Umgebung und Wohnung, Konflikte mit der Berufsplanung des Lebenspartners oder eine zeitweilige Trennung auf sich zu nehmen. Ebenfalls eine Rolle spielen dürfte die Tatsache, dass fast 80% der Ingenieurabsolventen keine Auslandserfahrung aus dem Studium mitbringen und sich von ihren Fremdsprachenkenntnissen her schlecht vorbereitet fühlen (13). Nicht zuletzt setzen Ingenieurstudenten andere Prioritäten: Während eine „internationale Laufbahn" nur zu 14% angestrebt wird, liegt eine „ausgewogene Work-Life Balance" mit 60% klar an erster Stelle (24).

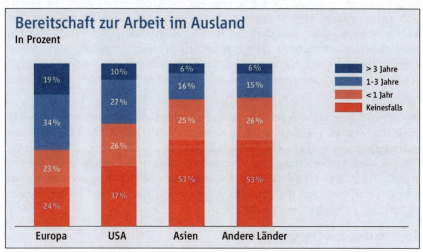

Abb. 12: Bereitschaft junger Elektroingenieure zur Arbeit im Ausland

Auch wenn eine Entsendung ins Ausland schon aus Kostengründen eher die Ausnahme bleibt, so sollten diese Ergebnisse doch die Unternehmen nachdenklich stimmen und zu größerer Transparenz in Bezug auf Auslandseinsätze (Dauer, Bedingungen, Position nach der Rückkehr) anspornen. Noch zu häufig werden die Erwartungen der jungen Mitarbeiter im Ausland, vor allem aber nach der Rückkehr, enttäuscht – was sich dann herumspricht (25).

Grundsätzlich muss man als Mitarbeiter zwei Arten von Auslandsaufenthalten unterscheiden:

1. **Projektdelegation:** Anstellung weiterhin im Ursprungsland, Einsatz vor Ort zum Ausführen eines befristeten Projektes (z. B. Montage). Keine Begleitung durch Lebenspartner, kein interkulturelles oder sprachliches Training, da wenig Bezug zum Land bzw. häufig wechselnde Einsatzorte. Hauptmotivation ist finanzieller Vorteil.

2. **Versetzung ins Land**: Längerfristige Arbeitsperspektive, zuvor interkulturelles Training (meist auch für Partner), Sprachtraining ggf. vor Ort. Aufgabe: Know-how-Transfer, Übernahme einer spezifischen Funktion in der Landesgesellschaft, Erweiterung des Horizonts. Bevorzugt Akademiker, da leichter bei höherem Bildungsstand; Baustein zukünftiger Karriereentwicklung auf dem Weg in höhere Führungsebenen.

Auch wenn sich, wie bereits erwähnt, Englisch als internationales Verständigungsmittel durchgesetzt hat, so ist doch die Kenntnis anderer Sprachen von Vorteil. Obwohl sie bei der Einstellung üblicherweise nicht zusätzlich honoriert wird (das Unternehmen bezahlt nach augenblicklicher Aufgabenpassung), so zeigen weitere Sprachen doch eine grundsätzliche Lernbereitschaft und können sich später einmal als entscheidender Vorsprung erweisen. Sprachliche Perfektion ist dabei selten erforderlich - man ist nicht mehr in der Schule, sondern muss sich in einer fremden, jedoch meist hilfsbereiten Umgebung verständigen können. (In Fällen wie Vertragsentwürfen oder Verhandlungen, bei denen es auf absolute Exaktheit des Ausdrucks ankommt, werden Spezialisten bzw. Muttersprachler eingesetzt).

Bei der von Arbeitgebern gerne gesehenen Auslandserfahrung steht deshalb auch nicht das weitere Training einer Sprache im Vordergrund, sondern der innere Reifungsprozess, die größere Selbständigkeit und der erweiterte Blickwinkel, den die Auseinandersetzung mit einer anderen Kultur und Lebensweise mit sich bringt. Dafür ist eine Verlängerung des Studiums eine sinnvolle Investition – vor allem, wenn man, wie die heutigen Absolventen, noch jünger ist bzw. später einmal eine Führungsposition anstrebt.

6.3 Einstieg, Aufstieg und Gehalt

Berufsanfänger interessiert natürlich besonders das erste Gehalt und die Frage, wovon es abhängt. Wichtigster Faktor ist hier die Branche, wobei einer Untersuchung des Spiegels zufolge (26) z. B. Unternehmensberatungen fast doppelt so viel bezahlen wie das Handwerk. Weitere Abhängigkeiten ergeben sich, wie Abb.13 erkennen lässt (27), aus den Konjunkturzyklen. Bei der Einschätzung der dort gezeigten, insgesamt positiven Entwicklung ist allerdings zu berücksichtigen, dass die kumulierte Geldentwertung in diesem Zeitraum gut 20% betrug (27).

Darüber hinaus hat neben dem Standort des Unternehmens vor allem seine Größe entscheidenden Einfluss, wie Abb. 14 zeigt (27). Die viel diskutierte Art des Abschlusses (Bachelor, Master oder altes Diplom) tritt dem gegenüber zurück (7). Behauptungen, dass Bachelors im weiteren Verlauf des Berufslebens karrieremäßig benachteiligt würden, sind mit großer Vorsicht zu genießen. Zum einen ist hier die Datenbasis derzeit angesichts geringer Erfahrungswerte noch äußerst dürftig, zum anderen würde das unterstellen, dass die Wirtschaft - gleiche Leistung vorausgesetzt - Mitarbeiter nur auf Grund ihres bei Berufsbeginn mitgebrachten Abschlusses diskriminiert.

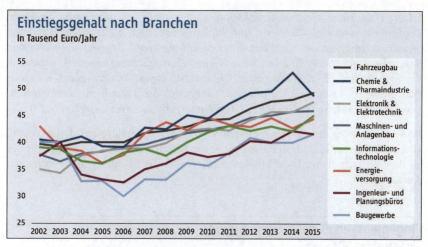

Einstiegsgehalt nach Branchen
In Tausend Euro/Jahr

Legende:
- Fahrzeugbau
- Chemie & Pharmaindustrie
- Elektronik & Elektrotechnik
- Maschinen- und Anlagenbau
- Informationstechnologie
- Energieversorgung
- Ingenieur- und Planungsbüros
- Baugewerbe

Abb. 13: Abhängigkeit von Ingenieur-Einstiegsgehältern
von Branche und Konjunktur im Zeitraum 2002-2015

In Anbetracht der Tatsache, dass in der Arbeitswelt kontinuierliches Weiterlernen die Regel ist und z. B. bei Siemens ca. 30% der Führungskräfte überhaupt keinen Hochschulabschluss für ihre Karriere benötigten (28), ist dies sehr unwahrscheinlich. Außerdem müsste im Umkehrschluss gelten, dass einst erworbene akademische Qualifikationen auch noch nach Jahren geeignet wären, berufliche Fehlschläge auszugleichen. Solche, den Interessen eines im Konkurrenzkampf stehenden Wirtschaftsunternehmens widersprechende, Verhaltensweisen sind dem Autor nicht bekannt.

Der wichtigste Hebel zur Steigerung des Gehalts ist, wie Abb. 14 ebenfalls zeigt, der Aufstieg in der Unternehmenshierarchie, d. h. die Übernahme von Verantwortung nicht nur für die eigene Arbeit, sondern auch für die Leistung anderer. Diese Art von Karriere hat jedoch bei vielen Absolventen nicht die höchste Priorität (24). Auch sind Ingenieure durch ihre starke Fixierung auf Fakten und Sachthemen oft mental schlechter vorbereitet, so dass sie Gefahr laufen, das Rennen zugunsten anderer Fachrichtungen zu verlieren (28) – eine nicht ungefährliche Tendenz. Ein Personalexperte warnt deshalb: *„Viele Naturwissenschaftler, insbesondere zahlreiche Ingenieure, sind der Ansicht, eine hohe fachliche Qualifikation mache den Wert eines entsprechenden Angestellten aus und müsse die zentrale Basis für eine angemessene Entlohnung, für die Übertragung größerer Verantwortung, für Beförderungen und den weitgehenden Schutz gegen den Verlust des Arbeitsplatzes sein. Diese Auffassung mag verständlich sein – sie ist aber falsch. ... Je höher ein Mitarbeiter in der Hierarchie aufsteigt, desto größer wird die Bedeutung von Persönlichkeits-*

faktoren für seine Gesamtqualifikation. ... Beispiele, die das ganze Spektrum wenigstens umreißen (bewusst nur alphabetisch und nicht nach Wertigkeit geordnet): analytische Fähigkeiten, Ausstrahlungskraft, Begeisterungsfähigkeit, Beharrlichkeit, Blick für das Wesentliche, Durchsetzungsfähigkeit, Dynamik, Einsatzbereitschaft, Kontaktstärke, Kreativität, Loyalität, Präsentationsstärke, Pünktlichkeit, rhetorische Fähigkeit, Sorgfalt, Stehvermögen, sympathische Erscheinung, taktisches Geschick, Überzeugungskraft, Zuverlässigkeit" (29).

Im Gegensatz zu der an Hochschulen verbreiteten Fixierung auf den akademischen Grad beeinflusst dieser also primär die Einstiegsposition, ist jedoch für den in der Wirtschaft weit wichtigeren späteren Aufstieg nur von beschränkter Aussagekraft.

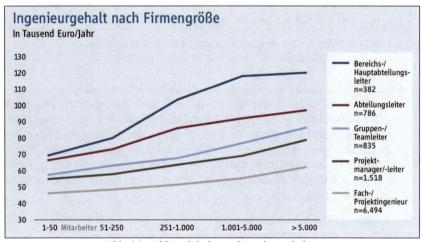

Abb. 14: Abhängigkeit von Ingenieurgehältern
von hierarchischer Position und Unternehmensgröße

7 Zusammenfassung

Anders als beim Naturwissenschaftler, der wertfrei allgemeingültige Zusammenhänge erforscht, zielt die Arbeit des Ingenieurs auf die zeitnahe Entwicklung von Produkten zur Erfüllung aktueller menschlicher Bedürfnisse. Im Rahmen der immer weiter fortschreitenden Technisierung unserer Gesellschaft sind Aufgaben und Einsatzbereiche von Ingenieuren in den vergangenen Jahrzehnten stark gewachsen. Das gilt vor allem für Elektroingenieure, deren Beiträge in so unterschiedlichen Gebieten wie Medizintechnik, regenerative Energien oder Elektromobilität für die Bewältigung unserer Zukunftsaufgaben unverzichtbar sind. Der gestiegenen Attraktivität der Aufgaben entspricht aber auch ein erweitertes Spektrum möglicher Anforderungen:

Es wird nicht mehr genügen, den wirtschaftlichen und technischen Randbedingungen eines Vorhabens zu genügen. Die Gesellschaft wird fordern, dass auch Ingenieure sich mit sozialen, kulturellen und menschlichen Aspekten ihrer Arbeit auskennen und diese vor der Allgemeinheit vertreten können. Es genügt eben nicht mehr, ein neues Produkt, eine Brücke oder ein Softwarepaket unter technischen und finanziellen Gesichtspunkten zu optimieren. Man wird auch seine weiteren Auswirkungen, z. B. seine Akzeptanz bei Familien mit Kindern, seine ästhetischen Wirkungen in einem gegebenen Umfeld oder seine langfristige Bedeutung für den natürlichen Lebensraum sehen müssen ... Der Ingenieur wird mit dem Historiker und dem Germanisten, dem Künstler und dem Sozialpädagogen, mit dem Tischler, dem Mediziner und dem Landwirt sprechen müssen. Er wird ihre Sprache lernen und sich mit ihren Werten, Erfolgskriterien und Ängsten auseinandersetzen müssen. Der eine oder andere Ingenieur mag dies als Belastung oder Erschwerung seines Berufs empfinden. Viele andere jedoch mögen dies als eigentliche Erfüllung ihres Lebenswerks betrachten" (30).

Quellen:

1. W. Hellmich, „Der geistige Aufbruch der deutschen Ingenieure", VDI Zeitschrift Bd. 90, Nr. 1, Jan. 1948

2. „Empfehlung des VDI zur Integration fachübergreifender Studieninhalte in das Ingenieurstudium"; Juli 1990

3. F. S. Becker: „Qualität der Ingenieurausbildung – Betrachtungen aus Industriesicht", in Grüneberg/Wenke (Hrsg.), VDE-Jahrbuch „Arbeitsmarkt Elektrotechnik Informationstechnik, 2012/13", S. 51-64. http://www.zvei.org/Publikationen/Qualitaet%20der%20Ingenierausbildung.pdf

4. O. Koppel: „Erwerbstätigkeit von E-Technik-Ingenieuren im Spiegel des Mikrozensus"; Hsg. Institut der Deutschen Wirtschaft in Zusammenarbeit mit VDI und VDE, 24.3.2016; https://www.vde.com/resource/blob/778188/4f3f1c9ac4293f9bdec6ed85dde5dcf1/studie-erwerbstaetigkeit-von-e-technik-ingenieuren-im-spiegel-des-mikrozensus-data.pdf

5. „Empfehlungen für neue Wissensinhalte im Studium der Elektrotechnik", Fakultätentag Elektrotechnik, VDE-Ausschuss Ingenieurausbildung, ZVEI-Ausschuss Berufsbildung, 23.6.1995

6. "Education to employment: Getting Europe's youth into work"; McKinsey & Company report, 1.2014 http://www.mckinsey.com/industries/social-sector/our-insights/converting-education-to-employment-in-europe

7. Studie Staufenbiel JobTrends 2016, https://www.staufenbiel.de/fileadmin/fm-dam/PDF/Publikationen/Staufenbiel_JobTrends_Deutschland_2016.pdf

8. J. Mohr: „Lernen im echten Leben", Der Spiegel, 11.12.2006, S. 68

9. Universum Communications und Access KellyOCG Studie, Wirtschaftswoche, 18.4.2011

10. „Hochschul-Bildungs-Report 2020, Hochschulbildung für die Arbeitswelt 4.0", Stifterverband und McKinsey, 2016; http://www.hochschulbildungsreport.de/hochschulbildung_4_0/unternehmensbefragung

11. „Erwartungen der Wirtschaft an Hochschulabsolventen"; DIHK-Studie 2011; http://www.ihk-lahndill.de/blob/ldkihk24/bildung/Studium/1230434/85f4646d37ecf9045ce2120f5bf2a3db/Was_erwartet_die_Wirtschaft_von_Hochschulabsolventen-data.pdf

12. VDE-Studie „Young Professionals" 2015; https://shop.vde.com/de/vde-studie-young-professionals-der-elektro-und-informationstechnik-2015

13. VDI, Stiftung Mercator, VDMA Studie: „15 Jahre Bologna-Reform Quo vadis Ingenieurausbildung", 17.3.2016; https://www.vdi.de/fileadmin/vdi_de/redakteur/bg-bilder/BG/2016_VDI-VDMA-Mercator-Studie-15_Jahre_Bologna-Reform.pdf

14. KOAB-Befragung Prüfungsjahrgang 2014, INCHER Kassel; persönliche Mitteilung von Tim Plasa.

15. K.-H. Minks: „Kompetenzen für den globalen Arbeitsmarkt: Was wird vermittelt? Was wird vermisst?", in Grüneberg/Wenke (Hrsg.), Arbeitsmarkt Elektrotechnik Informationstechnik 2005, S. 29.

16. z. B. die seit über einem Vierteljahrhundert in den VDI nachrichten erscheinende Serie „Karriereberatung", deren Autor H. Mell auch eine Webseite betreibt und eine Reihe von höchst aufschlussreichen Büchern verfasst hat. http://www.vdi-nachrichten.com/Management-Karriere/Karriereberatung-Heiko-Mell

17. TU9-Presseinformation vom 8.12.2009, http://www.tu9.de/presse/presse_3312.php

18. „Empfehlung der 15. Mitgliederversammlung der Hochschulrektorenkonferenz" vom 19.11.2013; https://www.hrk.de/uploads/media/Empfehlung_Europaeische_Studienreform_finale_19.11.2013.pdf

19. z. B "Bachelor Welcome 4", Erklärung deutscher Unternehmen vom 21. 10. 2010; Hsg. BDA, Stifterverband und BDI; https://www.dgfp.de/wissen/personalwissen-direkt/dokument/86474/herunterladen

20. https://www.hrk.de/presse/pressemitteilungen/pressemitteilung/meldung/hrk-und-arbeitgeberverband-suedwestmetall-bachelor-als-studienabschluss-mit-hervorragenden-beschaeftigungsperspektiven-etablieren-2536/

21. Institut der Deutschen Wirtschaft, IW-Presseinformation No. 54, 15.12. 2009; www.iwkoeln.de

22. K. Briedis et al. „Mit dem Bachelor in den Beruf"; HIS-Positionen, Studie vom 3.5.2011; https://www.stifterverband.org/medien/mit-dem-bachelor-den-beruf

23. „Kompetent und Praxisnah – Erwartungen der Wirtschaft an Hochschulabsolventen", DIHK Studie 2015, http://www.dihk.de/themenfelder/aus-und-weiterbildung/schule-hochschule/hochschule

24. Universum Young Professional Survey 2014, VDI nachrichten Ingenieurkarriere 1 -2015, S. 18; https://www.saatkorn.com/universum-young-professional-studie-2014/

25. G. Achterhold: „Wieder daheim" und C. Grunewald-Petschke: „Der Expat-Blues", SZ Nr. 127, 4./5. 6. 2016, S. 69

26. Karriere-Spiegel, 6.9.2011; http://www.spiegel.de/fotostrecke/fotostrecke-72442.html

27. VDI nachrichten Gehaltstest 2015, http://www.ingenieurkarriere.de/gehaltstest/gehaltsstudie-einstiegsgehaelter-fuer-ingenieure

28. F.S. Becker "Why don't young people want to become engineers? Rational reasons for disappointing decisions"; Europ. Journal of Eng. Education Vol. 35, No. 4, August 2010, p. 349–366; https://www.researchgate.net/publication/228623666_'Why_Don't_Young_People_Want_to_Become _Engineers_Rational_Reasons_for_Disappointing_Decisions'

29. H.Mell, VDI nachrichten v. 23.9.2011 (Notizen aus der Praxis Nr. 386)

30. C.-F. von Braun, VDI, Innovationsforscher, in „Technik in Bayern" 01-2010

31. „Das Studium anpassen, nicht auf den Kopf stellen"; Interview mit Bosch-Personalvorstand Christoph Kübel, VDI nachrichten v. 3.6.2016, S. 29; http://www.vdi-nachrichten.com/Management-Karriere/Das-Studium-anpassen-Kopf-stellen

Die angegebenen Internetlinks wurden im August 2016 überprüft.

Über den Autor:

Dr. Frank Stefan Becker, Jahrgang 1952, war über drei Jahrzehnte lang bei Siemens in verschiedenen Funktionen tätig, von 2003 bis Ende 2012 verantwortlich für Themen wie Ingenieurausbildung, Anforderungen an Absolventen, Reform der Studiengänge (Bachelor/Master), Vorträge und Fachartikel zu Bildungsthemen. Er war auch lange Jahre Vorsitzender des Arbeitskreises Ingenieurausbildung des ZVEI, Vorsitzender des Fachbeirats Ingenieurausbildung im VDI, Mitglied im Hochschulrat der HAW München, Physik-Gutachter für Akkreditierungen bei der ASIIN sowie Mitglied in einer Reihe von Expertengruppen und Beiräten. Er stellt jetzt sein Wissen und seine Erfahrung als Referent auf Karrieremessen, als Argumentationscoach und als Tagungsmoderator zur Verfügung.

Kontakt: franksbecker@gmail.com

Dieser Artikel ist eine überarbeitete Fassung eines Beitrags, der unter dem gleichen Titel bereits in der Ausgabe 2013/14 dieses Buches erschienen ist.

4.2 Das Universitätsstudium:

Breites Grundlagenwissen mit großer Methodenkompetenz zur Lösung komplexer Aufgaben

Prof. Dr.-Ing. **Thomas Eibert**
Lehrstuhl für Hochfrequenztechnik (HFT), Techn. Universität München

Die Elektrotechnik und Informationstechnik ist einer der wesentlichen Innovationstreiber in Forschung und Technik. Die dramatischen Fortschritte im Bereich der Kommunikation und des Internets sind ohne die Elektrotechnik und Informationstechnik genauso wenig denkbar wie viele Errungenschaften in der modernen Medizin, in der Automatisierungstechnik oder auch in der Energieversorgung. Im Hinblick auf die vielen technischen und gesellschaftlichen Herausforderungen unserer Zeit kommt der Ausbildung der zukünftigen Experten für Elektrotechnik und Informationstechnik eine sehr große Bedeutung zu.

Wir werden eine große Vielfalt von Fachleuten mit unterschiedlichsten Qualifikationsprofilen brauchen, wobei Facharbeiter, Techniker und Ingenieure gleichermaßen wichtig sind. Das Ausbildungssystem in Deutschland ist in dieser Hinsicht mit seinen unterschiedlichen Ausbildungswegen durchaus vorbildlich. Im Bereich der Ingenieurausbildung hat sich in den letzten Jahren das zweigliedrige Studium bestehend aus Bachelor und Master etabliert, sowohl an den Universitäten als auch an den Hochschulen für angewandte Wissenschaften.

Im VDE Technologiemagazin „dialog" war vor einiger Zeit im Zusammenhang mit den Entwicklungen in der industriellen Produktion zu lesen, dass unsere Ingenieure immer komplexer denken müssen und dass wir in der Ausbildung unserer Ingenieure wieder mehr Gewicht auf methodische Fähigkeiten legen sollten. Genau hier setzen die universitären Studiengänge an: Die Zielsetzung besteht darin, Ingenieure auszubilden, die ausgehend von einem breit angelegten Grundlagenwissen und mit großer Methodenkompetenz in der Lage sind, die wesentlichen Inhalte der komplexen Sachverhalte ihres Fachgebietes und auch der Nachbardisziplinen grundlegend zu verstehen, um davon ausgehend, die für die Zukunft erforderlichen Innovationen entwickeln zu können.

Von besonderer Bedeutung für ein Universitätsstudium der Elektrotechnik und Informationstechnik ist die Mathematik, die in allen Bereichen gebraucht wird und die entsprechend möglichst am Anfang des Studiums in der erforderlichen Tiefe vermittelt werden sollte. Weiterhin sind die Physik und immer mehr auch die Informatik von großer Bedeutung. Zum „Markenkern" der Elektrotechnik und Informationstechnik gehören die elektrische Schaltungen und Netzwerke, elektrische, magnetische und elektromagnetische Felder, Signale und Systeme sowie die jeweiligen Bauelemente und Komponenten.

Um die Studierenden in die Lage zu versetzen, die einzelnen Disziplinen und Anwendungen der Elektrotechnik und Informationstechnik mit den geeigneten Abstraktionen, Modellbildungen und den dazu gehörigen Arbeitsmethoden erfassen und behandeln zu können, sind die universitären Studiengänge der Elektrotechnik und Informationstechnik so aufgebaut, dass in den ersten Semestern des Bachelorstudiums ein starker Fokus auf der Mathematik, insbesondere der linearen Algebra und der Analysis, der Physik, den elektrischen Schaltungen sowie grundlegenden Kenntnissen der Digitaltechnik und der Programmierung liegt. Darauf aufbauend können dann Werkstoffe der Elektrotechnik, elektronische Bauelemente und Systeme, sowie elektrische, magnetische und elektromagnetische Felder mit der entsprechenden Methodenkompetenz erarbeitet werden.

Damit sind die Studierenden gerüstet, über entsprechende Vertiefungen in die Spezialdisziplinen der Elektrotechnik und Informationstechnik, wie z. B. die Energietechnik, die Mikroelektronik, die Automatisierungstechnik oder auch die Kommunikationstechnik einzusteigen und sich die dazu gehörigen Anwendungen zu erschließen. Es ist von großer Wichtigkeit, die eher theoretischen methodischen Kompetenzen möglichst frühzeitig zu vermitteln, um dann damit die vertiefenden anwendungsnahen Inhalte möglichst effizient erarbeiten zu können.

Ein besonderes Charakteristikum von Universitäten ist die sogenannte Einheit von Forschung und Lehre, was bedeutet, dass die Professoren/innen in der Regel in ihrem Lehrgebiet auch aktive Forschung betreiben und dadurch für die Lehre enorm profitieren. Für ein Universitätsstudium der Elektrotechnik und Informationstechnik bedeutet dies zum Beispiel auch, dass die Studierenden ihre Mathematikausbildung von aktiv forschenden Mathematikern/innen und ihre Physikausbildung von aktiv forschenden Physikern/innen erhalten.

Als Lehrformen gibt es in den universitären Studiengängen in den ersten Semestern Vorlesungen, Übungen und Praktika, wobei die Lehrinhalte in den Vorlesungen vermittelt und in den Übungen durch die Lösung von häufig praktischen Problemstellungen vertieft werden. In den Praktika werden in kleinen Gruppen unter individueller Betreuung meist etwas größere Problemstellungen im Labor oder am Computer bearbeitet. Insbesondere bei der Art und dem Umfang, der während der ersten Semester in das Studium integrierten Praktika gibt es zwischen den Studiengängen an verschiedenen Universitäten durchaus Unterschiede, so dass es für Studieninteressierte auf jeden Fall empfehlenswert ist, sich die entsprechenden Studienpläne im Detail anzuschauen und mit den eigenen Erwartungen und Zielsetzungen zu vergleichen. Manche Universitäten bieten sehr frühzeitig Praktika an, andere haben in den ersten Semestern einen größeren Fokus auf theoretischen Inhalten.

In den höheren Semestern entwickeln sich die Lehrveranstaltungen mit zunehmender Vertiefung und oftmals relativ kleinen Gruppengrößen immer mehr zu Seminaren, in denen eine starke Interaktion zwischen den Lehrenden und den Studierenden erwünscht ist und gefördert wird. Das gilt vor allem auch für die sog. „Massenuniversitäten", die meist ein enorm breites Vertiefungsangebot vorweisen können. Zusätzlich zu den Lehrangeboten müssen die Studierenden in den Bachelorstudiengängen in der Regel eine berufspraktische Ausbildung, z. B. in einem Industrie- oder Handwerksbetrieb oder einer Behörde, absolvieren, und es ist durchaus üblich und empfehlenswert, dass im Rahmen von Werkstudierendentätigkeiten oder freiwilligen Praktika die konkreten praktischen Erfahrungen weiter vertieft werden.

In den ersten drei bis vier Semestern sind die Studieninhalte der Bachelorstudiengänge weitgehend fest vorgegeben, um damit ein für alle weiterführenden Lehrangebote vergleichbares Fundament zu legen. In den höheren Semestern sind universitäre Studiengänge in der Regel dadurch gekennzeichnet, dass sehr viel Wahlfreiheit herrscht, dass also die Studierenden möglichst viel Verantwortung für die Auswahl und die Profilbildung ihrer Studieninhalte übernehmen dürfen und auch müssen. An manchen Universitäten können sich die Studierenden für eine bestimmte Vertiefungsrichtung, wie z. B. Kommunikations- oder Automatisierungstechnik entscheiden, innerhalb derer dann gewisse Inhalte vorgegeben sind oder auch weiter spezifiziert werden können. An anderen Universitäten ist es dagegen durchaus üblich, dass die Studierenden sich ihren Studienplan komplett frei zusammenstellen können, wobei es dann aber in der Regel Empfehlungen für sinnvoll kombinierbare Lehrveranstaltungen gibt.

Leistungsnachweise erfolgen in einem Universitätsstudium in der Regel fortlaufend, d. h. es gibt am Ende eines jeden Semesters Prüfungen mit dem entsprechenden Feedback für die Studierenden und bei verschiedenen Lehrveranstaltungen, wie z. B. in Praktika, ist es durchaus üblich, auch schon während des Semesters den Arbeitsfortschritt zu kontrollieren. Abgeschlossen wird das Bachelorstudium durch eine Bachelorarbeit, die die Studierenden unter

Betreuung durch eine/n wissenschaftliche/n Mitarbeiter/in oder eine/n Professor/in über einen Zeitraum von z. B. neun Wochen Vollzeit bearbeiten.

Die meisten Bachelorstudiengänge an Universitäten haben derzeit eine Regelstudienzeit von sechs Semestern und konzentrieren sich darauf, bei den Studierenden ein breit angelegtes Grundlagen- und Methodenfundament zu legen, das durch einen ersten Einstieg in eines der Vertiefungsgebiete der Elektrotechnik und Informationstechnik ergänzt wird. Zur weiteren Vertiefung und Profilbildung ist es empfehlenswert, dass die Bachelorabsolventen ein üblicherweise viersemestriges Masterstudium anschließen, in dem weitere anwendungsnahe oder auch forschungsnahe Inhalte der Elektrotechnik und Informationstechnik erarbeitet werden. In den Masterstudiengängen haben die Studierenden in der Regel wiederum eine große Wahlfreiheit bei der Gestaltung ihres Studiums. Die angebotenen Studieninhalte sind hierbei stark durch das Forschungsprofil der einzelnen Universitäten geprägt. Das heißt, dass es vor der Entscheidung für einen bestimmten Masterstudiengang sehr ratsam ist, sich im Detail anzuschauen, an welchen Forschungsthemen die Professoren/innen der entsprechenden Universität arbeiten. Es kann dann durchaus empfehlenswert sein, für das Masterstudium an eine andere Universität zu wechseln.

Abgeschlossen wird das Masterstudium durch eine üblicherweise sechsmonatige Masterarbeit, in der dann schon eine etwas umfassendere ingenieurtypische Aufgabenstellung, wiederum unter Betreuung eines/r wissenschaftlichen Mitarbeiters/in oder eines/r Professors/in, bearbeitet werden kann.

Zuweilen ist es unter Umständen sinnvoll, nach dem Bachelorstudium bei entsprechender Interessenlage den Hochschultyp zu wechseln. Wenn jemand zu dem Schluss kommt, dass er/sie doch mehr praktisch und anwendungsnah arbeiten möchte, kann auch ein Wechsel zu einer Hochschule für angewandte Wissenschaften sinnvoll sein. Allerdings sollte man sich aber darüber im Klaren sein, dass es voraussichtlich notwendig sein wird, sich bestimmte Kenntnisse und Kompetenzen, die für den jeweils anderen Hochschultyp prägend sind, eigenständig zu erarbeiten.

Wer ein Universitätsstudium der Elektrotechnik und Informationstechnik erfolgreich abgeschlossen hat, ist in der Regel gut gerüstet für ein erfolgreiches Berufsleben und auch die Jobaussichten sind hervorragend. Wissenschaftlich interessierte Absolventen/innen sollten sich überlegen, ob sie eine Promotion anschließen möchten. Diese ermöglicht es, sich methodisch und fachlich weiter zu vertiefen, um ein bestimmtes Fachgebiet wirklich umfassend zu beherrschen. Vielfach können in der Promotionsphase auch schon erste Projektmanagement- und Führungserfahrungen gesammelt werden.

http://www.ei.tum.de

4.3 Hochschulen für Angewandte Wissenschaften bieten solide berufsqualifizierende Ausbildung

Prof. Dr. Ing. **Manfred Paul,**
Fakultät für Elektrotechnik und
Informationstechnik, Hochschule
für Angewandte Wissenschaften München

Die Energiewende in Deutschland mit zu gestalten ist sicher nur ein Beispiel für die vielfältigen Herausforderungen, denen Absolventen eines Studiums der Ingenieurwissenschaften im Bereich der Elektrotechnik und Informationstechnik bzw. verwandter Gebiete z. B. Regenerative Energien gegenüberstehen. Auch andere Aufgaben in der Elektromobilität, der Kommunikations- oder Automatisierungstechnik bieten beste Berufsaussichten.

Wie sieht ein solches Studium aus, und für welchen Studiengang entscheide ich mich? Grundsätzlich bieten technische Universitäten, Hochschulen für angewandte Wissenschaften (HAWs) sowie Berufsakademien (in Baden-Württemberg = Duale Hochschule Baden-Württemberg DHBW) eine Vielzahl entsprechender Studiengänge an.

Studierwillige sollten bei der Auswahl des Studiengangs aber sehr genau auf die Inhalte sehen. Gerade in den letzten Jahren wurde eine Vielzahl spezialisierter attraktiver Studienangebote entwickelt, nachdem die klassischen Studiengänge in den Augen der Studierwilligen oft als „veraltet" gelten und Hype-Themen wie z. B. Regenerative Energien, Elektromobilität u. ä. vermeintlich als besonders zukunftssicher gelten. Tatsächlich kann eine zu starke Spezialisierung aber eher hinderlich sein, breite Kenntnisse in Grundlagenfächern sind nach wie vor als Basis für die Flexibiltät bei der späteren Berufswahl hilfreich.

Die Hochschule München war eine der ersten Hochschulen in Deutschland, die beispielsweise einen Bachelorstudiengang Regenerative Energien eingeführt hat. Die Bewerberzahlen waren bei dessen Einführung rund fünfmal so hoch wie für die Elektrotechnik/Informationstechnik mit vier verschiedenen Vertiefungsrichtungen zusammen. Zuvor hatte die Vertiefungsrichtung mit der Bezeichnung Energietechnik nur geringen Zulauf.

Marketing für Studiengänge scheint also gut zu funktionieren, moderne Titel von Studiengängen besitzen offensichtlich einen hohen Stellenwert. Die Aussage eines Studienbewerbers „Ich möchte Teil der Lösung sein, nicht des Problems (gemeint war wohl: regenerative Energien = gut, klassische Energietechnik = schlecht)" unterstreicht das eindrucksvoll. Auch nach der Einführung weiterer Studiengänge „Regenerative Energien" an anderen Hochschulen sind die Bewerberzahlen immer noch hoch, der Anteil der weiblichen Studierwilligen im Übrigen auch.

Die Hochschule München setzt trotzdem ganz bewusst auf ein Grundstudium mit starker Ausrichtung auf die klassische Elektrotechnik/Informationstechnik. Erst in den höheren Semestern werden dann die verschiedenen Bereiche der regenerativen Energien und klassischen Energietechnik vertieft, trotzdem existieren Wahlmöglichkeiten, um auch andere Fächer in den Studiengang integrieren zu können. Das Beispiel der Solarbranche in Deutschland zeigt sehr deutlich, dass die Märkte hier doch recht volatil sind. Ein gut ausgebildeter Ingenieur mit guten Kenntnissen im gesamten Bereich der Elektrotechnik hat hier genügend Alternativen, eine solide Ausbildung in den Grundlagen der Elektrotechnik, Mathematik und Informationstechnik sichert die Basis für eine spätere breite Einsetzbarkeit des Absolventen. Inzwischen gibt es ein ähnliches Angebot im Bereich Elektromobilität, aber auch wieder mit gleichem elektro-technischem Grundstudium, womit auch ein Wechsel zwischen den Studien-gängen leicht möglich ist. Das ist nicht überall so.

Es sollte inzwischen jedem Berufsanfänger klar sein, dass die Ausbildung mit dem Studium nicht endet. Lebenslanges Lernen und ständige Weiterbildung sind gefragt. Damit ist heute eine Spezialisierung, egal in welchem Bereich, zwangs-läufig für viele Ingenieure von temporärer Dauer und nur bedingt sinnvoll. Durch die Einführung von Bachelor und Masterstudiengängen und der damit ver-bundenen höheren Flexibilität beim Wechsel der Studienrichtung und sogar des Hochschultyps ist hier aber auch die Eigenverantwortung des Studierenden gefragter als früher.

Wo studiere ich nun am sinnvollsten, was unterscheidet ein Studium an einer Hochschule für angewandte Wissenschaften (HAW) von dem an einer tech-nischen Universität?

Die Angebote der HAWs richten sich an den eher haptisch veranlagten Lern-typen, bieten einen hohen Anteil an Praktika, die in die überwiegende Anzahl der Vorlesungen integriert sind. Hierzu kommt ein eigenes Praxissemester, das frühe Einblicke in die Arbeitsweisen in der Industrie ermöglicht. Dieses Modell eines 6-semestrigen Theorieteils und einem eigenen Praxissemester hat sich im Bereich der Elektrotechnik und Informationstechnik bundesweit an den Hochschulen für angewandte Wissenschaften durchgesetzt. An der Hochschule

München ist das Praxissemester im fünften Semester angesiedelt, so dass diese Einblicke auch zur Wahl der entsprechenden Vertiefungsrichtung im Studium hilfreich sind. Andererseits werden so früh Kontakte der Studierenden zu Industrieunternehmen geknüpft. Oft werden dann auch die Bachelorarbeiten direkt in Industrieunternehmen durchgeführt.

Die Vorlesungsgruppen sind im Vergleich zur Universität eher klein, an der Hochschule München werden die Studienanfänger auf Studiengruppen von maximal 70 Studierende aufgeteilt, später sind die Gruppen oft noch kleiner. Die entsprechenden Vorlesungen werden von verschiedenen Dozenten mehrfach parallel angeboten. In den Praktika sind Gruppen von etwa 15 Studenten die Regel. Im Gegensatz zu den Universitäten werden die Studenten in den Praktika von den Professoren selbst betreut.

Die Universitäten setzen auf eine wissenschaftliche Ausbildung, auch mit dem Ziel, den eigenen Forschungsnachwuchs zu generieren. Im Allgemeinen wird in den ersten Semestern der Bachelorstudiengänge eine gute theoretische Basis gelegt, eine Spezialisierung findet erst später in den höheren Semestern bzw. im Masterstudiengang statt. Damit richtet sich das Universitätsangebot eher an Studierende mit gutem theoretischen Hintergrund und Interesse. Den Universitätsstudierenden wird im Allgemeinen nahegelegt, auf jeden Fall den Masterabschluss zu machen.

Die Regelstudienzeit für Bachelorabschluss an einer technischen Universität liegt in der Regel bei sechs Semestern. Obwohl die Bachelors der Universitäten auch als berufsqualifizierender Abschluss gelten, sind sie es daher aus Sicht der Industrie heute oft noch nicht. Die Bachelorabsolventen der Hochschulen für angewandte Wissenschaften, deren Abschluss in etwa dem des früheren FH-Diploms entspricht, sind dagegen in der Industrie nach wie vor gerne gesehen, vor allem auch wegen des erhöhten Praxisanteils im Studium.

Wie kann es nach dem Bachelor weitergehen? Beide Hochschultypen bieten heute Masterstudiengänge an. Beide befähigen zur Promotion, die für Absolventen der HAWs dann in der Regel in einem internationalen PhD-Programm oder im Rahmen einer kooperativen Promotion zwischen Hochschule und Universität durchgeführt wird. Unterschieden wird zwischen konsekutiven Masterstudiengängen (die i. A. direkt auf entsprechende Bachelorstudiengänge aufbauen) in Voll- und Teilzeit und Weiterbildungsstudiengängen, die auch später ein berufsbegleitendes Studium ermöglichen, aber kostenpflichtig sind.

Inhaltlich bestehen in den Masterangeboten der verschiedenen Hochschulen und Universitäten teils große Unterschiede. Die Masterangebote der Universitäten orientieren sich oft an den jeweiligen Forschungsgebieten und dienen schon aufgrund dieser Nähe zur Vertiefung von Kenntnissen in Spezialbereichen, schon um den eigenen Forschungsnachwuchs passend auszubilden. Dasselbe gilt auch für einige Masterangebote in forschungsintensiveren Bereichen der Hochschulen für angewandte Wissenschaften. Neben den Angeboten zur Spezialisierung gibt es aber noch allgemeiner gehaltene Masterangebote zur Vertiefung oder Verbreiterung des Wissens über weitere Bereiche. Die Fakultät Elektrotechnik und Informationstechnik der Hochschule München bietet z. B. zwei Masterstudiengänge an, einen Master Electrical Engineering (vertiefende allgemeine Elektrotechnik) und einen Master Systems Engineering (verbreiternd mit Schwerpunkt auf Systemkonzeption in großen Projekten).

Grundsätzlich ist der Wechsel des Hochschultyps mit dem Bachelorabschluss in beiden Richtungen immer möglich. In der Praxis bestehen allerdings Hindernisse durch begrenzte Plätze bei konsekutiven Masterangeboten über Hochschulgrenzen hinweg. Aufnahmeprüfungen oder Auswahlgespräche dienen hier der Zulassungsbeschränkung. Beim Wechsel von der HAW in ein Masterangebot einer Universität muss geklärt werden, ob die theoretischen Voraussetzungen ausreichend sind. Ein weiterer Aspekt besteht in der Anzahl der Semester bzw. ECTS (European Credit Transfer System) Punkte, die der jeweilige Masterstudiengang umfasst. Ein Semester entspricht 30 ECTS Punkten. An den HAWs ist die Aufteilung von 7 Semestern (6 Theorie- und 1 Praxissemester, in Summe 210 ECTS Punkte) für den Bachelor und 3 Semester (90 ECTS Punkte) für den Master die Regel, teilweise findet sich ein Verhältnis von 8:2, in seltenen Fällen 6:4. Genau diese Aufteilung, 6-semestrige Bachelor Studiengänge mit 4-semestrigen Masterangeboten, ist jedoch das an den Universitäten bevorzugte Modell. Diese Ungleichheit erschwert den Wechsel zwischen den Hochschulen, vor allem aber zwischen den Hochschultypen. Die Eingangsvoraussetzungen für den jeweiligen Masterstudiengang sehen dann entsprechend vor, dass ggf. fehlende ECTS-Punkte im Umfang der fehlenden Semester bzw. Praxissemester nachgeholt werden müssen. Im umgekehrten Fall ergeben sich unter Umständen längere Studiendauern von 11, im Extremfall sogar 12 Semestern.

Natürlich sollte die Zweiteilung des bisher monolithischen Diploms in ein zweistufiges Systems die Flexibilität des Wechsels auch zwischen Fachrichtungen erhöhen. So gibt es grundsätzlich viele Möglichkeiten der Verbreiterung der Ausbildung, man denke an ein Ingenieurstudium mit einer Weiterentwicklung Richtung einer verwandten Ingenieurwissenschaft, Informatik, Wirtschaft oder Business Administration. Natürlich werden unterschiedliche Vorkenntnisse bei Masterangeboten berücksichtigt. Das hat aufgrund der kurzen Dauer der Masterstudiengänge jedoch oft Grenzen, die erhöhte Anforderungen an die Eigeninitiative der Studierenden stellen.

www.ee.hm.edu

4.4   Duales Studium: Das Soester Modell

Prof. Dr. **Peter Thiemann,**
Dekan FB Elektrische
Energietechnik, Fachhochschule
Südwestfalen, Campus Soest

Duales Studium:
Praktisch und effizient zum Abschluss – ohne Umwege ins Unternehmen

Das Duale Studium ist in aller Munde – auch wenn der Begriff sehr unterschiedlich verwendet wird. Gemeinsame Merkmale aller Dualen Studiengänge, auch Kooperative Studiengänge, sind wechselnde Theorie- und Praxisphasen sowie die Kooperation von Hochschule und Unternehmen. Man unterscheidet drei Duale Studienmodelle: ausbildungsintegriert, praxisintegriert und berufsbegleitend. Als Träger einer anwendungsorientierten Forschung und Lehre haben insbesondere die Fachhochschulen unterschiedliche Modelle des Dualen Studiums entwickelt und etabliert. Die Fachhochschule Südwestfalen bietet alle Formen des Dualen Studiums an: www.fh-swf.de/dual

Soester Modell – Studium und Praxis

Die Soester Ingenieurfachbereiche der Fachhochschule Südwestfalen entwickelten das kooperative Studium nach dem Soester Modell gemeinsam mit Unternehmen der Region. Diese Form des „praxisintegrierten Dualen Studiums" bietet Unternehmen seit über 15 Jahren eine hervorragende Möglichkeit, den Ingenieur-Nachwuchs kennenzulernen und an sich zu binden. Studierende und Unternehmen können im Rahmen von sechs Bachelorstudiengängen (7 Semester) mit den Abschlüssen Bachelor of Engineering (B.Eng.) und Bachelor of Arts (B.A.) am Modell teilnehmen. Der Studienverlauf im Soester Modell entspricht dem der entsprechenden Vollzeit-Studiengänge. Studierende versäumen keine Lehrveranstaltungen, da sie mit den regulär Studierenden lernen.

Die Praxisinhalte können entsprechend den individuellen Anforderungen der kooperierenden Unternehmen gestaltet werden und ergänzen auf diese Weise die akademische Ausbildung. Die Praxisphasen finden daher in der vorlesungs- und prüfungsfreien Zeit statt.

Die Auswahl der kooperativ Studierenden erfolgt durch die Unternehmen. Daher sollten Studieninteressierte sich möglichst vor bzw. parallel zur Einschreibung zum Studium bei einem kooperierenden Unternehmen bewerben. Theoretisch ist es auch möglich, sich nach Aufnahme des Studiums um einen Platz im Unternehmen zu kümmern. Ein Einstieg in das Soester Modell ist sowohl für Unternehmen, als auch für Studierende jederzeit möglich. In der Regel wird den Studierenden eine Studienbeihilfe seitens der Unternehmen gewährt. Unternehmen bieten diese klassische, kooperative Variante zunehmend auch für Masterstudiengänge an.

Vom Bachelor bis zur Promotion

Dual Studierende bringen ein überdurchschnittliches Maß an Motivation mit und haben deshalb beste Voraussetzungen Karriere zu machen. Deshalb ist es besonders für Unternehmen interessant, ihre Schützlinge mit einem Masterstudium weiter zu begleiten und zu entwickeln. Thorsten Vogt ist diesen Weg gegangen. Nach dem Bachelorstudium im Soester Modell in Kooperation mit der AEG Power Solutions GmbH, absolvierte der Elektroingenieur im Partnerunternehmen aus Warstein-Belecke auch das englischsprachige Masterstudium in Soest. Beides schloss Vogt mit Bravour ab: Für seine Bachelorarbeit erhielt er den Förderpreis des Unternehmensverbandes Westfalen Mitte (UVWM). Seine Masterarbeit wurde vom Verband der Metall- und Elektro-Industrie Nordrhein-Westfalen mit dem Dr. Kirchhoff-Preis ausgezeichnet.

Heute ist der 33-jährige Doktorand und wissenschaftlicher Mitarbeiter an der Universität Paderborn – natürlich in einem Kooperationsprojekt mit der AEG Power Solutions GmbH.

Thorsten Vogt

Erweitertes Soester Modell - Studium und Ausbildung

Gemeinsam mit der IHK Arnsberg wurde ergänzend zum Soester Modell eine erweiterte Variante entwickelt, bei der eine praktische Berufsausbildung in das Studium integriert wird.

Im sogenannten ausbildungsintegrierten Dualen Studium werden zwei Abschlüsse erworben, der Bachelor sowie der Abschluss einer beruflichen Ausbildung in Elektro- bzw. Metallberufen (IHK). Durch die Kombination von Studium und Ausbildung können berufspraktische Inhalte effektiv erlernt werden. Gleichzeitig ergänzen sich theoretische und praktische Inhalte auch in diesem Studienmodell in idealer Weise, führen jedoch zu einem anderen Studienverlauf. Maximilian Schmidt, Soester Modeller bei der Delta Energy Systems (Germany) GmbH in Soest, unterstreicht die Berufsnähe des Erweiterten Soester Modells. „Wir hatten in den ersten vier Semestern vier Tage an der FH und einen Tag im Unternehmen. Dadurch konnte man bereits Praxiserfahrung sammeln."

Neben der Immatrikulation in einem der teilnehmenden Studiengänge schließen Studierende mit dem Ausbildungsbetrieb zunächst einen Ausbildungsvertrag ab, der mit der IHK-Prüfung endet. Auf die IHK-Prüfung folgen weitere Vertragsformen bis zum Abschluss des Studiums. Im dritten Jahr findet die einjährige betriebliche Praxisphase statt, in der die Studierenden von der Fachhochschule beurlaubt werden. Dadurch ergibt sich eine Studiendauer von 4,5 Jahren innerhalb der Regelstudienzeit. Für die Studierenden des Erweiterten Soester Modells besteht keine Berufsschulpflich: *www.fh-swf.de/soester-modell*

Studium & Ausbildung oder Beruf

Das Verbundstudium als weitere Studienform der Fachhochschule Südwestfalen ist ein ausbildungs- oder berufsbegleitendes Studienangebot. Dabei muss die praktische Tätigkeit fachlich nicht zwingend in einem Zusammenhang mit dem jeweiligen Studiengang stehen. Durch die abgestimmte Kombination von Selbst- und Präsenzstudium haben Auszubildende und Berufstätige die Möglichkeit, sich gezielt zu qualifizieren.

Neben Selbststudienabschnitten (Lehrbriefe), die etwa 70% des Studiums ausmachen, finden bei einem neunsemestrigen Studienverlauf in der Regel vierzehntäglich samstags Präsenzabschnitte (ca. 30%) statt. Das Verbundstudium lässt sich natürlich auch mit einer Teilzeitbeschäftigung oder Erziehungszeit verbinden. Am Standort Soest werden derzeit zwei Verbundstudiengänge angeboten: *www.verbundstudium.de*

Studieren auf dem Campus Soest

Sie suchen...

- innovative Studiengänge
- optimale Studienbedingungen
- eine moderne Hochschule
- internationale Ausrichtung
- praxisorientierte Studieninhalte

... dann sind Sie in Soest genau richtig!

Kontakt
Fachhochschule Südwestfalen
Campus Soest
Fachbereich Elektrische Energietechnik
Telefon: 02921 378-3400
E-Mail: elektrotechnik-soest@fh-swf.de

Fachbereich
Elektrische Energietechnik

– Studiengänge mit ausgezeichneten Berufsaussichten:
  Elektrotechnik mit den Studienrichtungen Elektrische Energietechnik sowie Industrielle Informatik/Automatisierungstechnik
  und **Wirtschaftsingenieurwesen**

– Englischsprachige internationale Studiengänge:
  Bachelor-Studiengang **Business Administration with Informatics**
  und die Master-Studiengänge **International Management &**
  Information Systems und **Systems Engineering and Engineering**
  Management

– kurze Studienzeiten, kleine Lerngruppen

– persönlicher Kontakt zu Professoren und Mitarbeitern

– ein attraktiver, stadtnaher Hochschulcampus

– moderne Labore, Hörsäle und Seminarräume mit aktueller
  EDV-Ausstattung

– gute und preiswerte Wohnmöglichkeiten

– Internationale Studiengänge und Studienkooperationen, Auslandspraktika, Joint-PhD-Program mit der University of Bolton (UK)

– eine enge Vernetzung mit der regionalen Industrie

– Fraunhofer Anwendungszentrum für anorganische Leuchtstoffe

– Duale Studiengänge nach dem »Soester Modell«

– Zukunftsweisende Forschung und Entwicklung insbesondere auf
  den Gebieten Regenerative Energien, Smart Grids, Energiewirtschaft, Hochspannungstechnik, Energiekabel, Blitzschutz, Computa-
  tional Intelligence, LED-Technik, Elektromobilität, Industrie 4.0 sowie Leistungselektronik, Antriebs- und Automatisierungstechnik

4.5   Fernstudiengang Elektrotechnik – Beispiel HS OWL

Als Dekan des Fachbereiches Elektrotechnik und Technische Informatik an der Hochschule Ostwestfalen-Lippe hat Professor Uwe Meier den Aufbau des Fernstudiengangs Elektrotechnik begleitet. Der Bachelorstudiengang startet – in Kooperation mit dem Fachverlag Springer – im Sommersemester 2017. Professor Meier erklärt, welche Zielgruppen der Studiengang für welche Einsatzgebiete ausbildet.

Herr Professor Meier, an wen richtet sich der neue Fernstudiengang Elektrotechnik?

Wir sprechen vor allem all jene an, die schon in der elektrotechnischen Praxis verortet sind und sich berufsbegleitend weiter qualifizieren möchten. Voraussetzungen sind entweder eine Hochschulreife oder die mittlere Reife in Verbindung mit einer Berufsausbildung und mindestens drei Jahren Berufserfahrung in der Branche. Der Studiengang bereitet Berufserfahrene für die Übernahme höher qualifizierter Tätigkeiten in der Industrie, bei Dienstleistern oder in der Wissenschaft vor.

Welche Inhalte vermittelt der Studiengang?

In 29 Fachmodulen sowie zwei nicht-technischen Wahlmodulen vermittelt der Studiengang die theoretischen Grundlagen, die zum Erreichen eines Bachelors of Science notwendig sind. Die fachlichen Schwerpunkte liegen auf der Automatisierungstechnik und der industriellen Kommunikationstechnik. Die Studierenden profitieren besonders von der Forschungsstärke unseres Fachbereiches und dem hohen Anwendungsbezug der Forschung an unserer Hochschule.

Welchen Beitrag leistet die Hochschule OWL damit für die Sicherung von Fachkräften für die Branche?

Für Arbeitgeber bietet der Fernstudiengang die Chance, ambitionierte Mitarbeiterinnen und Mitarbeiter weiterzuentwickeln, ohne sie für mehrere Jahre aus dem Betrieb zu verlieren. Zusätzlich können anspruchsvolle Aufgaben im Unternehmen im Rahmen der Studien- und Abschlussarbeiten bearbeitet werden und so zu Innovationsschüben führen. Die Studierenden erlangen zudem durch die Teamarbeit mit ihren Kommilitoninnen und Kommilitonen in den Präsenzphasen eine selbstverantwortliche Form sozialer Kompetenzen.

Nähere Informationen zum Fernstudium B.Sc. Elektrotechnik unter:
www.springer-campus.de

4.6 Stärkung der Promotion – auch an Fachhochschulen

Das Beispiel Hochschule Ostwestfalen-Lippe in Lemgo

Fachhochschulen sind längst keine reinen Lehreinheiten mehr: Forschung – und zwar praxisnah und anwendungsorientiert – ist Alltag an vielen deutschen Fachhochschulen. Mit ihrem Fokus auf Transfer tragen sie maßgeblich zur Innovation in Wirtschaft und Gesellschaft bei. Die Hochschule OWL ist mit einem Drittmittelvolumen von über 10 Millionen Euro eine der forschungsstärksten Fachhochschulen in Deutschland. Mit der Forschung steigt auch die Zahl der Promotionen – sie sind tragende Säulen der Forschung und der Innovation in Wissenschaft, Wirtschaft und Gesellschaft.

Obwohl Fachhochschulen meist auf internationalem Niveau forschen, dürfen sie ihren Nachwuchs in der Regel noch nicht selbst promovieren. So entstehen Doktortitel zumeist in Kooperation mit einer Universität im In- und Ausland. Dabei hat eine kooperative Promotion an einer Fachhochschule durchaus ihre Vorteile. So ist die Mehrheit der Promovierenden der Hochschule in Projekte mit Firmenpartnern und öffentlicher Hand eingebunden, damit schon während der Promotionsphase fit im Bereich der Drittmittelakquise und zudem stark vernetzt mit Akteuren in Wirtschaft und Gesellschaft. Damit sind sie gewappnet für Karrieren sowohl innerhalb als auch außerhalb des Wissenschaftssystems. Sie verstehen beide Welten, die Theorie und die Praxis und sorgen für einen Transfer innerhalb der Wissenschaftscommunity. Aber auch auf Seiten der Fachhochschulen besteht ein wesentlicher Vorteil bei der kooperativen Promotion: Die Möglichkeit, den wissenschaftlichen Nachwuchs „aus eigenen Reihen" zu rekrutieren, ist ein wichtiger Schritt in Richtung zukunftsweisende Personalentwicklung, mit der die Fachhochschulen ihren wissenschaftlichen Mittelbau fördern.

Vor dem Hintergrund der Bedeutung von Promotionen für Fachhochschulen, hat die HS OWL maßgeblich in den Ausbau und die Unterstützung von Promotionsmöglichkeiten investiert. So wurde bereits in 2013 die internationale Graduiertenschule „International Graduate School of Intelligent Systems in Automation Technology *(ISA)*"gemeinsam mit der Universität Paderborn gegründet, um strukturierte Promotionen in den Bereichen Elektrotechnik und Informationstechnik zu ermöglichen. 2014 folgte ein eigener Promotionsstudiengang, um Promovierende mehr in die Hochschulstrukturen einzubinden. 2015 wurde schließlich ein fachübergreifendes Graduiertenzentrum nach angloamerikanischem Vorbild gegründet, das alle an der HS OWL durchgeführten kooperativen Promotionen bündelt und ein teilstrukturiertes Promotionsprogramm mit einem Meilensteinprogramm, Qualitätssicherung und zahlreichen Angeboten im Bereich Qualifizierung, Transfer und Finanzierung bietet. Rund 70 kooperativ Promovierende profitieren inzwischen von der Möglichkeit eine Promotion sehr praxisnah durchführen zu können: *www.hs-owl.de/graduiertenzentrum*

4.7 Internationales Studium: Eine Brücke zwischen den Ländern. Beispiel Indonesien – Deutschland

Prof. **Jürgen Grüneberg,** Koordinator
für die Praxissemester aller Fakultäten der
Swiss German University SGU
für Deutschland und die Schweiz

Täglich erreichen uns aus jedem Winkel der Erde Meldungen, wichtige und unwichtige, positive und negative, kein Ereignis gleich welchen Ausmaßes in Natur, Wirtschaft, Politik, Gesellschaft, über das wir nicht in kürzester Zeit informiert werden. So ist die Globalisierung längst nicht mehr nur eine Sache der Politik und der Wirtschaft, sie geht jeden Einzelnen an. Und sie stellt uns vor die Heraus-forderung, unseren Kindern, den jungen Menschen, die Bildung und die Aus-bildung zu geben, die sie befähigt, in dieser scheinbar so klein gewordenen Welt ihren Platz zu finden.

Das heißt für mich, dass der Beruflichen Bildung, für die ich als Hochschullehrer einstehe, ein herausragender Stellenwert zukommt.

Der aktuelle Bericht vom 15. September 2016 der OECD (Organisation for Economic Cooperation and Development – Organisation für wirtschaftliche Zusammenarbeit und Entwicklung) über die Berufliche Bildung unterstreicht dies nicht nur, sondern zeigt auf, dass Deutschland einen der ersten Plätze in der Rangliste der Länder einnimmt, die in besonderer Weise die Berufliche Bildung fördern. Der OECD-Bildungsexperte Andreas Schleicher nannte den „reibungslosen Übergang" von Ausbildung in Beruf die „herausragendste Stärke des deutschen Bildungssystems". Höhere Einkommen und niedrige Arbeitslosigkeit zeigten, „dass sich Bildung lohnt". Pragmatisch ausgedrückt: Mehr Bildung bringt mehr Geld. Handwerksmeister erhalten zum Beispiel im Schnitt 26 Prozent mehr Gehalt als jemand nur mit Abitur oder einfacher Berufsausbildung. Ein Studium bringt sogar noch deutlich mehr.

Wenden wir uns der Beruflichen Bildung für den Hochschulbereich zu: die Verbindung von Theorie und Praxis ist zum Standard, besonders der Fachhochschulen geworden: Praktika, Praxissemester und Austausch der Studenten gehören in das Curriculum der University for Applied Sciences. Und dies nicht nur in Deutschland, sondern an den Hochschulen im Ausland, die nach europäischen Standards ausbilden.

Die Swiss German University (SGU), Jakarta, ist dafür ein Beispiel wie im Schwellenland Indonesien durch das Internship Programm ein Weg zur

Beruflichen Bildung beschritten wird, der den Studierenden nicht nur die Praxiserfahrung bietet, sondern ebenso die Möglichkeit, durch die Kooperation mit der Fachhochschule Südwestfalen, Campus Soest, ein Internationales Studium zu absolvieren.

Das Internship Programm ist zur Brücke zwischen Indonesien und Deutschland geworden. Seit 2003 beschreiten inzwischen etwa 2.500 indonesische Studenten diese „Brücke", um in Deutschland, genauer als Studierende der FH Südwestfalen, Campus Soest, ein Praxissemester zu erleben.

Noch ist der „Gegenverkehr" Deutschland via Indonesien spärlich und wird vor allem von den Dozenten der FH Südwestfalen, Abteilung Soest, beschritten, um an der SGU die Prüfungen zum Double Degree abzunehmen.

Die zielbewusste Übertragung der Praxis in die Hochschule bzw. der Theorie in die Praxis, ist hier über Jahre gelebt und auf eine internationale Ebene gehoben worden, was sowohl den Studierenden als auch den anwendungsbezogenen Hochschulen in unser heutigen Welt nottut:

Die permanente Auseinandersetzung mit der Praxis und die Integration der dabei gewonnenen Erfahrungen muss, soll sie dem gesetzlichen Auftrag immer gerecht werden, sowohl auf den Stand der Wissenschaft als auch auf die absehbare Entwicklung der Praxis sachgerecht abgestellt sein. Die neue Erfahrung wird vielfach didaktisch umsetzbar sein, zumindest als exemplarische Verdeutlichung dessen, was in der Praxis ansteht, sowie als Demonstration für Problemlösungen. Im besten Fall, werden sich Anknüpfungspunkte für Vermittlung von Praxissemestern der Studenten oder für die Beteiligung von Studenten in Form von Studien- und Abschlussarbeiten ergeben.

Alle Bemühungen zur Praxisorientierung der Ingenieurausbildung sollten unter den Gesichtspunkten von Riedler über Theorie und Praxis stehen, nach denen es einen Gegensatz von Theorie und Praxis nicht gibt:

„Praxis ist die vervollständigte, auf den besonderen Fall angewandte Erkenntnis. Der allgemeine Fall wird zum besonderen, sichtbaren; sonst ist kein Unterschied. Andererseits ist Kunstreiterei mit Formeln, und seien es auch Differentialgleichungen höchster Ordnung, noch lange keine Theorie".

Soviel zum Thema Internship und Austausch von Studierenden und Dozenten zwischen zwei Kontinenten, zwischen zwei Kulturen, zwischen Indonesien und Deutschland.

Was heißt dies: **Brücke zu sein**, was heißt es für den Einzelnen über diese Brücke zu gehen? Gerade in einer Zeit, da Migranten, Flüchtlinge die gesellschaftliche und politische Diskussion beherrschen, sie polarisieren, um nicht zu sagen, spalten, ist dies eine berechtigte Frage.

Es geht in **Indonesien** nicht um irgendeinen Staat, fern, exotisch und unbedeutend. Indonesien ist bevölkerungsmäßig das viertgrößte Land der Erde, ein Riesenreich von über 16.000 Inseln, das sich von Banda Aceh auf Sumatra über Borneo, Java, Bali und die Molukken bis nach Neuguinea erstreckt, über 5.000 km von West nach Ost, vergleichbar der Entfernung von Lissabon bis weit hinter Moskau und von Nord nach Süd 2.000 km.

Ein Reich mit weiten, fast unbewohnten Regionen und einigen der am dichtest besiedelten, geprägt von Vulkanen und Urwäldern, Heimat von 60 Meter hohen Riesenbäumen, Mangroven und Korallenriffen, von Orang-Utans und Komodo-Waranen, unheimlichen Riesenechsen, die aussehen, als wären sie aus der Steinzeit gefallen. Es besitzt ausreichend Erdöl und Erdgas und ist der größte Palmölexporteur der Welt. Den Naturwundern stehen die menschengemachten Wunder in nichts nach. Prächtige buddhistische Tempel, wie Borobudur und eindrucksvolle hinduistische Glaubensstätten wie Prambanan in Yogyakarta und Tanah Lot auf Bali zählen zum Weltkulturerbe, in Jakarta, Surabaya und Medan stehen einige der größten und schönsten Moscheen der Erde.

Denn Indonesien mit seinen 250 Millionen Einwohnern ist der größte muslimische Staat der Welt. In keinem anderen Staat leben auch nur annähernd so viele Muslime – es sind mehr als in Ägypten, Tunesien, Libyen, Saudi Arabien und den Golfstaaten zusammen. Zwar hat es auch hier immer wieder Anschläge von fanatischen Islamisten gegeben, den schlimmsten auf der Insel Bali im Jahr 2002 mit mehr als 200 Toten.

Aber Terror gilt in Indonesien als die Ausnahme, religiöse Toleranz ist der Normalfall. Vielen dient der südostasiatische Islam als Beweis dafür, dass es eine weltoffene, sanfte Variante dieser Religion gibt. Ein mögliches Vorbild für andere, die viel von Indonesiens Geist der Toleranz lernen könnten, wie es US-Präsident Barack Obama bei seinem Besuch 2010 formulierte – er hat einen Teil seiner Kindheit in Jakarta verbracht.

Ist Indonesien wirklich ein Vorzeigestaat? Kann dieses Land tatsächlich für sich in Anspruch nehmen, Beweis dafür zu sein, dass sich der Koran mit seinen strengen Vorschriften und die parlamentarische Demokratie mit ihren Freiheiten doch vertragen? Die Wahl des amtierenden Präsidenten Joko Widodo scheint dies zu bestätigen.

Abgesehen von der Provinz Aceh, weltweit zum Synonym der Naturkatastrophe Tsunami geworden, in der die orthodoxe Form des Islam und die Scharia herrscht, ist Indonesien in seiner Mehrheit auf dem Weg, eine westlich orientierte Demokratie zu etablieren in Politik, Justiz und Militär und der Korruption den Kampf anzusagen.

Trotz mancher Rückschläge ist im nationalen Bewusstsein die Verpflichtung, „Einheit in Vielfalt" – so das nationale Motto – zu bewahren, immer noch stark verankert. So bin ich auch weiterhin grundsätzlich optimistisch, dass durch intensive Kommunikation unter allen Schichten der indonesischen Gesellschaft, zwischen den Intellektuellen und den religiösen Führern, den Politikern sowie den einfachen Bürgern, Vertrauen bewahrt und wieder aufgebaut werden kann. Die auf den Gründervater Indonesiens Sukarno zurückgehende Verfassung Indonesiens enthält mit den 5 Prinzipien (Pancasila) - Glaube an Gott, - Achtung vor den Menschen in Gerechtigkeit, - Einheit des Staates, - Demokratie, - soziale Gerechtigkeit - wesentliche Inhalte einer politischen Ethik, die Harmonie und Friede in einem säkularen indonesischen Nationalstaat ohne religiöse Diskriminierungen auch heute noch sicherstellen können.

Indonesien wünscht sich **Deutschland** als starken Partner. Deutschland genießt hohes Ansehen in Indonesien. Die Indonesier bewundern die deutsche Tüchtigkeit, die Disziplin, die Fairness, die Arbeitsmoral und das besondere Wissen in den Ingenieurwissenschaften. Sie möchten, dass mehr indonesische Studenten nach Deutschland kommen können und sie wünschen sich deutsche Firmen, die nach Indonesien kommen. Der Präsident Jokowi hofft, dass die deutschen Vertreter entdecken, was andere auch erleben konnten, dass ihr Investment in guten Händen ist und ihr Gewinn wächst.

Gute Voraussetzungen für den Entschluss der indonesischen Studierenden, den Weg nach Deutschland zu gehen! Ein wichtiger Grund, warum das Angebot der SGU ein Praxissemester in Deutschland anzubieten, zum Alleinstellungsmerkmal der Hochschule in Jakarta geworden ist.

In der Reihe „Arbeitsmarkt Elektrotechnik Informationstechnik" habe ich in mehreren Aufsätzen über das Internship Program berichtet. Die Nachfrage ist ungebrochen und so werden im Wintersemester 2016/17 sich wieder etwa 250 Studierende an der Fachhochschule Südwestfalen, Campus Soest, einschreiben, um im Februar 2017 ihr Internship zu beginnen.

Dies möglich zu machen, ist der Unterstützung aller Unternehmen, besonders in der Region, zu verdanken, die für die indonesischen Studenten Praxissemesterplätze - zur Verfügung stellen. So wird der notwendige wechselseitige Technologietransfer zwischen Hochschule und Industrie - eine zielbewusste Übertragung der Praxis in die Hochschule bzw. der Theorie in die Praxis - auch auf die internationale Ebene gehoben.

Jedes Jahr, in dem vornehmlich junge Menschen als Botschafter ihres jeweiligen Landes über diese Brücke gehen, sind wir dem Ziel näher, die Globalisierung auf den ethischen Normen der Demokratie zu gründen und damit der Toleranz gegenüber dem Anderen in Respekt zu begegnen.

Der Swiss German University Westphalia Stiftung e.V.

unterstützt seit 2003 Studierende der Swiss German University, Jakarta, in Koperation mit der Fachhochschule Südwestfalen, Campus Soest, bei ihren Praxissemestern in Deutschland.

Wir verfügen über langjährige Erfahrungen im internationalen Austausch von Studenten und Professoren. Wir bieten folgende Leistungen an:

- Beratung Studierender (gesetzliche Regelungen in Deutschland)
- Organisation im Zusammenhang mit einem Studierendenaustausch
- Behördliche Genehmigungen - Visa - Steuer ID-Nummer - Meldebehörde
- Vorbereitung der Studierenden für eine Tätigkeit in deutschen Unternehmen
- Besorgung aller Formulare zur Arbeitsaufnahme in deutschen Betrieben
- Hilfe bei der Wohnungssuche
- Verträge (Unternehmen) - Beratung der Firmen
- Personalstrategieberatung
- Beratung zur Krankenversicherung – Betreuung bei Krankheitsfällen

Wir suchen laufend Praxissemester-Plätze für indonesische Studierende!

Information: SGUW Office, Lübecker Ring 2, 59494 Soest
Tel.: (+49) (0) 2921 378 34 84   E-Mail: info@sgu-westphalia.de

4.8 Fünf gute Gründe für ein Auslandsstudium

Christiane Konegen-Grenier / Beate Placke,
Institut der deutschen Wirtschaft Köln

Welchen Stellenwert Auslandserfahrung auf dem deutschen Arbeitsmarkt hat, haben der Deutsche Akademische Austauschdienst (DAAD) und das Institut der deutschen Wirtschaft Köln (IW) in einer gemeinsamen Studie untersucht.

Eine stärkere Auslandsmobilität während des Studiums ist sowohl auf nationaler als auch auf europäischer Ebene im Rahmen des Bologna-Prozesses ein zentrales bildungspolitisches Ziel. Für einen Auslandsaufenthalt während des Studiums lassen sich ausgehend von den Ergebnissen der DAAD/IW-Befragung von 1.008 Personalverantwortlichen und auf der Basis vorausgegangener Studien fünf Gründe formulieren.

Erstens verlangt der fortschreitende Prozess der Globalisierung vor allem in einem Land wie Deutschland, das tief in internationale Wertschöpfungsketten eingebunden ist, eine Vorbereitung auf berufliche Tätigkeiten, die zunehmend durch internationale Bezüge gekennzeichnet sein werden.

Zweitens zeigt sich in einer Reihe von Befunden aus Absolventen- und Beschäftigerbefragungen, dass Auslandsaufenthalte nicht nur die immer notwendiger werdenden auslandsrelevanten Kompetenzen wie Fremdsprachenkenntnisse und interkulturelle Kompetenz verbessern, sondern darüber hinaus auch noch weitere relevante Fähigkeiten fördern.

Dies führt drittens dazu, dass auslandserfahrene Absolventen gegenüber gleich qualifizierten Bewerbern ohne Auslandserfahrung mit besseren Einstellungschancen rechnen können.

Außerdem haben sie viertens mehr Optionen, Tätigkeiten mit internationalen Bezügen zu übernehmen, deren Relevanz für die Unternehmen künftig zunehmen wird.

Fünftens zeigen sich nach Auffassung der Unternehmen positive Effekte für die berufliche Leistungsfähigkeit insgesamt, was sich vor allem bei international tätigen Unternehmen durch einen Gehaltsvorsprung gegenüber nicht mobilen Absolventen auszahlen kann.

IW-Report Christiane Konegen-Grenier / Beate Placke:
Fünf gute Gründe für ein Auslandsstudium
Institut der deutschen Wirtschaft Köln
www.iwkoeln.de

Heidelbeerg: Alte Brücke und Schloss © Heidelberg Marketing GmnH, Tobias Schwe

5 That's B-W: Ein Land von Ingenieuren geprägt

Baden -Württemberg ist eine der wirtschaftsstärksten und wohlhabendsten Regionen in Europa. Viele Weltmarktführer sind hier zu Hause. Auch bei der Innovationskraft liegt B-W ganz vorn (s. Kap. 5.1). Außerdem hat das Land eine der europaweit niedrigsten Arbeitslosenraten. Im April 2017 hatte B-W mit 3,6 Prozent Arbeitslosigkeit den niedrigsten Wert seit 25 Jahren. Gleichzeitig waren 100.000 offene Stellen gemeldet.

Seine Spitzenstellung bezüglich Wirtschaftskraft und Innovation kann B-W aber nur halten, wenn es ihm gelingt, seine Attraktivität speziell für Ingenieure zu steigern (Kap. 5.2).

5.1 B-W: Attraktive Zielregion für Ingenieure

Innovationen für die Zukunft. Baden-Württemberg steht für Innovation und wirtschaftliche Dynamik. Daimler, Bosch, SAP, Porsche, Würth, Trumpf und viele andere gehören heute zu den größten und erfolgreichsten Unternehmen – ihre Produkte und Dienstleistungen sind weltweit führend. Daneben sind aber gerade auch viele mittelständische und kleinere Firmen eine tragende und unverzichtbare Säule der Wirtschaft.

Groß gemacht haben diese Unternehmen Neugier und Entdeckerfreude, welche letztlich zu bedeutenden Erfindungen geführt haben. Daher steht die Förderung einer Innovationskultur im Mittelpunkt der Landespolitik. Insbesondere werden die unterstützt, die mit Mut und Unternehmergeist versuchen, die Chancen der Digitalisierung auszuloten und zu nutzen.

Um Innovationspotenziale der digitalen Welt bestmöglich auszuschöpfen, verfolgt das Land mit Digital@BW eine umfassende und ressortübergreifende Digitalisierungsstrategie und verzahnt darin neben der Wirtschaft auch Bildung, Wissenschaft und Forschung. Denn die digitale Revolution geht weit über die Industrie im engeren Sinne hinaus. Vielmehr verändert sie grundlegend die Art und Weise, wie wir produzieren und konsumieren, wie wir arbeiten und leben.

Das Land setzt sich dafür ein, Kinder und Jugendliche in den Schulen bestmöglich auf die digitale Welt vorzubereiten. Die Kinder sollen die neuen Kulturtechniken nicht nur bedienen, sondern auch begreifen und beherrschen lernen (vgl. Kap. 1.2.2). Verknüpft mit unternehmerischem Denken, das ebenfalls in den Bildungsplänen verankert werden soll, sollen daraus die Unternehmen der Zukunft entstehen.

Entsprechend unterstützt das Land auch die Hochschulen und Forschungs-institute dabei, in ihren Studiengängen die Themen Innovation und Gründung zu verankern.

Dazu gehört auch, dass Hindernisse für junge Gründerinnen und Gründer abgebaut werden. In Zusammenarbeit mit den Kommunen werden „One-Stop-Shops" gefördert als einheitliche Anlaufstellen für Gründerinnen und Gründer. Ihr Ziel ist, dass der formale Gründungsakt rascher und einfacher erfolgen kann und junge Unternehmerinnen und Unternehmer sich voll auf Geschäftsmodell und Businessplan konzentrieren können.

Vernetzung als Schlüssel. Neben den Hochschulen haben auch die Unter-nehmen erkannt, dass kultureller Wandel nötig ist, um die digitalen Geschäfts-modelle der Zukunft zu entwickeln.

Startups bieten durch ihre besondere Dynamik und unvoreingenommen Sicht-weisen Perspektiven, von denen auch etablierte Unternehmen profitieren können. Deshalb fördern sie diese Sichtweisen systematisch, gründen neue, freier arbeitende Einheiten oder fördern Startups in ihrem Tätigkeitsfeld.

Mit der Allianz Wirtschaft 4.0 hat B-W eine Plattform, mit der etablierte Unter-nehmen sowie Startups, Hochschulen, Forschungseinrichtungen und Kapital-geber miteinander vernetzt werden.

Die Potenziale der Digitalisierung sollen außerdem dazu genutzt werden, die nachhaltige Modernisierung der Wirtschaft voranzutreiben. Insbesondere soll das Wirtschaftswachstum weiter vom Ressourcenverbrauch entkoppelt werde.

Umweltverträgliche und ressourcenschonende Maschinen und Produkte „Made in Baden-Württemberg" bieten besonders für den Maschinenbau als Schlüssel-branche der hiesigen Industrie große Chancen. Denn wenn rund 45 Prozent der Herstellungskosten im produzierenden Gewerbe auf Materialkosten entfallen, wird der Faktor Ressourceneffizienz immer mehr zum Wettbewerbsvorteil.

Schon heute beläuft sich der Umsatz mit Waren und Dienstleistungen für den Umwelt- und Klimaschutz in Baden-Württemberg jährlich auf über neun Milliar-den Euro – Tendenz steigend. Davon profitieren viele Branchen im Land: Vom Anlagenbau bis zum Heizungsinstallateur, vom exportorientierten Weltkonzern bis zum kleinen Handwerksbetrieb vor Ort.

Baden-Württemberg ist die Wiege des Automobils – und soll auch Pionier für die Erforschung, Entwicklung und Produktion des Autos der Zukunft werden. Energiesparende Technologien sind wichtig, damit die Automobilkonzerne auch künftig erfolgreich bleiben. So kann sich die Automobilindustrie in B-W zum Leitanbieter und Leitmarkt für Elektromobilität, alternative Antriebe und vernetzte Mobilität entwickeln.

Fachkräftebedarf sichern

Eine weitere große Herausforderung ist die Gewinnung guter und in einigen Branchen dringend benötigter Fachkräfte. Mit der von der Landesregierung gemeinsam mit der Wirtschaft und den Gewerkschaften gegründeten „Allianz für Fachkräfte" ist es gelungen, alle verantwortlichen Akteure zusammenzuführen, um Lösungen für den akuten Fachkräftemangel in bestimmten Berufen und für den Umgang mit der demografischen Entwicklung zu erarbeiten. Ein Schwerpunkt der Allianz liegt darin, ungenutzte Fachkräftepotenziale im Land zu aktivieren, z. B. gut ausgebildete Frauen, die bislang Beruf und Familie oft noch nicht ausreichend vereinbaren können. Auch Flüchtlinge bieten Chancen, um den durch die demografische Entwicklung verstärkten Mangel an Fachkräften zu beseitigen. Hier sind die „Welcome Center" mittlerweile zu zentralen Anlaufstellen sowohl für internationale Fachkräfte als auch für mittelständische Betriebe auf der Suche nach Fachkräften im Ausland geworden.

„Made in Baden-Württemberg" soll weiterhin weltweit nicht nur für höchste Qualität und bestmögliche Technik stehen. Aber Wirtschaftswachstum, zukunftssichernde Innovationen, Wohlstand und Nachhaltigkeit können nur gesichert werden, wenn es gelingt, den Fachkräftemangel zu meistern.

http://www.baden-wuerttemberg.de (Dossier Spitzenreite)

Das Mercedes-Benz Werk Untertürkheim soll mit einem „E-Technikum" ein Kompetenzzentrum für Elektroantriebe bekommen und zur Anlauffabrik für künftige Schlüsseltechnologien werden.

© Daimler AG

5.2 Die Ingenieurwissenschaften – Das Erfolgskonzept Baden-Württembergs

Die Dynamik des wissenschaftlich-technischen Fortschritts, die Digitalisierung und Vernetzung von Wirtschaft, Produktion und Gesellschaft, der demografische Wandel und die absehbare Verschärfung des globalen Wettbewerbs zwischen den Innovations- und Produktionsstandorten bilden den Rahmen für die weitere Entwicklung Baden-Württembergs. Zur Bewältigung der mit diesen Entwicklungen verbundenen Herausforderungen und angesichts der entscheidenden Rolle, die Ingenieurinnen und Ingenieure bei der Sicherung und Verbesserung der Innovationsfähigkeit des Ingenieurlands Baden-Württemberg spielen, hat Theresia Bauer, Ministerin für Wissenschaft, Forschung und Kunst, im März 2014 die Kommission Ingenieurwissenschaften@BW2025 eingesetzt. Im Dezember 2015 legte die Kommission ihren Abschlussbericht vor.

Damit die Ingenieurwissenschaften auch 2025 noch zum Erfolgskonzept Baden-Württembergs gehören, muss sich vieles ändern, meint Professor Dr. Thomas Bauernhansl, Vorsitzender der Expertenkommission Ingenieurwissenschaften@BW2025.

In seinem Beitrag legt er dar, dass insbesondere Rahmenstudienpläne, eine neue Gründerkultur und insgesamt mehr Ingenieure gefordert werden müssen.

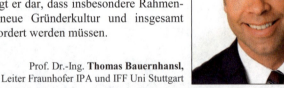

Prof. Dr.-Ing. **Thomas Bauernhansl,**
Leiter Fraunhofer IPA und IFF Uni Stuttgart

Wenn wir – Universitäten, Hochschulen für angewandte Wissenschaften, Duale Hochschule, außeruniversitäre Forschungseinrichtungen, Industrie und Verbände – Baden-Württemberg in zehn Jahren zum Exzellenzzentrum für Ingenieurwissenschaften machen wollen, müssen wir Lehre, Forschung und Technologietransfer an Hochschulen gleich gewichten mit den entsprechenden Konsequenzen für das institutionelle Anreizsystem der Hochschulen. Dafür haben wir in unserem Abschlussbericht die Ingenieurwissenschaften neu definiert, ihre Sonderstellung im Wissenschaftssystem herausgearbeitet und den Gestaltungsaspekt, den Dienst an der Gesellschaft sowie die zweckorientierte Forschung in den Vordergrund gerückt.

Baden-Württemberg muss die bevorstehenden Veränderungen in den Ingenieurwissenschaften bewältigen, da diese für unser Land von sehr hoher Bedeutung sind. Wir sollten uns deshalb nicht auf dem erreichten Stand ausruhen. Denn diese Veränderungen sind insbesondere für die mittelständische Industrie eine besondere Herausforderung, die sie nur mit einer Steigerung ihrer Innovationsbereitschaft und Innovationsintensität bewältigen können. Und das geht nur gemeinsam mit den sich ebenfalls verändernden Ingenieurwissenschaften, will man nicht einen über Jahre erarbeiteten Vorsprung verlieren. Darum müssen sich auch die Ingenieurwissenschaften verändern, um erfolgreich zu bleiben.

Hier gibt es einige interessante Entwicklungen. Mittlerweile setzt sich die Einsicht durch, dass die Zusammenarbeit auf allen Ebenen und zwischen allen Akteuren ausgebaut werden muss. Dies gilt nicht nur für Lehre, Forschung und den Technologietransfer, sondern insbesondere für die Beschaffung und gemeinsame Nutzung teurer wissenschaftlicher Geräte. In der disziplinären Forschung entsteht außerdem eine Konkurrenzsituation mit Instituten und Einrichtungen aus dem Ausland, aber auch große Unternehmen werden durch ihre Investitionen in Forschung und Entwicklung zu ernst zu nehmenden Wettbewerbern für die Hochschulforschung.

Nun können sich Hochschulen durch Trans- und Interdisziplinarität differenzieren, wenn sie Fakultätsstrukturen aufbrechen und mehr systemische Forschung betreiben. Doch diese Komplexität trifft auf eine steigende Technikskepsis. Hier müssen die Ingenieurwissenschaften aufklären.

Dazu wäre es nicht verkehrt, wenn es für Bachelorstudiengänge in den Ingenieurwissenschaften wieder Rahmenstudienpläne gäbe. Das würde die Wahl des Studiengangs und den Wechsel zwischen Universitäten und Hochschulen für angewandte Wissenschaften (HAW) deutlich vereinfachen. Denn die Mobilität der Studenten, die einst ein Grund für die Bologna-Reform war, ist nicht Realität geworden. Zumindest nicht in den Ingenieurwissenschaften. Eine gewisse Vereinheitlichung der grundlegeden Kompetenzen, die vermittelt werden sollen, würde allen helfen.

Die Basis hierfür liefern Pilotprojekte wie das MINT-Kolleg. In diesen Vorbereitungskursen werden die fachlichen Kenntnisse der Abiturienten vertieft. Das ließe sich problemlos erweitern, etwa, um Flüchtlinge fürs Studium in Deutschland fit zu machen. Ziel ist, die Hochschulneulinge so weit zu bringen, dass sie in einem MINT-Regelstudiengang erfolgreich sein können. Daneben lehnen wir ausdrücklich jene europäischen Bestrebungen ab, das Führen der Bezeichnung Ingenieur zu beschränken. Alle Absolventen entsprechend zertifizierter Ingenieurstudiengänge sollten den Titel Ingenieur tragen dürfen.

Wichtig ist uns auch, das Interesse der Studierenden am Unternehmertum und an einer Unternehmensgründung zu wecken. An den Hochschulen sollten verstärkt Gründungs-Know-how, ein Umfeld mit den verschiedenen Unterstützungsleistungen und insgesamt eine neue Gründerkultur etabliert werden. Auch Professoren sollten zum Gründen oder Mitgründen animiert werden.

Gründen ist in Deutschland bislang nicht Teil des Zielsystems der Wissenschaft. Wäre es aber nicht wünschenswert, wenn jeder Professor des Ingenieurwesens parallel noch zwei Start-ups auf den Weg brächte, in denen ehemalige Studenten und Wissenschaftler arbeiten? Da würden neben Arbeitsplätzen ganz neue Synergien entstehen. Das institutionelle Anreizsystem der Hochschulen und außeruniversitären Forschungseinrichtungen muss deshalb entsprechend ergänzt werden. Patente und erfolgreiche Gründungen müssen einen höheren, bzw. den gleichen Stellenwert erhalten wie Publikationen. So sind wir davon überzeugt, dass Baden-Württemberg Erfolg haben könnte mit B2B-Geschäftsmodellen und technischen Systemen der Zukunft wie Smart Health, Smart Home, vor allem Smart Factory. Die Firmen, die Weltmarktführer und die Forschung wären da, was fehlt, ist die Gründerkultur.

Daher sollte das Land seine Fördergelder für verstärkte Transferaktivitäten und gezielte Forschungsförderung insgesamt um rund 60 Mio. € aufstocken. Das ist das Nötigste, um zarte Pflänzchen zum Wachsen zu bringen. Viel wichtiger ist aber, dass auch die Unternehmen ihre Verantwortung wahrnehmen und sich mehr als bisher in der gemeinsamen Forschung engagieren. Die Auftragsforschung ist auf einem viel zu niedrigen Niveau. Zwar stemmt die Industrie 80 % der FuE-Ausgaben in Baden-Württemberg, aber nur ein niedriger einstelliger Prozentsatz davon kommt bei den Hochschulen und außeruniversitären Forschungseinrichtungen an.

Aber: **Ohne die *manpower* geht nichts.** Beim Ingenieurbedarf gibt es in Bezug auf die Branchen, die Größe und regional zwar zum Teil deutliche Unterschiede. Sicher ist, dass die Zahl der Absolventen heute nicht ausreicht, um die Bedürfnisse des Arbeitsmarktes in Baden-Württemberg zu decken. Dieses Delta wird bis 2020 noch wachsen. Die stärksten Jahrgänge sind heute bereits im Studium, das heißt, die Zahl der Studienanfänger wird abnehmen und das kann auch nicht abgefangen werden, wenn 80 % eines Jahrgangs künftig studieren. Einen Überschuss an Fachkräften wird es also nicht geben, ganz im Gegenteil: Parallel zur demografischen Entwicklung werden die hoch qualifizierten Tätigkeiten im technischen Bereich durch Trends wie Digitalisierung und Vernetzung zunehmen. Die Anfänger- und Absolventenzahlen sind in den letzten Jahren an den Hochschulen in Baden-Württemberg zwar erfreulicherweise deutlich gestiegen. Trotzdem ist der Bedarf im Land so groß, dass Baden-Württemberg immer ein Importland bleiben wird. Wir können also gar nicht genug Ingenieure ausbilden. Wir haben in Baden-Württemberg engen Kontakt zu großen und kleinen Unternehmen, Weltmarktführern und solchen, die davon noch ein Stück entfernt sind. Für keinen ist es besonders einfach, seine Stellen zu besetzen. Das trifft vor allem auf Vakanzen in der Informatik, Elektrotechnik, Informationstechnik, Produktionstechnik oder Mechatronik zu. Im Nordschwarzwald bauen Unternehmen sogar ein eigenes Studienzentrum in Kooperation mit der Uni Stuttgart auf, um ihre Spezialisten zu finden. Denn die vierte industrielle Revolution wird nicht dazu führen, dass Roboter Ingenieure ablösen können.

Der vollständige Abschlussbericht der Expertenkommission
Ingenieurwissenschaften@BW2025

Das IFF-Institut der Uni Stuttgart

5.3 Die Duale Hochschule Baden-Württemberg (DHBW)

5.3.1 Mit Theorie und Praxis dem Ingenieurmangel effektiv begegnen

Prof. **Kay Wilding**,
Studiendekan Elektrotechnik an der DHBW
Mannheim; Mitglied im Beirat des VDE-BV
Kurpfalz; Vertreter der Dualen Hochschule im
VDE-Ausschuss Studium, Beruf und Gesellschaft

Die Elektrotechnik ist eines der grundlegenden Fachgebiete, auf die viele aktuelle und innovative Entwicklungen der letzten Jahrzehnte aufbauen. Als Schlüsseltechnologie ist sie Voraussetzung für den Fortschritt in unserer technisch orientierten Gesellschaft. Gerade beim Einstieg in das neue Energiezeitalter werden von diesem Fachgebiet neue, überzeugende Ideen gefordert, um die Energieversorgung und -verwendung sicher und nachhaltig zu gestalten.

Es gilt also mehr denn je, Fachkräfte sehr gut zu qualifizieren, um dem viel prognostizierten Ingenieurmangel zu begegnen, insbesondere auch auf dem Gebiet der Elektrotechnik. Denn der Elektrotechnikingenieur ist außer in Forschung und Entwicklung auch in vielen anderen Gebieten u. a. des Produktdesigns, der Produktentwicklung, dem Marketing oder auch der Inbetriebnahme und beim Service gefragt. Diese Einsatzgebiete sind stark mit entsprechenden Industrieprodukten verbunden und nehmen im Einsatzgebiet der Ingenieure bundesweit einen weitaus höheren Anteil ein als die reine Forschung und Entwicklung. Um hier nach dem Studium sofort effizient eingesetzt werden zu können, ist eine gute und praxisorientierte Hochschulausbildung gefragt.

Als Vorgängerinstitution der Dualen Hochschule Baden-Württemberg (DHBW) wurde die Berufsakademie (BA) 1974 als staatliche Einrichtung des Landes Baden-Württemberg gegründet. Bei dieser Alternative zur klassischen, theorieorientierten Universitätsausbildung ist neben der wissenschaftlichen Hochschulausbildung die Praxis fest in das Studium integriert. Dabei teilt sich das dreijährige Studium semesterweise in jeweils dreimonatige Theorie- und Praxisblöcke, die eine starke Verflechtung der beiden Lernorte Unternehmen und Hochschule sowie der Inhalte ermöglichen. Idealerweise erlebt der Studierende so den Lehrstoff aus beiden Perspektiven und kann theoretisch erworbenes Wissen unmittelbar in der Praxis anwenden und erweitern. Am Ende der jeweiligen Phase wird der Lernerfolg mittels akademischer Prüfungen abgefragt. Schließlich erfolgt zum Ende des Studiums die Bachelor-Arbeit zu einer Fragestellung aus dem Ausbildungsunternehmen. Da die Themen aus der Praxis entstanden sind, werden die Arbeiten konsequenterweise sowohl von Vertretern der Dualen Partner als auch von Dozenten der Studienakademien betreut. Hier findet die Zusammenarbeit der beiden am Studium beteiligten Partner ihren erfolgreichen Abschluss. Auch aus diesem Grund sind die Absolventen sofort nach dem Studium einsatzfähig und können qualifiziert und ohne Praxisschock ihre Berufstätigkeit beginnen. Ein weiterer Vorteil des dualen Studienkonzepts ist die während des gesamten Studiums gezahlte Ausbildungsvergütung, die es den Studierenden ermöglicht, sich voll auf das Lernen zu konzentrieren.

Unbestritten ist die DHBW eine Erfolgsgeschichte, deren vorläufiger Höhepunkt im Jahr 2009 durch die Überführung der damaligen Berufsakademie in die Duale-Hochschule erreicht wurde. Möglich wurde dies zum einen durch die Einführung des Bologna Prozesses mit den Standardabschlüssen des Bachelor und Masters und der Föderalismusreform, die dem Land Baden-Württemberg den Weg ebnete, die Berufsakademien Baden-Württemberg mit ihren acht Standorten vollständig als eine Duale Hochschule in die Hochschulebene zu überführen. Heute sind über 9.000 Unternehmen an der Ausbildung der über 34.000 Studierenden beteiligt. Mit der Hochschulwerdung wurde zusätzlich der Auftrag zur Forschung erteilt, den die DHBW seitdem gemeinsam mit ihren Dualen Partnern in Form der Kooperativen Forschung vorantreibt.

Als Zugangsberechtigung zum Studium ist neben der Hochschulzugangs-berechtigung ein Ausbildungsvertrag mit einem der zugelassenen Unternehmen notwendig. Die Bewerbung erfolgt ausschließlich über die Partnerunternehmen; entsprechende Verzeichnisse sind auf den Internetseiten der Standorte zu finden.

Neben den betriebswirtschaftlichen Studiengängen bildet die Fakultät Technik einen Schwerpunkt im Studienangebot der DHBW, deren Studiengänge sich nach industrieorientierten Einsatzmöglichkeiten der Absolventen richten. Folglich ist neben dem Maschinenbau die Elektrotechnik einer der großen technischen Bereiche, die an verschiedenen DHBW-Standorten im Land angeboten wird. Das Spektrum der angebotenen Studienrichtungen deckt dabei die hohe Nachfrage des Ingenieurmarktes ab und ist Ausdruck der Bedarfsorientierung des Systems. Neben der Automatisierungstechnik als stärkster Schwerpunkt ist die Nachrichtentechnik ein klassisches Angebot. Die Studienrichtung Elektrische Energietechnik deckt die aktuellen Themen der elektrischen Energieerzeugung und -versorgung und der elektrischen Antriebs-systeme ab. Neuere Bereiche wie Elektronik und Fahrzeugelektronik ergänzen das Spektrum. Verwandte Fragestellungen der Energieeffizienz und der Elektromobilität werden aber auch in anderen Studiengängen wie Mechatronik und Maschinenbau behandelt.

Neben der Medizintechnik ist die Energie- und Umwelttechnik ein weiteres Beispiel für die Integration aktueller Fragestellungen in ein modernes Studienangebot.

E-Labor

Bedingt durch das duale Studienkonzept und die vielfältigen Erfahrungen sind die Absolventen der Fakultät Technik nicht nur in der Lage, wissenschaftliche Erkenntnisse in Ingenieuranwendungen des aktuellen Bedarfs umzusetzen, sondern können diese auch zur Aufgabenlösung technischer und wirtschaftlicher Problemstellungen einsetzen. Durch systematische Praxiseinsätze verfügen sie außerdem in hohem Maße über Sozial- und Methodenkompetenz, die sie zu fachübergreifendem Denken befähigen. Nach Abschluss des Studiums ist in der Regel ihre Übernahme in das Unternehmen gewährleistet. Sollte der Absolvent noch ein Interesse an einem weiterführenden Studium haben, bietet die DHBW seit 2012 auch berufsbegleitende Masterstudiengänge an, die den Verbleib in der Firma ermöglichen.

http://www.dhbw.de

5.3.2 Individuell gestalltbare Duale Master: passend zum Ingenieursalltag

Prof. Dr.-Ing. Joachim Frech,
Direktor des Centers for Advanced Studies der DHBW

Ein weiterbildendes Studium muss zeitlich flexibel aufgebaut sein und inhaltlich mit den beruflichen Herausforderungen korrespondieren. Das Master-Studium der Dualen Hochschule Baden-Württemberg (DHBW) erfüllt diese Ansprüche. Beruf und Studium lassen sich so optimal miteinander verbinden. Prof. Dr.-Ing. Joachim Frech ist einer der Väter des Dualen Masters. Er erläutert, was das duale Master-Studium auszeichnet.

Prof. Dr.-Ing. **Joachim Frech**

**Dualer Master der DHBW
Fakultät Technik**

BIOFASERTECHNIK (M. ENG.)

ELEKTROTECHNIK (M. ENG.)
– Elektromechanische Systeme
– Intelligente Vernetzte Systeme
– Energieversorgungssysteme

INFORMATIK (M. SC.)
– Knowledge & Information Management
– IT Service Management
– Computing & Communications

INTEGRATED ENGINEERING (M. ENG.)

MASCHINENBAU (M. ENG.)
– Konstruktion und Entwicklung
– Produktionstechnik und
  Produktionsmanagement
– Fahrzeugtechnik
– Allgemeiner Maschinenbau

WIRTSCHAFTSINGENIEURWESEN (M. SC.)

Wer Energieversorgungssysteme plant oder deren Wirtschaftlichkeit hinterfragt, Intelligente Vernetzte Systeme überarbeitet oder Elektromechanische Systeme entwickelt, braucht Expertenwissen, das sich direkt in den eigenen Berufsalltag integrieren lässt. Genau hier setzt der Duale Master der DHBW an. Neben den Studienangeboten in Wirtschaft und Sozialwesen bietet er in sechs technischen Studiengängen die Verbindung von Theorie und Praxis.

Berufsbegleitend, berufsintegrierend

Die Studierenden bringen bereits mindestens ein Jahr fachlich affine Berufserfahrung nach dem Bachelor mit und arbeiten auf verantwortungsvollen Stellen in Unternehmen, die als Kooperationspartner anerkannt sind.

Praxisrelevante Themen und Lösungen werden damit nicht nur durch die Dozentinnen und Dozenten, sondern auch durch die Studierenden in die Seminare eingebracht und prägen die Diskussionen. Auch mit den individuellen wissenschaftlichen Arbeiten greifen die Studierenden betriebliche Problemstellungen ihres Unternehmens auf und können sich mit den Ergebnissen im kollegialen Umfeld profilieren sowie gleichzeitig einen direkten Mehrwert für den Arbeitgeber schaffen.

Das bestätigt beispielsweise Hubert Maier, Master-Student Wirtschaftsingenieurwesen, an einem konkreten Beispiel: „Im Berufsleben habe ich selten die Zeit, Dinge wissenschaftlich oder analytisch zu betrachten. Doch meine Seminararbeit im Dualen Master zu ‚Wirtschaftlichkeit und Wertanalyse' hatte nun einen realen Effekt für mein Unternehmen. Die Kombination von Theorie und Praxis hat wunderbar funktioniert."

Erfahrene Professorinnen und Professoren der DHBW

Die dem Studium vorhergehende und während des Studiums weitergeführte Berufserfahrung ist einer der wichtigen Aspekte, der die hohe Qualität des Dualen Masters sichert. Dadurch begegnen sich im Studium die Studierenden als Fach- und Führungskräfte auf Augenhöhe mit den Dozentinnen und Dozenten. Diese sind meist erfahrene Professorinnen und Professoren der DHBW. Die Module finden etwa zur Hälfte in Heilbronn statt, zur anderen Hälfte an den weiteren acht Standorten der Hochschule. Dadurch können die Studierenden jeweils die bestmöglichen Studienbedingungen, Labore etc. vorfinden.

Dreitägige Blockveranstaltungen in Kleingruppen

Im Gegensatz zum Dualen Bachelor sind die Master-Studierenden kontinuierlich in ihrem Beruf aktiv, können also weiterhin alle Aufgaben im Unternehmen wahrnehmen und Karrieremöglichkeiten nutzen. Nur zu den meist dreitägigen Blockveranstaltungen, die circa einmal monatlich stattfinden, kommen sie an die Hochschule. Hier treffen sich qualifizierte Mitarbeiterinnen und Mitarbeiter von Unternehmen aller Größen, verschiedenster Branchen, mit unterschiedlichen Funktionen und differenzierten Erfahrungen. So entwickeln sich schnell ein fruchtbarer Erfahrungsaustausch und ein Netzwerk über die verschiedenen Firmen hinweg.

Die Gruppengröße der Präsenzveranstaltungen mit durchschnittlich 15 Studierenden ist die Grundlage für den persönlichen Austausch und die intensive, persönliche Betreuung durch die Dozentinnen und Dozenten. Die Präsenzveranstaltungen ergänzen Phasen des Selbststudiums parallel zur Arbeitszeit im Unternehmen. Ungefähr die Hälfte der Studierenden arbeitet während des Masters in Teilzeit von circa 80 Prozent, doch auch zusätzlich zu einer Vollzeitstelle studieren einige – die Bedingungen verhandeln Unternehmen und Studierende selbst miteinander.

Vor dem Hintergrund des durchgängigen Einkommens rechnen sich die Studiengebühren, die je nach Studiengang zwischen 3.750 und 5.050 Euro pro Semester liegen. Die Perspektive der sicheren Arbeitsstelle und des festen Gehalts in einem bekannten Umfeld sind entscheidende Argumente vieler Studierender, zumal sich die Unternehmen häufig an den Kosten beteiligen. Während die Regelstudienzeit vier Semester beträgt, lässt sich die Studiendauer bei Bedarf verlängern, und die Arbeitsbelastung kann auch durch vorgezogene Module reduziert werden; das Studiengebührenmodell erlaubt problemlos eine Verlängerung des Studiums, ab dem fünften Semester fallen nur 400 Euro Gebühren pro Semester an.

Individuelle Wahlmöglichkeiten, bedarfsgerechte Zeitmodelle

Auch bei den individuellen inhaltlichen Wahlmöglichkeiten des Studiums kommt die große Flexibilität des Dualen Masters zum Tragen. Anstelle eines starren Fächerkanons steht den Studierenden ein breites Wahlspektrum an Modulen offen. Indem sie ihr Studium individuell zusammenstellen, können sie sich passgenau für ein Berufsbild oder Kompetenzprofil qualifizieren. Gleichzeitig studieren sie mit zeitlicher Planungssicherheit, können bei Bedarf umplanen und die Module so wählen, dass sie gut zu Arbeitsspitzen und beruflichen Projekten passen.

Stark nachgefragt: Fachübergreifende Kompetenzen

Das Modul der Fachübergreifenden Kompetenzen mit Angeboten zu Kommunikation, Führung und Selbstmanagement rundet das Studium ab. Damit haben die Studierenden die Gelegenheit, sich jenseits der Fach- und Methodenkompetenz mit beruflichen Herausforderungen auseinander zu setzen. Wer zudem fachlich über den eigenen Tellerrand gucken möchte, hat große Wahlmöglichkeiten in benachbarten Studiengängen und anderen Fakultäten, was das gegenseitige Verständnis und die Schnittstellenkompetenz der Absolventinnen und Absolventen verbessert. Jeder und jede soll aus seinem Dualen Master das Bestmögliche für die persönliche Weiterentwicklung und seine beruflichen Aussichten mitnehmen.

Weitere Informationen: Tel. 07131 3898-0, info@cas.dhbw.de, www.cas.dhbw.de

Hauptstandort des Dualen Masters ist das Center for Advanced Studies CAS der DHBW

5.3.3 Gemeinsam mit dem Unternehmen zum Bachelor und Master – Das Erfolgskonzept DHBW

Die Schulabsolventen stehen nach Erreichen der allgemeinen Hochschulreife immer wieder vor der gleichen Entscheidung: Studium oder Ausbildung? Veronika Hafke hat sich nach dem Abitur mit dem dualen Studium an der DHBW Mannheim für beides entschieden. In Kooperation mit der ABB AG, einem weltweit agierenden Konzern für Energie- und Automatisierungstechnik, hat sie das Studium der Elektrotechnik an der Dualen Hochschule Baden Württemberg 2010 begonnen und drei Jahre später erfolgreich abgeschlossen.

Doch damit nicht genug: Nach zwei Jahren im Berufsleben zog es die heute 25-jährige wieder in die Vorlesungsräume der DHBW. Daher begann sie im Oktober 2015 ihr Master Studium mit der Fachrichtung Integrated Engineering – berufsintegrierend und wieder in Kooperation mit der ABB AG.

Ganz nebenbei war Veronika Hafke während des Bachelor Studiums auch sportlich sehr aktiv – als Spielerin der TSG 1899 Hoffenheim. Im folgenden Artikel wird ein Einblick in ihren damaligen und heutigen Alltag gegeben.

Bachelor-Studium Elektrotechnik, 2010-2013

Spielerin der 2. Fußballbundesliga und Studentin der Elektrotechnik–. Veronika Hafke ist auf zwei Feldern aktiv, die alles andere als Frauendomänen sind. „Das mit dem Fußball war eher Zufall. Meine große Schwester hat im Verein angefangen und ich bin eben irgendwann mal mitgegangen", erinnert sie sich. „Das Interesse an der Technik habe ich von meinem Vater. Ich habe schon immer gerne gebaut und gebastelt. Während die große Schwester nicht lange aktiv Fußball spielte, blieben Veronika Hafke und ihre Zwillingsschwester der Sportart bis zum 22. Lebensjahr treu. Bis Anfang der Saison 2011/2012 spielten die beiden zusammen bei der TSG 1899 Hoffenheim. „Meine Schwester ist zum Medizinstudium nach Bonn gezogen. Für sie ließ sich beides leider nicht mehr vereinbaren, umso glücklicher bin ich, dass ich mit dem dualen Studium in Mannheim die Möglichkeit hatte, Sport und Ausbildung unter einen Hut zu bekommen."

Der neue Lebensabschnitt begann bereits im Juli 2010 mit einem dreimonatigen Vorpraktikum im ABB Trainingscenter in Heidelberg. Im Oktober 2010 nahm Veronika Hafke dann das Studium an der Dualen Hochschule auf. Seitdem wechselte sie immer im 3-Monatsrhythmus zwischen Praxisphasen bei ABB und Theorieblöcken an der Hochschule hin und her. Dazu kamen die Fußballspiele an den Wochenenden sowie Trainingseinheiten an vier Wochentagen. Gelernt wurde während der Zugfahrten von Mannheim zur Trainingsstätte in Sankt Leon Rot oder auf den Busfahrten zu den Auswärtsspielen. „Ich musste mich eben gut organisieren", sagt sie. „Aber mir war es unglaublich wichtig, eine gute Ausbildung zu bekommen. Denn leider können nur sehr wenige Fußballerinnen ausschließlich vom Sport leben – und eine Sportlerkarriere kann ja schnell vorbei sein, wenn man sich verletzt.

Die Praxisphasen verbrachte sie in verschiedenen Abteilungen ihres Ausbildungsunternehmens, um einen möglichst breitgefächerten Einblick in die ABB Welt zu erhalten. Zu ihren Stationen zählten zum einen eine Service Abteilung, sowie diverse Engineering Abteilungen, um möglichst viele der ABB Technologien kennenzulernen. Hier war sie beispielsweise im Engineering für Gasisolierte Schaltanlagen tätig. Dort werden Schaltschränke für Hoch-spannungsschaltanlagen geplant. „In dieser Abteilung hat es mir so gut gefallen, dass ich nach dem Studium dort meinen Berufseinstieg finden wollte. Durch die Praxisphase hatte ich bereits einige Vorkenntnisse erlangen können und kannte die Mitarbeiter, sodass sich der Übernahmeprozess sehr einfach gestaltete." Highlight des Erststudiums war ein 5-monatiger Aufenthalt in Australien, währenddessen Veronika Hafke am dortigen Standort ihre Bachelorarbeit anfertigte. Durch ein Mitarbeitergespräch während einer vorherigen Praxisphase entstand der Kontakt nach Australien. „Ich habe einfach angefragt, ob die Möglichkeit besteht, dort meine Abschlussarbeit zu schreiben und es hat geklappt", berichtet sie. Neben dem Arbeiten im Office im Zentrum Perths hatte sie dort auch die Möglichkeit auf einer Baustelle im Nordwesten Australiens bei der Inbetriebnahme zu unterstützen. „Das war wirklich eine tolle Erfahrung, alle Baustellenmitarbeiter waren in einem extra hierfür errichteten Camp untergebracht, da kilometerweit entfernt keine Städte sind. Hier bestand der Alltag im Wesentlichen aus Arbeiten (12h) und Schlafen. Viele nutzten am Abend auch das Fitnessstudio und den Pool, welche im Camp vorhanden waren. „Das war aber schon Luxus, nicht jedes Camp ist so gut ausgestattet."

Berufsleben & Master Studium

Nach dem Studium wollte sie zunächst einmal Fuß im Berufsleben fassen: „Ich wusste direkt, dass ich noch ein Masterstudium machen möchte, allerdings war ich mir damals nicht sicher, ob ich mehr in die betriebswirtschaftliche oder technische Richtung gehen will. Die zwei Jahre im Engineering der ABB haben mir jedoch gezeigt, dass ich meine technischen Fachkenntnisse weiter vertiefen möchte." Der neu aufgesetzte Studiengang „Integrated Engineering" an der

DHBW kam genau zur richtigen Zeit, denn dieser setzt 2 Jahre Berufserfahrung voraus.

Hierbei handelt es sich um einen interdisziplinären Master, der auf das Umfeld von Industrie 4.0 zugeschnitten ist. Inhalte des Studiums sind technisches Prozess-Know-how, Kenntnisse der Informatik sowie betriebwirtschaftliche Grundlagen. „Die Initiative ‚Industrie 4.0' ist aktuell das dominierende Thema in Wissenschaft, Wirtschaft, Politik und den Medien, daher hat mich dieser Studiengang besonders gereizt."

Das Masterstudium an der Dualen Hochschule ist jedoch anders konzipiert als das Bachelor Studium. Hier wechselt man nicht im 3-Monatsrhythmus zwischen Theorie und Praxis. Die Vorlesungen finden immer in 3-Tagesblöcken statt, z. T. auch an Samstagen, im Schnitt etwa einmal pro Monat. Die übrige Zeit gehen die Studenten ihrem Berufsalltag im Partnerunternehmen nach. Klausuren werden alle 3 Monate geschrieben, je nachdem, welche und wie viele Vorlesungen man seit der vorherigen Klausurenwoche hatte. Die Wahl der Vorlesungen bleibt hier zum größten Teil den Studenten selbst überlassen: Wir haben lediglich zwei Kernmodule, die übrigen acht Vorlesungen konnten wir uns (fast) selbst aus einem breiten Modulhandbuch zusammenstellen. Hier wird eine große Anzahl an Vorlesungen aus den Ingenieurswissenschaften (Informatik, Maschinenbau, Elektrotechnik, Wirtschaftsingenieurwesen) angeboten. Zu der Frage, ob Beruf, Studium und Privatleben gut unter einen Hut zu bringen sind, antwortet die Studentin: „Natürlich stellt das Studium eine zusätzliche Belastung dar und nimmt einen Teil der Freizeit in Anspruch, gerade vor anstehenden Klausuren. Allerdings erfahren wir sowohl vom Unternehmen als auch von der Hochschule sehr gute Unterstützung." Die ersten Vorlesungen und Klausuren hat sie bereits erfolgreich hinter sich gebracht. Ihren Abschluss wird sie voraussichtlich im September 2017 erhalten.

5.4 Der Stuttgarter Intralogistik-Spezialist viastore im Wandel der Digitalisierung

Dr. **M. Schweizer,**
Ltr. Marketing
viastore Group

Digitalisierung und die weltweite Vernetzung von Menschen, Maschinen, Waren und Prozessen verändert das Geschäftsmodell von Maschinen- und Anlagenbauern von Grund auf. Der Stuttgarter Intralogistik-Spezialist viastore hat die Herausforderungen der Digitalisierung angenommen und sich erfolgreich an die Veränderungen des Marktes angepasst – und das nicht zum ersten Mal in seiner mehr als 125-jährigen Firmengeschichte.

In heutigen Fertigungen sind Maschinen, Produkte, Rohstoffe, Ladungsträger, Transportmittel und Standorte nicht mehr isoliert, sondern miteinander verkettet und informationstechnisch vernetzt. Das „Internet der Dinge" ist bei weltweit mehr als 20 Milliarden Elementen, die mit einer eigenen IP-Adresse oder einem Chip oder Sensor ausgestattet sind, längst keine Vision mehr. Produktion und Logistik verschmelzen, ihre Prozesse werden immer enger verzahnt, Handhabungsaufgaben zunehmend automatisiert. Die Wertschöpfungskette ist vom Rohstofferzeuger bis zum Endverbraucher digitalisiert, an der Durchgängigkeit dieser Digitalisierung arbeiten Forscher und Praktiker mit Hochdruck.

Prozessübergreifende Software gewinnt an Bedeutung

Grundvoraussetzung für diese Entwicklung ist leistungsfähige, intelligente und prozessübergreifende Software. Die Intralogistik-IT reicht mittlerweile weit über das Lager und Distributionszentrum hinaus und integriert beispielsweise die Fertigung oder die Versorgung von Montage-Arbeitsplätzen ebenso wie den Verbraucher. Damit steigert sie die Wertschöpfung und Profitabilität aller Beteiligten entlang der gesamten Supply Chain. Das wirkt sich auch auf den

Maschinen- und Anlagenbau aus: In vielen Unternehmen hat die Software bei der Entwicklung neuer Lösungen bereits einen Anteil von 50 Prozent und mehr.

Der Stuttgarter Intralogistik-Spezialist viastore hat diesen Trend frühzeitig erkannt und seine Geschäftsphilosophie dahingehend angepasst. Das Unternehmen zählt heute zu den international führenden Anbietern von schlüsselfertigen Intralogistik-Anlagen für Industrie, Handel und Dienstleister. Das Portfolio umfasst unter anderem Kommissioniersysteme, Hochregallager, automatische Kleinteilelager sowie Distributions- und Logistikzentren. viastore bietet eingehende Beratungsleistungen, plant und realisiert Neuanlagen, modernisiert aber auch bestehende Lager unterschiedlicher Hersteller und passt sie an aktuelle Technologien und veränderte Prozesse an. Dabei setzt das Unternehmen auf eine leistungsfähige und durchgängige Software-Architektur – von der selbst entwickelten Warehouse Management Software viadat über das Materialfluss-System bis zur Prozess-Steuerung. Auch in der Anbindung und im Management von Technologien und Prozessen in den Standard-Softwarelösungen von SAP ist viastore Experte.

Vom Produkt- zum Lösungslieferanten

Angefangen hat alles im Jahr 1889, damals noch unter dem Namen Haushahn. Die Maschinenwerkstätte widmet sich zunächst dem Bau von Waagen und Kranen, beginnt um 1900 jedoch auch mit der Herstellung elektrischer Aufzüge. Mit der Übernahme der Firma Weissert & Hieber im Jahr 1970 steigt das Unternehmen in die Lagertechnik ein. 1988 wird Haushahn Automationssysteme als eigenständiges Systemhaus für Intralogistik gegründet – die Geburtsstunde der späteren viastore SYSTEMS GmbH. Unter diesem Namen firmiert der Spezialist seit 1999, auf Initiative des damaligen Geschäftsführenden Gesellschafters Christoph Hahn-Woernle. Er war es auch, der bereits viele Jahre zuvor die Entwicklung erkannte, die das Unternehmen in der Folge entscheidend prägen und verändern sollte: „Der Kunde kauft bei uns nicht das Regalbediengerät, sondern ein System, eine Lösung."

Unter Hahn-Woernles Leitung veränderte sich viastore vom Anlagenbauer für die Intralogistik zum weltweit tätigen Systemintegrator. Ein Schlüssel dazu war die konsequente Weiterentwicklung der Steuer-Rechner, die in der Lagertechnik bereits Mitter der 1970er Jahre zum Einsatz kamen, hin zu einer Software, die sämtliche Funktionen zwischen Warenein- und -ausgang intelligent und effizient steuert und verwaltet: Das Warehouse Management System (WMS) viadat war geboren. viadat ist eine moderne, leistungsstarke und zukunftssichere Lösung zum Management und zur Steuerung der gesamten Intralogistik. Das WMS eignet sich für hoch automatisierte Systeme wie auch für konventionelle manuelle oder staplerbediente Anlagen sowie für unterschiedliche Kommissioniervorgänge. Heute ist viadat standardmäßig in 16 Sprachen verfügbar, besitzt etwa 2.500 Logistikfunktionen und wird von rund 12.000 Anwendern in mehr als 30 Ländern genutzt – ein beeindruckender Beleg dafür, wie viastore die Chancen der Digitalisierung und auch der Globalisierung für sich zu nutzen weiß.

Ein weiteres Software-Standbein hat viastore sich als Dienstleister und Anbieter von SAP-basierten Intralogistik-Lösungen aufgebaut. Das Unternehmen ist seit mittlerweile mehr als 20 Jahren auf Technologien und Add-ons für die Lagerlogistik spezialisiert und bindet das SAP-zertifizierte Warehouse Management System viadat direkt an SAP an oder realisiert die Lagerverwaltung und Lagersteuerung komplett in SAP – früher LES und TRM, heute SAP EWM on HANA. Um die immer umfangreicheren Aktivitäten in der Software-Entwicklung, -Beratung und -Implementierung zu bündeln und Anwender damit noch fokussierter zu unterstützen, gründete viastore 2015 durch die Initiative des heutigen Geschäftsführenden Gesellschafters Philipp Hahn-Woernle eine eigene Software-Gesellschaft. Rund ein Drittel aller viastore-Mitarbeiter sind mittlerweile im Bereich Software beschäftigt – mit deutlich steigender Tendenz.

Software und Lagertechnik – alles aus einer Hand

Bei der Planung und Realisierung individueller Intralogistik-Systeme spielen die viastore-eigenen Software-Angebote eine wichtige Rolle. Der Kunde erhält bei Bedarf alles aus einer Hand und hat in jeder Situation einen kompetenten Ansprechpartner – nur dass die einzelnen Geschäftsbereiche nun klarer voneinander getrennt sind und damit noch zielgerichteter arbeiten können. Lösungen zu finden, die dem Anwender zu einem strukturierten, effizienten, leistungsfähigen und wirtschaftlichen Materialfluss verhelfen, ist das gemeinsame Ziel. Dabei sind jedoch Steigerungen bei Leistung und Effizienz heute oft nur noch durch leistungsfähigere Software möglich, ohne dass zwangsläufig auch Maschine und Anlage angefasst werden müssen. Darauf fokussiert die viastore SOFTWARE GmbH.

Als Unternehmen, das seit jeher Technik, Maschinenbau und Systemintegration beherrscht und seine Anlagen von Beginn an mit intelligenter Software und Steuerungen ausstattet, kann viastore dem Anwender einen klaren Mehrwert bieten: flexiblere Abläufe, Effizienz auch bei Losgröße 1, gesamtheitliche Prozessoptimierung auf umfassender Datenbasis und Einsparungen durch höhere Transparenz und vor allem Bestandsreduzierung. viastore hat sich damit vom Lieferanten zum langfristigen Projektpartner entwickelt, mit dem Betreiber aktuelle und zukünftige Anforderungen gemeinsam lösen können. Dafür bietet das Unternehmen seinen Kunden auch ein ausgefeiltes und individuelles Service-Konzept. Ziel ist, dass der Anwender sich auf seine Kernaufgaben konzentrieren kann. Auch dabei hilft die Digitalisierung: Fernwartung, 24/7-Helpdesk oder online-basierte Mitarbeiterschulungen sind nur einige der Möglichkeiten, mit denen viastore Anlagenbetreiber flexibel und zuverlässig unterstützt.

Mitarbeiter als Basis für Erfolg

Im digitalen Zeitalter zählt viastore zu den Vorreitern seiner Branche, weil das Unternehmen den Trend frühzeitig erkannt und sich konsequent an die veränderten Anforderungen angepasst hat. Dafür war und ist jedoch ein weiterer Faktor Voraussetzung: kompetente und motivierte Mitarbeiter. Auf die ist das Unternehmen auch in Zukunft angewiesen – ob in der Software-Entwicklung, in der Fertigung und Montage, im Consulting und Vertrieb, im Service oder im Projektmanagement. Um diese trotz des anhaltenden Fachkräftemangels zu finden und zu überzeugen, bietet viastore zahlreiche Annehmlichkeiten: von flexiblen Arbeitszeitmodellen über ein umfangreiches Aus- und Weiterbildungs-angebot bis zur kostenfreien Mitgliedschaft im Fitnessstudio. Denn nur mit dem richtigen Team kann das Unternehmen die steigenden und sich stetig verändern-den Anforderungen von Kunden und Märkten erfüllen – vielleicht auch die nächsten 125 Jahre.

Bild 1: Bei der Planung von Intralogistik-Anlagen nutzt viastore moderne Virtual-Reality-Tools. Das ermöglicht schnellere

Bild 2: Die Software viadat ist intuitiv nutzbar. Das reduziert die Einarbeitungszeit für den Lagermitarbeiter, gleichzeitig kann das Lagermanagement die Informationen per Dashboard zusammenstellen, die es im Augenblick braucht. *© viastore*

Bild 3: Mit der Einführung von SAP EWM auf Hana durch viastore kann Kaeser seine Prozesse und Auswertungen deutlich schneller durchführen. *© viastore*

Bild 4: Die Shuttle-Systeme von viastore ermöglichen eine höchst effiziente Raumnutzung und flexible Lagerung unterschiedlicher Güter. © *viastore*

---

viastore

viastore ist ein führender internationaler Anbieter von Intralogistik-Systemen und Intralogistik-Software. Das Unternehmen viastore SYSTEMS GmbH fokussiert sich auf die Planung, die Implementierung und die permanente Verbesserung von System-Anlagen. Die viastore SOFTWARE GmbH bündelt alle Aktivitäten rund um das Standard-WMS viadat sowie um die viastore-SAP-Logistiklösungen (WM und EWM). viastore beschäftigt weltweit 470 Mitarbeiter und erwirtschaftet einen Umsatz von 130 Millionen Euro.

6   Bewerbung und Berufseinstieg

6.1   Wie finde ich mein Wunschunternehmen?

6.1.1   Wie analysiere ich meinen Arbeitgeber-Markt?

Die Nachfrage nach Jungingenieuren der Elektro- und Informationstechnik ist groß. Gleichwohl aber bedeutet der Titel des Diplom-Ingenieurs bzw. des BA/MA of Engineering keine automatische Garantie für einen reibungslosen Übergang vom Studentendasein ins Berufsleben, vor allem auch keine Garantie für eine zufriedenstellende und dauerhafte Berufstätigkeit.

Tatsächlich ist die Angst vor dem „Was kommt nach dem Examen?" nicht nur in der Unkenntnis und Uninformiertheit der Jungingenieure über ihren späteren Berufsalltag begründet. Die Stellensuche bedeutet ja nicht nur die Suche nach einer Finanzquelle; sie wirkt sich vielmehr auf den Menschen als Ganzes aus und beeinflusst entscheidend sein restliches Leben.

Die Einführung der BA- und MA-Studiengänge

Die im Sommer 2003 beschlossene europaweite Einführung der Bachelor- und Master-Studiengänge (BA / MA) haben viele Hochschulen als Chance für eine umfassende, zukunftsorientierte Studienreform genutzt. Damit entsprechen sie den Vorstellungen der Unternehmen von einer noch stärker paxisorientierten Hochschulausbildung.

Die überwiegende Mehrheit der Personalverantwortlichen bescheinigt den heutigen Studenten, dass sie sich schon relativ früh ein Bild über ihre künftige Berufstätigkeit machen wollen und dass sie versuchen, ihre Studienschwerpunkte möglichst praxisorientiert zu wählen. Werkstudententätigkeit und Praktikantentätigkeit werden nicht nur als zusätzliche Einkommensverbesserungen gesehen, sondern als Möglichkeit, die Studienwahl durch möglichst frühen Praxiskontakt zu überprüfen.

Damit werden also zugleich die Weichen für die Berufswahl gestellt. Je mehr sich hierauf aufbauend die angestrebten Tätigkeitsfelder und Branchenpräferenzen herauskristallisieren, umso enger wird auch der Kreis der potenziellen Arbeitgeber. Da liegt es dann nahe, schon frühzeitig damit zu beginnen, die angedeuteten Fragen zur Berufswahl entsprechend der ingenieurmäßigen

„Denke" systematisch zu vervollständigen und durch gezielte Informations-sammlungen über potenzielle Arbeitgeber zu ergänzen. Auf Personal- und Fachmessen und durch Betriebsbesichtigungen und Praktika geknüpfte Kontakte müssen hier festgehalten werden, wie auch die Informationen, die Sie aus den Internetpräsentationen der ausgewählten Unternehmen ziehen können.

Aber die Sammlung von Informationen über potenzielle Arbeitgeber ist nur die eine Seite der Medaille. Gleichzeitig muss auch versucht werden, das eigene Berufspotenzial zu analysieren und gegebenenfalls zu modifizieren.

6.1.2 Wie analysiere ich mein Berufspotenzial?

Letztlich geht es hier um die persönlichen Zielsetzungen, um die Qualität der persönlichen Lebensgestaltung. Diese ist entscheidend abhängig von der Qualität der Berufstätigkeit. Daher muss der Student sich vor der eigentlichen Berufs-findung immer wieder fragen, was er persönlich unter Lebensqualität versteht, welche Wertvorstellungen er verwirklichen will (Checkliste 1). Denn:

„Wer das Ziel nicht weiß, kann den Weg nicht haben" (Christian Morgenstern).

Checkliste 1	Folgende Aspekte müssen mit der späteren Berufstätigkeit vereinbart sein		
sw = sehr wichtig, w = wichtig, nw = nicht so wichtig	sw	w	nw
Finanzielle Aspekte der Lebensqualität			
Wohnqualität (Mietwohnung/Eigentum, Stadt/Land),			
Statussymbole (Kleidung, Fahrzeug, ...)			
Lebensführung allgemein			
Soziale Aspekte der Lebensqualität			
Arbeitsplatz (Kollegen)			
Arbeitsort, Wohnort (Freundeskreis)			
Branchentypische Reputation/Diskriminierung			
Gesellschaftliche Anerkennung			
Persönliche Aspekte der Lebensqualität			
Persönliche Wertvorstellungen			
Befriedigung im Beruf, beruflicher Erfolg			
Selbstverwirklichung			
Familie, Kinder			

Das Berufspotenzial ist nicht nur in der fachlichen Leistung, in dem Hochschul-wissen, gegeben. Zur praktischen Umsetzung bedarf es auch bestimmter persön-licher Eigenschaften, und die sind keineswegs identisch mit sogenannten Ideal-profilen (z. B. „jung, dynamisch und kreativ"). Da je nach Tätigkeitsfeld und

Aufgabe unterschiedliche Kombinationen von Fachwissen und Persönlichkeits-strukturen gefordert werden, darf man also nicht irgendwelchen „Idealprofilen" nachjagen. Man muss ehrlich und selbstkritisch bleiben: Bei der Bewerbung muss man hundertprozentig hinter seiner eigenen Persönlichkeit stehen. Sich hier etwas vorzumachen, bedeutet, den späteren Frust vorzuprogrammieren.

Wie aber finde ich „meine" Kombination?

Die fachlichen Leistungen werden mit dem Notenspiegel dokumentiert. Grund-sätzlich sollte man davon ausgehen, dass alle Zeugnisse und sonstige Be-scheinigungen in einer eigenen Dokumentenmappe aufbewahrt werden. Es ist unbedingt auf Vollständigkeit der Unterlagen zu achten und auch darauf, dass die Originale nicht beschädigt werden können. - Welche Unterlagen dann der Bewerbungsmappe beigefügt werden sollen, ist im nächsten Kapitel aufgeführt.

Die persönlichen Eigenschaften möglichst objektiv zu erkennen und darzu-stellen, ist weitaus schwieriger. Hierbei sollen die Checklisten 2 und 3 helfen.

Checkliste 2   Mein Persönlichkeitsprofil in Selbst- und Fremdeinschätzung

(1 = trifft nicht zu, 2 = trifft weniger zu, 3 = trifft ziemlich zu, 4 = trifft sehr zu, 5 = trifft außerordentlich zu)

	Selbsteinschätzung					Fremdeinschätzung				
	1	2	3	4	5	1	2	3	4	5
Analytiker										
Fragender										
Zuhörer										
Einzelkämpfer										
Partner										
Theoretiker										
Praktiker										
Vermittler										
Planer										
Stratege										
Organisator										
„Macher"										
Problemlöser										

Sie sehen jeweils eine Selbsteinschätzung und eine Fremdeinschätzung vor. Selbstverständlich sollen Selbst- und Fremdeinschätzung jeweils unabhängig voneinander erfolgen. Ideal wäre es, die Einschätzungstabellen in einer Gruppe zu bearbeiten und danach gemeinsam für jedes Gruppenmitglied die Überein-stimmungen und Abweichungen zwischen jeweiligem Fremdbild und Selbstbild zu diskutieren. Je konkreter die Berufsvorstellungen werden, desto mehr sollte man sich auf die Persönlichkeitsmerkmale konzentrieren, die tatsächlich von den in Frage kommenden Unternehmen gefordert werden, um eine möglichst hohe Deckungsgleichheit zwischen dem Berufspotenzial und den Anforderungen der potenziellen Arbeitgeber zu finden.

Die **Gruppenarbeit,** bereits mehrfach angesprochen, erlaubt ein effizientes, arbeitsteiliges Vorgehen bei der Analyse von Arbeits-Teilmärkten. In der Gruppe kann auch eine falsche Selbsteinschätzung bzw. eine ungünstige Selbstdarstellung festgestellt werden. Und:

In einer Gruppe kann man schon während des Studiums das üben, was heute im Berufsleben gefordert wird: **Teamorientiertes Arbeiten.**

Checkliste 3
Meine Persönlichkeitseigenschaften in Selbst- und Fremdeinschätzung

(1 = trifft nicht zu, 2 = trifft weniger zu, 3 = trifft ziemlich zu, 4 = trifft sehr zu, 5 = trifft außerordentlich zu)

	Selbsteinschätzung					Fremdeinschätzung				
	1	2	3	4	5	1	2	3	4	5
selbstsicher										
sachlich-nüchtern										
tatkräftig										
aktiv										
zuverlässig										
vertrauenswürdig										
ehrgeizig										
egoistisch										
belastbar										
kompromissbereit										
entscheidungsfreudig										
anpassungsfähig										
begeisterungsfähig										
geltungsbedürftig										
empfindsam										
sensibel										
teamfähig										
kritisch										
kritikfähig										
kreativ										
hilfsbereit										
impulsiv										
spontan										
ausgeglichen										
lernbereit										
autoritär										
kommunikativ										
verhandlungsstark										
zielstrebig										
motivierend										
...										

6.2   Die Kontaktaufnahme

6.2.1   Frühe Praxiskontakte fördern ein praxisnahes Studium

Studenten und Absolventen haben heute vielfältige Möglichkeiten, sich schon während des Studiums über einzelne Unternehmen zu informieren und mit ihnen möglichst frühzeitig in Kontakt zu treten. Aus erster Hand erfahren sie, welche Erwartungen die Unternehmen an Jungingenieure und Naturwissenschaftler stellen. Sie können ihren Studiengang praxisbezogen ausrichten und ihre Berufswahl arbeitsmarktorientiert vorbereiten.

Campus recruiting. Die i.d.R. von Studenten für Studenten an den Hochschulen organisierten Berufsinformationstage bzw. Industriekontaktmessen bieten vielfältige Informations- und Kontaktmöglichkeiten in direkten Gesprächen mit den Unternehmensvertretern. Gezielt werden auch Veranstaltungen an anderen Hochschulstandorten besucht. Besondere Pluspunkte sammeln Studenten, die sich sogar selber bei der Organisation solcher Hochschulmessen einbringen.

Überregionale Recruitingmessen werden von überregional tätigen Vereinen und Verbänden durchgeführt und finden häufig auch in Verbindung mit Messen statt (s. Kap. 1.3). Die Unternehmen ihrerseits kommen dem Informationsbedürfnis der Studenten gern entgegen. Eine verstärkte Praxisorientierung schon während des Studiums erhöht auch die Berufsfähigkeit der Absolventen, sie lassen sich dann effektiver in den Berufsalltag integrieren. Natürlich streben die Unternehmen auch die unmittelbaren persönlichen Kontakte an. Jeder Student wird als potenzieller Mitarbeiter betrachtet, den man, wenn man festgestellt hat, dass man gut zueinander zu passen scheint, gern auch endgültig für sich gewinnen möchte.

Hochschulkooperationen. Beim Campus recruiting ist der Student das unmittelbare Ziel der Unternehmensbemühungen. Zusätzlich bieten sich den aktiven Studenten auch indirekte Kontaktchancen im Bereich des Wissens- und Technologietransfers: Immer mehr Unternehmen nutzen die Möglichkeit, mit den Hochschulen Beratungs- und Forschungskooperationen einzugehen. Nicht selten zieht ein solcher Wissens- und Technologietransfer dann auch einen „Transfer der Köpfe" nach sich.

Ein kooperatives Studium verknüpft von vornherein Studium und Praxis. Dies ist bei Berufsakademien und Privaten Hochschulen obligatorisch, aber immer mehr Unternehmen suchen auch mit den staatlichen Hochschulen diese Kontakte. Insbesondere die Fachhochschulen im Allgemeinen (s. Kap. 4.3 und 4.4) und speziell die Duale Hochschule Baden-Württemberg (DHBW; s. Kap. 5) bieten duale Studiengänge an.

6.2.2 Electronic Recruiting: Kontaktaufnahme über das Internet

Der elektronische Stellenmarkt ist eine wichtige Ergänzung des traditionellen Stellenmarktes. So kann man über das Internet leicht und schnell zu Unternehmensinformationen gelangen, die z. B. vor allem für Initiativbewerbungen sehr wichtig sind. Auch für die sogenannten Erstkontakte erweist sich das Internet häufig als sehr hilfreich, sei es, um einen Bezug für die traditionelle papierne Bewerbung zu erhalten, sei es, dass man sich zunächst mit einer elektronischen Kurzbewerbung meldet. Hierdurch kann der mühevolle Aufwand für die Abfassung (Bewerber) wie auch für das Studium der ausführlicheren schriftlichen Bewerbungen (Bewerbungsempfänger) verringert werden.

Zunehmend erwarten die Unternehmen Online-Bewerbungen. Hierzu geben sie auf ihrer Homepage oder bei einer zwischengeschalteten Internet-Stellenbörse ihre Kontakt-Adressen an, häufig bieten sie auch Formulare für Kurzbewerbungen an. Aber die Zusammenstellung der Unterlagen für die Bewerbungsmappe entfällt dadurch keineswegs. Spätestens beim Vorstellungsgespräch wird sie benötigt.

Wichtig: Auch eine Online-Bewerbung ist eine offizielle Bewerbung. Daher gilt auch hier: Individuelles und fehlerfreies Anschreiben statt lässigem und gar schludrig-fehlerhaftem E-Mail-Jargon mit Charakter einer Massenaussendung.

Tipp: *Vermeiden Sie es, sich zu „offenherzig" im Internet darzustellen. Die Fotos z. B. von einer durchzechten Partynacht ins Internet gestellt, lassen sich nicht wieder löschen. Welche Rückschlüsse würde hieraus wohl ein Personalverantwortlicher bzgl. Ihrer Bewerbung ziehen?*

6.2.3 Die Stellenanzeige richtig lesen

Manchmal ist eine Bewerbung „nur" eine Formsache, z. B. wenn Sie bei „Ihrem" Unternehmen als erfolgreicher Werkstudent oder Praktikant bekannt sind und man Sie vielleicht sogar zur Bewerbung aufgefordert hat. Manche Jungingenieure starten auch eine Initiativbewerbung (Seite 255). Der Regelfall aber ist eine Bewerbung auf der Grundlage einer Stellenanzeige. Hier formuliert das ausschreibende Unternehmen die Qualifikationen, die es von den neuen Mitarbeitern erwartet. Deshalb ist es sehr wichtig, dass Sie sich diese Anforderungen genau ansehen und sehr sorgfältig mit Ihrem eigenen Berufpotenzial (Kap. 5.1.2) vergleichen. Nur wenn Bewerberprofil und Stellenprofil in etwa deckungsgleich sind, lohnt sich der Aufwand einer Bewerbung, und zwar für beide Seiten, sowohl für Sie, der Sie mit viel Zeit und Mühe Ihre Bewerbungsunterlagen zusammenstellen als auch für den Personalverantwortlichen, der ja auch Zeit und Mühe investieren muss, um Ihre Bewerbung zu prüfen.

Muss-Qualifikationen. Hier gilt es nun, zu erkennen, welche der aufgeführten Qualifikationen für die ausgeschriebene Stelle Muss-Qualifikationen sind, die Sie unbedingt erfüllen müssen, wollen Sie nicht schon bei der ersten Vorsortierung der eingegangenen Bewerbungen ausgesiebt werden.

Signalwörter und andere Signale in der Stellenanzeige verdeutlichen die Wichtigkeit der gewünschten Qualifikationen. Formulierungen wie „zwingend erforderlich", „vorausgesetzt", „unabdingbar", „perfekte Kenntnisse in ..." oder „Sie verfügen über ..." bedeuten, dass das Unternehmen diese Anforderungen als Muss-Qualifikationen betrachtet. Wenn Sie diese Qualifikationen nicht erfüllen, sind das also in Ihrem Fall „K.o.-Qualifikationen". Hierzu zählen dann auch Anforderungen, deren Wichtigkeit für die ausgeschriebene Stelle durch Fettdruck, Farbdruck oder gar durch Aufnahme in die Überschrift oder durch eine sonstwie besonders auffallende Darstellung signalisiert wird. - Auch in Zeiten knapper Absolventen werden die Unternehmen keine Kandidaten einstellen, die diese Muss-Qualifikationen nicht erfüllen.

Wunsch-Qualifikationen verstecken sich hinter Formulierungen wie „wünschenswert", „idealerweise", „wäre von Vorteil", „ausbaufähig". Hier müssen Sie nicht unbedingt alle diese Zusatz-Qualifikationen erfüllen. Allerdings sollte Sie bei Ihrer Bewerbung schon darauf hinweisen, dass Sie fähig und willens sind, sich in diesen Fällen nachzuqualifizieren.

6.2.4 Die schriftliche Bewerbung

Sie haben die Anforderungen des Arbeitsmarktes studiert und Sie haben Ihre persönliche Situationsanalyse erstellt. So haben Sie nun mehr oder weniger konkrete Vorstellungen über die angestrebte Berufstätigkeit gewonnen, die Sie eventuell sogar durch weitere Informationen aus verschiedenen Kontaktmöglichkeiten schon konkretisieren konnten. Jetzt kennen Sie wenigstens ein Unternehmen, von dem Sie überzeugt sind, dass Sie dort Ihr Berufspotenzial gut einbringen können. Dort wollen Sie sich bewerben.

Jetzt gilt es, auch das Unternehmen davon zu überzeugen, dass Sie tatsächlich „der Richtige" sind. Betrachten Sie daher von Anfang an die Bewerbung als Ihren ersten Dienst für Ihren potenziellen Arbeitgeber. Und der erwartet natürlich keine fehlerhafte und schludrige Arbeit von seinen Mitarbeitern, und er will nicht mit unnötigen Rückfragen hinter Ihnen herlaufen. Stellen Sie also Ihre Bewerbungsmappe mit äußerster Sorgfalt und Gewissenhaftigkeit zusammen, achten Sie auf fehlerfreie und ansprechende Gestaltung und machen Sie durch Vollständigkeit der Unterlagen Rückfragen überflüssig.

Die Bewerbungsunterlagen bestehen aus:

1 Lebenslauf
2 Lichtbild
3 Zeugnissen
4 Referenzen (eventuell)
5 Arbeitsproben (eventuell)
6 Bewerbungsschreiben - immer individuell abzufassen!

Der Lebenslauf

Der Lebenslauf soll einen umfassenden Überblick über Ihren persönlichen, schulischen und vor allem beruflichen Werdegang geben. Er sollte sachlich und knapp, aber unbedingt lückenlos sein. Sämtliche Daten werden chronologisch aufgeführt. Schreiben bzw. drucken Sie Ihren Lebenslauf sauber auf weißes Papier (DIN A4). Der Umfang sollte zwei Seiten nicht überschreiten. Sollen Sie einen handschriftlichen Lebenslauf einreichen, fügen Sie trotzdem auch einen maschinengeschriebenen Lebenslauf bei. Was Sie wissen sollten: Mit der Einsendung einer angeforderten Schriftprobe erklären Sie sich einverstanden, dass ein graphologisches Gutachten erstellt wird.

Folgendes Gliederungsschema hat sich bewährt:

• Angaben zur Person,
• schulische Ausbildung einschließlich praktischer Berufsausbildung,
• besondere Kenntnisse,
• beruflicher Werdegang,
• Ort, Datum und Unterschrift.

Die Angaben zur Person umfassen Name und Vorname, Anschrift mit Telefonnummer und E-Mail-Adresse, Geburtsdatum und Geburtsort, Familienstand, gegebenenfalls Zahl und Alter der Kinder (Zusatz: „Betreuung gesichert"), Staatsangehörigkeit und gegebenenfalls Konfession.

halte mit vertieften Kenntnissen von Geographie und Bevölkerung des besuchten Landes (ein vierwöchiger Auslandsurlaub kann jedoch nicht als Auslandserfahrung deklariert werden!), Veröffentlichungen.

Extrafunktionelles Engagement. Erwähnen Sie hier auch Ihr allgemein- oder hochschulpolitisches, kirchliches oder soziales Engagement, wenn Sie hieraus beruflich verwertbare Kenntnisse und Erfahrungen gewonnen haben oder wenn diese Aufzählung hilft, Ihr Persönlichkeitsbild besser darzustellen.

Unterschrift! Vergessen Sie nicht, den Lebenslauf mit der Angabe des Ortes, des Datums und mit Ihrer Unterschrift abzuschließen.

Die Zeugnisse „bezeugen" als Bescheinigungen Ihrer bisher erbrachten Leistungen die Angaben in Ihrem Lebenslauf. Von Jungingenieuren werden die Schulabgangszeugnisse, Zeugnisse über eine eventuell absolvierte Lehre und über Praktika, das Bachelor- und - falls schon vorhanden - das Masterdiplom erwartet. Auch die in Ihrem Lebenslauf aufgeführten berufsrelevanten Zusatzqualifikationen sollten Sie durch entsprechende Bescheinigungen dokumentieren.

Saubere Kopien genügen. Alle Bescheinigungen, Zeugnisse u. a. legen Sie bitte als Kopie bei. Bürden Sie dem Personalverantwortlichen nicht die Last auf, die Verantwortung für die für Sie unersetzlichen Originale zu übernehmen.

Referenzen? Persönliche Empfehlungen sollten als persönliche Bürgschaften betrachtet werden. Ehe Sie jemandem zumuten, sich mit seinem Namen für Ihre Person zu verbürgen, müssen Sie schon vorab klären, ob er überhaupt in der Lage ist, sich ein fundiertes Urteil über Ihre fachliche wie auch menschliche Qualifikation zu bilden und ob er denn auch bereit wäre, empfehlende Auskünfte über Sie zu erteilen. Wenn Sie Referenzen angeben, dann geben Sie die vollständige Anschrift mit Funktion und mit Telefonnummer an.

Arbeitsproben sollten einer Bewerbung nur beigefügt werden, wenn sie als besondere Qualifikationsnachweise dienen oder wenn ausdrücklich danach verlangt wurde. Bei der schriftlichen Bewerbung wird es im Normalfall genügen, auf solche Arbeitsproben nur hinzuweisen. Zum Vorstellungsgespräch sollte man sie durchaus mitbringen, um eventuell hierauf konkret zurückgreifen zu können.

Das Bewerbungsschreiben

Inhalt. Das Bewerbungsschreiben wird zuweilen auch als Anschreiben und Begleitschreiben bezeichnet. Diese Bezeichnungen entsprechen aber nicht der tatsächlichen zentralen Bedeutung des Bewerbungsschreibens: Es soll den Personalverantwortlichen veranlassen, auch die anderen Unterlagen zu studieren und den betreffenden Kandidaten dann zu einem Vorstellungsgespräch zu laden. Sie müssen dem Leser also überzeugend darlegen, warum Sie meinen, für die angestrebte Aufgabe qualifiziert zu sein: Fragen Sie sich nüchtern und objektiv, halte mit vertieften Kenntnissen von Geographie und Bevölkerung des besuchten Landes (ein vierwöchiger Auslandsurlaub kann jedoch nicht als Auslandserfahrung deklariert werden!), Veröffentlichungen.

Extrafunktionelles Engagement. Erwähnen Sie hier auch Ihr allgemein- oder hochschulpolitisches, kirchliches oder soziales Engagement, wenn Sie hieraus beruflich verwertbare Kenntnisse und Erfahrungen gewonnen haben oder wenn diese Aufzählung hilft, Ihr Persönlichkeitsbild besser darzustellen.

Unterschrift! Vergessen Sie nicht, den Lebenslauf mit der Angabe des Ortes, des Datums und mit Ihrer Unterschrift abzuschließen.

Die Zeugnisse „bezeugen" als Bescheinigungen Ihrer bisher erbrachten Leistungen die Angaben in Ihrem Lebenslauf. Von Jungingenieuren werden die Schulabgangszeugnisse, Zeugnisse über eine eventuell absolvierte Lehre und über Praktika, das Bachelor- und - falls schon vorhanden - das Masterdiplom erwartet. Auch die in Ihrem Lebenslauf aufgeführten berufsrelevanten Zusatzqualifikationen sollten Sie durch entsprechende Bescheinigungen dokumentieren.

Saubere Kopien genügen. Alle Bescheinigungen, Zeugnisse u. a. legen Sie bitte als Kopie bei. Bürden Sie dem Personalverantwortlichen nicht die Last auf, die Verantwortung für die für Sie unersetzlichen Originale zu übernehmen.

Referenzen? Persönliche Empfehlungen sollten als persönliche Bürgschaften betrachtet werden. Ehe Sie jemandem zumuten, sich mit seinem Namen für Ihre Person zu verbürgen, müssen Sie schon vorab klären, ob er überhaupt in der Lage ist, sich ein fundiertes Urteil über Ihre fachliche wie auch menschliche Qualifikation zu bilden und ob er denn auch bereit wäre, empfehlende Auskünfte über Sie zu erteilen. Wenn Sie Referenzen angeben, dann geben Sie die vollständige Anschrift mit Funktion und mit Telefonnummer an.

Arbeitsproben sollten einer Bewerbung nur beigefügt werden, wenn sie als besondere Qualifikationsnachweise dienen oder wenn ausdrücklich danach verlangt wurde. Bei der schriftlichen Bewerbung wird es im Normalfall genügen, auf solche Arbeitsproben nur hinzuweisen. Zum Vorstellungsgespräch sollte man sie durchaus mitbringen, um eventuell hierauf konkret zurückgreifen zu können.

Das Bewerbungsschreiben

Inhalt. Das Bewerbungsschreiben wird zuweilen auch als Anschreiben und Begleitschreiben bezeichnet. Diese Bezeichnungen entsprechen aber nicht der tatsächlichen zentralen Bedeutung des Bewerbungsschreibens: Es soll den Personalverantwortlichen veranlassen, auch die anderen Unterlagen zu studieren und den betreffenden Kandidaten dann zu einem Vorstellungsgespräch zu laden. Sie müssen dem Leser also überzeugend darlegen, warum Sie meinen, für die angestrebte Aufgabe qualifiziert zu sein: Fragen Sie sich nüchtern und objektiv,

258

welche Anforderungen der Bewerber für die von Ihnen angestrebte Aufgabe aus der Sicht des Unternehmens erfüllen muss (Anforderungsprofil); legen Sie dann dar, dass Sie diese Anforderungen erfüllen. Hierzu müssen Sie also Ihr eigenes Berufspotenzial analysiert haben und es mit dem Anforderungsprofil vergleichen, das das Unternehmen von den Bewerbern erwartet (Kap. 6.1.2 und 6.2.3). *Wichtig:* Jedes Bewerbungsschreiben sollte einzigartig sein. Für jede neue Bewerbung sollte also gegebenenfalls ein individuelles Anschreiben verfasst und dem neuen Stellenangebot angepasst werden

Reaktive Bewerbung. Wenn Sie sich aufgrund einer konkreten Stellenausschreibung bewerben, finden Sie in den Anzeigen ausreichend Anhaltspunkte über das gewünschte Anforderungsprofil. Für die Positionen, bei denen Ihr Berufspotenzial vom Anforderungsprofil abweicht, sollten Sie plausible Erklärungen vortragen. So beugen Sie falschen Rückschlüssen und unnötigen Rückfragen vor.

Initiativbewerbung. Wenn Sie sich unaufgefordert bewerben wollen, wenn Sie also selber die Initiative ergreifen wollen, müssen Sie sich erst recht überlegen, warum der Personalmanager Ihre Bewerbung näher prüfen soll, da doch eigentlich kein Personalbedarf besteht. Wenn Sie hierzu gezielt Informationen über Ihr Wunschunternehmen eingeholt haben, zum Beispiel auf den studentischen Hochschulkontaktmessen, bei Ihren Praktikumsbetreuern, bei Betriebsexkursionen, bei Betriebsangehörigen, aus der Fachpresse, aus dem Internet usw., dann haben Sie sicher gute Argumente für Ihre Bewerbung. - Initiativbewerbungen sind also in der Regel ganz besondere, individuell abgefasste Bewerbungen; die qualifizierte, unaufgeforderte Bewerbung verspricht einen entscheidungsfreudigen, aktiven Absender. - Da das angeschriebene Unternehmen keinen konkreten Bedarf verkündet hat, ist wohl die Gefahr einer Absage mangels Bedarfs groß, doch ist dafür die Chance gut, dass die eigene Bewerbung nicht in einer Fülle anderer Bewerbungen untergeht.

Hinweis: Initiativbewerbungen sind keine Bewerbungen ins Blaue hinein, insbesondere sollten Sie pauschalierte Massenaussendungen von vornherein vergessen; solche Bewerbungen haben die Personalprofis schnell erkannt, und sie sind - mit Recht - über die hierdurch geraubte Zeit verärgert.

Stil. Ihre Bewerbung ist ein Geschäftsvorgang, Ihr Bewerbungsschreiben ist insofern ein Geschäftsbrief. Formulieren Sie sachlich und argumentativ. Vermeiden Sie vor allem krampfhaft originelle und überzogene Selbstdarstellungen.

Form. Wie schon beim Lebenslauf verwenden Sie auch für das Bewerbungsschreiben neutrales weißes Schreibmaschinenpapier. Oben links platzieren Sie Ihren Namen und Ihre Anschrift mit Telefonnummer (wichtig für kurzfristige Kontaktaufnahme, z. B. Terminabsprache für Vorstellungsgespräch!).

Die Anschrift des Unternehmens, bei dem Sie sich bewerben wollen, platzieren Sie so, dass sie in einem Fensterumschlag zu lesen ist. Die Anschrift umfasst zeilenweise: Name des Unternehmens; die unternehmensspezifische Bezeichnung der Personalabteilung (falls nicht bekannt, adressieren Sie allgemein an die Personalabteilung); den Namen des Ansprechpartners (falls bekannt), Straße mit Hausnummer, gegebenenfalls auch Postfach-Nummer und den Ort mit Postleitzahl (beachten Sie, dass Straße und Postfach eine unterschiedliche Postleitzahl haben); Name des Auslands (falls zutreffend). - Sie sollten immer bemüht sein, einen konkreten Ansprechpartner anschreiben zu können. Gegebenenfalls erfragen Sie seinen Namen mit einem Anruf in der Personalabteilung oder vielleicht finden Sie ihn auch auf der Firmen-Website.

Nach der Anschrift folgen die Betreff-Zeile und die Bezug-Zeile. Ihr Bewerbungsschreiben betrifft: Bewerbung um die Position/Stelle/Funktion/... Sie beziehen sich dabei auf eine konkrete Anzeige in einer Zeitschrift oder in einem Katalog einer Hochschulkontaktmesse; auf das Telefonat mit dem Ansprechpartner am ...; auf ein Gespräch mit einem Unternehmensmitarbeiter, den Sie z. B. auf einer Kontaktmesse angesprochen haben oder der gar Ihr Praktikumsbetreuer war; auf einen Hinweis Ihres Professors oder des Arbeitsamtes …

Die Anrede ist personenbezogen: Sehr geehrte Frau ... bzw. Sehr geehrter Herr ...

Und nun geht es los:

Zwei Zeilen: Sie suchen ... Sie erwarten ... Ich bewerbe mich um diese Position.

Hauptteil: Als Absolvent der Fachrichtung ... mit den erforderlichen Zusatzqualifikationen ... und den gewünschten Persönlichkeitsmerkmalen ... denke ich, Ihre Anforderungen zu erfüllen. Mein besonderes Interesse an Ihrem Unternehmen resultiert aus meiner Erfahrung als Praktikant / aus einem Gespräch auf der Kontaktmesse ... / aus dem Studium Ihrer Unternehmensbroschüre ... / aus ...

Wenn Sie nicht genau das gewünschte Anforderungsprofil mitbringen, müssen Sie erklären, warum Sie sich dennoch bewerben.

Natürlich bitten Sie auch um die Gelegenheit, in einem persönlichen Gespräch weitere Fragen zu Ihrer Person beantworten zu können wie Sie selber an weiteren Einzelheiten über die zu besetzende Stelle interessiert sind.

Schließlich müssen Sie noch den Termin Ihrer Abschlussprüfung bzw. Ihrer frühestmöglichen Arbeitsaufnahme angeben.

Um eine „möglichst baldige Antwort" brauchen Sie gar nicht erst zu bitten. Wenn in angemessener Zeit, das sind drei bis vier Wochen, keine Entscheidung getroffen werden kann, ist es üblich, zumindest eine Zwischennachricht zu senden.

Bleibt also nur noch: Mit freundlichen Grüßen (ohne Ausrufungszeichen!) und Unterschrift sowie Hinweis auf die Anlage. Das große Problem: Das Bewerbungsschreiben ist maximal eine Seite lang.

Die Bewerbungsmappe: Inhalt und Optik

Wenn die Anlagen zum Bewerbungsschreiben in einer Mappe zusammengeheftet sind, hilft dies den Personalverantwortlichen, Ordnung zu halten. Als besonders praktisch haben sich Kunststoffhefter mit Klarsichtdeckel erwiesen. Die Anordnung der einzelnen Anlagen erfolgt nach dem Aktualitätsprinzip (von oben):

* Lebenslauf,
* Bild (mit Namen und Adresse; in die Mitte einer DIN A4 Seite geklebt oder an den Lebenslauf geheftet),
* Zeugnisse und Bescheinigungen (erst eventuelle Arbeitszeugnisse, dann Ausbildungszeugnisse).
* Auch für die schriftliche Bewerbung gilt:

Täuschen Sie nicht etwas vor, was gar nicht vorhanden ist! Bleiben Sie Ihrer Persönlichkeit treu! Wenn Sie in den vorgenannten Empfehlungen eine zu starke Gängelung Ihrer Persönlichkeit sehen, wenn Sie sich diese Gängelung aber gefallen lassen, weil das betreffende Unternehmen auf sture Einhaltung der Empfehlungen besteht, dann ist der Frust vorprogrammiert.

Initiativbewerbungen nicht online verschicken

Bewerber sollten Initiativbewerbungen nicht per E-Mail, sondern schriftlich verschicken. Da der Empfänger keine Online-Bewerbung erwartet, werden die E-Mails oft einfach gelöscht oder sie erreichen ihren Adressaten gar nicht erst. Viele Bewerbungen landen zudem direkt im Spam-Ordner. Schwierig wird es auch, wenn der Bewerber zu viele Dokumente wie Zeugnisse an die E-Mail anhängt. Dann wird die E-Mail oft schon von der Firewall im Unternehmen abgewehrt.

Eine Bewerbung per Briefpost lässt sich dagegen nicht so einfach ignorieren. Allerdings reichen Anschreiben und tabellarischer Lebenslauf für die erste Kontaktaufnahme völlig aus. Denn umfangreiche Bewerbungsmappen stellen für Unternehmen eine unnötige Belastung dar. Sie müssen entweder zeit- und kostenaufwendig zurückgeschickt werden oder vom Unternehmen archiviert werden.

6.2.5 Das Vorstellungsgespräch:
„Sich-Vorstellen" heißt nicht „Sich-Verstellen"

Das Ziel des Vorstellungsgespräches

Die Bewerbung ist verschickt. Sie hatten für sich geprüft, inwieweit Sie sich in das ausgesuchte Unternehmen einbringen können. Nun prüft das Unternehmen Ihre Unterlagen, und zwar durchaus sehr intensiv. Denn Personalentscheidungen sind kostenintensive Investitionsentscheidungen. Das sollten Sie immer bedenken, auch wenn Sie eine Absage erhalten.

Werden Sie jedoch zu einem Vorstellungsgespräch eingeladen, haben Sie die erste Hürde auf dem Weg zum Erfolg Ihrer Bewerbung genommen. Sie haben sich gegenüber 80 % bis 90 % Ihrer Mitbewerber durchsetzen können. Jetzt geht es darum, auch gegenüber den verbleibenden 10 % bis 20 % der Mitbewerber, die ja ähnlich gut beurteilt worden sind wie Sie, zu bestehen. Das anstehende Auswahlverfahren wird also härter. - Entsprechend notwendig ist eine gründliche Vorbereitung. Dazu gehört es auch, Äußerlichkeiten und organisatorische Probleme zu erkennen, die bei ungenügender Berücksichtigung einen negativen Einfluss auf das Vorstellungsgespräch ausüben können.

Betrachten Sie also das Vorstellungsgespräch nie als Kampfansage gegen Sie. Mit der Einladung zum Gespräch hat das Unternehmen doch sein starkes Interesse an Ihnen bekundet, hat der Personalverantwortliche zu erkennen gegeben, dass er Ihre Einschätzung von der Deckungsgleichheit zwischen Ihrem Berufspotenzial und dem Anforderungsprofil des Unternehmens durchaus nachvollziehen kann. Jetzt kommt es in beiderseitigem Interesse darauf an, in einem gemeinsamen Gespräch herauszufinden, ob dieser „Anfangsverdacht" tatsächlich zutrifft. Denn der Personalverantwortliche will hohe Fehlinvestitionen vermeiden, Sie selber wollen unnötige Frustration im Beruf vermeiden.

So sitzen Sie beide, der Personalverantwortliche und Sie, also in demselben Boot. Beide wollen durch dieses Gespräch möglichst viele Informationen austauschen, die die endgültige Entscheidungsfindung stärker absichern sollen. – Schauspielerei und gegenseitiges Bekämpfen sind also nicht gefragt.

Und noch eins: Beginnen Sie Ihre Gesprächsvorbereitungen spätestens mit der Abfassung Ihres Bewerbungsschreibens. Halten Sie Fragen fest, die vor dem potenziellen Vertragsabschluss noch geklärt werden müssen, sammeln Sie gezielt weitere Informationen über „Ihr" Unternehmen. Sie wissen: Weihnachten kommt immer so plötzlich. Bereiten Sie sich also rechtzeitig vor. Legen Sie zu jeder Bewerbung eine eigene Vorbereitungsmappe an. Beginnen Sie mit einer Kopie Ihres gerade abgesandten Bewerbungsschreibens und füllen Sie die Vorbereitungsmappe mit Hilfe der folgenden Checklisten kontinuierlich auf.

Ein Vorstellungsgespräch „mal eben" zwischen zwei Parties eingeschoben, zeugt vielleicht von einer gewissen Stressresistenz. Aber auch von einer verantwortungslosen Leichtfertigkeit und Oberflächlichkeit, mit der Sie Entscheidungen angehen, die für Sie lebenswichtig sind. Mit welchem Verantwortungsbewusstsein werden Sie dann erst die vielen kleinen Fragen und Probleme meistern wollen, mit denen Sie im Berufsalltag tagtäglich konfrontiert sind?

Inhaltliche Gesprächsvorbereitung

Informationen über „Ihr" Unternehmen. Stellen Sie alles Wissenswerte über das Unternehmen zusammen. Sammeln Sie Informationen über Firmenstruktur, Produktions- und Dienstleistungsprogramm, Umsatz- und Mitarbeiterzahlen, Entwicklungsprogramm, Wachstumskennziffern, Mitarbeiterförderung usw.

Die Informationen erhalten Sie aus Geschäftsberichten, Bilanzen, Informationsbroschüren, Wirtschaftsmeldungen der Medien, bei Betriebsbesichtigungen und „Tagen der offenen Tür", bei eigenen Hochschulveranstaltungen der Unternehmen, auf Hochschulkontaktmesssen und regionalen und überregionalen Fachmessen, bei zuständigen Verbänden und Kammern, im Internet. Vergessen Sie nicht Ihre persönlichen Kontakte: Haben Sie Bekannte, die das Unternehmen kennen? Können Sie Informationen von Kommilitonen oder Hochschullehrern erhalten?

Katalog eigener Fragen. Notieren Sie sich alle Ihre Fragen zum Unternehmen. Einige Fragen werden sich aus Ihrer Informationssammlung beantworten lassen, sind aber vielleicht wert, im Vorstellungsgespräch vertieft zu werden. Bestimmte Informationen müssen Sie in jedem Fall aus dem Bewerbungsgespräch mit nach Hause nehmen, um dann in Ruhe Ihre fundierte, endgültige Entscheidung treffen zu können.

Katalog möglicher Fragen der Unternehmensvertreter. Standards sind Fragen nach den Motiven der Bewerbung, warum gerade diese Berufs- und Unternehmenswahl getroffen worden ist, nach Ihren Vorstellungen über die zukünftige Tätigkeit, nach Ihren Karrierevorstellungen. Fast regelmäßig wird von den Bewerbern ein zusammenhängender Bericht über ihren bisherigen Werdegang verlangt - nicht so sehr, um den vorliegenden schriftlichen Lebenslauf zu überprüfen. Betrachten Sie eine solche Aufforderung eher als Angebot, den Gesprächseinstieg mit einem Thema zu gestalten, das Ihnen bekannt ist, und nutzen Sie die Chance, Ihre Bewerbung um gerade diese Stelle als das darzustellen, was sie ist: als konsequentes Ergebnis Ihres bisherigen Werdeganges.

Organisatorische Gesprächsvorbereitung

Terminbestätigung. Wenn Sie sich um eine Stelle beworben haben, rechnen Sie auch mit einer Einladung zu einem Bewerbungsgespräch. Treffen Sie also

Vorsorge, eine solche Einladung entgegennehmen zu können. Bedenken Sie einen möglichen Wohnortwechsel nach Studienende (Heimatanschrift!). Eine Weltreise als Tramper mag Sie den Examensstress vergessen lassen, sind Sie aber für das Unternehmen nicht erreichbar, können Sie auch Ihre Bewerbung vergessen. - Bestätigen Sie also kurz, telefonisch oder schriftlich, den vorgeschlagenen Gesprächstermin. Für eine begründete Terminverschiebung (z. B. wegen einer Prüfung) hat jeder Verständnis. Allerdings verschieben Sie den Termin nicht zu oft oder zu weit in die Ferne. Mitbewerber könnten möglicherweise schneller und unproblematischer zur Verfügung stehen.

Pünktliche Anreise. Pünktlichkeit ist ein absolutes Muss! Planen Sie also Zeitreserven ein. Auch die Bahn ist nicht immer pünktlich, und Verkehrsstaus auf den Straßen sind fast schon die Regel. Bedenken Sie, dass auch die Parkplatzsuche zeitaufwendig und nervtötend ist. Setzen Sie sich durch unnötigen Zeitdruck nicht zusätzlich unter Stress. - Ist der mögliche Arbeitsort weiter entfernt, empfiehlt sich eine frühere Anreise auch, um sich die Umgebung näher anzuschauen. Eventuell muss ein Wohnortwechsel ins Auge gefasst werden?

Korrekte Kleidung. Die Volksweisheit gilt auch für den Bewerber: Kleider machen Leute. Aber: Ihr Outfit muss zu Ihnen passen und Sie müssen sich in Ihrer Kleidung wohlfühlen. Sie müssen nicht Ihren persönlichen Stil aufgeben, aber Sie sollten schon mit der Auswahl Ihrer Kleidung zu erkennen geben, dass Sie bereit sind, sich den Gepflogenheiten des Hauses anzupassen. Mit Ihrer geliebten Freizeitkleidung würden Sie sich später am Arbeitsplatz ohnehin selber deplatziert vorkommen. Immer richtig ist eine gepflegte, unauffällige Kleidung, die nicht von der Person ablenkt. Sie dürfen weder gammelig wirken, noch sollten Sie overdressed sein. Fragen Sie sich: Wie wird mein Gesprächspartner gekleidet sein? Und: Besorgen Sie fehlende Ausstattungsstücke rechtzeitig!

Psychologische Gesprächsvorbereitung

Am Tag X müssen Sie ausgeruht und top konzentriert sein. Herzklopfen, Lampenfieber, feuchte Hände, weiche Knie, ... das haben auch erfahrene Leute vor entscheidenden Ereignissen. Es wäre falsch, sich etwas vorzumachen, auch etwaige Beruhigungspillen würden etwas vorgaukeln, was nicht ist. Sicher: Bewerbung ist Stress, weil so viel davon abhängt. Aber Sie haben sich doch schon seit langem gut vorbereitet. Und Sie wissen, dass auch Sie etwas zu bieten haben, sonst hätte man Sie ja gar nicht eingeladen.

Seitenwechsel. Auch wenn Sie „am Abend davor" (siehe unten) noch einmal eine klare Standortanalyse für sich selbst machen werden, im Grunde wissen Sie schon, was Sie wollen. Aber da ist auf der anderen Seite der Personalfachmann. Von ihm sagt man, dass er als Profi über eine ausgefeilte Interviewtechnik verfügt, er kann auch Eignungs- und Persönlichkeitstests durchführen, er kann den

Gesprächspartner regelrecht löchern. So sagt man. Ein Buhmann also? - Mitnichten. Er will nur den richtigen Bewerber für sein Unternehmen gewinnen. Und das ist auch in Ihrem Interesse, denn eine personalpolitische Fehlentscheidung schadet letztlich auch Ihnen. Deshalb sollten Sie sich bei Ihren Vorbereitungen für das Bewerbungsgespräch immer wieder auch einmal in die Situation des Personalfachmannes versetzen. Nehmen Sie einen Seitenwechsel vor. Fragen Sie sich, was der Personalfachmann im Bewerbungsgespräch von Ihnen zusätzlich zu Ihren schriftlichen Ausführungen erfahren möchte:

Checkliste 4 **Fragen aus der Sicht des Unternehmens:**
Was der Personalfachmann von mir wissen will

- Bin ich über das Unternehmen ausreichend informiert?
  (Stellenziel, Stellenbeschreibung, Bedeutung der Stelle;
- Anforderungen an den neuen Mitarbeiter, Einarbeitungszeit, Einarbeitungsmodus,
  Weiterbildungsmöglichkeiten/Karriereplanung, Sozialleistungen, ...)
- Was hat mein Interesse an der Stelle und am Unternehmen geweckt?
- Wie bin ich? Wie wirke ich? Welches sind meine Stärken?
  Welches sind meine Schwächen?
- Mein schulischer Werdegang? Hobbies? Spezialgebiete?
  Praktische Erfahrungen?
- Wie sieht meine persönliche Situation aus: Herkunft, Elternhaus, Familie, ...?
- Welche Erwartungen - berufliche wie auch private - habe ich?

Klare und präzise Antworten. Als Student der Elektrotechnik haben Sie gelernt, klar und präzise zu denken und zu formulieren. Aber trifft das auch für scheinbar banale Fragen zu? Testen Sie sich mit Hilfe der Checkliste 6, lassen Sie sich einmal von Freunden mehr oder weniger unvermittelt einige dieser achtzig Standardfragen stellen. Können Sie tatsächlich klare und präzise Antworten geben? - Vor allem auf Fragen zu etwaigen Schwachstellen sollten Sie vorbereitet sein, z. B. ungünstige Noten, lange Studiendauer.

Der Abend vorher ist wichtig zur Einstimmung auf das Bewerbungsgespräch. Die organisatorischen Fragen sind soweit geklärt, das pünktliche Eintreffen ist gewährleistet. Jetzt nehmen Sie sich noch einmal Ihre Vorbereitungsmappe vor. Sie frischen Ihren Wissensstand über das Unternehmen auf, und Sie durchforsten noch einmal den Katalog Ihrer eigenen Fragen: Welche Fragen sind bislang unbeantwortet geblieben? Sind sie wichtig für Ihre endgültige Entscheidung? Lassen Sie sich von der Checkliste 5 helfen.

Ablauf und Auswertung des Vorstellungsgespräches

In einem technisch gut geführten Vorstellungsgespräch wird der Personalfachmann zunächst mit einigen Allerweltsfragen versuchen, Ihnen die eventuelle Nervosität zu nehmen. Das können ganz banale Fragen sein (Checkliste 6), auf die Sie sich dennoch sorgfältig vorbereiten sollten. Dann wird in der Regel kurz die Ihnen zugedachte Aufgabe vorgestellt, um schließlich Fragen zu Ihrer Ausbildung und Person zu stellen.

Checkliste 5   Fragen aus meiner Sicht

1   Ist meine Bewerbung ein Problemlösungsvorschlag für das Unternehmen?
- Was weiß ich über das vom Unternehmen benötigte Berufspotenzial?
- Wie beschreibe ich mündlich präzise und verständlich mein eigenes Berufspotenzial (mein Angebot an Fachwissen und persönlichen Eigenschaften)?
- Welche Aspekte werde ich nach meinem aktuellen Informationsstand in einem neuen Bewerbungsschreiben möglicherweise anders darstellen?

2   Fragen zur Tätigkeit
- Gibt es eine genaue Stellenbeschreibung für meine künftige Tätigkeit (Aufgaben, Ziele, Kompetenzen, Verantwortung)?
- Wie sind die Arbeitsbedingungen und Anforderungen des Arbeitsplatzes (Arbeitsplatz zeigen lassen!)?
- Welche Aufgabe und Organisation hat die Abteilung, in der ich arbeiten soll?
- Wird die Arbeit überwiegend im Team oder überwiegend einzeln ausgeführt? Wie ist die Zusammenarbeit geregelt?

3   Fragen zur persönlichen Entwicklung
- Wie ist der Führungsstil des Unternehmens zu kennzeichnen? Wie transparent ist die Personalpolitik?
- Ist eine angemessene Einarbeitungszeit gewährleistet? Gibt es spezielle Einarbeitungsprogramme?
- Bestehen betriebliche und/oder externe Aus- und Weiterbildungsmöglichkeiten?
- Wovon hängen die Möglichkeiten meiner Weiterbildung bzw. Karriere ab? Wie kann ich sie beeinflussen?
- ...

Der Personalfachmann möchte durch das Interview herausfinden, ob das Bild, das er sich anhand Ihrer schriftlichen Bewerbung von Ihnen gemacht hat, tatsächlich zutrifft. Wichtig ist deshalb nicht nur die Antwort allein, sondern auch wie Sie antworten. Und wie Sie selber fragen. Gesprächsfähigkeit zeigt sich nicht nur im Reden und Antworten, sondern auch im Zuhören und im Fragen.

Zum Gesprächsende wird noch der Vertragsrahmen besprochen. Normalerweise wird zu diesem Zeitpunkt jedoch noch keine endgültige Entscheidung über eine Einstellung gefällt. Sowohl die Unternehmensvertreter als auch Sie selber wollen das Gespräch vorher noch einmal sorgfältig auswerten. Vielleicht will man sogar noch mit weiteren Bewerbern vergleichen wie auch Sie eventuell noch weitere Bewerbungen verfolgen. So bekundet man in der Regel zunächst nur allgemeines Interesse:

„Vielen Dank für Ihren Besuch. Wir melden uns."

Checkliste 6   Achtzig Standardfragen: Einfache Fragen?

Wie war Ihre Reise? - Haben Sie uns leicht gefunden? - Wie gefällt Ihnen unsere Umgebung? - Rauchen Sie? - Treiben Sie Sport? - Welcher Jahrgang sind Sie? - Sind Sie verheiratet? Wo sind Sie geboren? - Welche Schulen haben Sie besucht? - Waren Sie schon einmal im Ausland? - Wie sind Sie auf unser Unternehmen aufmerksam geworden? - Sind Sie in einem Verein? – Wie viele Kinder waren Sie zu Hause? - Haben Sie als Werkstudent gearbeitet? Welche Erfahrungen haben Sie als Praktikant gemacht? - Was halten Sie von Frauenförder-Programmen? - Welche Fachmessen haben Sie besucht? - Sind Sie in einer berufsständischen Vereinigung? - Was halten Sie von der Bundeswehr? - Wie beurteilen Sie den Notendurchschnitt in Ihrem Abschluss-zeugnis? - Gab es bestimmte Schulfächer, in denen Sie überdurchschnittliche Leistungen erbrachten? - Welche Hobbies haben Sie? - Welche Pläne über Ihre Weiterbildung haben Sie? - Welche Fachgebiete bevorzugen Sie? - Woher haben Sie erfahren, dass wir Absolventen Ihres Fachgebietes suchen? - Wieso rechnen Sie damit, dass Ihre beruflichen Wünsche bei uns erfüllt werden? - Haben Sie Ihre Kindheit auf dem Land oder in der Stadt verlebt? - Wie alt waren Sie, als Sie finanziell weitgehend unabhängig vom Elternhaus wurden? - Leben Sie noch bei Ihren Eltern? - Hatten Sie als Schüler viele Freunde? - Waren beide Eltern berufstätig? - Welche Meinung hat Ihr Ehegatte/Partner von dieser beruflichen Bewerbung? - Welches Buch lesen Sie zur Zeit? - Erwartet Ihre Familie/Ihr Freundeskreis, dass sich in Ihrer Freizeit viel um sie kümmern? - Reisen Sie im Urlaub gern? Müssen Sie für andere Personen mitsorgen? - Welchen Wert legen Sie auf eine regelmäßige Arbeitszeit? - Wie stünde Ihr Ehegatte/Partner zu einem beruflich bedingten Auslandsaufenthalt? - Wie stehen Sie zu häufigen Geschäftsreisen? - Würde Ihr Ehegatte/Partner einen Umzug mitmachen können/wollen? - Ist Ihr Ehegatte/Partner selber berufstätig? - Haben Sie Schulden? - Was sind Ihre Gehaltsvorstellungen? - Befürworten Sie ein erfolgsbezogenes Gehalt? - Was und wo arbeitet Ihr Ehegatte/Partner? - Sind Sie tierlieb? - Halten Sie ein Haustier, oder möchten Sie sich ein Haustier zulegen? - Spielen Sie Karten? - Soll lange Betriebszugehörigkeit durch Zulagen belohnt werden? - Welche Pläne haben Sie in Bezug auf Ihre Familie? - Kennen Sie unser Produktions-/Dienstleistungsprogramm? - Waren Sie längere Zeit krank? - Fühlen Sie sich durch Ihr Studium für die Praxis gerüstet? - Waren Sie in Jugendgruppen aktiv tätig? - Sind Sie in Ihrer Freizeit lieber für sich allein? - Begrüßen Sie transparente Gehaltsstrukturen? - Hätten Sie lieber an einer anderen Hochschule studiert? - Haben Sie gezielt bestimmte Zusatzqualifikationen erworben? - Haben Sie ein gutes Personen-gedächtnis? - Würden Sie Ihr Studium mit Ihren heutigen Erfahrungen anders strukturieren? - Meinen auch Sie: „Dienst ist Dienst, Schnaps ist Schnaps"? - Sind Sie ein regelmäßiger Kirchgänger? - Was halten Sie vom Boxsport? - Halten Sie Ihren beruflichen Werdegang für konsequent? - Haben Sie Angst vor Konfliktsituationen? - Was fiel Ihnen beim Studium besonders leicht? - Halten Sie sich für einen guten Teamarbeiter? - Sind Sie ein geselliger Typ? - Was halten Sie von Betriebssport? - Bevorzugen Sie eine bestimmte Jahreszeit? - Was für ein Führungsverhalten erwarten Sie von Ihrem zukünftigen Vorgesetzten? - Wie wichtig sind Ihnen langfristige Entwicklungsmöglichkeiten? - Bevorzugen Sie Winter- oder Sommerurlaub? - Befürworten Sie Betriebsfeste? - Wollen Sie, dass Ihre Kinder auch einmal studieren? - Sind Sie räumlich gebunden, z. B. durch Eigentum, durch Ehegatte/Partner? - Was wollen Sie in fünf Jahren erreicht haben (beruflich/privat)? - Sind Sie der Meinung, dass man seine Mitarbeiter möglichst straff führen muss? - Welche Tätigkeiten werden Sie nicht gerne ausüben wollen? - Betrachten Sie sich als kritikfähig?

Das aber ist für Sie als Kandidat zu schwammig. Fragen Sie, wie es konkret weitergehet. Fragen Sie direkt, wie es denn für Sie weiterginge, wenn Sie in die nächste Runde kämen. Dieses Feedback hilft Ihnen, sich gezielt auf die nächste Runde vorzubereiten. Im Fall einer Absage durch das Unternehmen müssen Sie sehr sorgfältig prüfen, wo Sie - nach Meinung des Gesprächspartners – eventuelle Schwächen haben, die Sie für spätere Vorstellungsgespräche gegebenenfalls ausmerzen wollen.

Bei der Bewerbung Persönlichkeit zeigen!

Inzwischen gibt es viele Absolventenhandbücher und Karriereführer, die den Kandidaten bei seiner Bewerbung helfen wollen. Wer die dort gegebenen Anregungen und die Empfehlungen dieses Buches dann auch ernsthaft befolgt, wird vielleicht eine theoretisch mustergültige Bewerbungsmappe zusammenstellen und eine ebenfalls theoretisch absolut mustergültige Bewerbungsstrategie erarbeiten können. Gleichwohl muss ein solcher Kandidat nicht unbedingt auch die gesuchte mustergültige Nachwuchskraft sein. Vielmehr werden solche Bewerber häufig als *„stromlienienförmige Kandidaten"* oder *„Lebenslaufoptimierer"* beurteilt. Sie sind zwar sehr zielstrebig, verfolgen aber in erster Linie ihre eigenen, persönlichen Ziele.

Und noch einmal: Bewerbung und Bewerberauswahl haben beide das gemeinsame Ziel, dass zwei individuelle Partner zusammenkommen wollen, die als eigenständige Persönlichkeit und als lebendige Organisation sich gegenseitig optimal ergänzen wollen - und das möglichst auf Dauer. Betrachten Sie die Bewerbung daher auch als einen längeren Prozess, der nicht mit der schließlich erfolgten Einstellung beendet ist; vielmehr müssen beide Partner - gerade in Hinblick auf die Anforderungen einer globalisierenden Wirtschaft - immer wieder neu mit Leistung und Gegenleistung um einander werben.

Auswahlkriterium Moral

Für eine ausgeschriebene Stelle mussten alle 200 Bewerber folgende Aufgabe lösen:

Sie fahren in einer stürmischen Nacht an einer Bushaltestelle vorbei und sehen dort drei Personen stehen: (1) Eine alte Frau, die krank ist und dringend einen Arzt braucht. (2) Einen alten Freund, der Ihnen einmal das Leben gerettet hat. (3) Die Frau Ihrer Träume.
Bedenken Sie, dass in Ihrem Sportwagen nur ein Platz frei ist. Für wen würden sie sich entscheiden?
Der spätere Stelleninhaber antwortete: „Ich würde meinem Freund die Wagenschlüssel geben, damit er die alte Frau ins Krankenhaus bringen kann. Dann würde ich aussteigen und mit der Frau meiner Träume auf den Bus warten." D.B.

Quelle: Reader's Digest – Das Beste. Januar 2004, S.44

6.2.6   Business Knigge

Marcello Liscia,
Persönlichkeits- und Organisationsentwicklung, Paderborn

Etikette ist wieder in – auch im Geschäftsleben. Neben Sozial- und Fachkompetenz stellt gutes Benehmen einen wichtigen Faktor im Berufsleben dar und ist nicht selten entscheidendes Zünglein an der Waage zum Erklimmen der Karriereleiter. - Und die beginnt schon mit dem Vorstellungsgespräch.

Wenn man sich dessen bewusst ist, dass der erste Eindruck, den man auf einen fremden Menschen macht, sich bereits innerhalb von wenigen Sekunden manifestiert, dann ist es umso wichtiger, von Anfang an eine gute Figur zu machen und mit tadellosen Umgangsformen zu glänzen.

Die Begrüßung

Der Händedruck. Immer wieder wird man sowohl im Privaten als auch im beruflichen Umfeld bei der Begrüßung mit Situationen konfrontiert, die mit einem befremdenden bis unangenehmen Gefühl einhergehen. Und nicht selten hat dieses unangenehme Gefühl ihre Ursache in einem Händedruck, der zu wünschen übrig lässt. Ich möchte Ihnen im Folgenden fünf verschiedene Arten des Händedrucks vorstellen, wobei die letzte Alternative von mir favorisiert und empfohlen wird:

1. Die Schraubzwinge: Hier wird das „Opfer" mit einem Händedruck konfrontiert, der ein Übermaß an Kraft mit sich bringt. Gerade bei der Konstellation „Täter" = Mann und „Opfer" = Frau (und dann noch eine mehrfach beringte Hand bei der Frau) kann solch ein Händedruck Schmerzen verursachen und ein verzerrtes Gesicht zur Folge haben.

2. Der tote Fisch: Von ihm ist die Rede, wenn man eine andere Hand in der eigenen hält, die sich völlig leblos, schwer, kraftlos und womöglich noch feucht anfühlt (bzw. ist!). Sie kann ein Gefühl von Unbehagen bis Ekel verursachen.

3. Die halbe Hand: In diesem Fall erhält man nur etwa die Hälfte der anderen Hand und hat de facto nur die Finger der anderen Person in der eigenen Hand. Hier möchte jemand nicht alles von sich preisgeben und nimmt sich so stark zurück, dass er oder sie sich selbst nicht als würdig empfindet, sich so zu präsentieren, wie er bzw. sie ist. Die halbe Hand erinnert auch ein wenig an den höfischen Handkuss und wirkt heute gerade im Business schnell affektiert bis maniert.

4. Der Blitz: Hier bekommt man nur einen sehr kurzen aber viel sagenden Eindruck des Anderen. Kaum hat man die Hand in der seinen, ist sie auch schon wieder entzogen worden. Ein sehr kurzer Moment, der den Eindruck der Flüchtigkeit, des Desinteresses und der Flatterhaftigkeit zurücklässt.

5. Der trockene Weißwein: Ich vergleiche den perfekten Händedruck gern mit einem trockenen Weißwein: trocken, leicht bis kräftig und nicht zu sehr geschüttelt, sondern nur geschwenkt. Wenn er dann noch mit einem aufrichtigen Blickkontakt einhergeht, wirkt er souverän, sicher, aufmerksam und charmant.

Wer reicht wem die Hand? Altbekannt ist die klassische Regel, dass die Person, die neu hinzukommt, die Hand reicht. Nicht ganz so einfach ist es jedoch im Geschäftsleben. Hier orientieren Sie sich im innerbetrieblichen Umgang am besten an Rang und Hierarchie. Vorgesetzte, Führungskräfte, Chefs und Chefinnen haben grundsätzlich das „Recht" zu entscheiden, ob sie Mitarbeiterinnen und Mitarbeiter mit Handschlag begrüßen möchten oder nicht. Der oder die „Neue" ist folglich gut beraten, sich bereits beim Vorstellungsgespräch daran zu halten, erst einmal abzuwarten, bis einem die Hand entgegen gestreckt wird.

Sehr wichtig ist es mir, an dieser Stelle noch darauf hinzuweisen, dass es sich bei der Begrüßung ohne Handschlag oder auch vor dem eigentlichen Handschlag in der Reihenfolge genau anders herum verhält. Heißt also: Der Rangniedrigere grüßt als erster den Ranghöheren - verbal oder per Kopfnicken - und wartet dann ab, ob noch die Hand entgegen gestreckt wird. Eine klassische Situation wäre hier das Aufeinandertreffen im Flur oder in der Kantine.

Das richtige Outfit im Job

Der Geschäftsmann. Der Anzug ist der Kombination grundsätzlich vorzuziehen. Setzt man beim Faktor Förmlichkeit ganz oben an, d. h. man hält sich in sehr konservativen und seriösen Branchen auf wie etwa Banken und Versicherungen, so sieht man sich farblich auf dunkelblau (seriös) und mittel- bis dunkelgrau (unparteiisch) beschränkt. Schwarz ist absolut *keine* Businessfarbe und nur den Themen „Freud und Leid" sprich Gala und Trauer vorbehalten. Braun - die Farbe der Mutter Erde und der Demut - ist nur Halbbusiness oder auch Business Casual. Wir entfernen uns hier folglich von dem obersten förmlichen Niveau und werden etwas „lockerer".

Das Thema Nadelstreifen ist ebenso wie die Wahl der Farbe mit Bedacht zu behandeln. Wenn man sich für dieses Muster entscheidet, dann bitte nur, wenn die Nadelstreifen auf einer Distanz von einigen Metern mit der Grundfarbe des Anzugs verschmelzen und somit *uni* wirken. In Branchen der Mode, Werbung und ähnlichen wiederum können Sie hier etwas mutiger sein.

Das Hemd unter dem Anzug sollte *immer* langärmlich sein. Umschlagmanschetten sind zurzeit sehr in Mode, aber kein Muss. Die Manschette sollte jedoch in jedem Fall etwas unter dem Ärmel des Jacketts hervorschauen. Die Farbe des Hemdes kann immer weiß sein und sollte höchstens noch in Pastelltöne von blau über hellgelb bis rosa variiert werden. Von weißen Krägen zu andersfarbigen Hemden wird derzeit abgeraten, obgleich man sie noch häufig sieht. Der Kragen zur Krawatte bitte niemals Button Down. Die modische Form des Kragens ist zurzeit noch der Kent-, Haifisch- oder Cut-Away-Kragen. Die Krawatte sollte einfarbig oder eine Clubkrawatte (diagonal gestreift) oder dezent gemustert und aus Seide sein. Dass Sie die Leder- und Strickkrawatte Ihres Vaters besser im Schrank hängen lassen, versteht sich hoffentlich von selbst.

Kommen wir zu den Schuhen: Nur der Schnürschuh kommt in Frage. Keine Bommel, keine Schnallen, keine Stiefel oder dergleichen. Es sei denn, Sie halten sich in Unternehmen oder bei Kunden auf, wo sie diese guten Gewissens tragen können. Klassiker sind ganz schlichte Schuhe oder Budapester (mit Lochmuster an der Spitze und Ferse.) Wenn Sie zu schwarzen Schuhen greifen, sind Sie immer auf der sicheren Seite. Zum dunkelblauen Anzug können Sie auch dunkelblaue oder bordeauxfarbene Schuhe tragen. Jedoch müssen sie hier darauf achten, dass der Gürtel farblich zum Schuhwerk passt. Auf den Gürtel verzichten können Sie nur, wenn Sie noch eine Weste zum Anzug tragen und gewährleisten können, dass die Hose nicht rutscht (Hosenträger unter der Weste oder gute Passform.) Die braunen Schuhe zum dunkelblauen Anzug sind zwar sehr modisch, für das Geschäftsleben jedoch etwas zu modisch, es sein denn, Sie halten sich in mediterranen Gefilden auf.

Die Strümpfe oder Socken sind ebenfalls schwarz oder in der Farbe der Schuhe und so lang, dass sie beim Sitzen und erst recht beim Übereinanderschlagen der Beine auch nicht nur einen Zentimeter des entblößten Beines zeigen.

Abschließend noch das Thema Schmuck, Einstecktuch und Fliege. Der Krawattenhalter, der Clip oder die Nadel sind außer Mode. Wenn Sie doch darauf bestehen, dann platzieren Sie sie bitte im oberen Drittel der Krawatte und nicht - wie man es leider häufig sieht - auf Bauchhöhe. Insgesamt werden Ihnen als Mann nur drei Schmuckstücke zugebilligt. Als Schmuck gelten jedoch auch Manschettenknöpfe, eine auffällige Uhr oder ein auffälliges Brillengestell. So haben Sie schnell die Zahl drei erreicht und müssen eventuell „kürzen". Wenn Sie sich für ein Einstecktuch entscheiden, dann bitte nur passend zur Krawatte aber nicht aus dem gleichen Stoff, wie man es schon mal in Sets von Hemd, Krawatte und Einstecktuch bekommt. Dann kalkulieren Sie lieber noch ein zusätzliches Einstecktuch mit ein. Die Fliege ist eher etwas für Gala oder aber Sie können sie auch zum Markenzeichen machen. Sie wird jedoch in der Regel eher bei Persönlichkeiten, die bereits zu einem gewissen Renomme gelangt sind, ohne Schmunzeln zur Kenntnis genommen.

Wenn Sie jetzt beim Jackett immer nur den oder die mittleren Knöpfe oder auch den mittleren und den oberen Knopf schließen, kann Ihnen nichts mehr passieren. Sie schließen die Knöpfe übrigens *immer*, wenn Sie stehen und öffnen Sie immer, wenn Sie sich setzen. Ausnahmen sind beim Stehen, wenn Sie noch eine (geschlossene) Weste zusätzlich tragen oder beim Zweireiher (derzeit aber kein großes modisches Thema), den Sie auch im Sitzen geschlossen lassen können.

Die Geschäftsfrau. Farblich und im Muster können sich Frauen an den Männern orientieren. Grundsätzlich gilt im modernen Business, dass Frauen den Männern gleich gestellt sind zumindest was die Farben der Garderobe und die Umgangsformen betrifft. Jedoch sollten Frauen auch darauf achten, dass Sie sich nicht zu sehr als Mann „verkleiden." Wenngleich Studien ergeben, dass ein zu feminines Auftreten wiederum mit einer Einbuße an Kompetenz-zubilligung einhergeht. Also eine Herausforderung für alle Frauen, hier den optimalen Mittelweg zu treffen.

Je offizieller und förmlicher, desto eher sollten Sie als Frau zum Kostüm denn zum Hosenanzug greifen. Wobei der Hosenanzug auch völlig akzeptabel ist. Die Rocklänge sollte das Knie „umspielen." Sie müssen immer bedenken, dass der Rock beim Sitzen noch etwas nach oben rutscht und somit noch mehr vom Bein offenbart. Bei der Bluse haben die Damen gegenüber den Herren mehr Spielraum. Hier sollte man eher darauf achten, was zu vermeiden ist: Zuviel Transparenz, zu tiefe Ausschnitte, Tops, zu körperbetont, reflektierende Stoffe, Spitze und ärmellos. Kurze Ärmel sind bei Frauen absolut akzeptabel.

Hautfarbene Strümpfe (Nylon, Feinstrumpf oder Strumpfhose) sind für Frauen ein Muss – auch im Sommer. Die Schuhe dürfen weder Zehen noch Ferse zeigen und sollten einen Absatz haben, der 3-5 cm hoch ist. Je konservativer die Branche ist, gilt auch hier wie beim Mann: keine Bommel, Schnallen und dergleichen.

Das Make Up sollte dezent sein. Auch bei „natürlichen" Schönheiten wird ein wenig unterstützende Farbe erwartet. An Schmuckstücken sind den Frauen fünf an der Zahl erlaubt. Auch hier müssen Sie jedoch bedenken, dass ein Paar Ohrringe bereits als zwei Schmuckstücke verbucht werden müssen. (Andere) Piercings oder Tätowierungen sollten Sie nicht an sichtbaren Stellen haben. Für Männer (die diesen Abschnitt auch noch lesen) gilt natürlich, dass Ohrringe ein absolutes Freizeitthema sind.

Small Talk

Das kleine Gespräch für zwischendurch ist der Small Talk. So belanglos und harmlos er manchmal auch erscheint, so wichtig und entscheidend kann er doch häufig sein. Viele geschäftliche Kontakte oder auch Verkaufsgespräche beginnen mit einem solchen kleinen Gespräch. Für charismatische Naturtalente ein Leichtes, für manch einen aber auch eine Herausforderung. Hier werden oft schon die Weichen für das anschließende geschäftliche Thema gelegt. Der erste Endruck entsteht folglich oft im Small Talk.

Bewerbungsstress der anderen Art

Wer schon einmal Stress bei einem Job-Interview empfunden hat, wird sich mit den Protagonisten des folgenden YouTube-Clips eines südkoreanischen Elektronikherstellers bestens indentifizieren können. Gefunden im Newsletter „Bankenbrief", 05.09.2013, hrsg. vom Bundesverband deutscher Banken.

http://nl.bankenverband-service.de/link.php?M=69002&N=1950&L=7152&F=H

Knigge Selbstvorstellung: So machen Sie alles richtig

Eine gelungene Selbstvorstellung bei Tagungen und Empfängen kann schnell das Eis in einer Gruppe brechen. Doch viele tun sich damit schwer und warten erst einmal ab. Schade, denn sie verschenken damit leicht zu erreichende Sympathie- und Kompetenzpunkte.

Kennen Sie das? Sie nehmen an einer Tagung teil und alle Gäste strömen in den Pausenbereich. Da Sie niemanden kennen, schlendern Sie erst einmal herum. Sie beschließen, sich einer Gruppe an einem der Stehtische auschließen. Sie lächeln in die Runde, nicken dabei und murmeln leise ein "guten Tag".

Warum Sie nicht einfach schweigen sollten

- Wie wirken Menschen auf Sie, die nur schweigend in einer Runde stehen? Wirkt das auf Sie ansprechend oder sympathisch? Haben Sie wiederum Lust, den anderen anzusprechen? Wahrscheinlich eher nicht. Deshalb empfiehlt sich bei solchen Pausensituationen oder auch bei Stehempfängen, sich selbst vorzustellen, wenn Sie sich einer Gruppe anschließen. Das entkrampft und bringt alle schneller miteinander ins Gespräch.

- Damit Sie nicht einfach "dazwischen plappern": Achten Sie auf die Person, die gerade spricht und wahrscheinlich von allen angesehen wird. Bei der ersten Atempause sagen Sie eine Nuance leiser als diese Person: "Guten Tag, ich bin …". Schauen Sie dabei diese Person an, kurzer Blickkontakt in die Runde und schauen Sie dann erneut abwartend auf den Sprecher. So signalisieren Sie, dass Sie als "Neuer" nicht gleich das Wort ergreifen wollen und dass das Gespräch fortgesetzt werden soll.

- Selbst wenn Sie beispielsweise bei einem Empfang an einem Tisch sitzen, sollten Sie sich ebenfalls selber vorstellen. Das erleichtert übrigens auch den Small Talk und Sie kommen schneller miteinander ins Gespräch. Bei Tagungen und Kongressen sind oft Tischkarten oder Namensschilder vorhanden. Trotzdem beweisen Sie auch hier guten Stil, wenn Sie sich kurz mit Ihrem Gegenüber bzw. Nachbarn bekanntmachen.

So stellen Sie sich selber vor

Die Formulierung "Gestatten Sie, mein Name ist …" klingt hölzern und antiquiert. "Mein Name ist …" oder "Ich bin …" sind zeitgemäß. Als nächstes flechten Sie Ihren Namen und gegebenenfalls Ihre Funktion ein. Beim Namen stellen Sie sich am besten mit Vor- und Zunamen vor. Im beruflichen Kontext hilft es oft, noch kurz vor seinem beruflichen Hintergrund mit zu nennen, z. B. Abteilungsleiter Personal. Dann können die anderen Sie schneller einordnen. *Wera Nägler, in: www. experto.de*

273

6.3 Berufseinstieg und Karriere

6.3.1 Der Arbeitsvertrag

Am Ende der erfolgreichen Bewerbung steht der Arbeitsvertrag: Prüfen Sie sorgfältig, ob die besprochenen Konditionen schriftlich fixiert sind.

Geregelt werden die Bedingungen, unter denen die Beschäftigung stattfindet. Die Besonderheit bei einem Arbeitsvertrag besteht darin, dass nicht nur Leistung und Gegenleistung geregelt sind, sondern auch immaterielle Vertragsinhalte wie Treuepflicht, Fürsorgepflicht, Verschwiegenheitspflicht, Gehorsamspflicht, etc. Die Hauptpflichten sind allerdings in der Regel materieller Art. Auf Seiten des Arbeitnehmers ist es das Einbringen der Arbeitsleistung; auf Seiten des Arbeitgebers die Bezahlung der vereinbarten Vergütung.

Wichtig ist die vertragliche Abgrenzung der zu leistenden Arbeit z. B. durch die Beschreibung der Aufgabe, die Vereinbarung der organisatorischen Zuordnung und des Verantwortungsbereiches. Im Vertrag wird dieser Punkt meist nur kurz angeschnitten, nähere Informationen sollten aber in einer Anlage zum Vertrag vorliegen.

Weitere Punkte des Arbeitsvertrages sollten sein: die Probezeit, der Vertragsbeginn, die Kündigungsfristen, die Beschreibung der Treuepflicht, die Verschwiegenheitspflicht (Wahrung von Geschäfts- und Betriebsgeheimnissen), die Gehorsamspflicht (Befolgung von Weisungen des Arbeitgebers), Verpflichtung zur Unterlassung von Wettbewerb (z. B. Genehmigung von Nebentätigkeiten) und als materielle Bestandteile der Urlaubsanspruch, das Urlaubsgeld, das Weihnachtsgeld, die vermögenswirksamen Leistungen, evtl. die betriebliche Altersversorgung, bei Verheirateten Trennungsentschädigung und Familienheimfahrten, die Erstattung von Umzugskosten, die Arbeitszeit und vor allem das Gehalt und die Gehaltszusammensetzung. Die Vergütung besteht nicht nur aus dem Monatsgehalt, sondern sie umfasst auch noch die bereits erwähnten Ansprüche, die sich aus dem Arbeitsverhältnis ergeben (Urlaubsgeld, Weihnachtsgeld, Erstattung von Umzugskosten etc.).

Das Monatsentgelt selber setzt sich aus verschiedenen Komponenten zusammen und wird als Bruttobetrag vereinbart. Komponenten des Gehaltes sind der Arbeitswert, der Marktwert, die Leistungskomponente sowie die Erfahrungskomponente. Der Arbeitswert wird bestimmt durch die Schwierigkeiten der Arbeitsaufgabe; der Arbeitswert wiederum drückt sich durch die Zuordnung in eine Tarifgruppe aus. Der Marktwert richtet sich nach der Arbeitsmarktlage, die auch regional unterschiedlich sein kann. Je angespannter die Arbeitslage ist, desto eher wird über den Arbeitswert hinaus zuweilen eine freiwillige Zulage bezahlt.

Leistungskomponente. In der Regel nach der Probezeit werden Arbeitswert und Marktwert ergänzt durch die Leistungskomponente in Form einer Leistungszulage. In der Metallindustrie z. B. beträgt die Leistungszulage bis zu 19 % des Tarifgehaltes je nach Ergebnis der Leistungsbeurteilung, die durch den Vorgesetzten erfolgt.

Erfahrungskomponente. In der Metallindustrie sind je Gehaltsgruppe vier Gruppenjahre vereinbart, d. h. nach jeweils einem Jahr Betriebszugehörigkeit = Berufserfahrung erfolgt eine automatische Erhöhung des Gehaltes über diesen Gruppenjahrsprung, was als Erfahrungskomponente bezeichnet werden kann.

Abzüge. Das vereinbarte Bruttoeinkommen reduziert sich um die gesetzlichen Abzüge wie Rentenversicherung, Arbeitslosenversicherung, Krankenversicherung, Pflegeversicherung, Lohnsteuer (richtet sich nach der Steuerklasse des Arbeitnehmers), Kirchensteuer und Solidaritätszuschlag.

Arbeitszeit. Die Arbeitszeit ist i. d. R. durch tarifliche Vereinbarungen vorgegeben. Sie ist insofern auch kein Gegenstand der Vertragsverhandlung. Von Führungskräften erwartet man jedoch, dass sie dem Arbeitsanfall entsprechend flexibel einsetzbar sind. Bei erfahrenen Führungskräften werden häufig außertarifliche Vereinbarungen getroffen, wonach mit einer übertariflichen Gehaltszahlung auch die eventuellen „Überstunden" oder der unregelmäßige Arbeitseinsatz abgegolten sind.

Zunehmend reagieren die Unternehmen auf den verschärften Wettbewerbsdruck, indem sie eigene Arbeitszeit-Modelle vereinbaren, die die Leistungsfähigkeit des Unternehmens stärken.

dieser zeile   ein wort
zeile fehlt ein wort
dieser zeile fehlt   wort
dieser   fehlt ein wort
dieser zeile fehlt ein

„Schriftbild" von Eugen Jost

6.3.2   Berufseinstieg durch Zeitarbeit?

Thomas Hetz Hetz, Hauptgeschäftsführer,
Bundesarbeitgeberverband der Personaldienstleister e.V. (BAP), Berlin

*Unternehmen, die Arbeitnehmer einstellen,
um sie an andere Betriebe zu überlassen, werden Zeitarbeitsunternehmen genannt. Auch
Unternehmen, die nicht ausschließlich, aber
regelmäßig Personal überlassen, gehören
hierzu, z. B. Ingenieur-Büros, die EDV-
Beratungen durchführen oder die spezielle
Ingenieur-Dienstleistungen erbringen.*

Die Zahl der von Zeitarbeitsunternehmen beschäftigten Hochschulabsolventen
ist im Wachstum begriffen. Spezialisten und Fachkräfte werden in wichtigen
Zukunftsbranchen auch von und über die Zeitarbeit gesucht. Auch der Bedarf an
Ingenieuren wächst ständig. Das Geschäftsmodell „Zeitarbeit" mit seinen
spezifischen Einsatz- und Qualifizierungsmöglichkeiten stellt insbesondere eine
Antwort auf den immer deutlicher werdenden Fachkräftemangel dar. Es können
im Einzelfall gewichtige Argumente für einen solchen Berufseinstieg sprechen:

- Durch Zeitarbeit erhalten Jungingenieure die Möglichkeit, im Rahmen einer
  festen Anstellung verschiedene Tätigkeitsfelder, verschiedene Branchen und
  verschiedene Unternehmensstrukturen kennen zu lernen. Immer häufiger
  über-lassen auch sogenannte Mischbetriebe, z. B. im Anlagenbau, Mitarbeiter
  auf Kundenwunsch.

- Die Entscheidung für einen Berufseinstieg durch Zeitarbeit ist zugleich
  Nachweis für Mobilitätsbereitschaft und persönliche Flexilität.

- Nicht immer sind die Ursachen für einen momentanen Personalbedarf derart
  gelagert, dass sie die Einrichtung von Planstellen mit unbefristeten Arbeitsverträgen rechtfertigen, z. B. kurzfristige Personaldefizite durch unregelmäßige Großaufträge oder krankheits- und urlaubsbedingter Personalengpass.
  Dann bietet die Zeitarbeit eine sinnvolle Alternative zur personalbedingten
  Ablehnung von Aufträgen durch das betroffene Unternehmen bzw. zur Nicht-
  Beschäftigung aus der Sicht Stellen suchender Absolventen.

Zeitarbeit ist in Deutschland gesetzlich geregelt. Hochschulabsolventen, die als
Zeitarbeitnehmer starten wollen, sollten sich vor ihrer Entscheidung, für ein
Zeitsarbeitunternehmen tätig zu werden, mit den Grundsätzen des Arbeit-
nehmerüberlassungsgesetzes (AÜG) vertraut machen:

1. Zeitarbeitsunternehmen benötigen die Erlaubnis der Bundesagentur für Arbeit, anderen Unternehmern Mitarbeiter zur Verrichtung einer vertraglich vereinbarten Leistung zu überlassen. Prüfen Sie, ob das Unternehmen diese Erlaubnis der Bundesagentur für Arbeit besitzt.

2. Die üblichen gesetzlichen Schutzbestimmungen für Arbeitnehmer gelten auch für Zeitarbeitnehmer. Daher sind auch die gleichen Hinweise wie zu den üblichen Arbeitsverträgen zu beachten. Es gilt das allgemeine deutsche Arbeitsrecht.

3. Nach dem AÜG stehen dem Zeitarbeitnehmer grundsätzlich die im Kundenbetrieb für vergleichbare Arbeitnehmer des Kunden geltenden Arbeitsbedingungen einschließlich des Arbeitsentgelts zu, es sei denn, ein mit dem Mitarbeiter einzelvertraglich vereinbarter Tarifvertrag regelt Abweichendes. In der Praxis wird zu fast 100% von dieser sogenannten Tariföffnungsklausel im AÜG Gebrauch gemacht, die im Übrigen auch den Regelungen der EU-Zeitarbeitsrichtlinie entspricht. So hat der BAP, der aus dem Zusammenschluss des seit vierzig Jahren etablierten Arbeitgeberverbandes von konzessionierten Zeitarbeitsunternehmen BZA und des Arbeitgeberverbandes Mittelständischer Personaldienstleister (AMP) hervorgegangen ist, gemeinsam mit der DGB-Tarifgemeinschaft Zeitarbeit einen Tarifvertrag für Zeitarbeitnehmer abgeschlossen, den über 4.800 Mitgliedsbetriebe anwenden. Darüber hinaus unterliegen die Mitgliedsunternehmen im BAP einem BAP-Kodex für die Berufsausübung als Zeitarbeitsunternehmen. Über die üblichen Verbandsleistungen hinaus (Rechtsberatung, politische Interessenvertretung, Öffentlichkeitsarbeit, Mitgliederinformation) leistet der BAP wissenschaftliche Arbeit und Weiterbildung.

4. Prüfen Sie, ob „Ihr" Zeitarbeitunternehmen dem BAP angehört. - Übrigens: Der BAP beantwortet gern weitergehende Fragen zur Zeitarbeit. Auf Anfrage erhalten Sie Informationsmaterialien des BAP.

Bundesarbeitgeberverband der Personaldienstleister e.V. (BAP),
E-Mail: info@personaldienstleister.de. Internet: www.personaldienstleister.de

---

Er hat mit Kaffee und Schokolade Milliarden verdient. Heute ist Klaus J. Jacobs über eine Holding Haupteigner der weltgrößten Zeitarbeitsfirma Adecco. Jacobs definiert „Zeitarbeit" so:

„Erst einmal möchte ich den Begriff Zeitarbeit aus der Welt schaffen. Er stammt aus der Vergangenheit, als Arbeitnehmer nur auf Zeit bei einem Kunden eingesetzt werden durften. Was politisch und sozial absoluter Unsinn war. Bei uns ist die überwiegende Mehrheit unserer Mitarbeiter fest und unbefristet angestellt. Wir nennen sie „flexible Arbeitskräfte" und wollen diesen Begriff international durchsetzen." *(Quelle: stern.de, 02.07.2007)*

6.3.3 Arbeitnehmerüberlassung: Passgenau personelle Engpässe überwinden

Deutsche Unternehmen setzen verstärkt auf externe Ingenieure. Zwischen 2010 und 2014 der Bedarf an Freiberuflern und Hochqualifizierten im Rahmen der Arbeitnehmerüberlassung um jeweils 14 %. Das ist ein Ergebnis der Ingenieur-Studie des Mannheimer Personaldienstleisters Hays. Das gilt gleicherrmaßen für KMUs und Konzerne der Elektrotechnik, die ein Fünftel der befragten Unternehmen ausmachen. Diese Ent-

Markus Ley

wicklung bestätigt Markus Ley, Hays-Geschäftsführer für Temp-Spezialisten aus anderer Sicht: „Im vergangenen Jahr haben wir weitere Ingenieure angestellt und unseren Wachstumskurs erfolgreich fortgesetzt".

Entscheidend für den Einsatz von Elektroingenieuren in der Arbeitnehmerüberlassung sind unter anderem auch Ressourcenengpässe. Unsere Kunden kaufen für Projekte passgenau Spezialwissen ein. Denn die Unternehmen stellen fest, dass der Bewerbermarkt für qualifizierte Ingenieure knapper wird (76 %), dabei nimmt einerseits der Bedarf an Spezialwissen zu (+ 4 % auf 75 %) und die Planungszeiträume werden durch die globalisierten Märkte immer kürzer (69 %). Die gestiegenen Anforderungen der Unternehmen bemerkt Ley aber auch durch längere Projektlaufzeiten, die im Schnitt mehr als 16 Monate betragen. „Auch Universitätsabgänger erarbeiten sich durch zwei, drei Projekte einen derartigen Expertenstatus, dass sie eine Wertsteigerung in Projekte einbringen", sagt Ley.

Entscheidend für eine erfolgreiche Arbeitnehmerüberlassung sind neben dem technischen Spezialwissen und projektrelevanten Erfahrungen des Ingenieurs die Akzeptanz seitens der Festangestellten (83 %) und der Integrationswille des Externen (77 %). Obwohl hoch, sind beide Zahlen in den vergangenen vier Jahren gesunken und belegen eine zunehmende Normalität des Einsatzes von externen Mitarbeitern. Um etwa Reibungspunkte zu klären, führt Hays innerhalb der ersten sechs Monate Erfahrungsgespräche mit Unternehmen und Temp-Mitarbeitern.

Und um die Mitarbeiter für neue Aufträge fit zu machen, vermittelt die hausinterne Abteilung Professional Developments monatlich etwa 110 Qualifizierungen und Weiterbildungen bei externen Instituten. *Jens Gieseler*

6.3.4 Finanzielle Absicherung beim Berufseinstieg

Dipl.-Kaufmann **Roland Brehler,** Leiter Firmenkundenbetreuung,
Vertreter des Vorstandes Stadtsparkasse Lippstadt

Die finanzielle Absicherung gehört zu den wichtigsten Dingen, die beim Einstieg ins Berufsleben nach dem Studium zu regeln sind. Absolventen sollten deshalb nichts dem Zufall überlassen und die erforderlichen Maßnahmen frühzeitig einleiten, um keine bösen Überraschungen zu erleben. Eine Grundabsicherung des Berufstätigen gegen bestimmte Wechselfälle des Lebens bieten die gesetzlichen Sozialversicherungen. Dies sind:

- Rentenversicherung,
- Krankenversicherung,
- Arbeitslosenversicherung,
- Pflegeversicherung,
- Unfallversicherung.

Die Beiträge zu den Sozialversicherungen richten sich nach dem Bruttoeinkommen des Versicherten und werden je zur Hälfte vom Arbeitgeber und Arbeitnehmer getragen. Bei der gesetzlichen Unfallversicherung entrichtet nur der Arbeitgeber Beiträge. Quasi als Gegenleistung erhält der Arbeitnehmer den Anspruch auf Geld- oder Sachleistungen in den durch die Versicherung abgedeckten Fällen.

Eine zusätzliche, über die genannten gesetzlichen Versicherungen hinausgehende Absicherung ist jedoch nur insbesondere dort dringend empfehlenswert, wo Lücken in der gesetzlichen Absicherung verbleiben. Dies gilt für Berufseinsteiger insbesondere für den Fall der Berufsunfähigkeit. Anstelle der früheren Rente wegen Berufsunfähigkeit ist nun die Rente wegen Erwerbsminderung getreten.

Die Folge: die meisten Berufseinsteiger haben in den ersten fünf Jahren des Berufslebens keinen Anspruch auf Zahlung einer Rente und gesetzlichen Schutz im Falle der Berufsunfähigkeit. Deshalb ist es dringend anzuraten, sich gegen Berufs- und Erwerbsunfähigkeit vor Beginn der Berufstätigkeit auch privat abzusichern, zumal Berufsunfähigkeit jeden treffen kann. So sind die meisten Fälle die Folge von Krankheiten. Jeder kann so schwer krank werden, dass eine geregelte Arbeit unmöglich gemacht wird und ein geregeltes Einkommen nicht mehr erzielt werden kann.

Zusätzlicher Schutz ist auch gegen Unfälle anzuraten. Durch die gesetzliche Unfallversicherung sind Arbeitnehmer nur gegen die Folgen eines Unfalls am

Arbeitsplatz oder auf dem Weg dorthin versichert. Unfälle im privaten Bereich werden davon nicht erfasst.

Unverzichtbar zur Absicherung gegen Gefahren des täglichen Lebens ist darüber hinaus eine private Haftpflichtversicherung. Denn es gibt viele Situationen, in denen man im privaten Bereich haftpflichtig werden kann. Die finanziellen Folgen können sich unter Umständen wirtschaftlich existenzbedrohend auswirken. Ein unkalkulierbares Risiko, das unkompliziert und kostengünstig abgedeckt werden kann.

Auch bei der Krankenversicherung gilt zudem die Versicherungspflicht nur bis zu einem Bruttogehalt von 50.850 Euro/Jahr (2012). Wer mehr verdient, kann sich privat krankenversichern. Die private Krankenversicherung bietet in der Regel bessere Leistungen bei niedrigeren Beiträgen. Entscheidend ist jedoch die individuelle Lebenssituation. Alleinstehende und Doppelverdiener können mit einer privaten Krankenversicherung - wenn sie die Verdienstgrenze überschreiten - Monat für Monat viel Geld sparen. Dieser Vorteil relativiert sich allerdings, wenn man Familie und Kinder fest eingeplant hat. Denn Kinder müssen einzeln privat versichert werden, während sie bei der gesetzlichen Krankenversicherung automatisch mitversichert sind. Wichtig ist auch, dass eine Rückkehr von der privaten in die gesetzliche Krankenversicherung in der Regel nicht mehr möglich ist.

Parallel zu den Entscheidungen über die Risikoabsicherung sollten sich junge Akademiker schnell darüber klar werden, wie das verdiente Geld sinnvoll und planmäßig gespart und angelegt werden kann. Einen ersten Notgroschen kann man zunächst mit dem Sparbuch bilden. Aber auch der langfristigen Geldanlage und der Vorsorge für das Alter kommt gerade angesichts der zunehmenden Unsicherheit der gesetzlichen Rentenversicherung immer mehr Bedeutung zu. Bequem und ohne großen Mühen kann man zum Beispiel mit Sparverträgen von Anfang an über mehrere Jahre hinweg Vermögen aufbauen. Zudem wird private Altersvorsorge auch staatlich unterstützt.

In sein Entscheidungskalkül einbeziehen sollte der Berufseinsteiger auch eine kapitalbildende Lebensversicherung. Damit stellt man neben der Kapitalbildung zugleich die finanzielle Absicherung der Hinterbliebenen im Todesfall sicher. Auch aus steuerlicher Sicht ist die Lebensversicherung interessant.

Fazit:

In Sachen Finanzen sollten Berufseinsteiger nichts dem Zufall überlassen.

7   Beratung und Betreuung durch den VDE

7.1   Der VDE: Netzwerk Zukunft

Technologie-Verbände gibt es viele – der VDE ist einzigartig: Sein interdisziplinäres System aus Wissenschaft, Normung und Prüfung vereint die Expertinnen und Experten für Forschung & Entwicklung bedeutender Innovationsfelder unter einem Dach.

Der Verband der Elektrotechnik Elektronik und Informationstechnik (VDE) ist mit 36.000 Mitgliedern (davon 1.300 Unternehmen, 8.000 Studierende, 6.000 Young Professionals) und 1.200 Mitarbeiterinnen und Mitarbeitern einer der großen technisch-wissenschaftlichen Verbände Europas. Der VDE vereint Wissenschaft, Normung und Produktprüfung unter einem Dach und setzt sich insbesondere für die Forschungs- und Nachwuchsförderung sowie den Verbraucherschutz ein. Das VDE-Zeichen, das 67 Prozent der Bundesbürgerinnen und -bürger kennen, gilt als Synonym für höchste Sicherheitsstandards. Die Themenschwerpunkte des Verbandes reichen von der Energiewende über Industrie 4.0, Smart Traffic und Smart Living bis hin zur IT-Sicherheit.

Als neutraler Partner unterstützt der Verband eine zukunftsorientierte Technologiepolitik für Deutschland und Europa – mit Studien, Analysen, Empfehlungen und Positionspapieren. Im Rahmen von Kongressen, Fachtagungen und Seminaren trägt der VDE zum nationalen und internationalen Transfer von Technikwissen bei. Er gibt damit wichtige Impulse für die Entwicklung und Einführung neuer Technologien und fördert den Erfahrungsaustausch der Kolleginnen und Kollegen aus der Industrie, den Hochschulen, Forschungseinrichtungen und Institutionen.

Mit seinem Engagement in den MINT-Initiativen setzt sich der VDE insbesondere dafür ein, mehr junge Frauen für technische Berufe zu gewinnen. MINT steht für Mathematik, Informatik, Naturwissenschaft und Technik.

Hauptsitz des VDE ist Frankfurt am Main, weitere Repräsentanzen hat der Verband in Berlin und Brüssel. Außerdem gibt es bundesweit Landesvertretungen und 29 Bezirksvereine. In Nordamerika und Asien ist der VDE mit

Niederlassungen der VDE Global Services GmbH vertreten. In Europa ist der VDE u. a. in Italien, Frankreich, Polen, Türkei und Spanien präsent. Mit der neu gegründeten VDE Renewables hat der VDE sein weltweites Angebot im Bereich erneuerbare Energien weiter ausgebaut. Testingenieure sowie Experten zur Qualitätssicherung von Komponenten und Systemen bedienen in der neuen Gesellschaft die zunehmende Nachfrage nach Dienstleistungen für Bankability und Investability.

VDE-Fachgesellschaften

In fünf Fachgesellschaften für Informationstechnik, Energietechnik, Medizintechnik, Mikroelektronik / Mikrosystemtechnik sowie Automatisierungstechnik beschäftigen sich Experten aus Wissenschaft und Industrie mit Themen rund um Elektro-/Informationstechnik und ihrer Anwendungen.

Normung und Standardisierung

Die DKE Deutsche Kommission Elektrotechnik Elektronik Informationstechnik in DIN und VDE ist die Stelle für die elektrotechnische Normung in Deutschland und erarbeitet Normen und Sicherheitsbestimmungen für die Elektrotechnik, Elektronik und Informationstechnik. Sie vertritt die deutschen Interessen im Europäischen Komitee für Elektrotechnische Normung (CENELEC) und in der Internationalen Elektrotechnischen Kommission (IEC).

Netztechnik und -betrieb

Das Forum Netztechnik/Netzbetrieb im VDE (FNN) erarbeitet VDE-Anwendungsregeln und technische Hinweise für den sicheren und zuverlässigen Betrieb der Übertragungs- und Verteilungsnetze. Mitglieder sind Unternehmen, Organisationen, wissenschaftliche Einrichtungen und Behörden.

Prüfen und Zertifizieren

In der gemeinnützigen VDE Prüf- und Zertifizierungsinstitut GmbH mit Hauptsitz in Offenbach testen die unabhängigen Prüfingenieure des VDE-Instituts mehr als 100.000 Geräte pro Jahr. Besteht das Produkt die Tests, erhält es das VDE-Zeichen. Weltweit tragen mehr als 200.000 Produkttypen mit 1 Million Modellvarianten das VDE-Zeichen.

Mit der VDE Global Services GmbH leistet das VDE-Institut Prüfungen und Zertifizierungen weltweit.

Normen und Publikationen

Das VDE-Vorschriftenwerk, elektrotechnische Fachliteratur sowie nationale und europäische Fachzeitschriften gibt der VDE Verlag heraus. Ganz besonders engagiert sich der Verlag im Bereich der elektronischen Medien. Die DIN-VDE-Normen können auf DVD als Volltextdatenbank benutzerfreundlich nachgeschlagen werden. Daneben gibt es zur zielgenauen Recherche die Fachzeitschriften für Elektrotechnik und Automation auf CD-ROM. Ein weiterer Service: Über das Webportal der NormenBibliothek (www.normenbibliothek.de) des VDE Verlags sind alle DIN-VDE-Normen und VDE-Anwendungsregeln online verfügbar und werden permanent und automatisch aktualisiert. Zusätzlich steht den Abonnenten eine iPhone/iPad-App kostenlos zur Verfügung, über die die Nutzer online wie offline auf die abonnierte Normenauswahl zugreifen können.

Mitglied im VDE: Die Vorteile auf einen Blick

VDE-Mitglieder profitieren von den vielfältigen Informationen aus allen Bereichen des Verbandes. Zum einen technisch-wissenschaftlich durch die Arbeit der fünf Fachgesellschaften und zum anderen themenspezifisch durch die Tätigkeit der verschiedenen Ausschüsse. Beispielsweise erarbeitet der Ausschuss Studium, Beruf und Gesellschaft Empfehlungen zur Bildungspolitik und Studien zur Situation der Elektroingenieure heraus. Ein Forschungsprojekt wie die Untersuchung von Stromunfällen gehört genauso zur VDE-Arbeit wie Blitzschutz- und Blitzforschung oder die Geschichte der Elektrotechnik. Das Technikverständnis von Mädchen fördern und junge Frauen für den Ingenieurberuf zu motivieren, ist das Ziel des Ausschusses Elektroingenieurinnen.

Die wichtigsten Vorteile

- Expertennetzwerk
- Weiterbildung und Wissenstransfer
- Studien und Positionspapiere
- Exklusivangebote für Mitglieder
- Kostengünstige Tagungen/Seminare und Fachliteratur/Zeitschriften
  VDE-VISA Card
- Günstige Sixt-Angebote
- Beitragsfrei im Eintrittsjahr

Rund 8.000 VDE-Mitglieder sind Studierende, also Jungmitglieder des Verbandes. Als „junger" Verband bietet der VDE mit einer Fülle von Initiativen gerade Studenten viele Vorteile. Derzeit sind rund 60 Hochschulgruppen im VDE YoungNet zusammengeschlossen. Der Jungmitgliederausschuss, kurz JMA, ist das Sprachrohr der studentischen Mitglieder innerhalb des VDE. Die Vertreter aus den Bezirksvereinen und Hochschulgruppen diskutieren hier über die Wünsche der Studenten.

Die Studierenden planen Projekte, tauschen Wissen, Tipps und Erfahrungen aus, nutzen direkte Kontakte zu Professoren und Industrieunternehmen im In- und

Ausland. Sie sind auf Messen vertreten, erarbeiten Broschüren, wie VDE-Hochschulwegweiser, organisieren Exkursionen zu Forschungsinstituten, Unternehmen oder Messen, produzieren Videos über ihre Arbeit im VDE und vieles andere mehr. Besonders wichtig sind die Kontakte der Studierenden untereinander und zu den zukünftigen Fachkollegen, auch im Ausland.

Die Bezirksvereine betreuen die Studierenden „vor Ort". Der VDE hat flächendeckend 29 Bezirksvereine (vgl. Zusammenstellung auf S. 283-284). Beinahe in jedem Hochschulort gibt es eine aktive VDE-Hochschulgruppe.

VDE YoungNet: Vorteile für Studenten

Der VDE berät in Ausbildungs- und Karrierefragen und macht durch seine Bewerbungstrainings fit für den Berufseinstieg. Die weltweiten Verbindungen des VDE können einen fachbezogenen Auslandsaufenthalt und den Berufseinstieg erleichtern.

Studentische Mitglieder können die VDE-Fachzeitschrift *etz* für ein Jahr kostenlos beziehen. An Kongressen, Symposien und Workshops des VDE können Studenten gegen eine geringe Gebühr oder sogar kostenlos teilnehmen, sofern rabattierte Plätze verfügbar sind.

Aktive Mitglieder. Der VDE braucht aktive Mitglieder für die Umsetzung seiner gesellschaftspolitischen Aufgaben und für die verantwortliche Mitgestaltung künftiger Technologiepolitik.

Der VDE engagiert sich für den ganz persönlichen Erfolg seiner Mitglieder ebenso wie für den Erfolg einer ganzen Branche: mit Fachtagungen und Seminaren, mit seinem Expertennetzwerk, mit Fachliteratur, u.a.m.

Weitere Infos: www.vde.com/mitgliedschaft

VDE-Bezirksvereine

Aachen
VDE Regio Aachen e.V.
c/o Siemens AG, Neuenhofstraße 194
52078 Aachen
Telefon: 0241 451-323, Fax: 0241 451-224
E-Mail: vde-regio-aachen@vde-online.de

Berlin
Elektrotechnischer Verein (ETV) e.V.
Bezirksverein Berlin-Brandenburg im VDE
Bismarckstraße 33, 10625 Berlin
Telefon: 030 3414566, Fax: 030 3420717
E-Mail:vde-etv-berlin@vde-online.de

Bielefeld
VDE Ostwestfalen-Lippe e.V.
Postfach 10 29 50,
33529 Bielefeld
Telefon 05225 859130, Fax: 05225 859131
E-Mail: vde-ostwestfalen-lippe@vde-online.de;

Braunschweig
VDE-Bezirksverein Braunschweig e.V.
c/o Siemens AG, Ackerstraße 22,
38126 Braunschweig
Telefon: 0531 226-2559, Fax: 0531 22772559
E-Mail: vde-braunschweig@vde-online.de

Bremen
VDE Region Nord-West e.V.
Domsheide 3, 28195 Bremen
Telefon: 0421 380-9910, Fax: 0421 380-9913
E-Mail:vde-nord-west@vde-online.de

Chemnitz
VDE-Bezirksverein Chemnitz e.V.
c/o eins energie in
Sachsen GmbH & Co.KG
Postfach 41 14 68, 09030 Chemnitz
Telefon: 0371 525-5400, Fax: 0371 525-5405
E-Mail: vde-chemnitz@vde-online.de

Cottbus
VDE-Bezirksverein Lausitz e.V.
c/o Städtische Werke Spremberg (Lausitz)
mbH, Lustgartenstraße 4a, 03130 Spremberg
Tel.: 03563 3907-917, Fax: 03563 3907-999
E-Mail: vde-lausitz@vde-online.de

Dresden
VDE-Bezirksverein Dresden e.V.
c/o TU Dresden, Institut für Elektrische
Energieversorgung und Hochspannungstechnik,
01062 Dresden
Telefon: 0351 463-34574,
Fax: 0351 463-34533
E-Mail: vde-dresden@vde-online.de

Düsseldorf
VDE-Bezirk Düsseldorf e.V.
Postfach 10 11 36, 40002 Düsseldorf
Telefon: 0211 821-8262, Fax: 0211 821-3662
E-Mail:vde-duesseldorf@vde-online.de

Erfurt
VDE-Bezirksverein Thüringen e.V.
c/o Thüringer Energie AG,
Schwerborner Straße 30, 99087 Erfurt
Telefon: 0361 345 49 94, Fax: 0361 345 49 95
E-Mail:vde-thueringen@vde-online.de

Essen
VDE Rhein-Ruhr e.V.
c/o Westnetz GmbH
Altenessener Straße 35, 45141 Essen
Telefon: 0201 12-49275, Fax: 0201 12-49774
E-Mail:vde-rhein-ruhr@vde-online.de

Frankfurt/M.
VDE Rhein-Main e.V.
Stresemannallee 15
60596 Frankfurt am Main
Telefon: 069 63 93 22, Fax: 069 63 98 16
E-Mail:vde-rhein-main@vde-online.de

Freiburg
VDE-Bezirksverein Südbaden e.V.
c/o Yvonne Füssgen, Sulzbergstraße 79
77933 Lahr / Schwarzwald
Telefon: 07821 909300, Fax: 07821 923469
E-Mail:vde-suedbaden@vde-online.de

Hamburg/
VDE Region Nord e.V.
Stadtbahnstraße 114, 22391 Hamburg
Telefon: 040 270 27 21, Fax: 040 279 40 84
E-Mail:vde-region-nord@vde-online.de

Hannover
VDE Hannover e.V.
Postfach 61 03, 30061 Hannover,
Telefon: 0511 34 20 81, Fax: 0511 34 20 88
E-Mail: vde-hannover@vde-online.de

Karlsruhe
VDE-Bezirksverein Mittelbaden e.V.
Fritz-Erler-Straße 25, 76133 Karlsruhe
Telefon: 0721 55 62 52, Fax: 0721 531 23 16
E-Mail: vde-mittelbaden@vde-online.de

Kassel
VDE-Bezirksverein Kassel e.V.
c/o EnergieNetz Mitte GmbH
Monteverdistraße 2, 34131 Kassel
Telefon: 0561 933-1333, Fax: 0561 933-2552
E-Mail: vde-kassel@vde-online.de

Köln
VDE-Bezirk Köln e.V.
Postfach 92 01 50, 51151 Köln
Telefon: 0180 3001401,
Fax: 03212 1464145
E-Mail: vde-koeln@vde-online.de

Krefeld
VDE Niederrhein e.V.
Wegerhofstraße 61, 47877 Willich
Telefon: 02154 5021444,
Fax: 02154 5021445
E-Mail: vde-niederrhein@vde-online.de

Leipzig/ Halle
VDE-Bezirksverein Leipzig/Halle e.V.
c/o enviaM, Friedrich-Ebert-Straße 26
04416 Markkleeberg
Telefon: 0341 35022265,
Fax: 0341 35022264
E-Mail: vde-leipzig-halle@vde-online.de

Magdeburg
VDE-Bezirksverein Magdeburg e.V.
c/o Schneider Electric GmbH, Halberstädter
Straße 32, 39112 Magdeburg
Telefon: 0391 61157-10, Fax: 0391 61157-77
E-Mail: vde-magdeburg@vde-online.de

Mannheim
VDE-Bezirk Kurpfalz e.V.
Julius-Hatry-Straße 1, 68163 Mannheim
Telefon: 0621 226 57, Fax: 0621 202 85
E-Mail: vde-kurpfalz@vde-online.de

München
VDE-Bezirksverein Südbayern e.V.
Hohenlindener Straße 1
81677 München
Telefon: 089 9107-2110, Fax: 089 9107-2309
E-Mail: vde-suedbayern@vde-online.de

Nürnberg
VDE-Bezirksverein Nordbayern e.V. c/o
Technische Hochschule Nürnberg Georg Simon
Ohm,
Keßlerplatz 12, 90489 Nürnberg
Telefon: 0911 53 53 20, Fax: 0911 53 32 24
E-Mail: vde-nordbayern@vde-online.de

Osnabrück
VDE Osnabrück-Emsland e.V.
c/o Hochschule Osnabrück
Postfach 19 40
49009 Osnabrück
Telefon: 0541 969-3241, Fax: 0541 969-3242
E-Mail: vde-osnabrueck-emsland@vde-
online.de

Saarbrücken
VDE Bezirk Saar e.V.
c/o Lehrstuhl für Messtechnik Universität des
Saarlandes
Campus A5.1
66123 Saarbrücken
Telefon: 0681 302-4683, Fax: 0681 302-4665
E-Mail: vde-saar@vde-online.de

Stuttgart
VDE-Bezirksverein Württemberg e.V.
Kirchstraße 52, 73776 Altbach/Neckar
Telefon: 07153 618154, Fax: 07153 618154
E-Mail: vde-wuerttemberg@vde-online.de

Trier
VDE Bezirk Trier e.V.
i.H. RWE Deutschland AG
Eurener Straße 33, 54294 Trier
Telefon: 0651 812-2348, Fax: 0651 812-2673
E-Mail: vde-trier@vde-online.de

Wuppertal
VDE-Bezirksverein Bergisch Land e.V.
c/o Technische Akademie e.V.,
Liesa Lutz;
Hubertusallee 18, 42117 Wuppertal
Telefon: 0202 7495-261, Fax: 0202 7495-228
E-Mail: vde-bergisch-land@vde-online.de

7.2 Nachwuchspreise im VDE

Mit zahlreichen Preisen rund um die Elektro- und Informationstechnik zeichnet der VDE jedes Jahr herausragende Publikationen und Studienleistungen von jungen NachwuchswissenschaftlerInnen aus. Hier eine Auswahl:

Dr. Wilhelmy-VDE-Preis

Der VDE und die Dr. Wilhelmy-Stiftung haben den Preis 2014 ins Leben ge-rufen, um junge Nachwuchswissenschaftlerinnen der Elektro- und Informations-technik zu fördern. Die Dr. Wilhelmy-Stiftung stellt für das Programm pro Jahr eine Fördersumme von bis zu 9.000 Euro für maximal drei Preisträgerinnen zur Verfügung. Bewerben können sich Elektroningenieurinnen, die ihre Dissertation mit Bestnoten abgeschlossen haben und dabei nicht älter als 35 Jahre waren. www.vde.com/ingenieurinnen

Science-to-Standards-Programm

Studentinnen und Studenten, die im Rahmen ihrer Abschlussarbeiten (Bachelor und Master) an innovativen Themen aus Forschung und Entwicklung arbeiten, sollten sich für das VDE|DKE Science-to-Standards-Programm (STS-Programm) bewerben. Neben der finanziellen Förderung winken für die Stipendiaten ein-flussreiche Kontakte zu Experten aus der Industrie. Diese Themen interessiert die VDE|DKE-Jury besonders: 5G/Taktiles Internet, Digitaler Zwilling/Industrie 4.0, Blockchain, Informationssicherheit, Künstliche Energy Harvesting ,Intelligenz/Autonome Systeme/Robotik, Wearables, Gleichstrom (DC). www.dke.de/sts

Literaturpreis der ITG

Mit dem Literaturpreis der Informationstechnischen Gesellschaft im VDE (VDE|ITG) werden neue Erkenntnisse von Nachwuchswissenschaftlern auf dem Gebiet der Informations-technik gewürdigt. Besonderen Wert legt die Jury auf Originalität, die theoretische und praktische Behandlung des Themas, die Darstellungsweise und Form sowie die Bedeutung der Arbeit. Doktorarbeiten können nicht eingereicht werden. Jeder Preis ist mit 3.000 Euro sowie einer Urkunde verbunden.www.vde.com/de/itg/preise-ehrungen/literaturpreis

Johann-Philipp-Reis-Preis

Gemeinsam mit den Städten Friedrichsdorf im Taunus und Gelnhausen sowie der Deutschen Telekom verleiht der VDE seit 1986 alle zwei Jahre den mit Euro 10.000 dotierten Johann-Philipp-Reis-Preis. Ausgezeichnet werden bedeutende nachrichtentech-nische Neuerungen, die Auswirkungen auf die Volkswirtschaft initiiert haben oder erwarten lassen. Der Preis richtet sich an Wissenschaftlerinnen und Wissenschaftler bis 40 Jahre, die eine herausragende, innovative Veröffentlichung auf dem Gebiet der Nachrichtentechnik publiziert haben. www.vde.com/de/itg/preise-ehrungen/johann-philipp-reis-preis

ETG-Literaturpreis

Mit dem Literaturpreis der Energietechnischen Gesellschaft im VDE (VDE|ETG) werden jedes Jahr hervorragende Veröffentlichungen auf dem Gebiet der elektrischen Energie-technik ausgezeichnet. Er ist als Anerkennung für eine besondere wissenschaftliche und publizistische Leistung gedacht. Der Preis ist verbunden mit einer Geldprämie von 3.000 Euro. www.vde.com/de/etg/preise-ehrungen/literaturpreis

Herbert-Kind-Preis

Der mit einem Stipendium in Höhe von 8.000 Euro verbundene Herbert-Kind-Preis ist für die internationale Weiterbildung junger Studenten und Studentinnen im Rahmen eines Auslandsaufenthaltes gedacht. Er richtet sich an Studierende mit überdurchschnittlichen Studienleistungen auf dem Gebiet der elektrischen Energietechnik. www.vde.com/de/etg/preise-ehrungen/herbert-kind-preis

Klee-Preis

Die Deutsche Gesellschaft für Biomedizinische Technik im VDE (VDE|DGBMT) schreibt in Gemeinschaft mit der Stiftung Familie Klee jährlich den DGBMT-Preis der „Stiftung Familie Klee" zur Förderung des wissen-schaftlichen Nachwuchses aus. Der Preis ist mit 5.000 Euro dotiert und wird mit einer Urkunde ausgezeichnet. Verliehen wird der Preis im Rahmen eines Wettbewerbs wissenschaftlicher Arbeiten mit biomedizinischen beziehungsweise medizintechnischen Schwerpunkten. www.vde.com/de/dgbmt/preiseh-erungen/klee-preis

Studentenwettbewerb der DGBMT

Die VDE|DGBMT, die Österreichische Gesellschaft für Biomedizinische Technik (ÖGBMT) und die Schweizer Gesellschaft für Biomedizinische Technik (SGBT) honorieren heraus-ragende Abschlussarbeiten (ausgenommen Disser-tationen) mit Urkunden und Preisen zwischen 200 und 1.000 Euro. Die Arbeiten sollen als Poster oder Vortrag eingereicht werden. Die Bewertung der eingereichten schriftlichen Beiträge erfolgt nach den Kriterien „wissenschaftlicher Gehalt der Ausarbeitung", „wissenschaftlicher Gehalt des Vortrags", „Qualität der Präsentation", „Zeiteinteilung bei der Präsentation" sowie Kompetenz-nachweis in der Diskussion. www.vde.com/dgbmt

Preis für Patientensicherheit in der Medizintechnik

Um die Entwicklung und Anwendung sicherer medizinischer Geräte, Systeme und Prozesse zu fördern, schreiben die VDE|DGBMT und das Aktionsbündnis für Patientensicherheit jährlich den Preis für Patientensicherheit in der Medizintechnik aus. Dotiert ist der Preis mit insgesamt 6.500 Euro und wird von Dr. med. Hans Haindl gestiftet, der als öffentlich bestellter Sachverständiger für Medizinprodukte auf mehr als 20 Jahre Schadensbegutachtung an Medizin-produkten zurückblicken kann. Der Preis richtet sich an den wissenschaftlich-technischen Nachwuchs in Forschungseinrichtungen, Kliniken und in der Industrie. www.vde.com/de/dgbmt/preise-ehrungen/preis-fuer-patientensicherheit

GMM-Preis

Von der VDE/VDI-Fachgesellschaft Mikroelektronik, Mikrosystem- und Feinwerktechnik (GMM) wird jährlich ein Preis für hervorragende Veröffentlichungen (Papers aus Journals oder Tagungsbänden) innerhalb der letzten drei Jahre auf allen Arbeitsgebieten der Mikroelektronik und Mikrosystemtechnik ausgeschrieben. Der Preis ist mit einer Geldprämie von 2.500 Euro verbunden, die auch auf mehrere Preisträger aufgeteilt werden kann. Die Bewerber müssen zum Zeitpunkt der Veröffentlichung VDE- und/oder VDI-Mitglied sein. www.vde.com/de/gmm/preise-ehrungen/gmm-preis

Georg-Hummel-Preis

Mit dem "Georg-Hummel-Preis" des Forums Netztechnik/Netzbetrieb im VDE (VDE|FNN) werden hervorragende Studien- und Abschlussarbeiten aus dem Bereich der Messung elektrischer Energie und Leistung, insbesondere aus den Gebieten Zählen, Messen, Prüfen, Messdatenverarbeitung/-weitergabe, Messtechnikeinsatz zur Energieeffizienzsteigerung sowie damit verbundene Themen aus wirtschafts-, sozial- oder rechtswissenschaftlichen Disziplinen ausgezeichnet. Teilnehmen können immatrikulierte Studenten und Absolventen von Universitäten und Fachhochschulen: Bachelor- und Master-Studenten, Diplomanden, Doktoranden und junge Wissenschaftler. Der Preis ist mit zweimal 3.000 Euro dotiert. www.vde.com/de/fnn/veranstaltungen/zmp/hummel-preis